ZHONGGUO SHEHUI KEXUEYUAN
ZHEXUE YANJIUSUO
QINGNIAN XUESHU LUNTAN

中国社会科学院哲学研究所青年学术论坛

谢地坤 ◎ 主编

第1辑
DI YI JI

中国社会科学出版社

图书在版编目（CIP）数据

中国社会科学院哲学研究所青年学术论坛（第1辑）/谢地坤主编．
北京：中国社会科学出版社，2011.2
ISBN 978-7-5004-9287-0

Ⅰ.①中…　Ⅱ.①谢…　Ⅲ.①哲学—文集　Ⅳ.①B-53

中国版本图书馆 CIP 数据核字（2010）第 217877 号

责任编辑　喻　苗
责任校对　高　婷
封面设计　李尘工作室
技术编辑　王炳图

出版发行　中国社会科学出版社
社　　址　北京鼓楼西大街甲 158 号　　邮　编　100720
电　　话　010－84029450（邮购）
网　　址　http：//www.csspw.cn
经　　销　新华书店
印　　刷　北京君升印刷有限公司　　装　订　广增装订厂
版　　次　2011 年 2 月第 1 版　　印　次　2011 年 2 月第 1 次印刷
开　　本　710×1000　1/16
印　　张　25.25　　　　　　　　插　页　2
字　　数　380 千字
定　　价　50.00 元

目　录

前　言

　　中国社会科学院哲学研究所是我国最大的哲学研究机构，在国内外学界享有重要影响。自 1955 年成立以来，一代又一代专家学者怀着对马克思主义的坚定信仰，肩负着以学术立命、为真理守望的崇高使命，艰苦创业、奋斗不息、古今求索、中西融通，为我国哲学事业的发展，作出了不可磨灭的贡献。

　　但是，在进入新的世纪以后，伴随着市场经济大潮的袭卷和我国学科建设的调整及变化，哲学所的发展亦受到一定程度的挑战。一个最明显的例证就是人才短缺。全所工作人员已经从 20 世纪 80 年代末的 250 多人压缩到现在的 140 多人，原先一些优势学科，如马克思主义哲学、逻辑学、科技哲学、美学等，不是青黄不接，就是人才断档，其他一些学科也面临类似的困境或危局。人才队伍建设是哲学所学科建设的根本，没有优秀乃至拔尖人才，"科研强所"就是一句空话，哲学所历经半个世纪才得以形成的优良学风和传统也不可能得到接续传承下去。

　　有鉴于此，我所领导班子分析了各方面因素，在充分征求广大同仁意见的基础上，决定以抓人才队伍的建设为工作手段，进而达到"科研强所"的目的。抓人才队伍的建设，不能"等、靠、要"，不能依赖人才引进，而首先是要培养、促进我所现有的青年人才，要为他们的成才营造宽松的环境和必要的激励机制。

　　由此来看，举办"青年论坛"是我们探索培养人才、促进学科建设的一个尝试。我们举办"青年论坛"的直接目的有三：一是发现人才，鼓励先进；二是打破学科分类，促进各学科之间的交流；三是总结经验，寻找不足，最终目的是鼓励年轻学者早日成才。从这三届青年论坛的举办情况来看，我们在越来越接近原初所设定的目标，但是未来要走的路还是很长的。

青年论坛为我们哲学所的青年学者提供了相互交流的机会，从宏观的方面来看，它体现了"科研强所"、"人才强所"的发展理念，从微观的层面观之，每个青年研究人员都在论坛当中得到了锻炼。特别是第三次论坛得到了山西大学哲学社会学学院的大力支持，是我们哲学所走出去，实行"开门办所、所校结合"的一次新探索。事实证明，这次探索是相当成功的，它不仅为我所发现人才、培养人才迈出了有益的一步，而且对相关单位也产生了积极推进的作用。

现在选编的第 1 辑"青年学术论坛"文集涵盖了哲学门类下所有学科，主要显示了我所 45 岁以下青年人最新的研究成果，体现了我所在各个专业，包括中国哲学、西方哲学、马克思主义哲学、科技哲学、伦理学、美学、逻辑学领域的研究状况和特色，这些青年人的学术研究在本专业当中几乎都处于前沿的位置。从已经举办的三届青年学术论坛来看，学术论坛为青年学者提供了相互交流的机会，打通了学科之间的边界，共同促进所里"大哲学"观念的形成，这样的自由平等交流的学术平台我们一定要长期办下去。

哲学研究有自身的特点和传统，我们所里有句老话，叫做"三十岁以前靠聪明，三十岁以后靠学问"。我希望所里的青年学者们，既然有聪明的头脑，就要有扎实的学问，通过自己孜孜不懈的努力，以敏锐的视野、精深的学问、创新的精神，为中国哲学事业的振兴发展出一片新天地！这也是哲学所前辈们的共同希望！

是为序。

谢地坤

中国社会科学院哲学研究所所长

价值论如何"改变"哲学

孙伟平

【内容摘要】 在现代社会价值问题凸显、价值冲突日益普遍且尖锐化的背景下，随着新康德主义（弗莱堡学派）、实用主义、现象学以及科学人本主义的兴起，价值论在哲学中的地位不断凸显，有人甚至断言，当代哲学（特别是西方哲学）已经或正在出现"价值论转向"。从主体（人）的价值维度理解、"改造"或"重构"哲学，将促使哲学重新反思自身，导致哲学发生全方位、革命性的变化，映射出一种全新的哲学形态。(1) 哲学观的变化：哲学不仅仅是"科学的世界观"，也是一种人学或价值观，是它们之间有机统一的"整全哲学观"；(2) 哲学基本结构的变化：价值论与存在论、认识论一起构成哲学的基本理论分支；(3) 哲学思维的变化：实现从客体的直观的实体性思维，向以实践性、主体性、生成性的关系思维转变；(4) 哲学宗旨和精神实质的变化：哲学的宗旨不在于"解释世界"，追求客观知识（真理），更重要的是以人为本，关心人与人类的生存状况和命运，建设一个更加美好的、合乎人性的、每个人都能得到自由和全面发展的理想世界。

尽管价值现象在日常生活中普遍存在，尽管价值是人们生活、实践、创造的一个基本维度，人类关于具体价值（如真、善、美、功利、正义、自由等）的理论探讨也悠长久远，但是，哲学意义上的一般价值论却只有短短100多年的历史。人们公认，自19世纪末20世纪初德国哲学家洛采、文德尔班等人将价值问题（而不是实在问题）视为哲学的首要问题，并试图以价值论为中心重构哲学始，一般价值论在哲学中的地位才日渐确立。在现代社会价值问题凸显、价值冲突日益普遍且尖锐化的背景下，随着新康德主义（弗莱堡学派）、实用主义、存在主义、现象学以及科学人本主义的兴起，价值论在哲学中的地位不断凸显，有人甚至断言，当代哲学（特别是西方哲学）已经或正在出现"价值论转向"[①]。

价值作为"世界对于人的意义"、"客体对于主体的意义"，是以"人的内在尺度"或"主体的尺度"为根据的关系质。与以"对象、客体的外在尺度"为根据的、作为"人对世界的把握"的事实或真理相比，价值具有深刻的"异质性"，即它是以人和人的生活实践为中心、以人的主体地位和作用为实质的，体现了主体（人）自身的本性和目的，体现了主体（人）活动的方向性和目的性，体现了主体（人）对自身活动的自我设计和自我调控。从主体（人）的价值维度理解、"改造"或"重构"哲学，将促使哲学重新反思自身，导致哲学发生全方位、革命性的变化，映射出一种全新的哲学形态。略而言之，这可从如下一些方面加以探讨：

1. 哲学的这种自我反思与批判、"改造"与"重构"，导致一种新哲学观的出现：哲学不仅仅是"科学的世界观"，也是一种人学或价值观，是它们之间有机统一的"整全哲学观"。

传统哲学在总体上，或是与科学混沌未分的，或直接就是"拟科学"的。在人类思想史早期，人类一切知识、智慧处于笼统、混沌未分的状态。在"爱智慧"的旗帜下，哲学和科学紧密地交织为一体，甚至

---

① 哲学的价值论转向并非坚持价值论是哲学的唯一研究对象，并不将价值维度视为哲学的唯一尺度。它只是一种哲学视野、哲学趣向、哲学思维方式的改变。它意味着要将人、将人的社会的历史的价值生活实践置于哲学思考的中心地位，从哲学的主体向度或价值维度出发，重新审视、"改造"或"重构"全部哲学。

"美德"也即"知识"。走出人类思想史早期的混沌状态，摆脱中世纪独裁神学的羁绊，随着文艺复兴之后近代实验科学的兴起，特别是科学的里程碑式的突破——伽利略、牛顿力学的巨大成功，科学成为一切学术的范式，知识至上、理性主义、客观主义在思维王国中的地位得以确立。哲学相应的出现了具有浓厚科学色彩的、以科学为范式的"认识论转向"（以及后来的"语言学转向"），"科学的世界观"、"知识哲学观"遂成为哲学观的经典形态。马克思主义哲学教科书体系也正是这种"认识论转向"的产物。

　　然而，这种"拟科学"的实证性、客观性、普遍有效性追求，使哲学沦为以追求知识为目标的"科学认识论"。它既在一定程度上背离了哲学之"智慧之学"的美誉，更丧失了其社会反思、批判与治疗的功能。特别是因为其中人的"退场"（有人甚至认为它是"人学空场"），哲学几乎背离了其本性、迷失了其方向：它的目的不是具体的历史的活生生的人及其幸福，不是人的价值、自由以及理想世界的创造，而是要科学地描述、说明和解释世界；即使在科学地描述、说明和解释世界之时，主要强调的也是物对人的决定或制约作用，至于人的主体性（包括价值评价、选择、建构和创造）因素则在相当程度上被忽视了。

　　当"拟科学"的哲学在学术上的合法性面临内外交困（如观察的客观性受到置疑、归纳问题尚待解决、整体主义和历史主义哲学观重新抬头等）之时，又受到了现实社会的无情挤压和冲击：对短期利益的近视追逐，导致人与自然的高度对峙和严重冲突；商品经济对人与社会的扭曲和异化，使"人为物役"、"人对人是狼"、"他人即是地狱"成为普遍的事实；自动化、快节奏的异化社会、未经思考的人生，导致了人的焦虑和生存意义的失落……特别是伴随现代科技与市场经济的突飞猛进，全球化时代的来临，所有这些社会冲突、价值困惑、文化危机愈来愈普遍化，愈来愈交织在一起，愈来愈难以控制和解决。这要求我们走出这种困境，呼唤一种深层次、全方位、综合性的价值反思与批判。

　　走出"科学的世界观"、"知识哲学观"，在以人为本、"人是目的"的前提下，自觉反思人与自然、人与社会、身与心的关系，重建其内在统一学说，就成为作为"时代精神的精华"的哲学的必然选择。这必然要求哲学将破裂的自然观、社会观、人生观、价值观重新整合起来，建构一种综合性的统一的"整全哲学观"。

2. 在"整全哲学观"的视野中，哲学理论的基本结构重新成为反思的对象，自然观与社会历史观，存在论、认识论与价值论相互割裂的旧格局将被打破，而得以重新整合。

当然，这不过是对哲学本来面目的回归。回首哲学史，哲学作为一种"大智慧"，从来都围绕着两个维度——"是"、事实维度与"应该"、价值维度——而展开。"是"、事实维度指向"是什么"以及"如何是"；"应该"、价值维度则指向"应如何"、"怎么办"。这两个维度具有迥然不同的特征与功能：前者给予我们关于世界的总体印象，告诉我们关于对象和自身的事实情况，告诉我们"变革"对象的可能性和方法；后者告诉我们依据什么而行动，是否应该以及应该如何去行动，行动应该达到什么目的。

哲学围绕这两个维度的反思与批判而展开，并不是哲学家们无中生有，而是由现实生活、实践的需要所决定的。例如说，在生活、实践过程中，事实要素是我们活动的外在依据，价值要素是我们活动的内在动力和目的。如果不能处理好它们之间的关系，例如将它们割裂开来，或者可能导致对对象或客观规律的蔑视，导致唯意志论或神学唯心论，或者可能失去行动的激情、动力与方向。历史上并不缺乏类似如我国20世纪五六十年代"大跃进"这样的例证。

因此，哲学不仅仅只是求解世界之谜的"自然智慧"，而且内在地是指导社会改造、指点人生迷津的"实践智慧"、"生活智慧"。只是在近代以来的一些时间里，这后一方面曾经为某些哲学家们所轻视、忽略。实际上，这种轻视、忽略不过是一种偏见。在哲学史上，关于人生、价值、意义等的探讨，不仅从来不曾中断，而且不少时候还曾是哲学探讨的主旋律。例如，众所周知，中国传统哲学乃至整个东方哲学，都主要是以伦理、政治问题为主向度的；西方哲学，特别是欧洲大陆哲学，人本主义思想也源远流长。……在哲学史上，关于事实、知识、真理的探索，与关于价值（善恶、美丑等）、人生、实践的问题，自古以来就存在一体化探索的传统。在这种一体化的哲学智慧中，并不存在所谓自然观与历史观的人为割裂、所谓"哲学原理"与各"分支学科"（如伦理学、美学、科技社会学等）的人为割裂、所谓"哲学原理"与哲学史的并列与割裂。自然地，按照这种一体化的哲学智慧，马克思主义哲学也不应再呈现为所谓"辩证唯物主义"、"历史唯物主义"两大相对独立的板块，而应是真正的"一块整钢"。

只是应该特别强调，上述两个维度并非简单并列的。事实上，人和人的价值生活、实践，或者说哲学的主体向度、价值维度更为根本，处于哲学的核心地位。这促使全部哲学、包括存在论、认识论，不能局限于传统的意义上，而必须从这种新的维度加以重新审视和改造。例如，从主体（人）以及价值维度出发，我们并不怀疑在人之先、在人之外的自然界的存在，但那种"被抽象地孤立地理解的，被固定为与人分离的**自然界，对人说来也是无**"①。即没有进入人的实践—认识活动的"世界"，与人并无现实关系，并无现实的意义和价值。而通过人的活动，被人的本质力量对象化了的"感性世界"、属人世界，才对人具有现实意义和价值：它既是人生存与生活的现实环境，又是人进一步认识、把握和变革世界的前提与基础；人们从事科学认识、探索的目的，并不是"为认识而认识"、"为科学而科学"，而是服从于人的价值目的、服从于人的生活实践的。这样，存在论（本体论）、认识论的基本内容，与实践基础上的价值论一道，作为基本的哲学分支在一种更高的视野和层次中被统摄、整合起来。

3. 哲学作为人学性质的确立，实践论、价值论在哲学中地位的凸显，将变革哲学思维的视角和方式，即从客体的直观的实体性思维向实践性、主体性、生成性的关系性思维转变。

传统思维方式如同马克思在《关于费尔巴哈的提纲》中指出的，其历史性局限在于，对"事物、现实、感性"，仅仅只是从"客体的或直观的形式去理解"，而不是"当作人的感性活动、当作实践去理解"，"不是从主体方面去理解"：这种思维方式是一种实体思维，对于任何思考对象，都试图找出某个存在着的、具有某种性质的本原实体（如"上

---

① 《马克思恩格斯全集》第42卷，人民出版社1979年版，第178页。

帝"、"理念"、"绝对精神"等"精神"本原,或原子、阴阳五行等"物
质"本原),然后以之为基点建立绝对一元的实体理论;它是一种客体
性思维,仅仅从客体方面去把握和思考问题,追问的是客体的存在、本
性和运动规律,忽视或者回避作为主体的人在思维过程中的地位和作
用,不是从主体或主客体的全面关系中去把握思维对象;它是一种直观
形式的思维,即仅仅孤立、静止、片面地从客体方面去把握和思考问
题,而不去把握人与世界、主体与客体的全面关系及其普遍联系、动态
发展,不去把握主客体相互作用的动态性的矛盾运动。略而言之,没有
真正懂得生活、实践的方式作为人类思维方式的根源的意义。

　　在《关于费尔巴哈的提纲》中,马克思鲜明地提出,要把现实当作
"实践",从"主体方面"去理解,从而去克服旧唯物主义的"主要缺
点",为新哲学提供理论基础。这要求摒弃传统的客体的或直观的思维
方式,确立新的思维方式,即关注人及人的价值维度的新哲学思维方
式,或者说实践的主体性思维方式。① 当然,作为对传统思维方式之扬
弃,新的思维方式已包含了传统思维方式中那些有价值的思想成果,只
不过是以经过新思维方式改造过的、消融了其片面性、局限性的方式,
而包含传统思维方式的。

　　从根源上说,这种新思维方式不过是作为主体的人的生存方
式、行为方式或活动方式的反映;作为现时代的思维方式,不过是
现代社会实践,特别是科学活动与变革世界的活动中体现着的"实
践逻辑"或"行动的推理",在人们头脑中的全面的、立体的、动
态的概括和反映。具体说来,这种新的思维方式具有如下一些内容
与显著特征:

　　首先,这种新的思维方式是一种"关系思维"。这不是一般的把对

_____

　　① 由于如下两方面的原因,从实践出发的观点和从主体(人)出发的观点,
实践思维方式和主体性思维方式是一致的、统一的:第一,实践总是作为主体的人
的实践,是人特有的存在方式和区别于物的生存本性,在动物界和单纯物的世界,
是不存在实践活动的;第二,只有以实践为基础才能确立人的哲学地位,才能解开
"人"之谜,才能全面地把握人的本性、本质以及人与世界的关系(或主客体
关系)。

象、客体放在某种自然甚至社会的联系中，也不简单地只是去思考对象、客体之间的某种关系。这种"关系思维"，首先是因为实践是作为一种关系——人的对象性关系的运动——而存在。依照马克思的理解，实践是人自觉地变革世界、创造价值的目的性活动。在这种活动中，人一方面改造了外部世界，使之成为人的活动客体；同时也改造了人自身，使之成为人自身活动的主体。在这种活动中，作为主体的人不断地以物的方式去和对象发生关系，打破了原有的自然世界的秩序与状态，使原来只有单一性质即仅具有自然关系的世界，变成了具有双重关系即属人关系的世界，使存在出现了自然与属人、主体与客体、主观与客观、现实与理想等种种矛盾和对立。作为一种哲学思维方式，"关系思维"要求主体（人）对任何思维对象的思考，都置于这种社会性历史性的现实实践关系中去进行，置于人与世界、主体与客体的全面关系中去进行，从而把握其实质、把握其发展变化。

其次，这种新的思维方式是一种"主体性思维"。所谓主体性思维，"即不是把主体和客体的作用平列地对等地看待，更不是传统的'客体中心论'，而是要着重于'从主体方面看'"①。而所谓"从主体方面看"，即是要从主体与客体的关系中，从主体本身的存在、结构、地位、特性和作用中，去把握现实的客体、把握现实的主客体关系。当然，这里的主体并不是唯心主义者所理解的上帝、神、"绝对理念"、"绝对精神"、自我意识或观念的"化身"，而是以人的生命存在为基础的、处于现实的实践—认识活动中的、具体的、历史的人或人的社会共同体。

再次，这种新的思维方式是一种"辩证的思维"。这种辩证的思维，不仅仅是以形式逻辑为基础的，而且是以"合理形态的辩证法"——实践的辩证法为基础的。它不是把对象从实践所规定的全面而丰富的主客体关系中，从事物的普遍联系中抽取出来、孤立起来进行思考，而是要在主客体的全面关系中，在事物的普遍联系中，综合地、创造性地把握

---

① 李德顺：《实践的唯物主义与价值问题》，载《南京社会科学》1996 年第 1 期。

它们,并在实践中实现它们、变革它们。它不是从某种既成的形式,去对对象进行静态的分析描画,而是要在人与世界、主体与客体的相互作用的矛盾运动、动态发展过程中来思维,使思维成为活生生的、现实的、立体的、开放的"感性的活动"之内在组成部分。当然,有时那种孤立、静态的分析与刻画也是必要的,但它仅仅是作为这种实践把握的一个环节、一个方面而内在地包含于其中。

将以上几方面综合起来,那么,这种新思维方式的主要特点,在于要求"像人的生活、实践那样思维",即人的思维、逻辑并不是脱离生活、实践的概念游戏,不是纯粹心智的"自由构造",而是主体生活、实践的形态、结构、方式、方法、原则等的提炼与反映。与生活、实践的具体进程相一致,它是一种生成性或成长性思维,一种与思维对象的历史过程相一致的过程性思维。只有体味到了那种永恒动态、发展的意境,才算"触摸"到了这种思维。在思维倾向上,这种新哲学思维方式强调要把对象当作"生活、实践",从"主体方面"去理解,即在由人的生活、实践所创造的人与世界、主体与客体的全面联系、动态发展中去反映、变革对象。但在这种反映、变革中,人与世界、主体与客体的地位不是简单并列的,而要着重从人、从主体方面展开思维,从主体(人)的视角、目的和价值标准去解释和说明对象,从主客体关系的矛盾运动中辩证地反映、变革世界。

4. 在"整全哲学观"的视野中,坚持哲学的人学性质和价值维度,运用实践思维方式,将导致哲学思考的出发点、哲学的宗旨和使命以及哲学精神发生重大变化。

价值是专属于人的范畴,其根据和秘密就在于具体的历史的人。离开了人和人的现实生活、实践,"价值"就成了不可理解、无法捉摸之物。同时,人也是一种价值性存在,价值生活和实践是人的本质特征,人与人的价值生活、实践具有直接同一性。因此,坚持哲学的价值维度,运用实践思维方式,必然得出一个结论:哲学的出发点和宗旨都是实际活动着的人,以及人生活和活动的世界。

早在《关于费尔巴哈的提纲》中,马克思就曾经指出,应该"从主体方面去理解";在《费尔巴哈》中,马克思更是明确宣称:"我们的出发点是从事实际活动的人"①，当然，这种人"不是处在某种虚幻的离群索居和固定不变状态中的人，而是处在现实的、可以通过经验观察到的、在一定条件下进行的发展过程中的人。"② 这实际上旗帜鲜明地把哲学的视角从旧唯物主义的"物"转换到"人"，从"客体"转换到"主体"方面来。

人是现实活动着、创造着的存在物。人是通过自己的劳动实践活动，自己创造出自己来的；人自身的活动，就是人之为人的根据。恩格斯指出："人是唯一能够由于劳动而摆脱纯粹的动物状态的动物——他的正常状态是和他的意识相适应的而且是要由他自己创造出来的。"③当然，人在通过自己的活动创造自身的同时，也改造了外部世界，使它变成"为人的存在"即属人世界。并且，实践是人所特有的存在方式，人通过这种活动不断改造周围外部世界的同时，又不断地丰富着自己的内部世界，发展着自己的本质特征，使人之为人永远处于一种创造、提升状态。

已往的哲学由于不懂得人自身就是人之为人的根据，不懂得人的生活实践活动的意义，也就不可能从人与人自身的活动去理解人、解释人，也就难免求诸于外，而试图从自然的或超自然的原因中寻求人的本质和规定性，如把人理解为生物学意义上的"自然人"，理解为上帝、神或"自我意识"等的"化身"，其结果就难免曲解了人、失落了人。从这样的"人"出发，也就难免以扭曲、颠倒的方式把握人与世界、主体与客体关系的全面图景。而从实际活动着的人以及人生活和活动的感性世界出发，我们就能获得对人与世界、主体与客体关系的全新把握，找到"解释世界"和"改变世界"的钥匙。

而且，还应该强调，明确地从对象、客体的维度转向主体、人的维度，从知识论、真理论维度转向主体性、价值论维度，是哲学宗旨和使命的一次深刻的革命。传统哲学，无论是本体论还是认识论，其主旨都

---

① 《马克思恩格斯选集》第 1 卷，人民出版社 1995 年版，第 73 页。

② 同上。

③ 《马克思恩格斯全集》第 20 卷，人民出版社 1971 年版，第 535—536 页。

在于描述、说明和解释世界；致力于证明现存世界的合理性；追求的是
与客观世界相符合，发现世界的本质和规律，获得关于世界的事实或真
理（客观知识），建构关于世界的完整哲学图景。而事实上，这只是科
学、而不是哲学的目的，科学也足可担当此任。马克思则深刻地指出：
从前的"哲学家们只是用不同的方式**解释**世界，问题在于**改变**世界"①。

新哲学的宗旨和使命就在于批判世界，变革世界。它要求在一切研
究、思考、实践过程中，以人为本，从人出发，关心人与人类的生存状
况和命运，关心个人的幸福和社会的正义，追求对于现存世界的否定、
超越，消除人的物化、异化，特别是通过对现实世界的反思、批判、解
构、治疗，创造性地建设一个"人为的"和"为人的"新价值世界，一
个更加美好、合乎人性和人的目的、促进人与社会自由而全面发展的理
想世界。诚然，无论是描述、说明、解释，还是反思、批判、变革、创
造，都是人类对世界的掌握方式，都是人类活动的基本形式，不过，它
们毕竟有着实质性的区别。尽管后者必须以前者为条件，但前者本身不
是目的，只是实现后者的过程和手段，唯有后者才真正体现了现代哲学
的实质和精神。

最后，还应该指出，上述反映时代精神的新哲学探索，无论在中国
还是在西方都远未成熟，至多只能说"在路上"。由于哲学的人学性质
和实践特质尚待进一步落实；由于价值论出现的历史并不长，哲学的价
值维度所导致的问题、后果也尚需进一步体味、提炼；因此，如何真正
实现哲学观的变革，探索哲学基于主体实践和价值维度的新形态，仍是
现时代一个待解的、相信也是有生命力的谜题。

---

① 《马克思恩格斯选集》第 1 卷，人民出版社 1995 年版，第 57 页。

"现代性"的哲学反思

——在"批判启蒙"与"审美批判"之间

刘悦笛

【内容摘要】"现代性"作为来自欧洲的观念，在历史上不断得到反思，主要存在两类反思的理路：一类可称之为"泛审美现代性"，以波德莱尔为起点，中经齐美尔，直到福柯那里结束，他们面对现代性皆持一种"审美批判"的态度；另一类可称之为"批判启蒙现代性"，也就是在批判启蒙基础上来实现启蒙的"现代性"思想，它以韦伯为起点，直接穿越了从阿多诺到哈贝马斯的法兰克福学派两代哲学家。实际上，我们可以在这两种"反思现代性"之间"执两用中"，从而提出崭新的"第三种全面的现代性"。这种现代性的"全面性"，就体现在"以审美中和主体性"、"以审美中介纵向理性"、"以审美平衡文化分化"、"以审美规划社会尺度"，从而走向一种"主体间性的交往原则"、"横向理性—感性的图景"、"文化间性的对话主义"和"新感性—理性社会"的通途。

"现代性"（Modernity）是在近 50 年的文献中频繁出现的词汇，广义的"现代性"，就是指 17 世纪启蒙时代以降（曾以欧洲以主导的）新文明之基本特性。换言之，"现代性是由以都市为基础的工业资本主义的文化逻辑所组成的，它具有高度分化的结构——政治、经济、文化——它们自身逐渐与中心化的体制相分离"①。一般而言，来自欧洲文化的"现代性"的基本理念里，起码包括"启蒙的理性"、"对进步的信仰"、"经验科学"与"实证主义"等层面。因而，以"批判思想"、"经验知识"和"人道主义"的名义，"现代性"标志着一种变革的文明基本观念，标志着对传统和惯例发出挑战的理性回应。这类"现代性"的基本理念在欧洲被确立之后，几乎是一路高歌猛进，冲破了一切障碍与资本主义的现代化、工业技术和经济生活结合起来，从而深深地嵌入了现代社会和文化结构的内部。

　　"现代性"这个用语，往往被追溯到波德莱尔的经典论述那里。实际上，这个词在19世纪的法国仍是一个新词汇，但在17世纪的英语世界就已经通用了。例证就是，在1627年出版的《牛津英文词典》里面就首次收入了"modernity"（意为"现时代"）一词，其中还引证了贺拉斯·华尔浦尔论诗的一句话——这些诗（指托马斯·查尔顿的诗）"节奏的现代性"②。可见，"现代性"在一开始出场的时候，就同审美紧密地联系在一起。

　　因此，在历史上，基本上存在两类对"现代性"的反思理路，一类我们可以称之为"泛审美现代性"，另一类可以称之为"批判启蒙现代性"。可以说，这两类"反思现代性"都洞见到了现代性的负面价值，也都试图在批判现代性的基础上来加以重建，但又都各执一端而忽视了彼此。实质上，这两类"反思现代性"倒可以在一个更新的基础上融会贯通起来，进而提出一种崭新的"全面的现代性"。

---

　　①　Allen Swingewood, *Cultural Theory and the Problem of Modernity*, New York: St. Martinv's Press, 1998, p. 137.
　　②　转引自［美］梅泰·卡利内斯库《两种现代性》，《南京大学学报》1999年第3期。

一　反思现代性Ⅰ:从波德莱尔、齐美尔到福柯

有趣的是，对现代性最早的反思，就是从美学的视角做出的。这是由于，在 19 世纪的后半叶，各种艺术形态连同哲学、心理学都逐渐步入现代的历程。通过对新的叙事模式的发现和时间概念（如意识流）的发展，绘画和音乐率先打破了传统的模仿观念，从而去想象另一种没有明显中心的、流动的和不居的现实，印象派的艺术便在其中担当了急先锋。

正是在这样一种艺术语境下，美学家敏感地捕捉到了时间感的变化。就在 1863 年，波德莱尔在连载于《费加罗报》上的《现代生活的画家》里，其中一章的标题就定为"现代性"。波德莱尔认定："现代性就是短暂性（transient）、飞逝性（fleeting）、偶然性（contingent）；它是艺术的一半，艺术的另一半则是永恒性（eternal）和不变性（immutable）。"① 的确，这位著名的《恶之花》的作者几乎在瞬间就抓住了现代都市生活的某些特质，抓住了自己从中感受到的流动性和非确定性。这是波德莱尔对快速工业化时期都市生活的主观反应，也是对文化自身飞速商品化发展的客观估计。

在此就出现了一种思想的罅隙。波德莱尔究竟是完全拜倒于"现代性"的裙下，还是对"现代性"有所保留呢？且看他对"美的双重性"的如下论述，这一论述竟然同对"现代性"的观感是如此的类似："构成美的一种成分是永恒的、不变的……；另一种成分是相对的、暂时的。"② 可见，诗人区分出美既包括"某种永恒的东西"又包括"某种过渡的东西"，这同"现代性"所包容的"短暂"与"永恒"的两面性，

---

① ［法］波德莱尔:《现代生活的画家》，见《波德莱尔美学论文选》，第 424 页，译文根据英译有所改动，原译为"现代性就是过渡、短暂、偶然，就是艺术的一半，另一半是永恒和不变"。

② 同上书，第 416 页。

是如出一辙的,或者说,后者是波德莱尔之美的理念在"现代性"问题上的延伸。

如此看来,在一定意义上,波德莱尔眼中的审美现代性带有"反启蒙"(anti-Enlightenment)的色彩。因为,他并没有被现代性的飞速疾驰所完全迷惑而眩晕,而是要将"现代性"切开了两半,一半是"变"的,另一半则是"不变"的。在波德莱尔看来,无论是现代性还是艺术乃至人性,都包含"变与不变"的内在统一。这样,正由于波德莱尔从审美的视角出发,才让现代性呈现为"时代性"(Zeit)和"永恒性"(Ewigkeit)的交汇"[1]。在这种"不变"的意义上,我们看到,波德莱尔仍反对那种不可避免的历史进步观,同时,也用一种美学的冲动来反对理性自律性,所以,他才会常常在文字中表露出"古今之辩"与"今非昔比"的感叹。

沿着波德莱尔对现代都市的观照之路,齐美尔独辟蹊径走出了一条"社会美学"(sociological aesthetics)之途,他以此作为反思"现代性"的新径。应该说,齐美尔所继承的还是波德莱尔的"反整体论"(anti-holism)的思路,前者与后者共同分享了碎片化的、经验的和微观分析的观看方式,但后者还仅仅是就美学而论审美现代性,前者则试图在审美现代性与社会基础观念之间架设桥梁。

照此而论,齐美尔主要还是依据于"社会互动"(social interaction)和"社会化成"(social sociation)的模式来定位"现代性"的。他认为,社会过程就本质而言是心理过程,经历的是"社会化成"的社会过程,个体之间相互的互动形式或模式,使得行动的内容获取了社会现实的地位。由这种基本社会学观出发,齐美尔就好像东看看、西瞧瞧的游手好闲者(flaneur),看到了"现代性"之纷繁错杂的印象,并将之记录下来。这种记录被称之为"印象风格理论",因为它不成体系而被保守的社会学研究者所摒弃,但是这恰恰是审美风格所擅长的地方。可见,谈论齐美尔的"现代性"理论

---

① Jürgen Habermas, *The Philosophical Discourse of Modernity*, Cambridge: Polity Press, 1987.

自然离不开另一种视角：审美的视角。这是由于，齐美尔不仅仅将
社会问题看做是"伦理学问题"，而且也将之视为"美学问题"①，
因为按照他的理解，从美学的动机出发，同样能够有利于某种"完
全不同的社会理想"。

　　齐美尔在《社会美学》中这样来定位他心目中的"审美现代性"：
"美的沉思和理解的本质在于：独特的东西强调了典范的东西，偶然的
仿佛是常态的，表面的和流逝的代表了根本的和基础的。"这同波德莱
尔又是何其相似！这里的"偶然的"、"表面的"、"流逝的"，不正是波
德莱尔所说的"短暂性"、"飞逝性"、"偶然性"吗？甚至齐美尔就将之
视为常态的、根本的和基础的，因为审美的本质也在于一种将瞬间变成
永恒的力量。因而，"现代性在此就得到了一种动态的表达：支离破碎
的存在的总体性和个体要素的注意性得以显现。相反，集中的原则、永
恒的要素却逝去了"②。由此看来，齐美尔更具有后现代性的气质，而
这种气质显然是来自他的美学视野。

　　福柯关于"现代性"思考的文献，主要集中在《何为启蒙》（1984）
这篇著名的长文中。多数的研究者将注意力放在这篇文章前半部分涉及
的重要人物康德身上。的确，该文也是对康德1784年12月回答《柏林
月刊》的那篇《答复这个问题："什么是启蒙运动？"》（1784）短文的再
反思。但是，人们却相对忽视了出现在福柯该文中段的另一位重要人
物，那就是波德莱尔。在这位人物的作品里，福柯发现了"19世纪现
代性最尖锐的意识之一"③，并借此阐发了自己对"现代性"的基本理
解及其对"启蒙"的另类态度。

　　按照康德的规范理解，"启蒙运动就是人类脱离自己所加之于自己

---

　　①　［德］齐美尔：《桥与门》，涯鸿、宇声译，上海三联书店1991年版，第
221页。

　　②　Georg Simmel，*Critical Assessments*，Vol. 1，London：Routledge，1994，
p. 331.

　　③　［法］米歇尔·福柯：《何为启蒙》，见《福柯集》，杜小真编选，上海远东
出版社1988年版，第534页。

的不成熟状态"①。但在福柯看来，这是康德在"以完全消极的方式"给启蒙下定义，并单方认定这才是启蒙的"出路"（Ausgans）。其实，"'启蒙'是由意愿、权威、理性之使用这三者的原有关系的变化所确定的。……应当认为'启蒙'既是人类集体参与的一种过程，也是个人从事的一种勇敢行为"②。但仅仅出于意愿而私人使用理性还不够，"'启蒙'因此不仅是个人用来保证自己思想自由的过程。当对理性的普遍使用、自由使用和公共使用相互重迭时"③，才有"启蒙"。

由此可见，福柯的反思的聚焦点，还在于"理性之使用"及其背后深藏的东西。隐藏在康德这种自我意识背后的是，他是将启蒙观念建立在一套普遍的先验理性和道德结构的基础上的。所以，福柯才拒绝将道德行为准则与普遍有效的理性联系起来，"试图抛弃'绝对命令'中康德道德的先验基础，以挽救一种更深入的和历史性的实践理性观念，而这种实践理性观念成为伦理学概念的基础"④。那么，如何重建这种伦理呢？出人意料的是，福柯走的却是以美学拯救伦理的路线，或者说，这与他将当代伦理学当作一种美学实践，或者与其所谓的"生存美学"（aesthetics of existence）有关。

福柯在"生存美学"里赋予"自我控制的观念"以核心地位。这种观念既来自于对古希腊思想的阐发，福柯从中接受了"至高自我"（sovereign self）的传统观念，也来自于波德莱尔的自我英雄化（heroization of the self）的现代启示。

在此，波德莱尔及其"现代性"思想对福柯而言就像一剂解药。福柯一反通常的理解总是把"现代性"看做是"与传统的断裂、对新颖事物的感情和对逝去之物的眩晕"，这些只是"对时间的非连续性"的表面意识。而在援引波德莱尔的"现代性"的经典定义后，他又说明波德

---

① ［德］康德：《答复这个问题："什么是启蒙运动？"》，见康德《历史理性批判文集》，何兆武译，商务印书馆 1990 年版，第 22 页。

② ［法］米歇尔·福柯：《何为启蒙》，见《福柯集》，第 530 页。

③ 同上。

④ ［英］路易斯·麦克尼：《福柯》，贾湜译，黑龙江人民出版社 1999 年版，第 160 页。

莱尔的意图刚好相反，他并没有接受和承认这种恒常的运动，而是对这种运动采取了某种客观的态度。因而，"这种自愿的、艰难的态度在于重新把握某种永恒的东西，它既不超越现时，也不在现时之后，而在现时之中。……现代性是一种态度，它使人得以把握现时中的'英雄'的东西。现代性并不是一种对短暂的现在的敏感，而是一种使现在'英雄化'的意愿"①。

一言以蔽之，在福柯的眼中，现代性就是"当下的新意"（newness in the present）。福柯以波德莱尔的"现代性"为批判武器，要批判正是启蒙思想的理性神话。其背后的潜台词是，那些似乎不可避免的历史进步和理性自律的哲学信仰，都应该在"当下"的关注中被消解掉。"现代性"无非只是理解"当下"之途，并没有那些包括总体性在内的所谓的超越原则存在其中。

二 反思现代性Ⅱ:从韦伯、阿多诺到哈贝马斯

从波德莱尔、齐美尔再到福柯，这是一条完整的线索，基本是从"审美批判"的视角来反思"现代性"的。但是，他们对启蒙的反思却并没有那么激越，或者说，他们"反启蒙"的态度基本上是隐含着的。那种明确"批判启蒙"的思想线索是在下列人物身上出现的，这些人物就是韦伯、霍克海默、阿多诺和哈贝马斯。总体来看，他们批判的直接标靶，无疑就是"启蒙"。

对"现代性启蒙"的省思，首先出现在韦伯的"文化社会学"的思考里面。按照这一基本思路，"现代性"被认为精确地开始于组织和文化的进步理性。与此同时，随着一统天下的传统世界观和价值系统的崩溃，"价值系统"开始出现分化而趋于多元的结构——这些领域分别是"政治和经济领域"、"知识和科学领域"、"审美和爱欲领域（个人领域）"。这种分化之所以在现代社会出现，是由于社会的"合理性"和文

---

① ［法］米歇尔·福柯:《何为启蒙》，见《福柯集》，第534页。

化的"解魅化"。一方面，当社会行为都关注在"目的—手段"功能这种效率关系的工具理性化的时候，显然，人们就无法摆脱理性化所设置的圈套；另一方面，当理性化不仅嵌入到国家、官僚制的社会结构里面，而且还深入浸渍到文化与个性的时候，世界也便趋于"祛魅"。反之，文化也具有反作用力，比如"文化促进理性的、官僚体制的统治结构本身的传播"，就是如此。①

这样，社会"合理性"与文化"解魅化"便直接带来两个后果：一个是历史地造成了"持久算计的世界"，另一个是使得"多神和无序的世界"得以陷落。② 以此为中介，便是现代科学、理性知识和新的宗教的兴起，对诸如经济、政治、审美、爱欲、知识等其他的完全不同领域的"生活秩序"（Lebensordnungen）第一次提出了挑战。由此，也就造成了这些方面分别形成了相对自律的领域，从而各自打造出属于自己的"价值领域"（Wertsphären）。这样，现代社会便不再以那种传统意识形态作为拱顶石，而是以自律领域（及其与之相匹配的价值）的网络为特征。

总之，韦伯视野里的"现代性"既是具有结构性的，又是具有规范性的，其核心仍是对启蒙哲学的一种批判。他的文化社会学所考虑的就是文化领域的"自律"、"自由"和"分化"。这样一来，他的"现代性"也便与人性的理性化与领域的自律化相互关联起来，甚至具有了某些后现代的征候。③

在韦伯之后，第一代法兰克福学派（主要是霍克海默、阿多诺）暗中继承了韦伯对工具理性的批判，以激进的姿态来猛烈地批判启蒙；而第二代法兰克福学派（主要是哈贝马斯）直接继承的则是韦伯的文化价值领域的分化理论，但是却在对待启蒙"现代性"的态度上趋于相对

---

① ［德］马克斯·韦伯：《经济与社会》下卷，林荣远译，商务印书馆1997年版，第320页。

② Nicholas Gane, *Max Weber and Postmodern Theory*, London：Palgrave Publishers Ltd. , 2002, p. 29.

③ Allen Swingewood, *Cultural Theory and the Problem of Modernity*, New York：St. Martinv's Press, 1998, pp. 147-148.

保守。

当然，霍克海默、阿多诺《启蒙辩证法》里所谓的"启蒙"具有更哲学的意味，并不直指康德所说的 18 世纪欧洲的启蒙运动，而是意指一种使人类摆脱蒙昧、"以启蒙消除神话、以知识代替想象"的基本精神，他们对启蒙进行了深入的批判：

首先，启蒙的努力无非是通过个体的解放，走一条从"神话"到"启蒙"的道路。然而，这一进程当中，启蒙本身倒成为了一种不可置疑的新神话。"正如神话已经进行了启蒙，启蒙精神也随着神话学的前进，越来越深地与神话学交织在一起。启蒙精神从神话中吸取了一切原料，以便摧毁神话，并作为审判者进入神话领域。"① 事实恰恰走向了反面。这里，第一个关键词是"神话"。

其次，启蒙精神要通过理性原则对自然进行统治，这便要求人对自然的优胜和支配。但是，人在支配自然的同时，在力图把自然界中的一切都变成"可以重复的抽象"的同时，人也在接受自然的反支配。因为"每一个企图摧毁自然界强制的尝试，都只会在自然界受到摧毁时，更加严重地陷入自然界的强制中"②。在此，第二个关键词便是"自然"。

最后，启蒙的发展，使得资产阶级的"工具理性"，亦即以崇尚理性为名、行操纵和计算之实的技术理性却愈演愈烈，科学也以维持自我生存为根本的原则。这样，就造成了"管理型"剥削形式的不断延伸，"所以在整个自由主义发展阶段，启蒙精神都始终是赞同社会强迫手段的。被操纵的集体的统一性就在否认每个个人的意愿"③。可见，在现代社会机器对人形成了控制和禁锢之后，人们都沦为社会机器的一个个零件而已。在这里，第三个关键词就是"理性"，实际上，这里所批判的就是来自韦伯意义上的"工具理性"。

相形之下，哈贝马斯却直接从韦伯那里吸取思想养料，在诸多方面

---

① ［德］霍克海默、阿多诺：《启蒙辩证法》，洪佩郁、蔺月峰译，重庆出版社 1990 年版，第 9 页。

② 同上书，第 11 页。

③ 同上书，第 10 页。

离他的老师阿多诺的立场更远一些，他表明了自己的独特观念——保卫并发展启蒙的"现代性"计划！哈贝马斯其实仍是在追随韦伯的文化价值分化的理念，并由此确定了三方自律的领域：科学领域、道德（及法律）领域和艺术领域，但认定这三大领域都有着自身的内在理性，这便由此呈现出一种"文化现代性"的分裂状态。

哈贝马斯认定："18世纪启蒙运动哲学家所构想的现代性方案，从如下方面可以得见：依据各自的内在逻辑努力发展客观科学，普遍道德和法律，自律艺术。同时，还要将这些领域各自的认知潜能从其奥妙的方式中释放出来。"① 应该说，韦伯仅仅关注的只是不同价值领域的特殊知识增长，还有专家与公众之间沟壑的出现，但在对待释放启蒙的潜力问题上，始终是持一种模糊不清的悲观主义态度。相对而言，哈贝马斯的基本立场则是乐观主义的，他认定"现代性"的任务尚未完成，关键是如何将尚未释放出来的启蒙潜能释放出来。

哈贝马斯认为，每个领域所集聚的启蒙潜能，都不仅仅在于技术和形式化的知识蕴藏于其间，而是经济组织、政治体制、法律和道德还有审美形式等构成了现代文化的基石，它们带来的是"实质性"价值的生产，而非"形式化"价值的产生。为了释放启蒙潜能，哈贝马斯提出"认知观念"、"规范观念"和"审美观念""这三个文化价值领域，必须同相应的行为系统紧密地结合起来，这样才能保障面对不同有效性的知识生产和知识传承"，这是其一；每个领域中的"专家文化所发挥出来的认知潜能还要同日常交往实践联系起来，同时充分地运用到社会行为系统当中去"，这是其二；"文化价值领域还要彻底地制度化，从而让相应的生活秩序获得充分的自律性"②，这是其三。具体来说，就是"认知—工具合理性"在科学活动中获得制度化，"审美—表现合理性"在

---

① Jürgen Habermas,"Modernity: An Incomplete Project", in *The Anti-Aesthetics: Essays on Postmodern Culture*, edited by Hal Forster, Washington: Bay press, 1983.

② Jürgen Habermas, *The Theory of Communication Action*, Vol. 1, Cambridge: Polity Press, 1989, p. 240.

艺术获得中获得制度化，如此等等。①

最值得称道的是，哈贝马斯在开放社会和文化世界的内在可能性的同时，提出了通过"现代文化"与"日常生活"的再度关联，而使得启蒙计划得以真正的实现。进而言之，也就是让"现代性"有效的规范内容，成为人类"生活世界"的有机构成部分，进而去帮助形成不同的文化实践。

三　"执两用中"：建构"第三种全面的现代性"

综上所述，根据历史的线索，我们已经梳理出两条"反思现代性"的红线。

反思现代性Ⅰ：以波德莱尔为起点，中经齐美尔，直到福柯那里结束。我们称之为"泛审美现代性"，因为他们面对"现代性"都持一种"审美批判"的态度。波德莱尔的思想可谓是纯粹的"审美现代性"，齐美尔和福柯虽也"皆著"审美的色彩，尽管在思想的基调上前者注重的是社会，而后者关注的则是伦理。

反思现代性Ⅱ：以韦伯为起点，直接穿越了法兰克福学派的两代哲学家，从霍克海默、阿多诺到哈贝马斯又形成了"现代性"思想的转型。这条红线很清晰，又可以被称为"批判启蒙现代性"，顾名思义，这就是一类在批判启蒙基础上来实现启蒙的"现代性"思想。

这二者，无疑就是吉登斯所谓的"作为文学—审美概念（literary-aesthetic concept）"与"作为社会—历史范畴（sociological-historical category）"的两类现代性。② 但无论是"泛审美现代性"还是"批判启蒙现代性"，可以说，都具有一种"悖论"的性质。这种"现代性的悖

---

① Jürgen Habermas, *The Theory of Communication Action*, Vol. 1, Cambridge：Polity Press，1989，pp. 240-241.

② Anthony Giddens，*Social Theory and Modern Sociology*，Oxford：Polity Press，1987，p. 223.

论"体现在，他们虽然都来自于"现代性"，但又都同时反戈一击，反击了"现代性"的负面价值，从而在现代性内部形成了一种"反现代性"的张力。正如哈贝马斯在论述"审美现代性"时所言，"现代性公然反叛传统的规范功能；现代性以反抗的经验为生，反抗所有的规范"①。在这个意义上，"泛审美现代性"和"批判启蒙现代性"都被认为是"反思的现代性"或"现代性的反思"。

实质上，在这两种视角之间，在反思现代性Ⅰ与反思现代性Ⅱ之间，我们可以获得一种"融合视界"的大视野。这种现代性，也就是介于"审美批判"与"批判启蒙"之间的新的"现代性"。这种"现代性"应该兼具了"审美批判"与"批判启蒙"的积极特质，同时，又是超逾了这两种原初现代性的更高的"现代性"。就此而论，"反思现代性Ⅲ"才是真正意义上的"全面的现代性"。这种"全面的现代性"的基本思想内蕴，包括如下四个方面：

首先，以"审美"中和"主体性"，走出"人类中心主义"，从而走向一种"主体间性"的交往原则。

以"启蒙"为主导动力的传统"现代性"，往往导致"主体性"的过分张扬。这样所造成的后果，便是业已断裂开的主体对客体的优越和战胜，从而导致人对自然的强力支配和无情盘剥。一种强有力的"人类中心主义"由此孳生。这样的"主体性"所带来的，不正是齐美尔所忧心忡忡的"主观文化"与"客观文化"相冲突的"文化悲剧"吗？相形之下，古希腊人"可直接将大量客观文化应用于自己的主观文化建设，使主客观文化同时得以和谐发展，但因现代的主客观文化之间相互独立化，这种和谐已经破碎"②。尽管齐美尔对古希腊人的理想文化状态的憧憬是充满梦幻的，但是由这种比较而来的文化断裂却是无可置疑的。

在此，审美的力量就有了用武之地，它最适合作为平衡主体与客

---

①　Jürgen Habermas,"Modernity：An Incomplete Project", in *The Anti-Aesthetics*：*Essays on Postmodern Culture*, edited by Hal Forster, Washington：Bay press, 1983.

②　［德］齐美尔：《桥与门》，第95—96页。

体、主观与客观的"中和的机制"。因为，在美的活动里面，向来就要摒弃主客两待的基本范式，而趋于"你中有我、我中有你"的相互融合。这种融合机制所达到的理想状态，就是齐美尔所论的"客观文化的主观化"与"主观文化的客观化"，但齐美尔仍处于传统思维范式当中，仍在割裂主客的基础上再试图来融会二者。这不仅是"人类中心主义"思维在其中起作用的结果，也与"欧洲中心主义"的思维范式息息相关。这里便存在一种悖论，既明知这种二元割裂的缺陷，但言说的时候又无法摆脱这种两分。能够走出这种悖论的途径之一，就是走向"主体间性"或"交互主体性"（intersubjectivité）。这是由于，美的活动能够形成一种"理想的交往共同体"的氛围，使得身处其间的人与人之间能够进行自由的对话和交往。[①] 依此类推，当这种审美原则推演到"主体之际"乃至文化之际的时候，就会带来一种健康的交往和对话状态，从而拒绝人与人、人与文化、文化与社会、人与社会的分裂。这不仅仅是哈贝马斯所说的"交往理性"的结果，其实也是另外的一种"交往感性"的过程，或者说是理性与感性"本然融合"的自由交往的过程及其结果的统一，因为在美的活动里面感性与理性的分裂也是不存在的。这才是理想的"交往原则"与"交往原则"的理想。

其次，以"审美"中介"纵向理性"，远离"逻各斯中心主义"（logocentrism），从而塑造出一种"横向理性—感性"的图景。

以"理性"为核心原则的传统"现代性"，常常造成一种"理性"的过度强大，并将其理性规律侵占和渗透到一切社会和文化的领域之中。在思想层面上，这便造成了理性与感性的基本分裂，乃至在"现代性"的促动下，使得感性成为理性的奴仆。这就忽视了在原本意义上，感性理应去融会理性，来冲淡理性的"毒素"，来融解理性的"硬核"。在社会层面上，韦伯意义上的"工具—目的合理性"或"形式合理性"便成为现代社会的坚硬内核，从而将整个社会卷入"手段支配目的"、

---

① 刘悦笛：《生活美学——现代性批判与重构审美精神》，安徽教育出版社2005年版，第315—326页。本书认为，"情感共同体"构成了审美交往的理想性之现实基础。

"工具—目的合理性统领价值合理性"、"形式合理性霸占实质合理性"的社会状态。随着科学技术的发展，一种以操纵、计算、狭隘的技术理性为实的"工具理性"，遂而将整个社会的重心置于技术对自然的支配上面。这是一种崇尚专业技能的高度理性化模式，甚至当今的社会和文化也就此被认定为是"过度理性化"（hyper-rationalized）的。

　　这种一脉相承的理性模式，基本上秉承的是一种"纵向理性"的历时性范式。因为它所强调的是一种由低至高的、线形的、不可逆的进步观念。这同时也就是德里达所洞见的"逻各斯中心主义"。传统形而上学将逻各斯作为真理和意义的中心，并认为它们可以通过理性来认知，这便将理性仅限定于"认知—工具"（cognitive-instrumental）的维度，从而也就忽略了生活世界中的理性复杂性。由此种缺陷出发，其实便可以倡导一种韦尔施所谓的"横向理性"（Vernunft transversale），这里"理性恰恰是合理性形式和过渡的一种能力"，它"不同于一切原则主义的、等级制度的或形式的理性构想"，而试图"理解和构建一个整体"，以"使理性适应知性"①。同时，"横向理性既较为有限又较为开放。它从一种合理性形式过渡到另一种合理性形式，表达区别，发生联系，进行争论和变革。……它一方面超越合理性形式，但另一方面重新与合理性形式结合，所以它的综合是局部的，而它的过程本身是多种多样的"②。其实，在这种整体是水平的和过渡的"程序"当中，与理性本然不可分的感性也应该充当重要的角色，它主要充当的是一种"中介者"的角色。这意味着，审美应在理性与社会之间充当必要的中介，审美也由此能回复到其"感性学"的原初含义。其实，韦尔施的"横向理性"照此又应拓展为"横向理性—感性"的共时性存在模式。由此可以提出一种"温和的实质合理性"，也就是不仅指向达到目的的手段，而且指向手段之后的目的，而这两者都是在以感性—理性的方式被双向确定的。当然，这种"横向理性—感性"一直在两条战线上作战，一面的

---

　　① ［德］沃尔夫冈·韦尔施：《我们的后现代的现代》，洪天富译，商务印书馆 2004 年版，第 441—442 页。
　　② 同上书，第 442 页。

敌手是过度的理性化，另一面的敌手则是无底的非理性化。这是因为，现代性所带来的"文化领域"的自治化，既为非理性主义的孳生又为理性主义的发展留下了巨大空间。

再次，以"审美"平衡"文化分化"，反对科学、道德和艺术的绝缘分裂，从而趋向一种"文化间性"的对话主义。

以"分化"为文化表征的"现代性"，将现代的"整个生活系统"分离开来，因为"生活秩序"的分化是伴随着不同领域的"内在价值"的特殊化而共存的。在文艺复兴时期世俗文化脱离宗教文化而独立之后，18世纪康德对文化所作的思辨的、伦理学的和美学的三个领域的划分也基本得以成型，它们分别以"真"、"善"、"美"为不同的轴心原则。这样，理论思辨领域、道德实践领域和美学经验领域，这些不同的领域在"现代性"的发展中就处于相互独立的历史进程当中。在独立自主的分化过程里，科学、道德和艺术的基本领域都由此获得了自治的规定性。当每个文化领域都获得了最充分的可能自治性，也就是获得了韦伯意义上的"自主权"时，这就意味着每个领域都变成是"自我立法"的。比如，现代主义艺术的自主化，便是文化形式对于现实的自主化。与此同时，随着领域的分化，文化作为整体也独立于整个社会的领域，并由此开始改造着社会的结构。如此看来，文化分化也就成为了"现代性"的基本文化表征。正如拉什所言，所谓的"现代化"就是文化的"分化"，或者德国分析家所说的"差异外显"（Ausdifferenzierung）的过程。

然而，拉什的侧重点在于对后现代文化的描述，他认为"后现代化"则是一个"去分化"，或者说是"消除差异"（Entidifferenzierung）的过程。① 这种后现代原则的出场，恰恰打击到了现代性文化发展的要害。在此，我们理应提倡一种"文化间性"的对话主义，简言之，也就是：反对文化分化，倡导文化的融合，文化之间的"再度"的融合。因为，由于科学理性的过分强大，理论与实践又难以统一，现代文化总是被理性的"手术刀"条分理晰地肢解开来。这便是主要属于科学与思辨

---

① Scott Lash, *Sociology of postmodernism*, London: Rouledge, 1990.

领域的"理性原则"对其他领域所实施的"殖民化"。相反,与理性主张侵略和掠夺不同,从审美的角度来看,审美的世界似乎是最不具有"侵略性"的,而是主张一种文化与文化之间的健康的融合状态。当然,这种相互的平等共处,也是在保持自身的前提下得以实现的,传统美学过分强调的"自律性"在此应被消解。但同时,也要强调一种"文化间性"的最基本的差异,也就是"底限"的差异。而且,还要强调逐渐趋于"一体化"的文化与社会之间的协调发展。总之,面对"文化分化","审美弥合原则"的主要启示就是——要谋求一种"融合的发展"与"发展的融合"。

最后,以"审美"规划"社会尺度",抛弃"乌托邦"的虚幻之途,铺出一条"新感性—理性社会"的路径。

"现代性"的发展,基本上是以"启蒙的规划"为准则的。这样的启蒙现代性带来一系列的社会和文化后果。"主体性"的过度增长,带来了人与自然的地位的颠倒。由此,"人类中心主义"的困境就在于:人本来就应是自然的一部分,而不应是让自然对自身"臣服",但又必须从"汲取"自然中获得发展。同时,"理性"的无限增长压制了人的感性本能,造成了社会的片面化和人的异化发展。由此而来的"逻各斯中心主义",用它的"线性"的科学分析与逻辑思维,不仅抽取了人的活生生的生命,而且抽掉了自然事物的生命,乃至根本忽视了整体性的"原型思维"。审美的规律就需要在此得以生长,因为启蒙现代性的过程及其后果恰恰是没有按照"美的规律"来塑造的。实际上,审美恰恰可以成为规划"社会尺度"的原理,借用马尔库塞的话来说就是——"审美之维可以作为一种自由社会的尺度"[①]。

当然,这种"审美尺度"并不是流于某种乌托邦主义,如早期法兰克福学派那样诉诸"审美乌托邦",从而指向了所谓的"高度的现代性"那样。这样做的后果,就使得"一切给定的存在及其本身都与理想之境、超越之思相临,乌托邦思想以其真实的客观可能性环绕着

---

① [德]马尔库塞:《新感性》,《人类困境中的审美精神》,刘小枫编,东方出版中心 1994 年版,第 623 页。

现实"①。真正的"审美尺度"则是将审美作为社会发展的"必要尺度"，而非"绝对尺度"。如果这种尺度绝对化，必然导致审美主义与乌托邦的同谋，从而使得审美也获得了"极权主义"的本质。卡尔·波普尔透视到了这种危险，因而他提出一种折中主义的路线："人类生活不能用作满足艺术家进行自我表现愿望的工具。……我同情这种唯美主义的冲动，我建议这样的艺术家寻求以另一种材料来表现。我主张……追求美的梦想必须服从于帮助处于危难之中的人们以及遭受不公正之苦的人们的迫切需要；并服从于构造服务于这样的目的的各种制度的迫切需要。"② 正是这种降低了乌托邦程度的审美，才能成为塑造一个未来的"新感性—理性社会"的真正尺度，但后现代主义那种过分崇拜差异和相对主义的取向，也要在这种社会重塑中得以削弱。

　　总而言之，既然"现代性的事业"尚未完成，那么，我们就理应构建一种"全面的现代性"。上述四个方面，恰恰构成了健康的"现代性"的完整图景，它探讨的无疑是一种人与世界、人与人之间的新型关系。

---

① ［德］E. 布洛赫：《乌托邦的意义》，见《现代美学新维度》，董学文、宋伟编，北京大学出版社 1990 年版，第 199 页。

② ［英］卡尔·波普尔：《开放社会及其敌人》第一卷，陆衡等译，中国社会科学出版社 1999 年版，第 310 页。

周公"摄政称王"及其与儒家政治
哲学的几个问题

刘　丰

【内容摘要】儒家肯定的周公摄政称王，不是一个简单的历史判断，而是与儒家政治哲学相关的理论问题。儒家肯定周公摄政称王，因为这是儒家素王说或王鲁说的理论前提。与周公相关的《周礼》之所以能够在后世政治中产生变革意义，就在于它是周公践天子位后制礼作乐的产物。从围绕王安石变法所展开的争论中可以看到周公摄政称王是《周礼》一书具有变革意义的理论前提。

周公"摄政称王"本是古史研究当中的一个重要问题。历代学者对此问题，基本有三种看法：一种是肯定周公"摄政称王"，认为这是西周初年的史实；[①] 另一种则对周公"摄政称王"完全持否定

---

① 持这种观点的有顾颉刚、刘起釪、金景芳、王玉哲等先生。参见顾颉刚《周公执政称王——周公东征史事考证之二》，《文史》第二十三辑，中华书局1984年版；刘起釪《由周初诸〈诰〉的作者论"周公称王"的问题》，原载《人文杂志》1983年第3期，收入《古史续辨》，中国社会科学出版社1991年版；金景芳《周公对巩固姬周政权所起的作用》，原载《吉林大学社会科学论丛》历史专集，1980年，后收入《古史论集》，齐鲁书社1981年版；王玉哲《中华远古史》，上海人民出版社2000年版，第513—517页。

的看法。① 还有一种观点则认为，周公摄政是事实，但并未称王。② 直至今日，依然还有学者结合金文等新的资料，对这个问题作进一步的探讨。但是，综观以往学者的研究，无论对周公"摄政称王"这一问题持肯定还是否定的看法，基本都是一个事实的判断。究竟周公是否真的摄政称王，需要对《尚书》相关篇章以及有关周初历史的重要铭文作深入分析，需要对一些具体的历史问题（如西周王位继承制，成王即位时的年龄等）做深入研究，这个问题这里暂且不论。我们所关心的是，如何进一步深度解读记载周公摄政称王的一些战国至汉代的儒家文献？周公摄政称王在儒家思想的脉络当中有何意义？本文希望对这些问题提出一些初步的看法。

一

首先，我们把战国时期记载周公摄政称王的儒家文献列举出来：

《礼记·明堂位》："昔者周公朝诸侯于明堂之位：天子负斧依，南乡而立；……此周公明堂之位也。明堂也者，明诸侯之尊卑也。昔殷纣乱天下，脯鬼侯以飨诸侯，是以周公相武王以伐纣。武王崩，成王幼弱，周公践天子之位，以治天下。六年，朝诸侯于明堂，制礼作乐，颁度量，而天下大服。七年，致政于成王。成王以周公为有勋劳于天下，是以封周公于曲阜，地方七百里，革车千

---

① 持这种观点的有崔述、杨筠如、陈梦家、马承源等先生。参见崔述《丰镐考信录》卷四；杨筠如《尚书覈诂》，陕西人民出版社 1959 年版；陈梦家《西周年代考》，商务印书馆 1955 年版；马承源《有关周初史实的几个问题》，《中华文史论丛》第六十四辑，上海古籍出版社 2000 年版。

② 持这种观点的有杨向奎、杨朝明等先生。参见杨向奎《宗周社会与礼乐文明》（修订版），人民出版社 1997 年版；杨朝明《周公事迹研究》，中州古籍出版社 2002 年版。另外，郭伟川主编的《周公摄政称王与周初史事论集》（北京图书馆出版社 1998 年版）一书收集了持各种观点的相关论文 11 篇。

乘,命鲁公世世祀周公以天子之礼乐。"

《礼记·文王世子》:"成王幼,不能莅阼。周公相,践阼而治。抗世子法于伯禽,欲令成王之知父子、君臣、长幼之道也。成王有过,则挞伯禽,所以示成王世子之道也。……仲尼曰:'昔者周公摄政,践阼而治,抗世子法于伯禽,所以善成王也。'"

《荀子·儒效》:"大儒之效:武王崩,成王幼,周公屏成王而及武王,以属天下,恶天下之倍周也。履天子之籍,听天下之断,偃然如固有之,而天下不称贪焉。杀管叔,虚殷国,而天下不称戾焉。兼制天下,立七十一国,姬姓独居五十三人,而天下不称偏焉。教诲开导成王,使谕于道而能揩迹于文、武。周公归周,反籍于成王,而天下不辍事周,然而周公北面而朝之。天子也者,不可以少当也,不可以假摄为也;能则天下归之,不能则天下去之,是以周公屏成王而及武王,以属天下,恶天下之离周也。成王冠,成人,周公归周反籍焉,明不灭主之义也。周公无天下矣。乡有天下,今无天下,非擅也;成王乡无天下,今有天下,非夺也;变势次序节然也。故以枝代主而非越也;以弟诛兄而非暴也;君臣易位而非不顺也。因天下之和,遂文武之业,明主枝之义,抑亦变化矣,天下厌然犹一也。非圣人莫之能为。夫是之谓大儒之效。"

《荀子·儒效》:"武王崩,成王幼,周公屏成王而及武王,履天子之籍,负扆而立,诸侯趋走堂下。"

《韩非子·难二》:"周公旦假为天子七年。"

这些记载基本都是儒家的说法。韩非子为荀子弟子,他关于周公摄政称王的说法也可以理解为是承袭师说。除此之外,《逸周书》中的《度邑》、《武儆》、《明堂》等篇以及《尸子》等文献当中也有关于周公摄政称王的记载。《逸周书》的著作时代目前还不明确,但大体上出于战国。《尸子》据《汉书·艺文志》为杂家著作,尸子本人曾为商鞅的老师。从这些记载来看,周公曾经摄政,并且即天子位,这是战国时期儒家的一个普遍的看法,并且还影响到其他学派的学者。其中以《明堂位》和《荀子》的说法最为直接。

西汉经学直接承战国而来，其中荀子的影响尤为重要。清代学者汪中详细考察了汉代经学的传授系统之后，指出："荀卿之学，出于孔氏，而尤有功于诸经。""盖自七十子之徒既没，汉诸儒未兴，中更战国、暴秦之乱，《六艺》之传赖以不绝者，荀卿也。周公作之，孔子述之，荀卿传之，其揆一也。"① 这个看法是符合实际的。在周公摄政称王这个问题上，汉代学者主要也是继承了战国时期荀子等人的看法。

　　《韩诗外传》卷三："周公践天子之位七年。"（第三十一章）

　　同书卷七："武王崩，成王幼，周公承文、武之业，履天子之位，听天下之政。"（第四章）

　　同书卷八："五帝既没，三王既衰，能行谦德者，其惟周公乎。周公以文王之子，武王之弟，成王之叔父，假天子之尊位七年。"（第三十一章）

　　《尚书大传》："周公摄政，一年救乱，二年克殷，三年践奄，四年建侯卫，五年营成周，六年制礼作乐，七年致政于成王。"（《通鉴外纪》卷三引）

　　《史记·周本纪》："成王少，周初定天下，周公恐诸侯畔，周公乃摄行政，当国。"

　　《史记·鲁周公世家》："武王既崩，成王少，在强葆之中。周公恐天下闻武王崩而畔，周公乃践阼代成王摄行政当国。……周公乃告太公望、召公奭曰：'我之所以弗辟而摄行政者，恐天下畔周，无以告我先王太王、王季、文王。三王之忧劳天下久矣，于今而后成。武王蚤终，成王少，将以成周，我所以为之若此。'于是卒相成王，而使其子伯禽代就封于鲁。"

　　《史记·管蔡世家》："武王既崩，成王少，周公旦专王室。"

以上所列举的《韩诗外传》和《尚书大传》都是西汉今文经学的代

———————

　　①　汪中：《荀卿子通论》，见王先谦《荀子集解》，中华书局1988年版，第21、22页。

表作品。西汉今文学家都是主张周公摄政称王的。直到郑玄，虽然他混同了今古文，主古文学的立场，但在很多地方还是采取了今文说。如郑玄注《明堂位》，就说："周公摄王位，以明堂之礼仪朝诸侯也。……天子，周公也。"注《尚书·大诰》曰："王，周公也。周公居摄，命大事则权称王。"① 司马迁在《史记》当中关于儒学的许多看法都是继承了董仲舒，司马迁所说的周公摄政并"当国"、"践阼"、"专王室"，也明显的是肯定周公称王了的。所以，《史记》在这个问题上与今文学家的看法也是一致的。

直至近代廖平，把今文学的传统看法表述得更加明确，直接肯定周公称王：

> 周公、成王事，为经学一大疑。武王九十以后乃生子，成王尚有四弟，何以九十以前不一生？继乃知成王非幼，周公非摄，此《尚书》成周公之意，又有语增耳。武王克殷后，即以天下让周公，《逸周书》所言是也。当时周公直如鲁隐公、宋宣公兄终弟继，即位正名，故《金縢》称"余一人"、"余小子"，下称二公，《诰》称"王曰"。《檀弓》："文王舍伯邑考，而立武王。"盖商法：兄弟相及。武王老，周公立，常也。当时初得天下，犹用殷法。自周公政成以后，乃立周法，以传子为主。周家法度皆始于公，欲改传子之法，故归政成王。问何以归政成王？则以初立为摄。问何以摄位？则以成王幼为词。一说成王幼则生在襁褓，不能践阼；或以为十岁，或以为二、三岁不等，皆《论衡》所谓"语增"，事实不如此也。②

廖平的这段话虽然还有一些问题，③ 但他明确指出，武王死后，周

---

① 但郑玄注《尚书·康诰》篇的"王若曰"，则说是"周公代成王诰"，把王解释为成王。

② 廖平：《经话》，《廖平选集》，巴蜀书社 1998 年版，第 452 页。

③ 如顾颉刚先生所指出的，廖平对《金縢》篇"余一人"的解释，对西周王位继承制的看法，都有可商榷之处。参见顾颉刚《周公执政称王——周公东征史事考证之二》，《文史》第二十三辑，第 21—22 页。

公直接继位为王，并无历史上所纠葛的摄政称王之事，却是历代今文学家关于这一问题的最为直接的表述。

此外，在《淮南子》、《论衡》等其他汉代文献中，也有类似的说法：

> 武王既殁，……周公践东宫，履乘石，摄天子之位，负扆而朝诸侯，……七年而致政成王。（《淮南子·齐俗训》）
>
> 周公事文王也，行无专制，事无由己，身若不胜衣，言若不出口，有奉持于文王，洞洞属属，而将不能，恐失之，可谓能子矣。武王崩，成王幼少。周公继文王之业，履天子之籍，听天下之政，平夷狄之乱，诛管、蔡之罪，负扆而朝诸侯，诛赏制断，无所顾问，威动天地，声慑四海，可谓能武矣。成王既壮，周公属籍致政，北面委质而臣事之，请而后为，复而后行，无擅恣之志，无伐矜之色，可谓能臣矣。故一人之身而三变者，所以应时矣。（《淮南子·氾论训》）
>
> 说《尚书》者曰："周公居摄，带天子之绶，戴天子之冠，负扆南面而朝诸侯。"（《论衡·书虚》）

《淮南子》一书是由淮南王及其门客编纂而成的。书中融会了儒、道、法、阴阳等各家的思想。这里有关周公摄政并称王的说法，当是儒家的主张。《论衡》所引的"说《尚书》者曰"，显然也是儒家的看法。

总体来说，从战国至汉代的儒家，都肯定了周公摄政称王之事。如果历史上的周公并未称王，那么战国至汉代的儒家对周公形象的"夸张"有何意义？假使周公真的曾摄政称王，儒家对此事的肯定难道只是肯定了一个基本的历史事实？这个历史判断在儒家思想当中是否还有其他特殊的意义？这是我们所关心的问题。

我们认为，儒家肯定的周公摄政称王，并不是一个简单的历史事实的判断，而是因为这是与儒家思想密切相关的一个深刻的理论问题。也就是说，在儒家看来，周公摄政称王并不是一个历史问题，而是一个哲学问题。具体来说，儒家肯定周公摄政称王，因为这是儒家素王说或王鲁说的理论前提。

孔子为素王或据鲁而王是西汉今文经学非常重要的政治主张。但是，我们曾经指出，汉代经学的这些看法，其实都可以上溯到战国时期的儒家。儒家的王鲁说主张在王朝的循环中，孔子作《春秋》以当新王，或据鲁而王。这样激进的主张如果单独来看，可能显得很突兀，但把它放在战国以来儒学的发展脉络当中，就容易理解了。儒家之所以认为孔子可以称王，是以周公曾经称王为前提的。周公在武王去世、成王年幼以及管、蔡、武庚等人即将发动武装叛乱这样特殊的情况下，曾以臣子的身份而即天子位，那么孔子也因有德，可以以布衣而王。在《礼记·明堂位》中，开篇就讲"周公践天子之位，以治天下"，七年后致政于成王。因为有这样的经历，所以鲁国世代享有天子礼乐。然后篇中极力铺陈鲁国盛大的天子礼乐。我曾指出，《明堂位》篇给鲁国规定的天子礼乐制度，正是战国以来的儒家学者配合孔子王鲁说而提出来的。[①] 现在看来，《明堂位》篇内在的逻辑其实是非常清晰的。

今文学的孔子王鲁说（以及革命、禅让主张）是一种非常激进的理论，与现实的政治格格不入，因此很快就湮没不传了，只是在今文经师的口耳相传中还有一些保留。后代学者也只能从他们的只言片语中去发掘微言大义了。但是，在战国至汉代的儒家看来，周公称王与孔子称王是前后一贯的。既然孔子称王不能明确地宣扬，那么就只能讲周公摄政称王，这也是一种权宜行事罢了。后人所看到的周公称王好像是一个历史问题，其实在他们看来，也是蕴涵着微言大义的。

儒家也被称作"周孔"之教，从我们上文的分析来看，"周孔"并称其实并不仅仅指孔子与周公之间的历史渊源，而且还有着更加深入的、具体的政治含义。宋代以来，"孔孟"逐渐取代了"周孔"，这一转变，不仅意味着儒学心性论的转向，同时也表明，今文学激烈的政治性格逐渐被宋学温和的道德修养论所取代了。

---

① 参见刘丰《论战国时期儒家的变礼思想——以国家政权转移的理论为中心》，《世界哲学》2007年第6期。

二

儒家传统的观点认为，周公不但摄政称王，而且在这期间还曾制礼作乐，西周重要的礼仪制度都由周公亲定。其中流传至后世的，便是《周礼》一书。

《周礼》至汉代才出现，当时就有学者认为《周礼》是"末世渎乱不验之书"，或认为是"六国阴谋之书"。只有郑玄"遍览群经，知《周礼》者乃周公致太平之迹，故能答林硕之论难，使《周礼》义得条通。……是以《周礼》大行"①。经过郑玄的努力，《周礼》成为三礼之首，《周礼》为"周公致太平之迹"的看法，也基本得到儒家学者的认可。

近代的经学研究，自廖平以来，很多今文学家主张以礼制判今古，认为《王制》为今文学的正宗，《周礼》为古文学的正宗。古文学家据《周礼》而讲的是西周旧制，今文学家据《王制》而讲的则是儒家的新说。②

我们认为，廖平等人的这种看法，在经学史上对于廓清今古学之争是有意义的。但是，依照这种看法，《周礼》是西周旧制，与今文学家的主张相比，《周礼》是保守的。然而，一个基本的历史事实却是，《周礼》一书在历史上常与重大的社会变革联系在一起。西汉时期就有两次模仿周公辅成王的事件发生（霍光辅政与王莽辅政），其中王莽因仿照周公而最终篡汉，使《周礼》与现实政治首次发生了密切的关系。但是，王莽的行为完全是一次政变，本身并不具有多少思想史的意义，仅因《周礼》的缘故，才成为经学史上今古文之争的焦点。

与王莽和《周礼》的关系相比，因王安石变法而引起的关于《周

----

① 见贾公彦《序周礼废兴》。

② 参见廖平《今古学考》，《廖平选集》；蒙文通《孔子和今文学》，《经史抉原》（蒙文通文集第三卷），巴蜀书社1995年版。

礼》的争论，更具有理论意义。宋代王安石变法的理论基础是《三经新义》，其中《周官新义》由王安石亲自撰写。王安石的变法之所以看重《周礼》，是因为王安石认为，"一部《周礼》，理财居其半"①，这与北宋当时的社会现状是密切相关的，也与王安石的变法主张相契合。晁公武《郡斋读书志》在讲到王安石《新经周礼义》时指出："至于介甫，以其书理财者居半，爱之，如行青苗之类，皆稽焉，所以自释其义者，盖以其所创新法尽傅著之，务塞异议者之口。后其党蔡卞、蔡京绍述介甫，期尽行之，圜土方田皆是也。"② 在宋人看来，新法的很多主张都是出自《周礼》。

王安石变法之所以重视《周礼》，是因为《周礼》一书能够提供时代所需的理论问题。这就更加促使我们思考，一部关于西周官制的著作，何以能在千余年后，成为变法的理论指导？我们认为，在儒家托古改制的旗帜下，《周礼》能够成为后代变法的理论源泉，依然在于它是周公践天子位后制礼作乐的产物。《周礼》的这个性质，决定了它能够在历史上产生变革的意义。

从围绕王安石变法所展开的争论中我们可以看到，支持变法的一派一般都认为，周公曾经即天子位。而对变法持反对态度的，则旗帜鲜明地反对周公摄政称王的看法。这个有意义的现象使我们更进一步确认，周公摄政称王是《周礼》一书具有变革意义的理论前提。

被胡适称为"是王安石的先导"的李觏，曾在庆历年间就写成《周礼致太平论》。李觏认真研究了《周礼》，并借用《周礼》的一些职官和主张，阐发了他自己治国安民的政治理想。李觏在《周礼致太平论》的序中，开篇就说：

　　觏窃观《六典》之文，其用心至悉，如天焉有象者在，如地焉

---

① 王安石：《答曾公立书》，《临川先生文集》卷七十三，中华书局 1959 年版，第 773 页。

② 晁公武撰，孙猛校证：《郡斋读书志校证》，上海古籍出版社 1990 年版，第 81—82 页。

有形者载。非古聪明睿智，谁能及此？其曰周公致太平者，信矣。[1]

李觏批驳了林硕、何休这些"鄙儒俗士"的偏见，肯定了《周礼》出于周公，是周公致太平的大典。同时，李觏也肯定了周公摄天子之位的说法：

> 昔武王既崩，成王幼，不能涖阼，周公摄天子之位，作礼乐，朝诸侯，而天下大定。七年致政于成王。成王以周公为有勋劳于天下，于是封之曲阜。地方七百里，革车千乘，命鲁公世世祀周公以天子之礼乐。此盖成王谓周公有王者之德，摄王者之位，辅周室致太平者，周公之为也。[2]

这段文字出自《礼论》。《礼论》写于宋仁宗明道元年（1032），比《周礼致太平论》还要早十年。李觏后来也没有对此说有什么修正，可见这是他一贯的看法。李觏在这里采用了《礼记·明堂位》的说法，肯定了周公摄政称王。但李觏同时指出，成王因周公勋劳之大，命鲁公以天子之礼祭祀周公，则可；如果鲁公世代都享有天子礼乐，则非。因此他批评了鲁国后世僭用天子礼乐的现象。这样看来，李觏肯定的还是《明堂位》篇所讲的周公称王的那一部分。

王安石《临川文集》中有《周公》一篇，但并未讨论周公摄政称王之事。在其他地方，我们可以看出，王安石对周公摄政还是肯定的。在《答韩求仁书》中，王安石指出："管、蔡为乱，成王幼冲，周公作《鸱鸮》以遗王，非疾成王而刺之也，特以救乱而已，故不言刺乱也。"[3]《诗经·豳风·鸱鸮》孔颖达疏云："《毛》以为武王既崩，周公摄政。管、蔡流言，以毁周公。又导武庚与淮夷叛而作乱，将危周室。周公东

---

① 李觏：《周礼致太平论》，《李觏集》卷五，中华书局1981年版，第67页。
② 李觏：《礼论》第七，《李觏集》卷二，第21页。
③ 王安石：《答韩求仁书》，《临川先生文集》卷七十二，第762页。

征而灭之,以救周室之乱也。于是之时,成王仍惑管、蔡之言,未知周公之志,疑其将篡,心益不悦。故公乃作诗,言不得不诛管、蔡之意。"孔疏肯定的是周公摄政之事,但对称王与否没有评说。王安石这里说周公作《鸱鸮》以"救乱",也是肯定了周公摄政并平管、蔡之乱。

我们认为,王安石没有明确肯定周公称王,与他在北宋时期特殊的政治地位有关。王安石与神宗君臣遇合,掀起了轰轰烈烈的变法,一时权倾朝野。但事实上,当时就已有人把王安石比作王莽。如大宦官张茂则斥责王安石的随从时说:"相公亦人臣,岂可如此,得无为王莽者乎!"① 神宗虽然一再迁就王安石,但同时又顾虑王安石权力过大而威胁皇权。如果王安石再对周公称王一事持积极的肯定态度,自然会使他在政治上的反对派以及神宗产生更多的历史联想,从而对他的变法造成不利的影响。我们可以合理地推想,王安石在理论上对周公称王一事应该是肯定的,只是由于现实政治的原因,他没有对此作明确的说明。

与李觏等人肯定周公摄政称王的变法派不同,反对变法的一派则否定了周公摄政称王的传统看法。旧党党魁司马光指出:"尧、舜、禹、汤、文、武劳动天下,周公辅相致太平。"② 司马光的意思很明确,周公与尧、舜、禹、汤、文、武的地位有着本质的区别,周公只有"辅相"的功劳。程颐在与门人讨论这个问题时,也明确地否定了周公称王之事:

　　问:"世传成王幼,周公摄政,荀卿亦曰:'履天下之籍,听天下之断。'周公果践天子之位,行天子之事乎?"

　　曰:"非也。周公位冢宰,百官总己以听之而已,安得践天子之位?"……

　　又问:"赐周公以天子之礼乐,当否?"

---

① 《续资治通鉴长编》卷二百四十二。又见《宋元学案》引刘元城语。参见《宋元学案》卷九十八《荆公新学略》,《黄宗羲全集》第六册,浙江古籍出版社2005 年版,第 806 页。

② 《宋元学案》卷七《涑水学案》,《黄宗羲全集》第三册,第 347 页。

曰："始乱周公之法度者，是赐也。人臣安得用天子之礼乐哉？成王之赐，伯禽之受，皆不能无过。《记》曰：'鲁郊非礼也，其周公之衰乎！'圣人尝讥之矣。说者乃云：周公有人臣不能为之功业，因赐以人臣所不得用之礼乐，则妄也。人臣岂有不能为之功业哉？借使功业有大于周公，亦是人臣所当为尔。人臣而不当为，其谁为之？岂不见孟子言'事亲若曾子可也'，曾子之孝亦大矣，孟子才言可也。盖曰：子之事父，其孝虽过于曾子，毕竟是以父母之身做出来，岂是分外事？若曾子者，仅可以免责尔。臣之于君，犹子之于父也。臣之能立功业者，以君之人民也，以君之势位也。假如功业大周公，亦是以君之人民势位做出来，而谓人臣所不能为可乎？使人臣恃功而怀怏怏之心者，必此言矣。①

程颐与门人的这段对话，当是旧党中否定周公称王的一段典型的表述。此外，苏轼也写了一篇《周公论》，明确认为"周公未尝践天子之位而称王也"。苏轼还进而论证道，如果周公称王，那么会使成王陷于两难的境地："周公称王，则成王宜何称，将亦称王耶，将不称耶？不称，则是废也。称王，则是二王也。而周公将何以安之？"②苏轼认为，如果周公称王，那么会产生严重的政治后果："故凡以文王、周公为称王者，皆过也。是资后世之篡君而为之藉也。"③

二程门人杨时也认为，从《礼记·明堂位》可知，周公虽然曾使用过天子礼乐，但周公依然是人臣的地位，周公并未称王。他说：

周公之所为，皆人臣之所当为也。为人臣之所当为，是尽其职而已。若人臣所不当为而为之，是过也，岂足为周公哉！使人臣皆能为众人之所不能，即报之以众人所不得用之礼乐，则朝廷无复有

① 《河南程氏遗书》卷十八，《二程集》，中华书局 1981 年版，第 235—236 页。

② 苏轼：《周公论》，《苏轼文集》，中华书局 1986 年版，第 86 页。

③ 同上。

等威矣。故《记》曰："鲁之郊也，周公其衰矣。"①

　　从这段引文可以看出，杨时不但否定周公称王的说法，而且还对《礼记》所说的周公使用天子礼乐颇为不满，认为这样会使朝廷上下没有等级尊严。及至南宋，胡宏因反对新法，以至对新法的理论基础《三经新义》也极力贬低，因此他力主《周礼》为王莽伪造，在这样的思想背景之下，他自然认为周公不可能称王并制礼作乐。胡宏说："周公承文、武之德，相成王为太师。"② 胡宏肯定的是周公"太师"的地位。

　　与杨时、胡宏等人因反对新法而极力诋毁《周礼》不同，朱熹对《周礼》的看法就显得平实一些。朱熹指出："看来《周礼》规模皆是周公做，但其言语是他人做"，"《周礼》毕竟出于一家。谓是周公亲笔做成，固不可，然大纲却是周公意思。某所疑者，但恐周公立下此法，却不曾行得尽。"③ 朱熹虽然基本肯定了周公作《周礼》的看法，但对周公称王一事，还是不能同意的。朱熹的这个看法，是通过讨论《尚书》而表达出来的：

　　《康诰》三篇，此是武王书无疑。其中分明说"王若曰'孟侯，朕其弟，小子封'"，岂有周公方以成王之命命康叔，而遽述己意而告之乎？决不解如此。五峰、吴老才皆说是武王书，只缘误以《洛诰》书首一段置在《康诰》之前，故叙其书于《大诰》、《微子之命》之后。

　　问："如此则封康叔在武庚未叛之前矣？"曰："想是同时。"④

　　另外，朱熹在《与孙季和书》中，也有类似的看法：

_____

① 杨时：《辨一·神宗日录辨》，《龟山集》卷六，文渊阁四库全书本。
② 胡宏：《极论周礼》，《胡宏集》，中华书局1987年版，第257页。
③ 黎靖德编：《朱子语类》卷八十六，中华书局1994年版，第2203页。
④ 黎靖德编：《朱子语类》卷七十九，第2054页。

《书小序》又可考，但如《康诰》等篇，决是武王时书，却因"周公初基"以下错出数简，遂误以为成王时书。然其词以康叔为弟而自称寡兄，追诵文王而不及武王，其非周公、成王时语的甚。（吴材老、胡明仲皆尝言之。）至于《梓材》半篇，全是臣下告君之词，而亦误以为周公诰康叔而不之正也。[①]

受朱熹思想指导的蔡沈《书集传》也指出，《康诰》、《酒诰》、《梓材》三篇并非成王时书，而是武王封康叔的书。朱熹、蔡沈等人所讨论的，表面上是在考订《尚书》中一些篇章的成书时代，但其背后所关心的，依然是儒家思想当中的一个重要问题，即周公是否践阼称王的问题。他们将《康诰》等三篇的时代定在了武王时，这样就可以把篇中的"王若曰"的"王"解释成武王，从而便与周公没有什么关系了。这样一来，周公也就不可能称王了。

宋代这些儒家学者反对周公称王，首先与他们尊君的主张相关。[②]从孙复的《春秋尊王发微》开始，尊王就是北宋以来儒家的重要主张，这成为他们反对周公称王的一个重要原因。

但是，我们还应该看到，他们反对周公称王，还与他们具体的政治主张是一致的。与王安石激进的变法派相比，以二程、司马光等为首的旧党的政治主张是保守的。我们不必把宋代的变法派与保守派等同于汉代的今文学与古文学，但是从思想脉络上来看，主张或支持变法的一派其实继承了今文学社会变革的理论。王安石激进的变法主张，"天变不足畏，祖宗不足法，人言不足恤"的三不畏精神，在精神上与今文学激进的主张是暗合的。保守派反对激烈的社会变革，他们否定周公称王，正是要斩断周公称王与儒家激进的社会变革（如今文学所主张的）之间

---

① 朱熹：《与孙季和书》，《晦庵先生朱文公别集》卷三，《朱子全书》第二十五册，上海古籍出版社、安徽教育出版社 2002 年版，第 4885—4886 页。

② 这也是历代学者反对周公称王的主要原因。如郑玄注《尚书·大诰》"王若曰"，认为王指周公，但孔颖达《正义》则认为："周公自称为王则是不为臣矣，大圣作则，岂为是乎?"

的理论联系。

　　以上我们以周公摄政称王问题为线索，考察了宋代变法派与保守派之间的理论分歧。需要指出的是，我们说北宋时期反对新法的旧党在政治上是保守的，这是相对于王安石激进的变法而言的。事实上，旧党也主张变革。正如余英时先生所指出的，"推明治道"，建立社会秩序是宋代儒学共同的特征，在这一点上新党、旧党是一致的，但二者在变法的理论基础，变法的方法、策略上又有一些区别。

　　程颢、张载等人在变法初期也是新法的积极参与者。朱熹后来指出：

　　　　新法之行，诸公实共谋之。虽明道先生不以为不是，盖那时也是合变时节。

　　　　熙宁新法，亦是势当如此。凡荆公所变更者，初时东坡亦欲为之。及见荆公做得纷扰狼狈，遂不复言，却去攻他。如荆公初上底书，所言皆是，至后来却做得不是。自荆公以改法致天下之乱，人遂以因循为当然，天下之弊，所以未知所终也。[1]

　　朱子这里说得很恳切，实行变法是当时大家共同的愿望。但他们后来都成为新法的反对者，首先在于他们认为王安石的新法太激进。司马光的说法很有代表性："治天下譬如居室，弊则修之，非大坏不更造。"[2] 又如面对北宋政府窘迫的财政状况，司马光并非不懂得理财的重要，但他主张对财利要"养其本源而徐取之"[3]。钱穆先生指出："惟温公主节流，而荆公似偏主开源，此则其异。温公亦非不知理财有开源一路，惟温公意开源不能急迫求之，当'养源而徐取'也。"[4] 司马光

---

①　黎靖德编：《朱子语类》卷一百三十，第3097、3101页。

②　《三朝名臣言行录》卷七《司马文正公》。

③　司马光：《论财利疏》，《温公集》卷二十三。

④　钱穆：《明道温公对新法》，《中国学术思想史论丛》（五），《钱宾四先生全集》第20册，联经1998年版，第88页。

的这些说法非常典型地反映了反对派的主张,他们反对剧变,主张温和的渐变。因此,我们指出在周公摄政称王这个问题上新旧党的区别,只是从这一个角度指出双方的分歧,并试图说明旧党诸公反对周公称王的理论意义,而不是将双方看成绝然对立的两派。这一点是需要指明的。

三

儒家关于周公摄政称王的讨论,还可以反映出儒家政治哲学中的几个重要问题。

第一,分封与郡县的争论。分封与郡县是中国历史上重要的两种政治制度,儒家对这两种政治体制的考量,反映出儒家政治哲学中有关政体的一些看法。

王国维《古诸侯称王说》一文指出:"世疑文王受命称'王',不知古诸侯于境内称'王'与称'君'、'公'无异。《诗》与《国语》、《楚辞》称契为'玄王',其六世孙亦称'王亥',此犹可曰后世追王也;汤伐桀誓师时已称'王',《史记》又云'汤自立为武王',此亦可云史家追纪也。然观古彝器铭识则称'王'者颇不止一二觏。"后顾颉刚又引用了更多的彝器铭文,以及《诗经》、《左传》等文献,认为王国维"把彝器铭辞中的周代王臣在其国内称'王'之俗的事实揭露出来,可说是一个破天荒的发现。从此可以知道周公在执政时称'王'原是一件极平常的事情"[1]。

王国维等揭示出来的古代诸侯称王的史实,使我们对西周封建有更加明确的认识。战国至汉代的儒者肯定周公曾经称王,从历史的角度来看,他们所认为的"王",其实就是如王国维、顾颉刚所指出的,王只是相当于诸侯的一个称谓,与天子那样的"王"的实际地位相差甚远。在当时封建的政治结构下,诸侯在其封国内皆称王,享有最高的政治地

---

① 顾颉刚:《周公执政称王——周公东征史事考证之二》,《文史》第二十三辑,第25页。

位。战国至秦汉的儒家肯定周公称王之事,其实肯定的就是西周时期这种松散的封邦建国的制度。这是战国至秦汉儒家基本的政治主张,同时也表明儒家学者与现实政治体制的对抗。

汉代以后,虽然郡县制已成为政治制度的主体,但分封与郡县之争一直还是中国政治史上的重要问题,同时也是儒家政治哲学必须面对的一个现实问题。唐柳宗元著名的《封建论》,是历代讨论分封与郡县短长最为著名的一篇文字。柳宗元认为,周初的分封并非圣人之意,而是"势",即历史发展的必然趋势,从而封建为郡县所取代,也是历史发展之必然。这个看法成为后来学者讨论这个问题的基本前提。如苏轼说:"宗元之论出,而诸子之论废矣。虽圣人复起,不能易也。故吾取其说而附益之,曰:凡有血气必争,争必以利,利莫大于封建。封建者,争之端而乱之始也。……近世无复封建,则此祸几绝。仁人君子,忍复开之欤!"① 宋代著名学者范祖禹也说:"三代封建,后世郡县,时也;因时制宜,以便其民,顺也。古之法不可用于今,犹今之法不可用于古也。"② 这都是发挥了柳宗元的看法,从历史发展的大势来评判封建与郡县。

宋代理学家否定周公摄政称王,这是从后世的角度对"王"的理解,他们已经不完全明了古时称王的实际含义。但是从另外一个角度来看,他们否定周公称王之事,其实也就是对封建制的否定,以及对郡县制的肯定。与秦汉时期的儒家相比,宋儒的政治主张已经有了很大的变化。

从历史发展来看,虽然从秦开始废除封建,实行郡县,但历代均有一些对宗室子弟的分封,这可以说是分封的残余。到宋代,分封作为一种政治制度,最终废除。马端临指出:

　　　　至宋则皇子之为王者,封爵仅止其身,而子孙无问嫡庶,不过承荫入仕为环卫官,廉车节钺,以序而迁,如庶姓贵官荫子入仕之

────────────

① 苏轼:《论封建》,《苏轼文集》卷五,第158页。
② 范祖禹:《唐鉴》卷四。

例，必须历任年深，齿德稍尊，方特封以王爵；而其祖父所受之爵，则不袭也。①

　　宋代"封爵仅止其身"，封爵只具有名义上的意义，且不世袭，这说明分封制彻底被废除了。与历史的发展相配合的是，宋代理学家关于分封与郡县的讨论，虽然也有部分学者主张恢复封建、井田（如胡宏），但大多数学者对封建与郡县持一种历史的态度，认为封建与郡县各有利弊，而且郡县取代封建是历史发展的必然，在后世实行上古三代的分封制，既无可能，也无必要，只会徒生枝蔓。其中朱熹的看法很有代表性。朱熹说：

　　　　诸生论郡县封建之弊。曰："大抵立法必有弊，未有无弊之法，其要只在得人。……且如说郡县不如封建，若封建非其人，且是世世相继，不能得他去；如郡县非其人，却只三两年任满便去，忽然换得好底来，亦无定。"②
　　　　柳子厚《封建论》则全以封建为非，胡明仲辈破其说，则专以封建为是。要之，天下制度，无全利而无害底道理，但看利害分数如何。封建则根本较固，国家可恃；郡县则截然易制，然来来去去，无长久之意，不可恃以为固也。③

　　这都是说郡县与封建各有利弊，要看具体的实行才能断其优劣。但在根本上朱子还是认为封建不可行：

　　　　封建实是不可行。④

---

① 　马端临：《文献通考·封建考十八》。
② 　黎靖德编：《朱子语类》卷一百八，第 2680 页。
③ 　同上。
④ 　同上书，第 2679 页。

　　封建只是历代循袭，势不容已，柳子厚亦说得是。①

　　因论封建，曰："此亦难行。使膏粱之子弟不学而居士民上，其为害岂有涯哉!"②

　　从这些语录可以看出，朱子对于分封的态度是非常明确的。前文曾经指出，以朱熹为代表的理学家否定西周时期周公摄政称王一事，它的实际含义其实就是否定三代的分封，认为分封作为一种政治制度整体上在后世不可实行。而张载、胡宏等少数学者肯定封建，其实也不是要完全在后世照搬封建、井田，而是在郡县的体制下，来发挥封建的一些作用，以作为郡县体制下国家制度的补充。

　　总的来说，宋代学者的政治主张是要恢复"三代之治"，但从他们对周公称王这件事的态度来看，宋代理学家其实已经否定了作为"三代之治"最为根本的封建制，他们的面向三代，其实是在后世郡县制的国家政权的格局之下，部分地恢复三代礼乐的精义，从而能够更完满地实现儒家的理想。

　　第二，道统论。从宋儒道统论的发展来看，周公进入道统也是一个很有意义的问题。

　　韩愈为了反对佛教，构造了从尧、舜、禹、汤、文、武，直至周公、孔子、孟子这样一个圣圣相传的儒家道统序列，这是儒学赖以传承的谱系，以此来显示儒学在中国文化发展中之正统地位。

　　北宋儒学复兴，继承道统成为一面重要的旗帜。如石介所说："自夫伏羲、神农、黄帝、尧、舜、禹、汤、文、武、周公、孔子以至于今，天下一君也，中国一教也，无他道也。"③ 孙复说："吾之所谓道者，尧、舜、禹、汤、文、武、周公、孔子之道也，孟轲、荀卿、扬雄、王通、韩愈之道也。"④ 此后理学家也都以继承道统自居。

---

①　黎靖德编：《朱子语类》卷一百八，第 2679 页。

②　同上书，第 2680 页。

③　《徂徕先生集》卷十三《上刘工部书》。

④　《孙明复先生小集·信道堂记》。

　　由此可见，自从韩愈以来，儒学家以及理学家所谓的道统，指的就是伏羲、神农、黄帝、尧、舜、禹这些"上古圣神"相传的序列。但是，在这些孔子以前的圣人当中，伏羲、神农、黄帝、尧、舜、禹、汤、文、武都是德、位兼备，以圣人而即天子之位的"圣王"，因此他们才有资格传授道统。孔子又是以学而传承道统。只有周公的地位比较特别。在理学家看来，周公并未即天子位，实际也属于有德无位的情况。那么，周公何以能居于道统之中？而且还是在道统传授序列当中居于转折的位置？[1]从我们现有的资料来看，只有朱子对这个问题做了细致的分梳。

　　朱熹有两处集中阐述了他的道统观：

　　　　所谓"人心惟危，道心惟微，惟精惟一，允执厥中"者，尧、舜、禹相传之密旨也。……夫尧、舜、禹之所以相传者既如此矣，至于汤、武，则闻而知之，而又反之以至于此者也。夫子之所以传之颜渊、曾参者此也，曾子之所以传之子思、孟轲者亦此也。……此其相传之妙，儒者相与谨守而共学焉，以为天下虽大，而所以治之者不外乎此。

　　　　夫人只是这个人，道只是这个道，岂有三代、汉、唐之别？但以儒者之学不传，而尧、舜、禹、汤、文、武以来转相授受之心不明于天下。[2]

　　　　夫尧、舜、禹，天下之大圣也。以天下相传，天下之大事也。以天下之大圣，行天下之大师，而其授受之际，丁宁告戒，不过如此。则天下之理，岂有以加于此哉？自是以来，圣圣相承：若成汤、文、武之为君，皋陶、伊、傅、周、召之为臣，既皆以此而接夫道统之传。若吾夫子，则虽不得其位，而所以继往圣、开来学，

　　① 在韩愈建构的道统序列中，周公是一个转折。韩愈说："由周公而上，上而为君，故其事行；由周公而下，下而为臣，故其说长。"
　　② 朱熹：《答陈同甫》，《朱子文集》卷三六，《朱子全书》第二十一册，第1586、1588页。

其功反有贤于尧舜者。①

据余英时先生的考证，后一段《中庸章句序》的道统论是在前引《答陈同甫书》的基础之上进一步修订而成的，可以作为朱子道统论的最终定论。② 在《答陈同甫书》中，朱子是总论儒家道统，未作细致的分梳，因此只提到了尧、舜、禹、汤、武以及孔子等人。而《中庸章句序》的道统序列则更井然有序，朱子作了明确的区分，周公位于道统的序列当中，但与尧、舜、禹、汤、文、武的地位迥然有别，他只是与皋陶、伊、傅、召这些贤臣并列，以臣子的身份而传承道统。

在理学家看来，尤其在朱熹看来，周公之所以能够入道统，正是由于他功勋巨大但并未称王即天子位。周公以人臣的身份而成就了周的基业，这是周公之德最主要的体现，也是儒家的最完美的理想人格。如陆九渊所说："道术必为孔孟，勋绩必为伊周"③，这是儒家内圣外王之学最理想的体现。这也是理学家们称颂周公的原因所在。

---

① 朱熹：《中庸章句序》，《四书章句集注》，中华书局1983年版，第14—15页。

② 参见余英时《朱熹的历史世界——宋代士大夫政治文化的研究》上篇"绪说"之二，三联书店2004年版。

③ 陆九渊：《荆国王文公祠堂记》，《象山集》卷十九。

话语实践与知识考古

——兼论福柯与马克思对话的可能性

毕芙蓉

【内容摘要】 在福柯看来，话语作为一种实践，是独一无二的事件，具有"可重复的物质性"。陈述可以重复使用，但不可以重复发生。特定的话语只能散布在特定的空间中，这种散布是有规则的。尽管话语或者陈述必然要具有一定的物质形式，但只有作为一个要素参与到陈述的形成条件中的物质形式才能为之提供物质性。知识考古学分析的知识对象是先于形式化概念和表述，并作为其条件而存在的一个"前概念"层次上的"知识体"。陈述是话语存在层次上的语词功能，是一种剩余物。知识考古学所要分析的断层就是，陈述被嵌入，并不断被更改、扰乱、推翻，甚至摧毁的一种密度和层面。福柯与马克思所具有的共同理论基础、对话空间和各种根本、非根本的分歧，使他们的对话具有广阔的可能性。

话语实践与知识考古是福柯在《知识考古学》中着力描述的两个理论概念。话语作为一种实践，在各个知识层面存在并发挥功能，累积（accumulate）成各个断层，从而为知识考古提供了可能性。而知识考古并非去发掘远古的遗迹，把它重新激活并纳入人类记忆，连缀成一个过去、现在和未来的时间序列。知识考古旨在依据话语"暂留"（rema-nence）的特定规则（regularity），描述话语的活跃存在和它能够被使用、再使用的范围。所以说，知识考古描述的是作为实践的话语。话语实践与知识考古，互为依存，互为阐发，形成了福柯考察历史的一种新型方法论。尽管这种方法论强调考察话语转换（transformation）形成的断裂，但作为一种方法论，它仍然是"对某种生产的普遍理论的求助"①。正是这一点，构成了福柯知识考古学理论与其他普遍理论进行比较的广泛基础，福柯与马克思的对话也具有了可能性。

一　话语如何成为实践

在怎样的条件下，话语可以成为实践？也许人们会认为这是一个不需要回答的循环问题，因为在福柯看来，话语之所以成为一个可以描述的对象，就在于它是实践。那么可以说，正因为话语是一个描述对象，而不是一个规定性，才有可能去描述它作为实践的条件，换句话说，是对话语实践特征进行进一步的描述。

实践（practice），在最广泛的意义上是一种物质活动，它的特点在于是物质的过程，有参与要素和物质结果。可以说它具有物质性和活动性两个方面的特征。那么，话语是否具有这样一种最广泛意义上的实践特征呢？

（一）话语作为独一无二的事件

在《知识考古学》"话语统一体"一章中，福柯提到了话语作为事件的三个特性："它当然是一种奇特的事件：首先，因为一方面它与书写和说话相关联，另一方面它又在记忆领域，或者手稿、书籍以及其他

---

① ［法］德勒兹：《一位新型档案员——论〈知识考古学〉》，见《福柯集》（杜小真编选），上海远东出版社2003年版，第554页。

任何记录形式的物质性中，为自身开辟出一种滞留的存在；其次，它与任何事件一样，是独一无二的，但它可以重复、转换和再使用；最后，因为它不仅与产生它的环境相关联，与它引起的后果相关联，而且与此同时，它还以一种极为不同的方式，与先后于它的陈述相关联。"① 由此看来，福柯把话语界定为具有物质形式、具有可以重复、转换和再使用的独特性以及处于相互关联网络中的事件。

事件，具有发生学上的意义，本身也具有物质活动的含义，与实践概念有交叉。但这种发生学意义上的事件，更为强调发生的唯一性，因此，"陈述存在于重现的可能性之外，它所拥有的与它所陈述的东西的关系与使用规则整体不是同一的"②。陈述可以重复使用，但不可以重复发生。它的独特性就在于它发生的唯一性，而这种唯一性又是在关联网络中实现的。当论及"对象的形成"时，福柯提到三种关系，即"独立于所有话语或所有话语对象的，可以在机构、技术、社会形式等之间进行描述的"初级关系，"话语自身中提出来的次级关系"和话语关系。初级关系就是我们言及的真实存在的关系，次级关系则是话语自身言及的关系，例如，一个精神病医生就犯罪与家庭的论述。这两种关系都不同于话语关系，它们都是既定的了，都不能再生产出使得话语对象成为可能并持续存在的"关系的相互作用"③。那么反过来说，话语关系正是话语对象得以形成的各个要素相互作用的关系。在这种永不停歇的相互作用中，话语事件不断发生，任何话语事件都是唯一的。可以说，这就是话语的活动特性。

那么，话语是否因为其独一无二就不具有一致性了呢，我们是否还可以提到某种话语？尽管话语只能是差异性的，相互之间存在间距和裂隙，但特定的话语只能散布在特定的空间中。为什么在某一空间某一时段中出现的是某一陈述，而不是其他陈述？这是话语描述为自身提出的问题，这同时表明，话语的散布是有规则的。尽管话语是形成性的，其

①　［法］福柯：《知识考古学》英文 1972 年版，第 28 页。

②　同上书，第 89 页。

③　以上内容参见［法］福柯《知识考古学》英文 1972 年版，第 45 页。

对象、陈述方式、概念、策略都处于各种要素、各种关系的相互作用中，但这种关系的相互作用具有特定的模式。在特定时空坐标中，这种特定模式，作为话语形成的规则性前提条件，或者说，作为话语的特定功能，标志着某一特定话语群。因此，当我们言及某种话语时，"问题在于揭示这些话语关系的特殊性，和它们与其他两类关系的相互作用"①。

（二）话语"可重复的物质性"

上述福柯运用"事件"一词对话语作出的描述，充分展示了话语在相互作用中的形成性，它是一种形成中的活动。这是实践一个方面的特点，那么它是否是物质性的呢？在上面谈到事件的三个特点的时候，福柯提到话语具有物质形式，无论它被说出、写出，或者记录下来，都是如此。但话语的物质性是否就在于它的物质形式呢？陈述是话语的原子，它更集中地具有话语的特征，福柯在对陈述进行描述时，指出陈述具有"可重复的物质性"，对话语的物质性问题作了更为深入的探讨。

尽管话语或者陈述必然要具有一定的物质形式，但它的物质性存在并不在于这种物质形式。话语不同于表达事件，说出一句话并不意味着一个陈述的产生，这可能只是某一陈述的再使用。例如，某个数学论文中提到的一个公理。但说同样的话也不见得是在运用同一个陈述。这就像我们常说的，同样一句话，从老人嘴里，与从孩子嘴里讲出来是不一样的。话语也不同于它保存于其中的物质形式。例如，一本书，可以重印若干次，如果其版次不变，即便重印时纸张、字体都发生了变化，仍然会被认为是包含了同样的陈述。但同一本书，是作者生前印行，还是死后出版，在这两种情况下，却不能被认为是同一陈述。② 问题的关键在于，这种物质形式是否作为一个要素参与到陈述的形成条件中。如果参与进来，它就作为陈述形成的一个条件，这时，陈述就被转录，成为

---

① ［法］福柯：《知识考古学》英文 1972 年版，第 46 页。
② 相关内容参见《知识考古学》英文 1972 年版，第 102 页。

新的陈述。否则，它只是再记录。因此，"陈述必然要服从的物质性法则与其说是时空定位，不如说是制度规则；与其说它界定的是受到限制的和会消亡的个体，不如说它界定的是（同样具有域限和边界的）再记录和转录的可能性"①。陈述再记录的可能性就是陈述重复使用的可能性。因此，话语具有"可重复的物质性"。而且，正因为它具有物质性，它才可重复。

话语是"独一无二的"，所以才稀有，因为并不是所有可能的话语都能够出现在特定的位置上；话语具有"可重复的物质性"，所以才像物质财富一样，可以被占有、使用和流通，转换和生产。作为被占有对象的话语，就与欲望、权利、政治斗争联系起来，进入政治实践领域。而之所以如此，正是因为话语本身就是一种实践，它同时具有实践物质性和活动性两个方面的特征。

二　知识与考古学分析

"考古学把话语作为特定档案成分的实践进行描述"②，话语实践为考古学分析提供了可能，作为档案成分的话语构成考古学分析的对象——知识。这种知识是如何界定的呢？

（一）知识

福柯自己曾就"知识"这个术语进行了区分，他指出："我用'connaissance'这个词指主体与客体的关系和决定着这一关系的形式法则。而'savoir'一词则指，某一特定时段上要给予'connaissance'的这个那个对象和要阐明的这个那个表述所必需的条件。"③　显然，作为

---

① 相关内容参见《知识考古学》英文 1972 年版，第 103 页。
② ［法］福柯：《知识考古学》英文 1972 年版，第 131 页。
③ 同上书，15 页第 2 个注释。

考古学分析对象的知识，是"savoir"，而不是"connaissance"，"con-naissance"是指认识。这种认识是形式化的知识，而知识考古学分析的知识对象则是先于形式化概念和表述，并作为其条件而存在的一个"前概念"层次上的"知识体"。何谓"前概念"层次？福柯在《知识考古学》中"概念的形成"一章提到了这个层次。他指出，在话语的层面分析概念的形成不能是对概念自身的直接描述，需要确定的是陈述根据什么模式可以在某一话语类型中相互联系，陈述的循环成分如何得以再次出现、分解、重新组合、获取外延或规定性、在新的逻辑结构内部被采用，而获得新的语义内涵，并结成局部组织。这就是说，要在各种因素、各种关系的相互作用中把握各种概念的并置、共存和相互之间的转换。或者说，是要在话语层面把握概念分布的规律。因此，话语是不同概念出现的地点和空间，话语的"前概念"分析不服从概念的一致性，而是要在概念的相容性和不相容性并存的空间中，把握它们相容和不相容的规则。前概念范围使得概念的异质多样性成为可能。①

　　由此可见，知识不存在于概念、命题的层次上，也不存在于表达的层次上。陈述与命题和句子的区别更明确地说明了这一点。涉及陈述的功能，福柯指出，陈述与其陈述物之间的关系不同于命题与其参照物的关系。一个没有参照物的命题不能说明它作为陈述也没有对应物。相反，正是陈述的对应物决定着命题是否有参考物。例如，"金山在加利福尼亚"这个命题在现实生活中没有参照物，但如果把它放进某部小说中，其真实性就要取决于它在这部小说的陈述关系中所处的位置了。弄清楚陈述的对应物，及其对应关系空间才能决定命题的真伪。同时，陈述与其陈述物之间的关系也不同于句子与其意义之间的关系。没有意义的句子作为陈述，则具有陈述物。没有意义的句子意味着排除了某些可能性，是以肯定某种特定类型的句子为前提的。例如，认为"无色的绿思想愤怒的沉睡下来"这个句子没有意义，必定是以能够以某种确定的方式与可见的现实相联系的句子类型为判断标准的，这就排除了这个句

---

① [法]福柯：《知识考古学》英文1972年版，第60页。

子作为梦境、诗歌、编码信息和吸毒者吃语的可能性。①

所以说，知识首先是一种空间和范围，在这个空间和范围中，标志着话语形成的一整套关系及其规则发挥着功能；再者，知识由话语实践构成，而陈述就是话语的实践功能，陈述不同于命题和句子，它是话语存在层次上的语词功能，是一种剩余物。这就使得知识的范围超越科学和学科，还涉及各种文件、论述，文学、哲学，日常话题、各种意见，如此等等。

（二）实证性与累积

知识的范围如此广阔，如何对其分割和把握？话语的实证性（和陈述功能运转的条件）能够"界定某个范围，形式上的一致，主题的连续，概念的解释，和意见的交换可以在这个范围里展开"②。这种话语实证性扮演了历史先天的角色。这种历史先天就是要指明陈述的出现不是某种偶然外在现象，也不是逻辑的必然，它是历史的。在陈述分布的空间中，某个位置上出现的为什么是这样一个陈述，而不是那样一个陈述？并不是所有可能的陈述都能够实现。这种历史先天就是指陈述所具有的现实性的条件，即陈述之所以出现的条件，也就是区分出陈述相互之间并存的规则，陈述存在方式的特殊模式，陈述存在、转换、消失的规则。在这种现实性的基础上，陈述形成各个系统，这也就是福柯所谓档案。在这个意义上，档案并不是死去的东西，它是可以并已经"说出来的"、具有现实性的活着的东西。这种现实性如何得以保存呢？

陈述能够累积（accumulate）。累积以陈述的"暂留"（remanence）为前提，这种暂留是陈述现实性的一部分，也就是说陈述得以保存完全取决于某些特定的现实条件，例如一些载体和物质技术（如书籍），一些机构（如图书馆），一些存在方式，一些它派生出来的实践和社会关系等。暂留是陈述的一部分，遗忘和消失可以说是暂留的零度。以这种

---

① ［法］福柯：《知识考古学》英文 1972 年版，第 89—90 页。

② 同上书，第 127 页。

暂留为基础，陈述之间可以相互组合，即陈述的"可加性"（additivity），也就是说在陈述暂留期间对其进行追加，形成陈述的连续。但这些可追加的形式是在转化之中的。累积还可以说明某种再现现象。每个陈述都有能力根据新的关系重新组合并重新分布它所在的区域，它构建自己的过去，再现使它可能的东西，排斥与它不相容的东西。但这种再现已经转换了再现物的存在空间，它作为新陈述关系中的一个要素，成为另外一个陈述。考古学的累积是"陈述被嵌入，并不断被更改、扰乱、推翻，甚至摧毁"的一种密度和层面。[1] 这正是知识考古学所要分析的断层。

（三）考古学分析的可能性

考古学面对这些断层的时候应该怎么做？这些断层对我们又意味着什么？我们在前面提到，考古学把话语作为特定档案成分的实践进行描述，描述的目的是把握话语形成的特定规则和模式。然而，这种规则和模式并不是普适的，它不是结构的内在规则。也就是说，考古学要分析的是话语作为话语自身，与其他事物相连接的层次，是对特定话语在实践中形成和转换规则的描述。"考古学的问题正在于确定话语的特殊性；指出话语所发挥的规则作用在哪些方面对于其他话语是不可缺少的；沿着话语的外部的边缘追踪话语以便更清楚地确定它们。"[2] 因此，这种描述既不是内在的，也不是外在的，而是关于边界的。

在这样的边界中，考古学分析是可能的吗？正如福柯所说，我们不可能描述我们自己的档案，因为我们身处其中，档案为我们所能说出的东西提供可能性，提供它出现的方式、存在和累积的方式，提供它累积的、历史的和消失的系统。档案无法最终完成，分析档案的整体性也是不可能的。在现时与整体之间，档案只能通过片断、区域和层次呈现出来。断层对我们意味着各种现实性程度不同的话语系统，把我们与我们

---

① ［法］福柯：《知识考古学》英文 1972 年版，第 125 页。

② 同上书，第 139 页。

所不同的东西区别开来的各种界限。因此，福柯指出了一个考古学分析的特许区域："这个区域既接近我们，又不同于我们的现时存在，它是围绕我们在场的时间边界，它悬挂其上，并以我们在场的他者来说明我们的在场；它是在我们之外限定着我们的东西。"① 考古学分析本身，也就是描述一种断裂和差异，它的可能性恰好存在于边界之间，存在于陈述的分歧点分布的空间之中。

三　福柯与马克思对话的可能性

在《德意志意识形态》第一卷中，马克思这样写道："在思辨终止的地方，在现实生活面前，正是描述人们实践活动和实际发展过程的真正的实证科学开始的地方。关于意识的空话将终止，它们一定会被真正的知识所代替。对现实的描述会使独立的哲学失去生存环境，能够取而代之的充其量不过是从对人类历史发展的考察中抽象出来的最一般的结果的概括。"② 从这段话中我们可以看出，马克思对于一种"描述人们实践活动和实际发展过程的真正的实证科学"的肯定和向往。当然，没有加以界定的实证科学也许还不能作为实际的形态来看待，或者，也可以把它看做马克思建立的历史唯物主义的一种简单描述。但就字面的意思看，这种实证科学表现了三个特点：第一，它反对意识的空话。第二，它不是抽象的。第三，它是描述的。而在福柯那里，反对意识哲学的取向，追寻抽象形式法则以外的法则的倾向，对描述方法的强调在《知识考古学》中随处可见。当然，这里不排除翻译、语境等造成的歧义，在福柯和马克思那里，这些看似相同的词也许代表了不同的含义。但这些用词、表达上的相似也表明了他们之间在某种趋向上的相同。

福柯与马克思不仅在思想渊源上，而且在个人理论兴趣上都存在着一些共同之处。福柯在巴黎高师期间，受到阿尔都塞的诸多影响，而阿

---

① ［法］福柯：《知识考古学》英文1972年版，第131页。

② 《马克思恩格斯选集》第1卷，人民出版社1995年版，第73—74页。

尔都塞是西方马克思主义的代表人物。尽管福柯对马克思有肯定有否定，但其中的渊源关系还是一目了然的。就个人理论兴趣而言，反对意识哲学，关注历史，是二人的共同趋向，而物质性、实证性、规则、自律等概念，二人都多有涉猎。但福柯与马克思也是不同的，物质利益、阶级、矛盾等马克思的许多概念，福柯都是不接受的。但正因为有同有异，才有了对话的可能性。

(一) 对话可能性的理论基础

反对意识哲学的共同取向，是福柯与马克思对话之所以可能的理论基础。马克思反对唯心主义，反对以观念史代替真正的历史，这在上面引述的那段话中可见一斑。马克思建立历史唯物主义，揭示历史发展的客观规律，认为生产力与生产关系，经济基础与上层建筑的矛盾决定着历史的进程，这都是为了反对历史领域中的唯心主义。同时，马克思的意识形态虚假性理论也反映出他对意识形态的不信任态度。这种对唯心主义的反对，可以说是反对某种意识哲学，既可以说是反对占统治地位的统治阶级的意识哲学，也可以说是反对没有正确反映现实的虚假的意识哲学。福柯更进一步地反对意识哲学，他对意识哲学的否定在《知识考古学》中随处可见。例如，在论述"稀少性、外在性、累积"时，他指出，"描述陈述群不同于描述某一意义的封闭的、过剩的整体，而是如同描述一个未完成的、碎片形态；描述陈述群，不能参照某种意图、思想，或主体等的内在性，而是依据某种外在性的扩散……也不是让它决定于某种合理性，或者信奉某种目的论"①。因此，福柯把马克思引为同道，他指出，一种认识论的变化正在发生，而它的最初阶段要追溯到马克思，因为马克思"对生产关系、经济决定论和阶级斗争所作出的历史分析"正是对旧认识论的偏移。

① ［法］福柯：《知识考古学》英文 1972 年版，第 125 页。

（二）对历史实证性的共同关注

福柯与马克思都关注历史的实证性。在上面引述马克思的那一段话中，马克思提出对历史事实的描述，而福柯在《知识考古学》中谈到，他曾经认为十九世纪的医学话语由某种风格、某种陈述行为的稳固特征来界定。但他后来认识到，描述的陈述行为只是出现在医学话语中的一种表达方式，而且它处于不断的变动之中。[①] 描述的陈述的变动是因为它处于与非话语实践的互动之中。非话语实践，正是马克思论述过的社会存在层面，而社会存在决定社会意识是马克思的基本论断之一。同时，福柯论述话语的自律性，并以此作为话语的历史实证性基础。马克思更是强调历史规律，强调历史是一个自然发展过程。由此可见，无论福柯与马克思观点如何异同，具体表述如何千差万别，他们必然会在同样的理论空间中遇到同样的问题。

（三）分歧

福柯与马克思的分歧有许多，而且不少分歧是根本性的。例如，关于语言，马克思曾经说过，语言是思维的外壳，这显然是把语言作为思维的外在表现形式，这种观点无疑是福柯加以反对的。福柯的话语理论正是要摆脱这种思维的内在负荷，彰显话语的自律性。再有，马克思强调经济的决定作用，认为阶级利益、阶级斗争在历史发展过程中发挥了决定性作用。而福柯明确反对这一点，他认为非话语实践对于话语实践的影响，要在话语形成的整个关系网络中来定位，发挥什么样的作用关键在于它在这个网络中的位置和这个网络的运行法则。他指出，"关于财富的分析也不是一种利益的对抗，这种对抗存在于作为土地所有者，并借重农主义来表达自己的经济政治要求的资产阶级，与以功利主义为

---

① ［法］福柯：《知识考古学》英文 1972 年版，第 33 页。

代言人，要求贸易保护主义和自由调节的资产阶级之间"①。

福柯与马克思尽管年代相隔近一个世纪，但他们共同的理论基础、对话空间和各种根本、非根本的分歧，使他们的对话具有广阔的可能性。

---

① ［法］福柯:《知识考古学》英文 1972 年版，第 69 页。

死亡的谜

李 剑

【内容摘要】本文讨论由伊壁鸠鲁和卢克莱修引发的有关死亡的三个谜题，考察托马斯·内格尔对这三个谜题的反驳和解答。第一个谜题是伤害问题，伊壁鸠鲁认为善和恶只存在于感觉中，死亡作为一切感觉的丧失，取消了善与恶得以产生的前提，故不可能是一种恶。内格尔将之概括为"你不知道的事不能伤害你"的理论。第二个谜题是时间问题，伊壁鸠鲁认为死亡在时我们不在，故死亡不能影响到我们。内格尔认为，这是如何把死亡定位于人生中某个时刻的问题。第三个谜题是不对称问题，卢克莱修认为人对其出生前的不存在不感到恐惧，而对其出生后的不存在感到恐惧，这是不对称的。内格尔认为死亡剥夺了人未来的可能性，因而是恶的。本文通过分析善和恶的两种类型，主观的和客观的，来表明内格尔对第一个谜题的解决是不成功的；通过区分第三人称的死亡和第一人称的死亡，证明第一人称意义上的死亡不能被有意义地谈论，也不是恶；而内格尔对第三个谜题的解决缺乏根据和论证。因此，内格尔试图证明死亡是一种恶的工作是不成功的，死亡对于已死的人并非一种恶。

Words, as is well known, are the great foes of reality.

Joseph Conrad *Under Western Eyes*

　　不同的人有不同的生活，这一点看起来是毫无疑问的。同样毫无疑问的是，无论人们的生活如何不同，他们都无可避免地走向一个相同的归宿，即死亡。死亡（death）和死去（dying）不同，当一个人将要或正在死去时，他还活着；而死亡是指这个主体的消失，他不再存在，死亡是指这个人的不存在（non-existence）。假使这个理解是对的，那么有意义的问题是我们应当怎样看待死亡以及对死亡采取怎样的态度才是理性的。

　　伊壁鸠鲁说："因此死亡——那一切恶中最恐怖的恶——对我们来说就什么也不是，因为当我们存在时，死亡不与我们同在；但当死亡到来时，我们就不再存在。这样不论是对活着的还是死去的人来说，死亡都不困扰他们，因为对前者来说死亡不存在，而对后者来说他们不再存在。"[①]

　　伊壁鸠鲁不把死亡看做一种恶，因此困扰着许多人的对死亡的恐惧就是不理性的。这一点违背了很多人的直觉。因为如果生活中一样美好的东西的丧失是一种恶，那么生活中一切美好的东西的丧失（即死亡）怎么可能反倒不是一种恶？如果死亡是一种恶，不管是不是最大的恶，对死亡的恐惧就不是不理性的。我要在本文中重点考察当代哲学家内格尔对"死亡是恶"这个观点的辩护，[②] 这个辩护是围绕着三个由伊壁鸠鲁所引发的有关死亡的谜题（puzzles）进行的。我要表明，内格尔对这三个谜题的解释是不成功的；在我看来，死亡对于我们来说，确实不是一种恶。

---

　　① *The Stoic and Epicurean Philosophers*, ed. Whitney J. Oates（New York: the Modern Library, 1957）p. 31.

　　② Thomas Nagel, "Death", *Noûs*, Vol. 4, No. 1.（Feb., 1970）, pp. 73－80.

一　有关死亡的谜题之一：伤害问题(the harm puzzle)

在伊壁鸠鲁看来，善和恶只存在于感觉中，死亡作为一切感觉的丧失，取消了善和恶得以产生的前提，所以死亡也不可能是一种恶。内格尔用一句常见的话来概括这个理论，即"你不知道的事不能伤害你"(what you don't know can't hurt you)。内格尔认为这显然是错的，因为这导致了一些荒谬的结论："这就意味着，即便一个人被他的朋友背叛，被他的朋友在背后嘲笑，并且被表面上礼貌地对待他的人们所鄙视，这些都不能算作是他的不幸，只要他不为这些事情所苦。"[①] 内格尔认为，这可以说明一个人并不感觉到的事也是发生在他身上的不幸，不管这个人是不是感觉到这件事。

我想内格尔对"你不知道的事不能伤害你"这个论题的反驳是对的。不被一个人意识到或感觉到的恶，也可以是对这个人的伤害。但是内格尔的"你不知道的事不能伤害你"并不足以概括伊壁鸠鲁所提出的"死亡不能伤害你"的论证，所以在这里内格尔并没有成功地反驳伊壁鸠鲁。

伊壁鸠鲁有关死亡不是一种恶，或者说"死亡不能伤害你"的论题，可以分为以下两个部分，第一个部分是明显的论证，第二部分是隐含的论证：

1. 善和恶只存在于感觉中，不能被感觉到的不是恶；
   死亡不能被感觉到；
   因此，死亡不是一种恶。

感觉的存在蕴涵着作为感觉的主体的存在，而死亡作为一切感觉的丧失，意味着主体的不存在。因此我们可以得出下面这个论证：

---

① Thomas Nagel, "Death", *Noûs*, Vol. 4, No. 1. (Feb., 1970), p. 76.

2. 善和恶只发生于某个主体身上，不存在没有承担善、恶的
主体的善和恶；

死亡是承担善和恶的主体的不存在；

因此，死亡不是一种恶。

内格尔被朋友背后嘲笑的例子，只是反驳了论证1，并没有反驳论证2。一个人被朋友在背后嘲笑，他只是不知道他被嘲笑，他的朋友在背后嘲笑他这一点并不使这个被嘲笑的主体不再存在。如果我嘲笑或者批评一个久以辞世的历史人物，比如丘吉尔，我并不认为我的言辞伤害到这个已经不存在的人。这里的关键问题，不是丘吉尔感觉不到我的嘲笑而是他的不存在。如果我嘲笑一个虚构的人物，比如贾宝玉，我也并未伤害到这个虚构的人物，因为他并不存在。

内格尔的另一个例子，是"成年的婴儿"（the oversized baby）。设想一个智力超群的人受到一种大脑的损伤，使他的智力退化到相当于婴儿的水平，"他并不介意他的状况，事实上除了他的身体更大一些外，他的状况和他在只有三个月大时的情况一样。如果在他三个月大时，我们不为他感到悲伤，为什么我们现在要为他悲伤？我们为之而悲伤的到底是谁呢？那个智力出群的成年人已经消失了，而现在在我们面前的这一位，他的幸福就只是一个吃饱了的胃和一块干尿布"①。这个例子表明，一个人并不介意的状况，也可以是他的不幸。可是这个例子也同样不能反驳论证2。因为这个不幸，并不是主体不存在的情况下的不幸，"这个退化到这种地步的曾经智力出众的成年人是这个不幸的主体"②。

内格尔唯一可以针对论证2的例子，是一个人死后的、未被遵守的曾经对他许下过的诺言。内格尔说，不遵守对一个现已离世的人曾经许下过的诺言是错的，因为"这是对那个已死去的人的伤害"③。这个例

---

① Thomas Nagel, "Death", *Noûs*, Vol. 4, No. 1. (Feb., 1970), p. 77.

② Ibid.

③ Ibid., p. 78.

子一样不能反驳论证 2。有许多诺言，基于这些诺言的内容，在被许诺
者死去后便自动失效，也就是说，如果被许诺者不再存在，这些诺言就
不可能被履行。比如我对我的祖父许下每年春节给他打电话的承诺，在
我的祖父去世后，我便不可能再履行这个诺言。因此，诺言的内容约束
着那个许诺者的行动。如果我对祖父许下的诺言是在他去世后的每个清
明节为他扫墓，那么我的行动就仅仅只在他去世后才被诺言所约束。不
履行诺言是错的，不是因为这样做伤害了被许诺者，而是因为这样做违
背了诺言的内容；一个行动是否是错的，只看它是否符合这个诺言的内
容，而不论被许诺者是否受伤害。我也许在某个我的祖父尚在世的春节
没有给他打电话，我的祖父也许感到受伤害、也许不感到伤害，但是无
论他是否感到受伤害，我的行为都违背了我的诺言，因而是错的。他感
到受伤害，也许是由于我的行为是错的；但是我的行为是错的，却不一
定令他受伤害。因此，违背对已死的人的诺言是错的，并不能得出已死
的人或已经不存在的人仍然会受伤害的结论。对不再存在的人所施加的
恶或伤害，即没有主体的恶或伤害，看起来仍然是不可思议的。

　　O. H. Green 区分了两种善和恶，主观的和客观的。[①] 他说，主观
的善和恶必须要有意识的存在，比如成功对一个野心勃勃的人来说是一
种善，仅当这个人意识到成功的时候；失去一个朋友是一种恶，仅当这
个朋友被思念的时候。某些状态或事件是客观的善或恶，是指它们促进
或阻碍了正常的机能的发挥。比如均衡的饮食对一个人是一种善，而双
目失明是一种恶。客观的善和恶也可以适用于植物和物品，比如我们也
可以说充足的水分对玫瑰花是一种善，而缺乏机油对发动机是一种恶。
客观的善和恶不需要其所影响的对象意识到这个善或恶，但是客观的善
和恶却必须影响到某个主体。依据这个标准，死亡既不是主观的恶，因
为死亡不能被意识到；死亡也不是客观的恶，因为当一个人死亡，就不
再有受到善或恶的影响的主体了。[②]

---

　　① O. H. Green, "Fear of Death", *Philosophy and Phenomenological Research*, Vol. 43, No. 1. (Sep., 1982), pp. 99—105.

　　② Ibid., p. 100、p. 102.

我想 Green 的说法是对的。应用这个标准，我们可以说，内格尔被朋友背后嘲笑的例子和他的"成年的婴儿"，都只是反驳了主观的善和恶。仅当从伊壁鸠鲁的论证中只能得出"死亡不是主观的恶"的结论时，内格尔对伊壁鸠鲁的反驳才是成功的。对于伊壁鸠鲁论证中隐含的论证2，即"死亡不是客观的恶"的结论，内格尔的反驳是不成功的，"成年的婴儿"受到了大脑疾病的影响，朋友背后的嘲笑也影响到一个人所拥有的人际关系，这些恶都是客观的，因为存在着它们所影响的某个主体。

二　有关死亡的谜题之二:时间问题(the timing puzzle)

伊壁鸠鲁说我们在时死亡不在，死亡在时我们不在，所以死亡不应该影响到我们，因为死亡不可能影响到我们。对于要反驳伊壁鸠鲁的人来说，这个思想所表现出的一个困难是：如果死亡对人们是一种不幸，这个不幸是在什么时候发生的呢？在一个人死亡前，死亡这种不幸还尚未发生，在一个人死亡后，这种不幸所影响的那个人也就不再存在。内格尔说，这是我们如何把死亡定位于一个人生活中的某个时刻的问题。

内格尔说，"一个可能的解释是，大多数的善和恶的主体是一个被其历史和种种可能性所定义了的人，而不仅仅是一个为其当下的确定状态所定义的人；虽然主体可以置身于一个地点和时间的序列中，降临到这个主体身上的善和恶却不必也处于一个相同的序列中"[①]。如果我们把一个人看做是不仅有着当下的状态，也有过去的历史和未来的种种可能性时，死亡对于他是一种不幸就是容易理解的，因为死亡剥夺了他未来的生活的种种可能性，或者粉碎了他过去的种种希望。所以内格尔说，"一个人是善与恶的主体，是因为他有可以被满足或不被满足的希望，或者是可以被实现或不被实现的可能性，就如同是因为他有感受痛苦和快乐的机能一样。如果死亡是一种恶，它就必须这样来被理解，它

---

① Nagel，p. 77.

不可能被置于生命中的某个时刻这一点就不应当困扰我们"①。

在内格尔看来，大脑的疾病剥夺了"成年的婴儿"未来取得理智的成就的可能性，所以对"成年的婴儿"来说是一种恶；同样的，死亡剥夺了一个人未来所有的可能性，所以是对这个人的一种恶。死亡不能被置于一个人生活中的某一时刻这个困难并不重要，因为一个人的未来所有的可能性并不与这个人实际生活的历程重合；死亡就是在剥夺了他未来的各种可能的善的意义上，被确定为一种不幸或恶。

这个解释看起来很有力量，但是我仍然不认为内格尔的这个理论是成功的。我想这里需要区分人们言谈中的两种死亡，第三人称的死亡和第一人称的死亡。第三人称的死亡，我是指当我们谈论其他人的死亡时所指的那种死亡。第一人称的死亡，我用来指我们谈论自己的死亡时所指的死亡。我想内格尔的理论在解释第三人称的死亡如何是一种恶时是正确的，但是却不能解释为何第一人称的死亡是一种恶。

对伊壁鸠鲁来说，他人的死亡如何是一种恶不构成问题，我们自己的死亡如何是一种恶才是一个问题。在我看来伊壁鸠鲁的这个说法是对的，因为我们无法有意义地谈论、设想和思考我们自己的死亡。这里我们必须澄清死亡这个词的意义问题。死亡这个词是有意义的，仅当它用来指第三人称的死亡，即他人的死亡，这时，死亡指的是这个人生命的终止、意识的消失、他的不再存在。因此，当我们想到他的不能再实现的未来的种种可能性时，我们觉得他的死亡是他的一种不幸。但是，我们却不能用同样的方式设想我们自己的死亡，因为我们的设想（作为一种意识的活动），与需要设想的内容（自己的意识的完全消失），是正相矛盾的。如果这是对的，那么讨论一个不可设想的事是否是一个不幸就是毫无意义与不可能的。因此，在第一人称的语句中使用的死亡这个词，比如说"我的死亡"或"我们的死亡"，是不具有任何意义的。但是，虽然我们无法有意义地谈论第一人称的死亡，我们却可以有意义地谈论第三人称死亡，（他人的死亡不只是可设想的，也可以是我们生活中的一个事件）这让我们误以为我们可以以类似的方式谈论自己的死

---

① Nagel, p. 78.

亡。我们把他人的死亡可以解释为一种恶或不幸，也让我们误以为我们可以把自己的死亡也解释做一种恶或者不幸。我们在第一人称句子和第三人称句子中都使用"死亡"这同一个词，让我们误以为我们谈论的是同样性质的事件。这是语词给我们的思想带来困惑的一个例证。

三　有关死亡的谜题之三：不对称问题
(the asymmetry puzzle)

这个谜题是卢克莱修提出的，他说，如果一个人出生前是不存在，一个人死亡后也是不存在，那么为什么人们只对死亡后的不存在感到恐惧，而不对他出生前的不存在感到恐惧，因为后者就像是前者的镜像，二者在性质上是完全一样的。

内格尔说，因为一个人可能比他实际死亡的时间晚死，却不可能比他实际出生的时间大幅度提前地早生。一个人可能具有的不同的生活一定都有一个共同的开端，但是具有共同结局的不同生活却不可能是同一个人的生活，而必定是不同的人的不同生活。所以他认为，死亡可以剥夺一个人未来的种种可能性，但出生却不剥夺出生之前的种种可能性。他认为这解释了人们对生前的不存在和死后的不存在在态度上的不对称性。[①]

这是一个有趣的思想。但是我看不出为什么这种主张是正确的。如果我的出生地的不同不决定我是另外一个人的话，为什么我的出生时间的不同，可以决定我不再是我而是另外一个人？我在时间 T1 出生，还是在时间 T2 出生，不决定我的基因构成的不同，只是我的偶然属性，不是我的必然特征。我想一个人是"有可能"比他实际出生的时间更早出生的，我的生命可能开端于不同的时间，也可能开端于不同的地点，因此不对称的问题并未被内格尔消除。

---

① Nagel，p. 79.

四　结语

内格尔对伊壁鸠鲁论证的反驳，在当代有着广泛的影响。我试图说明内格尔的工作是不成功的。伊壁鸠鲁说"死亡不是一种恶因为死亡什么也不是"的这个论题，仍然是正确的。但是这并不意味着我们有任何理由过任何形式的不严肃的生活。因为斯宾诺莎说得好："自由的人不考虑死亡，他的智慧是对生活的沉思。"①

---

① Spinoza，*The Ethics and Selected Letters*，tran. Samuel Shirley（Hackett Publishing Company，1982），p. 193.

证明复杂性*

刘新文

【内容摘要】张清宇在 1997 年为经典命题逻辑提出了一个以广义 $Sheffer$ 竖（即广义析舍）为初始联接词的推演系统 Z，其句法使用括号兼具联接词的作用，证明了该系统的一些元逻辑性质，此后关于系统 Z 有一些模型论和逻辑演算方面的研究。本文的工作主要在于把系统 Z 和复杂性理论中的证明复杂性联系起来，通过遗传有穷集、由 $Sheffer$ 竖构造起来的公式之间一个很自然的双射，并在 $Sheffer$ 竖基础上把公式编码成一个有向非循环图的结点，然后利用有向非循环图的一条组合定理，研究证明复杂性理论中弗雷格系统之间的多项式模拟问题。

系统 Z 的公理有两条：（1）以 ［ ］为直接子公式的原子析舍都是公理；（2）凡是有 p 以及 ［p］同时为直接子公式的原子析舍都是公理。① 为了可读性起见，用 Γ、Δ、Ω 分别表示公式的任意序列，其中 Δ 表示 n 个公式的序列 A_0，…，A_{n-1}。这样，系统 Z 中的两条推演规则

---

　　*　中国社会科学院 2008 年重点课题"Sheffer 竖的逻辑与哲学"资助；本文是结项报告《Sheffer 竖研究》第二章中的一节。

　　①　关于系统 Z 的具体论述请见本文参考文献 ［10］、［12］、［16］ 以及 ［17］。

在其随后的论文"Z 的范式和插入定理"中被简写成：

$$\text{I. } \frac{[\Gamma, \ \Delta, \ \Omega]}{[\Gamma, \ [[\Delta]], \ \Omega]} \qquad (n \geqslant 0)$$

$$\text{II. } \frac{[\Gamma, \ [A_0], \ \Omega], \ \cdots, \ [\Gamma, \ [A_{n-1}], \ \Omega]}{[\Gamma, \ [\Delta], \ \Omega]} \qquad (n \geqslant 2)$$

从直观上来讲，系统 Z 的规则（I）说的是我们可以从 $B \vee A_0 \vee \cdots \vee A_{n-1}$ 可以推出 $B \vee (A_0 \vee \cdots \vee A_{n-1})$。而规则（II）说的是从 n 个前提 $B \vee A_0$，$\cdots$，$B \vee A_{n-1}$ 可以推出 $B \vee (A_0 \wedge \cdots \wedge A_{n-1})$。我们已经在此基础上对系统 Z 的公理和规则做过简化，[①] 现在再次把系统 Z 稍作变化，使其公理和规则都减少到一条；运用所得到的系统可以构造一个组合重言式的序列，当把这些重言式添加到任意一个弗雷格系统的时候，可以多项式模拟扩张的弗雷格系统。

在介绍"多项式模拟（polynomial simulate，简称'p 模拟'）"概念之前，我们首先介绍"弗雷格系统"的概念。一个"弗雷格系统"是一个基于有限多规则和公理模式之上蕴涵完全的命题证明系统。一个证明系统 F 是"蕴涵完全的"，仅当下述条件成立：如果 A_0，A_1，$\cdots$，$A_{n-1} \models B$，那么 B 是在 F 中可以从 A_0，A_1，$\cdots$，A_{n-1} 推演出来的。假定 F_1 和 F_2 是两个命题证明系统；F_1 "p 模拟" F_2 仅当有一个多项式时间算法把命题公式 B 的任意一个 F_1 证明翻译成 B 的一个 F_2 证明。如果 F_1 和 F_2 建立在不同的逻辑联结词集之上，这里所定义的"p 模拟"概念仍然适用。特别是，如果 F_1 "p 模拟" F_2，那么由翻译给出的证明的长度的增长有一个多项式界。弗雷格系统这一概念是强力的：即使作为其基础的联结词集不同以及允许主目数不确定的联结词，任意两个弗雷格系统都互相 p 模拟。本段的定义和结果都来源于 1979 年 S. Cook 和 R. A. Rechkow 在《符号逻辑杂志》上的论文。[②]

---

① 参考文献 [12]。

② 参考文献 [4]。

证明系统 F_1

公理（模式）：$[\Gamma，\Delta，[\Delta]]$

规则（1）：切割规则

$$\frac{[\Gamma，\Delta] \qquad [\Gamma，[\Delta]]}{[\Gamma]}$$

规则（2）：弱化规则

$$\frac{[\Gamma]}{[\Gamma，\Delta]}$$

证明系统 F_2

公理（模式）：$[\Gamma，\Delta，[\Delta]]$

切割规则

$$\frac{[\Gamma，\Delta] \qquad [\Gamma，[\Delta]]}{[\Gamma]}$$

系统 Z 的规则都可以作为 F_1 的导出规则，下面我们分别来证明这一点。

引理 2.4.1：系统 Z 的规则（I）是 F_1 的导出规则。

证明：现在需要证明的是从 $[\Gamma，\Delta]$ 可以直接推出 $[\Gamma，[[\Delta]]]$。

1. $[\Gamma，\Delta]$ 　　　　　　　　　　　前提
2. $[\Gamma，\Delta，[[\Delta]]]$ 　　　　　　　1；弱化
3. $[\Gamma，[\Delta]，[[\Delta]]]$ 　　　　　　公理
4. $[\Gamma，[[\Delta]]]$ 　　　　　　　　　2，3；切割规则

引理 2.4.2：系统 Z 的规则（II）是 F_1 的导出规则。

证明：不失一般性，证明 $n=2$ 时规则（II）的情形：从两个前提 $[\Gamma，[A_0]]$ 和 $[\Gamma，[A_1]]$ 可以直接推出 $[\Gamma，[A_0，A_1]]$。

1. $[\Gamma，[A_0]]$ 　　　　　　　　　　前提
2. $[\Gamma，[A_0]，A_1，[A_0，A_1]]$ 　　　1；弱化规则
3. $[\Gamma，A_0，A_1，[A_0，A_1]]$ 　　　　公理
4. $[\Gamma，A_1，[A_0，A_1]]$ 　　　　　　2，3；切割规则
5. $[\Gamma，[A_1]]$ 　　　　　　　　　　前提
6. $[\Gamma，[A_1]，[A_0，A_1]]$ 　　　　　5；弱化规则
7. $[\Gamma，[A_0，A_1]]$ 　　　　　　　　4，6；切割规则

引理 2.4.3：F_1 是完全的。

证明：由系统 Z 的完全性可以得到。

引理 2.4.4：F_1 是蕴涵完全的。

证明：假定 A_0，A_1，$\cdots$，$A_{n-1} \models B$，其中每个 A_i（$0 \leqslant i \leqslant n-1$）都形如 $[\Gamma_i]$，而 B 则形如 $[\Delta]$。那么 $[\Gamma_0] \wedge \cdots \wedge [\Gamma_{n-1}] \rightarrow [\Delta]$ 是一个重言式；而且这个公式等值于 $[[\Gamma_0], \cdots, [\Gamma_{n-1}], \Delta]$。由于 F_1 是完全的，因此，$[[\Gamma_0], \cdots, [\Gamma_{n-1}], \Delta]$ 是在 F_1 中可推演出来的。通过 n 次运用弱化规则和切割规则，$[\Delta]$ 可以从 n 个假设 $[\Gamma_0], \cdots, [\Gamma_{n-1}]$ 推演出来。

由于没有弱化规则，还不能完全说 F_2 是蕴涵完全的。

引理 2.4.5：F_2 "p 模拟" F_1。

证明：我们需要给出一个多项式时间算法来消除任意一个 F_2 证明 d 中弱化规则的使用。由于 F_1 是一个弗雷格系统，我们假定它的所有推导都是树形的。[①]　我们有下述观察：

1. 弱化规则的任意两个连续的运用可以坍塌成一个运用；

2. 如果可以运用切割规则从 A_1 和 A_2 推出 B，那么对 B 的任意一次弱化都可以从 A_1 和 A_2 的相应的弱化推出；

3. 对公理运用弱化规则得到的结果仍然是一个公理。

现在，我们从树的底部往上，可以能行地消除 d 中弱化规则的每一次运用。如果原来的证明 d 的长度为 n，那么这个过程至多有 n 步。新的证明也将至多只有 n 步，都不会比 d 本身的长度更长。由于原来的证明是树形的，这一算法将会是在多项式时间内的。

由以上诸引理，我们可以得到下述定理：

定理 2.4.6：F_1 是一个弗雷格系统；F_2 "p 模拟" F_1。

如果我们假定在切割规则的运用中，$\langle \Delta \rangle$ 不是 $\langle \Gamma \rangle$ 的子集，$[\Delta]$ 不是 $\langle \Gamma \rangle$ 的元素，那么这一定理依然成立。因为否则的话，结论就和某个假设是一样的，在这种情形下，证明树将会精简，而这一规则也将被省略掉。

---

① 参考文献 [8]。

遗传有穷集的归纳定义如下：空集是遗传有穷集；如果 a_1，…，a_k 都是遗传有穷集，那么 $\{a_1，…，a_k\}$ 也是遗传有穷集。在遗传有穷集、由 Sheffer 竖构造起来的无变元公式之间有一个很自然的双射

$$f:\{a_1,\cdots,a_k\} \mapsto [f[a_1],\cdots,f[a_k]]$$

对于带有变元的公式，同样可以和遗传有穷集对应起来：把这些公式直接看做是由有穷多个原子 x_1，…，x_k 构造起来的遗传有穷集。现在，公理 $[\Gamma，\Delta，[\Delta]]$、切割规则以及弱化规则可以用集合记法重述如下：[1]

公理模式：$a \cup b \cup \{b\}$

规则 (1)——切割规则：从 $a \cup b$ 和 $a \cup \{b\}$ 可以直接推出 a

规则 (2)——弱化规则：从 a 可以直接推出 $a \cup \{b\}$

以此为基础，下面陈述一条关于遗传有穷集的组合定理。

定义 2.4.7：一个遗传有穷集 c 是"好的"，仅当它具有 $a \cup b \cup \{b\}$ 的形式；也就是说，存在某个 $b \in c$ 使得 $b \subset c$。

由上这一定义可知，"好"的集合都对应公理。

定理 2.4.8：假定 C 是一个遗传有穷集，使得对于 C 中的每一个 a：a 是一个好的集合；或者，对于既不是 a 的元素也不是 a 的子集的某个 b，$a \cup b$ 和 $a \cup \{b\}$ 都在 C 中。那么，空集不在 C 中。

证明：由假设可以知道，如果 a 在 C 中，那么，或者 a 是好的或者 a 可以从两个严格意义上更大的集合 $a \cup b$ 和 $a \cup \{b\}$ "推出来"。给定 C 中任意的集合 a，我们可以倒过来构造出一个从好的集合到 a 的"推演"。但是，空集的这样一个推演将反过来可以翻译到 F_1 中 $\bot$ 的一个证明。也可以用另外一种方式来叙述这一证明。假定 m 是 C 中集合的基数的最大值，施归纳于 i 上可以证明 C 中基数为 $m-i$ 的每一个集合都对应于一个真公式。但是空集将对应于 $[\ ]$，而这一公式的值为假。

稍后我们将把这一定理翻译成命题重言式序列。大致如下：如果我们把遗传有穷集编码成符号串，我们的重言式将"表达"弗雷格系统 F_1 的协调性。另一方面，为了"表达"一个相应的"扩张的"弗雷格

系统的协调性，我们还需要把遗传有穷集编码成一个有向的非循环图的结点，过程如下：如果 G 是一个有向的非循环图，a 是 G 的顶点，那么定义 a 的"邻域" $N(a)$ 为

$$N(a) = \{b \mid \text{存在一条从 } a \text{ 到 } b \text{ 的边}\}$$

我们可以把每一个这样的结点 a 都看成是编码了一个遗传有穷集，这个集合由 a 的邻域编码而成的那些元素组成。如果还需要这一表述是典范的，我们可以要求 G 是外延的，当然，我们现在并不需要这一额外的要求。

现在把上述定理翻译到这一新的语言中，就得到了下述定理：

定理 2.4.9：假设 G 是一个有向的非循环图，C 是 G 中顶点集的一个子集，使得对于 C 中的每一个 a，下述两个条件之一成立：

1. 或者在 $N(a)$ 中有一个顶点 b 使得 $N(b) \subsetneqq N(a)$；

2. 或者对于 C 中的顶点 d 和 e 以及另外一个顶点 b 使得

（Ⅰ）$N(d) = N(a) \bigcup \{b\}$

（Ⅱ）$N(e) = N(a) \bigcup N(b)$

（Ⅲ）$b \notin N(a)$

（Ⅳ）$N(e) \neq N(a)$

那么，C 的每一个元素都是非终止的，也就是说，都至少有一条不断向外延伸的边。

证明：最后两个条件类似于 b 既不是 a 的元素也不是 a 的子集这两个要求，保证了 $N(e)$ 和 $N(d)$ 的基数都严格大于 $N(a)$ 的基数。与前一定理一样，一个反例将可以展开成为 F_1 中一个矛盾式的证明。

注意，满足上述定理中的假设的图 G 及其子集 C 会导致一个长度为图的大小的指数的 F_1 证明，原因在于公式的有向非循环图表述允许能行地重复使用子公式。另外，小的图 G 翻译为小的扩张的弗雷格证明。我们将会在稍后看到，我们只需要把这一事实反过来，即小的扩张的弗雷格证明翻译为小的图。下述引理为上述定理提供了一个更为直接的证明。

引理 2.4.10：假设 G 是一个有向的非循环图。那么存在一个顶点集合 S 使得对于 G 中的每一个顶点 a，

1. 如果 a 是在 S 中，那么 $N(a) \cap \bar{S} \neq \emptyset$；

2. 如果 a 是在 $\bar{S}$ 中，那么 $N(a) \subseteq S$。

证明：直观上讲，S 所包含的结点就是 G 中对应真公式的那些结点。S 的构造分阶段进行，就像在把真值指派给一个回路中的结点时所做的那样：我们把 G 中终止的结点都放在 $\bar{S}$ 中，以此开始，如果 $N(a)$ 中所有的元素都已经放在了 S 中或者 $\bar{S}$ 中，我们就可以基于引理中的两个条款确定 a 了。

仿照定理 2.4.8 中所做的那样，由这一引理就可以得到定理 2.4.9 了：满足定理中第一个条款的元素都保证是在 S 中，另外，如果 c 和 d 都在 S 中，那么满足条款 2 中条件的任意一个 a 也在 S 中。与此同时，终止的结点都不在 S 中。下面是关于图的一个性质：

定理 2.4.11：假设 G 是一个有向图，而集合 C 是由 G 中满足定理 2.4.9 的假设的非终止的顶点组成。那么 G 包含了一个循环。

一个"扩张的"弗雷格系统是通过下述方式从弗雷格系统得到的：在一个证明中的任何一个点上使用下述"扩张公理"引入常项 A_φ 来缩写公式 φ：[①]

$$A_\varphi \leftrightarrow \varphi$$

当然了，φ 可以包含所在证明中此前已经引入的其他常项，如果"$\leftrightarrow$"不是我们证明系统中的基本联结词，我们也可以使用任何其他合理的等值式。我们所预期的是这些缩写"应该会"允许我们更有效地证明重言式，就像回路"应该会"比公式更有效地表示布尔函数。实际上，我们确实也可以把"扩张的"弗雷格证明看成是对被某个回路中的结点表示的一些公式进行推理；稍后将对此细加说明。首先选定一个"扩张的"弗雷格系统 EF_1，这个系统是在 F_1 的基础上通过增加上述扩张公理而得到的。把 EF_2 定义成是在 F_2 的基础上通过增加下述两条公理而得到的：

$$[[A_\varphi],\ \varphi,\ \Gamma]$$
$$[[\varphi],\ A_\varphi,\ \Gamma]$$

---

① 参考文献 [4]、[8]。

根据前面的约定，其中 Γ 是一个公式序列。当被添加到 F_1 之后，这两条公理就考虑到了 F_2 的扩张公理的任意弱化的短的证明，因此，就像在定理 2.4.6 中一样，EF_2 "p 模拟" EF_1、因此任意扩张的弗雷格系统。

给定 EF_1（或者 EF_2）中的一个证明，我们可以构造一个有向的非循环图来表示这个证明的公式，方式如下：

定义 2.4.12：假设 d 是一个 EF_1 证明或者 EF_2 证明，其中的变元为 $y_1,\cdots,y_k$；假设 Φ 是 d 中公式的所有子公式构成的集合。一个带有可区分的终止结点 $\hat{y}_1,\cdots,\hat{y}_k$ 的有向非循环图 G "表示 d 的子公式"，仅当从 Φ 到 G 存在一个有下述性质的映射 h：

1. $h(y_i)=\hat{y}_i$；

2. $h([\varphi_1,\cdots,\varphi_m])$ 是一个结点 a，使得
$$N(a)=\{h(\varphi_1),\cdots,h(\varphi_m)\}$$

3. $h(A_\varphi)=h(\varphi)$。

如果 G 利用 h 表示了 d 的公式，那么就说子集 $C=\{h(\varphi)\mid\varphi$ 是 d 中的一行$\}$ "表示了 G 中的证明 d"。

对于任意的证明 d，我们都可以找到一个表示其子公式的 G，使得 G 的大小是 d 的长度的多项式。注意，h 把 EF_2 的扩张公理映到 "好的" 结点，也就是说，映到满足定理 2.4.9 中条款 1 的那些结点。现在，对于每一个 n，我们都可以为大小为 n 的图编造一个表达定理 2.4.9 的重言式，使得这些重言式的长度被 n 的多项式所限制。我们可以使用变元 p_{ij}（$i<j$）来表示 "存在一条从 i 到 j 的边" 这个断言（条件 $i<j$ 保证了该图是非循环的），用变元 q_i 来表达 "i 是在 C 中" 这样的断言。由此，定理中的假设就是下述合取式：
$$\bigwedge_i(q_i\to\varphi_1(i)\vee\varphi_2(i))$$

其中 $\varphi_1(i)$ 是断言：
$$\bigvee_j(p_{ij}\wedge\bigwedge_k(p_{jk}\to p_{ik}))$$

而 $\varphi_2(i)$ 是断言：
$$\bigvee_{j,k,l,m}(q_k\wedge q_l\wedge p_{kj}\wedge\bigwedge_{n\neq j}(p_{kn}\leftrightarrow p_{in})\wedge\bigwedge_n(p_{ln}\leftrightarrow(p_{in}\vee p_{jn}))\wedge\neg p_{il}\wedge\neg p_{im}\wedge p_{jm})$$

这里，大合取和析取中所有变元的取值范围都是从 1 到 n，而对于 $i \geqslant j$，我们用 p_{ij} 来表示实际上的 $\bot$。定理的结论（即 C 中不存在终止的边）翻译成

$$\bigwedge_i \left(q_i \rightarrow \bigvee_j p_{ij} \right)$$

把所得的重言式称为 $T(n)$。

由上面的准备，我们有下面的定理：

定理 2.4.13：重言式 $T(n)$ 具有多项式大小的扩张的弗雷格证明。

证明：和（Cook 1975）或（Krajíček 1995）中为 $Con_{EF}(n)$ 证明的等价结果的方法一样；定理 2.4.10 中的集合 S 可以在 PV 或者 V_1^1 中定义。

定理 2.4.14：假设 F 是任意一个弗雷格系统，$\hat{F}$ 是接受重言式 $T(n)$ 的任意替换实例而得到的证明系统。那么 $\hat{F}$ "p 模拟" 任意一个扩张的弗雷格系统。

证明：模仿 1991 年 S. Buss 的 "主要定理 3（$MainTheorem\,3$）"[①] 为 $Con_{EF}(n)$ 证明的等价结果。两个论证都依赖于下述事实：各个弗雷格系统对于命题公式真值概念都有一个足够的形式化；而这一点是所引论文的主要动机。为了下面的证明，我们需要采用 1991 年 S. Buss 的真值谓词[②]来处理 $Sheffer$ 竖的任意元数，或者只是使用它们在 F 中的内置等值式来进行下去。给定公式 $\varphi(y_1, \cdots, y_n)$ 的一个扩张的弗雷格证明 d，我们需要证明如何在 $\hat{F}$ 中构造出 $\varphi(y_1, \cdots, y_n)$ 一个证明，而且这个证明的长度被 d 的长度多项式限制。由于 EF_2 "p 模拟" 任意一个扩张的弗雷格系统，我们可以从 d 能行地构造出 $[[\varphi]]$ 的一个 "有向非循环图证明"；也就是说，构造出一个有向的非循环图 G，以及一个集合 C 来表示公式 $[[\varphi]]$ 的 EF_2 证明。为变元 $y_1, \cdots, y_n$ 给定任意一个真值指派 E（即常项 "$[\ ]$" 和 "$[[\ ]]$" 分别表示假和真），假定 φ^E 表示的是闭公式 $\varphi(E\,\vec{y})$。我们现在在 F 中开始讨论。因为

---

①　Buss 1991。

②　Buss 1991。

假定了 E 是任意的，我们就可以把 G 的每一个结点 y_i 都用一个表示 E(y_i) 的图来替换，这样就得到 $[[\varphi^E]]$ 的一个有向非循环图证明。另外，如果 φ 在真值指派 E 下的值为假，我们就可以像 1991 年 S. Buss 所做的那样[1]构造出 $[\varphi^E]$ 的一个有向非循环图证明；准确地说，存在着定义这个公式的一个有向非循环图证明的一个公式序列，序列的长度是 d 的长度多项式的，使得 F 可以证实这个有向非循环图满足定理 2.4.9 的假设。用切割规则把这两者结合起来，我们就得到"$[\ ]$"的有向非循环图证明，也就是定理 2.4.9 的一个反例。简而言之，我们在 F 中可以用一个多项式大小的证明来证实：如果 φ^E 为假，那么某个重言式 $T(n)$ 的一个替换实例为假。作为一个结论，$\hat{F}$ 证明，在对其变元的任意一个真值指派之下 φ 都为真。由真值谓词的恰当性，$\hat{F}$ 可以推断出 φ。

在上述论证中，由于 EF_2 并不允许弱化规则，我们只好"预先考虑到"在上述证明中已经用到的弱化规则。"从上到下"来处理 $[\varphi]$，我们可以为每一个子公式 ψ 指派一个恰当的序列 $\vec{\theta}_{\psi,1}$ 和 $\vec{\theta}_{\psi,2}$；然后，"从下到上"，在 F 中证明：如果 ψ^E 为真，那么

$$[[\psi^E], \vec{\theta}_{\psi,1}^E]$$

存在一个有向的非循环图证明，如果 ψ^E 为假，那么

$$[\psi^E, \vec{\theta}_{\psi,2}^E]$$

存在一个有向的非循环图证明。

推论 2.4.15：如果在弗雷格系统和扩张的弗雷格系统之间存在一个超多项式分离，那么重言式 $T(n)$ 在任何一个弗雷格系统中都不存在多项式大小的证明。

证明：如果一个弗雷格系统 F 拥有重言式 $T(n)$ 的多项式大小的证明，那么用公式来替换变元就会产生这些重言式的任意一个替换实例的多项式大小的证明。由前一定理，F 将"p 模拟"任意一个扩张的弗雷格系统。

证明系统 F_2 可以"p 模拟"任意一个弗雷格系统这一事实的意义

---

① 参考文献 $[2]$。

在于：我们可以把任何一个弗雷格证明都看成是一个树，其中重言式在最下端，切割规则位于分叉处，而公理（即那些"好的集合"）则位于结点上。

参考文献

[1] Anderson, A. R. & N. D. Belnap, Jr., 1959: "A Simple Treatment of Truth Function", *Journal of Symbolic Logic* 24 (4), pp. 301—302.

[2] Buss, S., 1991: "Propositional Consistency Proofs", *Annals of Pure and Applied Logic* 52, pp. 3—29.

[3] Cook, S., 1975: "Feasibly Constructive Proofs and the Propositional Caculus", *Proceedings of the 7th Annual ACM Symposium on Theory of Computing*, pp. 83—97.

[4] Cook, S. & R. A. Rechkow, 1979: "The Relative Efficiency of Propositional Proof Systems", *The Journal of Symbolic Logic* 44, pp. 36—50.

[5] Cook, S. & P. Nguyen, 2010: *Logical Foundations of Proof Complexity*, Cambridge University Press.

[6] Hansson, S. O., 2009: "Replacement — A Sheffer Stroke for Belief Change", *Journal of Philosophical Logic* 38 (2), pp. 127—149.

[7] Hendry, H. E. & G. J. Massey, 1969: "On the Concepts of Sheffer Functions", in *The Logical Way of Doing Things*, K. Lambert (ed.), Yale University Press.

[8] Krajíček, Jan, 1995: "On Frege and Extended-Frege Proof System", in Clote and Remmel eds., *Feasible Arithmetic II*, Birkhauser.

[9] Urquhart, A., 1995: "The Complexity of Propositional Proofs", *Bulletin of Symbolic Logic* 1 (4), pp. 425—467.

[10] 刘新文："系统 Z 的量化扩张及其对话语表现理论的处理"，博士学位论文，中国社会科学院研究生院哲学系，2002年。

[11] 刘新文："经典一阶逻辑的希尔伯特型系统"，《湖南科技大学学报》（社会科学版）2005年第2期。

[12] 刘新文："论命题与括号"，《哲学研究》2008年第9期。

[13] 张清宇："不用联结词的经典命题逻辑系统"，《哲学研究》1995年第5期。

［14］ 张清宇："不用联结词和量词的一阶逻辑系统"，《哲学研究》1996 年第 5 期。

［15］ 张清宇："以广义析舍为初始符号的经典命题逻辑系统"，《自然辩证法研究》（逻辑学研究专辑）1997 年。

［16］ 张清宇："经典命题逻辑的一个公理系统"，《哲学研究》1997 年第 8 期。

［17］ 张清宇："系统 Z 中的范式和插入定理"，《哲学研究》1999 年第 12 期。

［18］ 张清宇、郭世铭、李小五：《哲学逻辑研究》，社会科学文献出版社 2007 年版。

经、史、儒关系的重构与"批判儒学"之建立

——以《儒学五论》为中心试论蒙文通"儒学"观念的特质

张志强

【内容摘要】本文通过对蒙文通"儒学"观念之特质的理解，尝试从中抉发出一种理解儒学传统自身发展问题的原理性思考。所谓"批判儒学"即是针对关于儒学传统保守性的评价，试图通过思想史的方法从儒学传统中寻找辩证性的因素，来最终修正关于中国历史停滞性的论调。所谓经、史、儒关系的重构问题，则试图通过对儒学自身发展的不同历史形态是如何可能的，以及不同历史形态之间又如何可能纳入于同一个"儒学"概念之下问题的思考，从学术思想史的角度来回答儒学自身发展的可能性条件问题。蒙文通发表于二十世纪四十年代的《儒学五论》一书，向我们展现了在现代知识思想条件下，儒学如何经由今文经学，以史学和义理学为中介，而最终以史学的形式实现了一个经、史、义理学充分分化发展的"大儒学"观念的。这一分析，在一定意义上针对了对当前学界关于蒙文通理解以及现代学术建立中经史过渡意义之理解中的不足，试图通过对不同经学向不同史学的过渡及其与儒学之间的不同关联，来讨论现代学术的多途发展问题。

蒙文通先生（1894—1968，字尔达，四川盐亭人）一直被视为现代学术史上由经学向史学过渡之典范，根据这种看法，蒙先生以自己先经学而后史学之成学经历，向我们展演了从传统学术向现代学术转变的一个典型过程。不过，用"从经学向史学的过渡"或者"经学到边缘，史学到中心"来界定蒙文通学术之意义，似乎有失笼统。① 或许我们需要深入追问的是，究竟是何种经学向何种史学的过渡，构成为蒙文通成学过程的关键。如果我们忽视了不同经学向不同史学过渡的具体历史脉络的复杂性，而仅仅一般性地把这种转变理解为"寻求恒常道理的经学式思维"向"一切都在变，一切都会变，一切的变都合理，恒常的世界破坏了，变成以人事证恒常之道理或以人事替代恒常的道理"的历史式思维之转变，而且这种转变的意义概括性地理解为"大经大法"式传统价值系统向现代史学思维中强调变化与个别性的现代价值系统的转变，那么我们就可能忽视蒙文通先生关于经学、史学与儒学之间不同离合关系及其关联逻辑的独特理解，那样的话，我们或将无法完全理解蒙文通先生在现代学术建立中的独特贡献，也因此无法准确把握传统学术向现代学术转变的不同理路及其复杂性。

《儒学五论》一书的完整再版，为深入全面地理解蒙文通先生的学术成就，提供了一个难得的机会。《儒学五论》是由蒙文通先生自编、自校、自跋的唯一论文集，于 1944 年 11 月由成都路明书局出版。据先生哲嗣蒙默先生言，"先生时届五十知命之年，学问亦已大成；除《古史甄微》、《经学抉原》系由商务出版早已获誉林外，他如《周秦少数民族研究》、《中国史学史》、《古地甄微》等亦基本定型，其中部分也以论文形式刊布于世。先生之儒学思想也在此时趋于成熟"②。作为经、史

---

① 参见王汎森《从经学向史学的过度——廖平与蒙文通的例子》，收于《蒙文通学记》；亦请参见罗志田《经学边缘化与史学到中心》，收于《权势的转移》。王汎森先生在文章中评价蒙文通工作的价值意义时指出其与乃师廖平的区别在于，"一个是经学或哲学地肯定传统文化，一个是历史地肯定传统文化"，却未申论经学的方式和哲学方式何以都是一种"大经大法"式的传统思维，也未申论蒙文通究竟如何以历史的方式去肯定传统文化，以及这种方式与传统价值立场之关系究竟为何。

② 《儒学五论》重版前言，广西师范大学出版社 2007 年版，第 1 页。

学研究已经基本成熟定型之后的作品,《儒学五论》的出版实际上具有某种中年论定的学术总结意味。其实,作为《五论》基石的《哲学思想之发展》与《政治思想之发展》之两文的写作,正如先生所言"蕴此历有年,而终未敢发",而正式属稿则在1936年任教天津时。而自1933年任教北大以后,正是先生"始一一发南渡诸家书读之",深入南宋浙东史学,而研史"稍知归宿"的时期。同时也正是先生"年四十,乃知朱子阳明之所弊端在论理气有所不彻"的时期。实际上,五篇本论中有四论其实是他多年经学研究之集成,也是他的经学思想和方法完全摆脱乃师廖平藩篱后的集中体现。而四篇广论,在一定意义上则可以视为在浙东史学观念指导下的史学研究之范例。由此可见,《儒学五论》一书集中展现了蒙文通成熟的经学、史学乃至儒家义理思想研究(蒙先生称之为"哲学思想",他的义理思想有三变,本书收录之《儒家哲学思想之发展》是其义理思想"二变"时的作品)的成果。值得注意的是,蒙先生将他的经、史、义理诸学,统冠之以"儒学"之名,这至少说明,其实我们已经很难再以"经学向史学的过渡"这样一个框架来描述他的成学历程,与其说他的学术是由经学走向史学,毋宁说最终又经过了史学而汇入了一个经、史、义理学充分分化发展的"大儒学"观念。于是我们也很难将他由经向史的转向的意义,定位为从传统学术向现代学术的单纯转变,而是具有更为复杂的面向及意涵。

　　此外,更为值得注意的是,他对书中内容的结构安排所具有的深意。作为书中骨干的"五论",如先生所言,《哲学思想》与《政治思想》"是二篇者,倘有当于内圣外王之旨耶?未必然也。……所谓以不忍人之心,行不忍人之政,师门之训,忠恕之道,守之不敢逾,其大端具于是也"。以义理学与经学分别为内圣与外王之学,虽在历史发展上未必如此,如宋明的义理学当然不以西汉经说为政治之用,而西汉经说严格说来本无成系统的义理学,[①] 但若将不同阶段之儒学思想提炼组织成一个系统的话,从"忠恕之道"之核心出发的"不忍人之心"与"不

---

　　① 关于汉代之义理学及其与宋代义理学之比较,请参见刘师培《汉宋义理学异同论》,《刘师培学术论著》,浙江人民出版社1998年版。

忍人之政"之间便具有一种结构性的体用关系，那么，儒家所具之义理价值便会有西汉经说所代表之儒家理想政治之用，则亦有其道理上之必然。① 而本论与广论四篇的关系，则"又以究儒史相资之故，别附四篇，以明其变。于是，儒者之经济思想、社会思想，亦可考见"。所谓"儒史相资"，实际上便是把儒学思想自身的发展放置于历史状况的变动之中，一方面，"于始言之，则儒也亦资乎史"，儒家者言，"盖推本历史之经验，撰为应物之良规。诗书六艺之文，先代之成宪也，删之定之，以诵以说"；另一方面，"于后言之，则史也固资乎儒"，正如他的研究所表明的，孔孟思想实得自周代社会状况之启发，即所谓"儒资于史"；而西汉经说则试图为汉代政治立"一王大法"，则为"史资于儒"；而法家思想之所以为秦代社会之来源，则是另一种意义上的史资于"儒"。所谓"世益降，史益变，而儒亦益变。儒史相资于无穷，为变不可极"。于是，在理论学说与现实历史之间、义理理想与制度创新之间便建立起一种相互支撑的辩证发展模式，他称之为"义"与"制"之间相互启发的关系。

根据此种"儒史相资"模式，一方面儒学被历史化为一个内在于中国历史当中的不断被扬弃发展的系统，它既来自于历史又引领着历史，"经学"亦不例外；另一方面，中国历史则由于儒学义理价值系统的引导和规范，而成为一种具有文明价值的历史。"儒史相资"的模式在把儒学的义理价值系统历史化的同时，其实并没有带来对义理价值的相对化。"水则有源，木则有本，先圣后圣，损益殊而揆则一。"因为儒学"固有其根核也"。因此，"儒史相资"的模式，实际上是一项"源流互质"，疏源浚流的工作，亦即通过向根源的不断回溯，来调校历史的发展方向，从而使得历史的发展成为出自根源的发展，从而也使历史的发展具有系统性。于是，我们可以说，蒙文通的儒学观，实际上是一个具有史学旨趣的儒学观，而同时他的史学则是一个具有儒学义理性的历史

---

① 自序中引严立三的话说，"宋之儒研几于天人，内圣之学，则既明之矣。而外王之道，致用之事，则必于汉世今文家求之。所冀阐扬井研之绪，诏告于后之人。以待其用于百年之间"。即是此意。

知识系统。

不过,我们仍然需要追问的是,蒙文通何以会以这样一种"儒史相资"的"儒学"来框限他的经、史、义理学研究?这样一种具有史学旨趣的儒学和具有儒学义理性的史学,与他的经学研究和义理学研究之间又具有何种方法上和理念上的关联呢?他的儒学、经学、史学以及义理学之间又是一种怎样的结构性关系呢?经、史、义理学研究在领域上的充分分化,且以"发展"的线索历史地构成的"儒学"观念,在现代学术思想史上又具有何种特别的学术和思想意义呢?

对这些问题的回答,便牵涉到关于从传统学术向现代学术演变过程中"经学向史学过渡"的多种线索和多种形态的理解,涉及现代学术之建立与清代学术之整体,特别是与"道咸以降之学"的关系问题,以及传统向现代之学术嬗变中不同学术形态与儒家义理价值之关系的问题,而蒙文通先生成学历程向我们展现的正是其中一条颇具代表性的不同于主流模式的独特道路。

一

关于道咸以降之学,实际上存在着两种几乎相反的意见。王国维在他关于清代学术的三段论中说"国初之学大,乾嘉之学精,道咸以降之学新",而以"新"为标志的"道咸以降之学"其实正因其求新,"以图变革一切",便"颇不循国初及乾嘉诸老为学之成法"。因而其言"仅可以情感",而"不能尽以理究",于是"其所陈夫古者,不必尽如古人之真,而其所以切今者,亦未必适中当世之弊"①。他认为,为弥补道咸以降之学之病,只有"一秉先正之成法"。所谓先正之成法,即是国初与乾嘉诸老一以贯之的"治经之法"。在他看来,"夫学问之品类不同,

---

①　王国维:《沈乙庵先生七十寿序》,《王国维文集》第一卷,中国文史出版社1997年版,第97页。

而其方法则一"，如果道咸诸家能够谨慎择术，本着治经之法，以治一切新学，那也便会有为王国维所推崇的沈乙老（曾植，子培，乙庵，）的成就。实际上，王国维正是本着这种方法精神以治一切新学问的，也因此成为现代学术之典范中的典范。① 不过，王国维虽被视为现代学术之典范，但现代学术却也难以完全涵盖他为学的全部旨趣。

与王国维的意见恰好相反，钱穆则认为"若放眼从源头上观，乾嘉经学，早已到枯腐烂熟之境。道咸以下，则新机运已开。一面渐渐以史学代经学，一面又渐渐注意于欧美人之新世界"。具备了"新学术创始之端兆"。道咸之学将乾嘉经学之校勘训诂考据一变而为"微言大义之经世致用"，二变则为"史学之典章制度民生利病"。然而民国以来的学术，则一反道咸时人反向历史自寻出路的做法，却"盛誉乾嘉校勘训诂考据之支离破碎"为"有当于西洋之科学方法"②，于是，不仅把道咸新史学抑为经学之附庸，又抑乾嘉经学为西洋科学之附庸。在钱穆看来，为学的方法并非成学的唯一要件，更不认为乾嘉治经之法会是治一切学问品类的方法，即使这种方法又被唤之为科学方法，也并不能增添其更多的普遍有效性。学问应有宗旨，而配合不同的宗旨当然应有不同的方法。言下之意，如王国维、傅斯年那样以方法为宗旨，虽有其进步性，但俨然为乎民国现代学术建立之主流，却不能不有所商榷。

显然，作为道咸以降学术之殿军的廖平，其用以开辟今文经学新境界的方法，并非国初与乾嘉诸老治经之成法。蒙文通曾忆及廖平批评他好读段玉裁书之言曰："郝邵桂王之书，枉汝一生有余，何曾能解秦汉人一二句，读《说文》三月，粗足用可也。"③ 于此可见廖平为学的精

---

① 被傅斯年盛推王国维为学之法，即"二重证据法"，亦即直接史料与间接史料之相互为用，但王的为学似乎还有为学方法之示范意义所无法全部涵盖说明之余地。实际上他对古史之发明，在一定意义上不也是在证经或补经中古史之不足吗？

② 钱穆：《新时代与新学术》，收于《文化与教育》，广西师大出版社 2004 年版，第 38 页。

③ 蒙文通：《廖季平先生传》，收于《经学抉原》，上海世纪出版社 2006 年版，第 196 页。

神已迥异于乾嘉之学。蒙文通曾引述过刘师培——在他看来，刘入蜀后之治学精神，颇受廖平影响——颇能言中清学之病的一句话："清代汉学未必即以汉儒治经之法治汉儒所治之经"①，清人所以为的汉儒治经之法，即是朴学考据之法，"于是攻勘校、究金石，凡地望、天算、律吕、阴阳之侟，皆得号称汉学；其治经者，但能详名物、通训诂，亦得号经师"②。于是，"移说经之文以说《汉书》、《文选》也可，移说《汉书》、《文选》之文以说各经也亦可"，经术之敝以至于此，由于回避宋明性道义理之学，竟然连"一经之条理义类顾亦可不讲耶!"已不知"经术自经术，其要固有在也"③。这种经术之为经术的关键，就如刘师培盛赞廖平时所言，乃能"洞彻汉师经例"。所谓经例即是汉师治经时所形成之家法条例。蒙文通曾以研究骨化石之法来比拟研求家法条例之法，在于"得其半骼残骸，于是以推测其全体"，而不同于"苟萃众多不同世之化石于一室，割短续长，以成一具体备形之骸"之法，清人之学之病，便在于"不明家法，不究条例，萃古文于一篇，折群言而归一是，于此而言学在能断"④。研求家法条例之法，便是通过考证某种经典为何派，何派学术在何世持何说，来"究心经旨"。蒙文通认为，乃师廖平之学，"皆推本经义，本其大纲，而贯其全体"，⑤ 不仅能明一经之义，更能就各经间相互之关系形成综合之见，"推之一切今文家说而皆准"，⑥ 于是形成"道一风同"的具有统一宗旨之今文家之学说。

　　若深入论之，求家法条例与校勘训诂考据作为治经之法的不同，实际上与方法背后关于经典性质的看法以及围绕经典而形成之所谓"经学"观念之不同有着密切关系。这种不同实际上仍然是清代学术成立期之主题的再现，亦即"道在六经"与"传六经之所以为六经之道"之间的不同。清学之成立的一个前提是对宋学关于理的先天预成之形上性之

① 蒙文通：《廖季平先生与清代汉学》，收于《经学抉原》，第103页。
② 同上书，第104页。
③ 同上书，第105页。
④ 同上。
⑤ 同上。
⑥ 蒙文通：《井研廖季平师与近代今文学》，《经学抉原》，第101页。

反动，而把传达天理之经典还原回三代历史，通过美化三代政教礼俗而强调道的本质在其政教礼俗之用。于是，治经实际上便是考史，是通过对经典中所保存的三代政事名物礼制之实事求是的考订，直接就作为是对三代之道的真实再现。① 实际上，这是一种"以事为道"的态度。对于这种以顾炎武为代表的、作为清学之正宗的"浙西之学"，早在章学诚那里就已经以"浙东史学"的名义开始加以修正。尽管修正的趋向、方法和宗旨均有不同，但在求六经所以为六经之道的意义上，以廖平为殿军的今文经学与章学诚的取向颇为一致，即试图再次重构道与六经的关系，重新赋予六经一种以理论学说为中介的义理性。所不同的是，实斋最终落实于一种由事见理之史学，而廖平在晚年则径直把今文经学称为"孔经哲学"，一种非历史的"空言"义理的理论。也正是在此意义上，蒙文通批评清代汉学无理论，"戴震、焦循虽有理论著作，而又和他的整个学术脱节"。虽然我们不能说清代汉学有方法无宗旨——有学者便曾指出"考据经世"的意义，而且也曾尝试抉发出清学背后"以礼代理"的思想意义——但仅仅通过强调方法的方式来传达其思想宗旨，而忽视以学说理论为中介来传达宗旨，这样做的结果，便有可能最终导致以方法为宗旨。② 现代学术中主流史学模式之建立，在某种意义上可以说正是这种逻辑的后果。

　　刘咸炘（1896—1932，鉴泉）曾这样分析当时今古文经学之分别说："书籍虽多，不外子史两种。集乃子之流，不能并立，经乃子史之源，而今文家认为子，古文家认为史，所以纷争。"③ 认经为子的代表是廖平，认经为史的代表则是章太炎。刘咸炘曾概论世间一切学问为子史两类，他说："世间止有事与理，故书亦止有史与子。"④ 子史之别，由其内容之别而来，且有其本体论上的根据："道一而形分为万，故万

① 参见段玉裁《戴震文集》序，《戴震文集》，中华书局 2006 年版，第 1 页。
② 凌廷堪以礼代理说，固然是其考礼之学的意旨所在，但这种意旨如果由于对宋明义理学的反对，而连同义理表达的方式也放弃，那其宗旨便失去了自觉的理论性，尚需后人构拟始得之，这也算是矫枉过正之一例。
③ 刘咸炘：《中书·认经论》，《推十书》，巴蜀书社 2006 年版，第 24 页上。
④ 刘咸炘：《左书二·经今文学论》，《推十书》，第 110 页上。

事万物皆有两形，各有一端，所以成类。虚理则过犹不及，不归杨则归墨，子之所持也；实事则一治一乱一张一弛，史之所著也。"① 因此之故，治子之法即是研求义理学说之法。具体言之，便是蒙文通所谓"求家法，考遗说"，以明一家学说的贯通之理。这种方法当然不同于乾嘉治经之法。对于这种方法，蒙文通更有进一步的自觉，他说："盖操经生之业以读诸子，固未若以诸子之学求儒者之旨而合之经生之业也。井研廖师自谓为哲学非经学，盖非哲学固不足以尚论儒家，此井研之所以为先觉也。"② 正是运用此方法来探研西汉经说，蒙文通才发现，"盖先汉经说即据晚周之陈言以为典要，可贵在陈义而未必在释经，所谓六经师说者，即周秦儒生之绪论也，汇集战国百家之言，舍短取长而为一新儒道者也"③。于是，西汉经学，乃是"六经为根柢，而发展之精深卓绝乃在传记，经其表而传记为之里也"④，"经与传记，辅车相依"⑤，可以说西汉经学首先是传"周秦儒生之绪论"的"传记"之学，而非"章句之学""经生之业"所能含括。

不过，严格说来蒙文通以治子之法研求经旨，并非能够与廖平"以经学为哲学"之法完全等量齐观。实际上，正如刘咸炘对廖平为学方法的评论所示，廖平早年为学，平分今古，"持论多通，方法亦缜密"，而不像后来"尊今抑古"之后，"广用互见之例，于不合者皆说为合，不复守附会之戒，而凭空穿凿者十之五六矣"⑥。前后为学方法之变的关键，实际上在于是否能够于将治子之法与治史之法相结合，正如刘咸炘所谓："不论其世，无以知言；读子不读史，子成梦话。"⑦ 如廖平为学至三变以后，以孔子作新经，"空言垂教，垂法万世者，正哲学之定名矣"，因为"哲理与事实为反比例"，"大约与史文事实相反"，而孔子垂

---

①　刘咸炘：《左书二·经今文学论》，《推十书》，第 110 页上。

②　蒙文通：《论经学遗稿三篇》，《经学抉原》，第 207 页。

③　同上书，第 206 页。

④　同上。

⑤　同上。

⑥　刘咸炘：《左书·经今文学论》，《推十书》，第 110 页。

⑦　刘咸炘：《中书·学纲》，《推十书》，第 9 页。

教"全属思想，并无成事"，故以孔经为哲学，而与历史迥别。此廖平之"认经为子"，庶几有当于"梦话"矣。而蒙文通的经学研究却谨守廖平《今古学考》阶段之精神和成果，进一步推广之，于是形成其经学研究之三变：一变时期，谨守廖先成法而稍加变通，在以礼制判今古的基础上，更以齐鲁—燕赵之地域与传统来判今古，又进一步区分了齐学、鲁学、晋学、楚学之不同；二变时期，则认为"今古之学乃汉师就此诸书不合理之强制组合"，认识到今古学同样为"源异而流合""并胡越为一家"之结果，于是主张破弃今古家法，"剖析今古家所据之典籍，分别研讨，以求其真，则晚周学派之实庶乎可见"，于是，周秦自周秦，而西汉自西汉；三变时期，则认识到西汉今文家所持礼制理想，已与维护贵族世卿制度之孔孟旧儒家不同，而是与诸子学互为采获、"汇各家之学而综其旨要于儒家"之"新儒家"①。于是，一方面，理想自理想，而历史自历史。不以理想混入历史，因而也不以历史为理想；而另一方面，则"历史之有关于思想，孰能非之？""先汉经说之所由树立者，以周秦历史之衍变；自汉而下历史之所由为一轨范者，亦先汉经说所铸成。"②于是，"先后思想，与今学之不相离也如彼，而先后历史，与今学之不相离也如此。则舍今文不可以明子史，舍子史又何以明今文"。这正是"儒史相资以无穷"之义。到此，蒙文通的经学研究已经走出廖平的格局。而走出廖平格局的关键因素，在于其方法上的自觉更新，即不仅继承廖平以治子之法以治经的精神，而且又将治子之法与历史眼光进一步相结合，读子亦读史，论世以知言，形成"子史"相依之两轴。这中间我们似乎可以看到其在方法上与刘咸炘的会通之迹。

在此意义上，蒙文通的经学研究可以说已经成为思想史研究。不过，这种思想史研究不只是对学说脉络之历史整理，而是着眼于思想与历史之互动关系。更为重要的是，这种把经学作为儒学思想发展之一段落的研究，其实不仅不会相对化经学思想中所蕴涵的儒家理想价值，而

---

① 参见论经学遗稿三篇蒙默后记。
② 蒙文通：《儒学五论自序》。

是能更为恰当地从儒家思想与历史衍变、时代激刺的关系中抉发出儒家
思想的理想层面，深入其不为历史所化约的义理价值核心，这种价值核
心在西汉的表现，即是西汉"新儒家"由素王、革命诸学说以及井田、
辟雍、封禅、巡狩、明堂诸理想的礼家制度所表达的大同之道、天下为
公之说。不过，汉世历史却并未依照此种所谓为汉立法的一王大法而开
展，而是在经生与帝王之间的博弈中形成"抑商贾"而"不绌君权"的
历史局面。这也正是两千年社会经济"无显著变动"，君主之制"维系
于永久"的思想和历史原因。于是，"凡汉以下可得而论者，皆儒者之
第二义"。尽管理想在与历史的博弈中落于第二义之局面，但并不因此
而取消理想的第一义之纯粹价值，这或许正是蒙文通以历史眼光来立体
地进行思想研究的意义所在，那就是从历史与思想的互动中分别建立起
关于历史和思想之理解，将历史交给历史，理想回归理想，以便在思想
上准备好再次进入历史。

于是，我们发现，蒙文通的思想史研究，其实不仅是一种历史研
究，更是一种"理想型"建构：将历史上的儒家思想，以历史的方式建
构为一种"大儒学"。从兼顾思想自身的脉络演变与历史和时代之关系
出发，他的思想史研究庶几接近于他所谓"点线面体"之"体"的研究
之效果，① 接近一种整体的历史观和深入历史能动性内部的"大史学"。
不过，如果说子史相依、儒史相资的思想史学，仍然侧重于以思想为重
心来论历史的话，那么它还缺少一个将儒史相资的关系落实于历史本身
来论历史的环节，也就是缺少一个把思想完全纳入历史变动之中来检讨
历史之发展的独立的史学。于是，他的大儒学系统还不完善，他的
"体"的历史研究还未完全建立。这种史学的建立，仍然有待于刘咸炘
的进一步刺激。

---

① 蒙文通：《治学杂语》，《蒙文通学记》增补本，三联书店 2006 年版，第
2 页。

二

在论"读子不读史"之弊后，刘咸炘接着指出，"不知其言，无以知人，读史不读子，则史成帐簿，学如谳狱"。于是，在读子与读史之间便是一种论世知人的配合关系，"论世者审其情，知言者折其辞；读书二法曰入曰出：审其情者入也，虚与委蛇，道家持静之术也；折其辞者出也，我心如秤，儒者精义之功也。入而不出，出而不入，昔儒之通弊。儒道末流所以流于苛荡也。二法具而无不可读之书，书亦无出史子二者之外者也"①。既然世间的学问只有子史两类，那么无论治子还是治史，就应该能出能入，既能够论世以知言，又能够知言以论世，既以治史之法以治子，即以所谓道家持静之术以入子家之情，以论子家所处之世；同时还要能够以治子之法以治史，即以儒者精义之功，以心为秤，来批判性地解释历史，不仅通过持静之术来发明历史变迁之理，更要将此理与儒家义理性价值相衡，讨较其得失。这种"以治子之法以治史"的方法和精神便为蒙文通所接受。他曾多次谈及刘咸炘对他的影响，并坦承"接其议论"。在他看来，所谓"以治子之法以治史"，首先是"以虚带实"，思维是虚，史料是实。以思维带动史料，便成史学，而有实无虚，便不成史学。他还以药物比拟史料，"使用药物者医学也，而驾驭史料者史学也"②。他还进一步解释这种方法说："懂哲学讲历史要好些，即以读子之法读史，这样才能抓得住历史的生命，不然就是一堆故事。"③ 其次，则是以史为子，"把历史当作哲学在讲，而试图通过讲述历史说明一些理论问题"④。这也就是把历史写作视为"成一家言"之"撰述"，而不同于史事之"记注"，更不同于史料之考订和纂集。这

---

① 刘咸炘：《中书·学纲》，《推十书》，第9页。
② 蒙文通：《治学杂语》，第45页。
③ 同上书，第51页。
④ 蒙文通：《治学杂语》，第5页。

一点显然得自于章学诚的启发。作为撰述的史学，不同于"以治经之法治史"的考据史学之处，在于对历史能有"贯通之识"。

不过，在关于史学宗旨的认定上，蒙文通和刘咸炘之间似乎还存有一些颇为微妙但极有意义的分歧。而导致这种分歧的关键，则在蒙文通与刘咸炘史观上的差异。也可以说，蒙的史观是在对刘的批判继承中自觉的。

刘咸炘曾自述其为学宗旨说：

> "吾之学，其对象一言以蔽之，曰史；其方法，可一言以蔽之，曰道家。何故舍经而言史，舍儒而言道，此不可不说。吾侪所业乃学文之学，非论语首章所谓学也。此学以明事理为的，观事理必于史，此史是广义，非仅指纪传编年，经亦在内；子之言理，乃从史出，周秦诸子，无非史学而已。横说谓之社会科学，纵说则谓之史学，质说括说谓之人事学可也。道家方法如何，一言以蔽之，曰御变。""疏通知远，藏往知来，皆是御变，太史迁所谓通古今之变，即是史之要旨，吾名之曰察势观风。"①

刘咸炘把自己的史观定名为道家史观，而把自己史学之要旨定名为"察势观风"以"御变"，而把自己史学的目的定为"明事理"。所谓道家史观，是一种承认历史变动之开放性和客观性的历史观点，在此前提下，通过对历史变动的客观观察，即所谓"持静之术"的运用，来获得关于变动之理的系统而通贯的认知，并通过这种认知进一步把握变化，以掌握未来，这是史学之为学的本质和宗旨所在。这样一种史学之为学的性质，正如刘咸炘所言，是一种社会科学意义上的知识，所谓"群学、史学本不当分"，在他看来，这种社会历史性的知识学，属于"博学于文"的范畴，而独立于《论语》首章所谓"学"的含义，那是一种"学为人之道"之学。将"博学于文"之学与"学为人之道"之学加以区分，并把这种区分归之为道家旨趣的史学与儒家旨趣的义理学之别，

---

① 刘咸炘：《道家史观说》，《中书·认经论附》，《推十书》，第32页。

是刘咸炘史学观念的一项重要特质。这个特质至少表明，史学作为御变的知识具有领域的独立性，与儒家精义之功的对历史的义理评判之间，有着层次上的区别的。

蒙文通的史观，我们可以从他对孔子作《春秋》的分析中窥其大概。在《中国史学史》中泛论"晚周各派之历史哲学"时，他在论及孔子"忧道不行，历国应聘，返于鲁而次春秋曰：'我欲托之空言，不如见诸行事之深切著明也'"时说，"孔子虽因行事而加王心，所重在窃取之义，而孔氏之于行事，固亦洞见源流也"。他把孔子的历史思想分成两个层次，一是"于行事洞见源流"，如孔子对于周人一代之变与鲁人一国之变，皆能洞彻终始；二是"所重在窃取之义"，这是指孔子不仅能够洞彻三代之变，更能从而损益之，一俟后王。这一点才是"孔子之所以为昭昭也"① 的原因。可见，孔子的价值在于他不仅能够"察变"，更重要的则在于能够从察变中，获得"损益"的智慧，以为后王立法。这种"损益"史观的重要性在于树立一种"明古今之变异"，"稽发展之程序"的历史意识，而这种历史意识与后世"一治一乱"、"五德终始"、"三代相袭"之循环论的历史观大相径庭。蒙文通曾指出，"儒家之学，自《周易》以下迄宋明，皆深明于变动之说，唯于发展之义则儒者所忽，而义亦不可据。"② 这表明，他从孔子三代损益思想中抉发出的"损益发展观"，其实是对儒家历史观的一种疏源浚流式地发明。于此可以看出，蒙文通并没有把孔子之"义"从孔子对历史之变的洞察中剥离出去，而是认为察变与损益之义之间具有一种内在于历史之中的能动的关联。这种历史观显然与刘咸炘存在着差异，也因此，二人对史学之旨趣的理解也产生了微妙的分歧。为了理解这种分歧的意义，我们还有必须继续深入蒙文通的义理思想和哲学观点，在此意义上来深入其"儒学"观的特质。

---

① 蒙文通：《晚周各派历史哲学》，《中国史学史》，上海世纪出版集团 2006 年版，第 33 页。

② 蒙文通：《致张表方书》，《先秦诸子与理学》，广西师范大学出版社 2006 年版，第 300 页。

三

关于历史观层面上的"发展"问题，实际上是在义理学中本体论层次上的一个突破之后，才具有了明确形式的。蒙文通晚年颇为自得的是他在理学上的创获。如何估价其理学创获的意义问题，不仅涉及我们是否可能把蒙文通的学术历程理解为一个体用兼备的系统，而且还涉及如何理解他对重新发展儒学或中国文化问题的思考，亦即如他所言，是对中国文化遗产之学的"扬弃"问题的思考。我们或许可以这样说，他在理学上的突破，在某种意义上首先是对这样一个问题的解决，亦即，理学这个关乎道德实践的生命的学问，是否能够在突破其已有的理论和实践瓶颈之后，继续于自身义理性价值立场之上，去支撑和滋养中国人的生命和道德，其次，则是通过在理学中的哲学本体论层面的突破，他尝试着为中国文化的扬弃工作提供一个原理性的思考，根据这样一种原理，对儒学历史的批判性检讨，最终可能会通过对根源性价值的不断回溯性重建，而建设起一种批判性的儒学。

蒙文通自述自己理学三变时说：

> 文通少年时，服膺宋明人学，三十始大有所疑，不得解则走而之四方，求之师友，无所得也，遂复弃去，唯于经史之学究心；然于宋明人之得者，终未释于怀。年四十时，乃知朱子、阳明之所弊端在论理气之有所不澈：曰格物穷理，曰满街尧舜，实即同于一义之未澈而各走一端。既知其病之所在也，而究不知所以易之。年五十始于象山之言有所省，而稍知所以救其失，于是作《儒学五论》，于《儒家哲学思想之发展》一文篇末《后论》中略言之。自尔以来，又十年矣，于宋明之确然未是者，积思之久，于陈乾初之说得之，于马列之说证之，尝拟勒为一篇，存汉宋明清义理之合者，而辩其不合者，于中国文化一部分之扬弃工作稍致力焉，俾后之或有

志于斯者有所商榷。①

　　蒙文通对宋明人学问题之诊断，严格说来，继承了明末以来思想界总结朱子学和阳明学之流弊的传统和思路。所谓朱子学之弊在"格物穷理"，即是指出，朱子学为了树立道德的超越且严格的标准而尊严天理，却带来一个难题，即如何从格尽外界事物之理，实现"反身而诚"的"全体大用无不现"之内在境界跃升的问题，此即如何"合内外"的困境；所谓阳明学之弊在"满街尧舜"，即是指出，阳明学为解决"合内外"的难题而确立了本自圆足的"良知"，以加强成德的内在动力，但却出现了另一个难题，即由"致良知"到"良知现成"的逻辑转换，有可能导致"工夫无从下手"甚至失去其必要性的问题。这样两个难题，实际上规定了明末思想史发展中部分主题的展开方向。蒙文通把这两个问题，归结为先天预成论的理论缺陷，而颇有深意地将"宋明立论之非"，归之于受"印度之论，禅宗之说"影响之误。

　　蒙文通自道他对这个问题的最终解决，是从陈确（1604—1677，乾初）之说得之，又证之以马列之辩证唯物论，而其有所突破的关键，即在"发展"义之发明。蒙文通所谓"发展"实际上是将孟子性善义与其扩充义结合起来，以此来沟通孟子性善论与孔子性近论。实现这种沟通的关键环节，则是将汉代新儒学的义理思想，特别是董仲舒与韩婴的观点加以综合，来为孔孟"仁义"思想提供一个更为符合其本意的理论形式，亦即将"善性"理解为"善种"：

　　　　文通于四五年前，于良知本自具足、本自圆成之说，始有所疑。人之有赖于修养，由晦而明，由弱而强，犹姜桂之性老而愈辣，非易其性，特益长而益完，何可诬也。愚夫愚妇与知与能，犹良金之在矿；圣人之不思不勉，则精金百炼、扩而充之之功也。董仲舒："禾虽出米，而禾未可谓为米；性虽出善，而性未可谓善。"

---

　　①　蒙文通：《致张表方书》，《先秦诸子与理学》，广西师范大学出版社 2006 年版，第 300 页。

以此否认性善，则杞柳杯棬之说，于孔孟之旨为远，韩婴救之曰：
茧之性为丝，卵之性为雏，弗得女工汤沸、良鸡孚育，则不成为
丝、成为雏；夫人性善，不内之以道，则不成为君子。以韩氏之义
补董生之说，然后可以孟子性善之论通于孔子性近之说。①

作为根芽种子之善，当然需要工夫之培养，使其由晦而明，由弱而
强，不是改变其性，而是使其成熟完整。圣人与愚夫愚妇同具此善种，
有如"良金在矿"，区别只在是否能够"精金百炼"，将其纳之以道，通
过修养锻炼、扩而充之，达致成熟圆满之境。"善种"之不同于"善
性"，关键在于是否承认本具之善自足圆满，若承认其自足圆满，那么
工夫培养原则上只是觉悟之、恢复之而已，是即所谓"反本""复性"。
若仅以善性为具备善之潜能之"善种"，那么工夫培养则是小心培育使
其发育之、成熟之，这就是"发展"。用"发展其本然之性"来掉换
"复其原初之性"，实际上便把工夫修养的方向加以翻转，由反本向内，
变而为扩充向前。同时，由于这种翻转，工夫的必要性也进一步得到加
强。如果善性自足，那么便预设了"顿悟"意义上自觉自悟的最终可能
性，于是，工夫并非始终必要，而只是一种方便觉悟的手段而已，并不
具有根本上的实在性。这正是蒙文通对宋明学先天预成论之理论缺陷带
来的"工夫亦不免颠倒窒碍"后果的批判与修正。

实际上，蒙文通对先天预成论的批判，与其说如其自述那样是得自
陈乾初和王船山，并证之以马列辩证唯物论之说，莫如刻深论之，究其
实更有可能首先得自乃师欧阳竟无之启发，然后将这种启发再证之以儒
学史内部的脉络，接续上所谓气学的传统，而其目的或在为辩证唯物论
寻找一个出自于儒学传统的根源。

欧阳渐（1871—1942，竟无）对印度瑜伽唯识学的整理和抉发的一
个重要成果，是通过对缘起理的完整而准确地发明，确立起对以《大乘
起信论》为理论纲骨的中国化佛教理论模式的批判。而这种批判的意义
实际上是指向作为"宋明人学"立论之理论框架的《易传》与《中庸》。

---

① 蒙文通：《致张表方书》，第299页。

发生在欧阳寂后不久的吕澂与熊十力之间的辩论，即集中而且典型地再现了两种理论模式之间的对峙。我们可以将这一对峙的理论基础概括为"性觉"与"性寂"之别，而将其实践意义上的对峙，概括"反本"与"革新"之别。根据欧阳与吕澂师弟所发明的"性寂"说，性善问题需要分成两个层次，一是从能边立论，性善是就净分种子而言；一是从所边立论，性善其实是作为所知境界的法界真如。能边的净分种子，或本有或新熏或本有新熏，诸说虽有分歧，但从"无始时来"的立场来看，净种总是习成的，因此工夫修养是转依解脱的必要条件；而同时，作为转依条件的，还有作为所缘缘的真如法界，如果说作为缘起枢纽的阿赖耶识是染净种子因缘所依的话，那么其或向染或向净的转变，必须以真如法界作为其迷与悟之认识的所缘，以真如法界之所缘为迷悟的条件，即迷悟依。转依过程的展开，就是通过将认识转向真如法界而实现以真如法界为所缘，从而产生对认识的舍迷求悟的引导和转化，这种转向需要籍着工夫实践，多闻熏习，以使净种养成并发扬，而最终舍染取净。真如法界在工夫修行中，一方面是作为高悬之鹄的，最终的目标，一方面则是修行的规范之理的来源。由于这样两个条件的存在，生命才会发生性质的转变，即转依。因此，转依即是革新。由于生命彼此之间受用互缘，因此，转依也必须彼此互缘受用，于是，转依的实现也必须是社会的转依，此亦即革命。

我们可以看到，蒙文通把"性善"发明为"善种"，无疑即来自于唯识学中的净分种子，而其需要培养锻炼之义也与唯识学强调"多闻熏习"的"习成"义相合。也正是在此意义上，我们可以说唯识学中对缘起理的深入发明，实际上是对明末以来气学问题在一个更为广阔的框架下的重构和再次申明。不过，值得注意的是，蒙文通在自己对儒学义理学的发明中，既借重于唯识学的启发，又有所修正之处，而如何看待这些修正的意义，更为关乎我们对蒙文通儒学思想特质的理解。

欧阳在一封《与蒙文通书》中说：

　　儒佛之焦点，都在涅槃。儒立足之根，在平等平等，不思不

勉之为诚。孟子所谓心然。苟违平等，心则不然。不违平等曰
是，违则曰非，合而出之于一时，为是非之心。必扩而充之至大
而能化，则有漏种转无漏种现矣。此大会（指内学院人日大会，
笔者按）发明至精之义，孟子养气集义之学宜于是时急起直追以
赴之也。①

　　欧阳将孟子是非之心，作为有漏心，需待扩而充之于至大能化，
则变为无漏种子现行，可以说与蒙文通善种说几乎相通，但似乎又有
所不同，其关键似乎在于是否承认"儒佛之焦点都在涅槃"这一前
提上。

　　欧阳晚年，在完成对系统佛学的建设之后，又尝试通过孔佛会通，
来打造一个适应现代中国需要的学问体系。正因此，他特别推重蒙文
通，寄望他能从儒学方面来重新发明孔孟之旨。在另一封《与蒙文通
书》中欧阳向蒙文通提出三项"最胜极最胜三事"，即一，"道定于一
尊"；二，"学得其根本"；三，研学必革命。对于这三事，蒙文通是从
原则上加以接受的，但在具体内容上则有同有异。首先，在道须定于一
尊的原则上，蒙文通当然没有疑义，但在如何定道于一尊上，则有所不
同，而在定何为道上，更有不同。如上所引，欧阳认为儒佛之焦点在涅
槃，这是以他的"无余涅槃唯一宗趣说"中的"无余涅槃"为道之"一
尊"，而蒙文通则将孔孟"仁义之说"作为"中国文明之准"；欧阳定道
于一尊的方式，则如《释教篇》所示，先立其"佛境菩萨行"之标准，
然后再将历史上之教说创发以此标准纳入系统，在不取消历史之开放性
和客观性的前提下，使不同历史条件所带来的教义变化成为系统自身之
发展；而蒙文通则通过不断回溯到义理创发之根源的方式，在新的条件
下"推孔孟之说于至精"。这种不同的意义在于，欧阳是以"真理"的
立场来系统地统摄历史，孔佛之会通是因为二者同样占有真理而得会
通；而蒙文通则是一个"中国文明史"的立场，因为他肯定了儒家义理
价值的历史根源，因此他是以疏源浚流的方式，不断通过根源性的发明

---

　　① 欧阳竟无：《论学书》，收于《孔学杂著》，《竟无内外学》金陵版。

而重构历史，将历史本身能动地整合成一个文明史的系统。由于这种方式上的不同而带来旨趣上的差异，蒙文通对先天预成论的修正，因此不是"革新"转依，而是发自根源的"发展"。"发展"与"革新"的不同前提是，究竟是高悬真理为鹄的，还是对文明之价值根源的不断发明。前者强调能所之间的相互配合，是理想与主体自身的内在动力之间的相互配合，带动了主体的不断革新；后者则多从能边着眼，更强调主体自身在适应不同历史挑战中的辩证发展，使"发展"成为促使主体成长的辩证突破。

于是，我们可以说，"革新"与"发展"之间的不同，也是两种批判模式之间的不同。前者的批判性来源于真理或理想的确立，尽管并不取消历史的客观性，但最终通过某种系统建设的原理，而将历史批判地纳入系统；而后者则是通过疏源浚流的方式不断从文明之价值根源产生新的克服历史挑战的理想，批判是在历史中产生理想并引导历史的辩证突破。

四

正是这样一种哲学观念上的突破，为蒙文通的史观提供了一个前提。根据他的发展史观，史学便不仅是"察变"，而且更是"究发展之程序"，"发展"与"察变"的不同，其关键在于如何安排史学与儒学义理性的关系。蒙文通与刘咸炘的不同，就在于蒙文通实际上是把义理性作为历史变动的内在能动性环节来看待的，因此，他的发展史观，在一定意义上是指作为中国历史之生命的"文化根底"之历史发展，也就是儒学义理性之辩证发展，因此，他的史学是一种儒学；而刘咸炘的"察变"则是运用道家持静之术对历史变化的冷静观察，他把"变化"而非"发展"作为史学的对象，还在于他忽视了历史中义理性价值的能动作用，历史作为一个变化的开放的过程，不再是一个主体与历史之间能动博弈的过程，而只是一个被动观察的对象。这种区别正是儒家史观与道家史观的区别。①

不过，在发展史观中，必须注意的是，发展的动力来自思想与历史之间的博弈，因此，首先在思想与历史之间加以分析性的区别便是必要的，使"历史自历史，思想自思想"的结果是，提供一个最终使二者在历史中加以辨证综合的前提。在此意义上，蒙文通早年在《古史甄微》中确立的古史多元系统，就不是简单地对传统三代理想观的解构，而是通过多元古史系统的观察，为考求后来成为历史和文明主流的义理性价值提供一个历史的平台，在这个平台之上，我们似乎才可能有条件去追问，多元的古史究竟是为什么而又如何走向统一的？在此意义上，对义理之原的考求，直接就是对中国历史如何成为中国文明史的考求，而反之亦然：对中国历史为什么和如何成就为中国文明史的考求，同时也就是对义理价值之原的考求。根据这种原则，西汉今文学的"大同之道"与"天下为公"的政治理想，本身就是对孔孟"仁义之说"在周秦汉的历史变动中推而至于精的思想成果，虽然在与西汉历史的博弈中并未完全实现，但却成为儒家义理性在政治思想方面所能达到的最高峰。于是，如果我们能够通过对中国历史的全面批判性考察，将孔孟关于"仁义"的根源性论说，汉唐之事功，西汉之政治理想，宋明人之义理学，明末清初在哲学观念上达到的高度，以及清人对为学方法之考求，在一个历史的发展的高度上加以系统且辩证的整合，那么，是否会具有一种更为全面的儒学观念呢？同样的，是否也会有一种更为完整的中国历史观呢？

因此，蒙文通的"儒学"是一个在不同历史条件下，在不断向其义理价值根源进行历史性回溯中产生新的理想，并以此进行历史批判和建设的思想系统。作为思想系统的儒学，本身即是中国文明史展开的动力及其成果，因此儒学是对中国文明史的系统表达，而中国文明史其实就是儒学在历史中的展开。于是，儒学系统自身即内具了史学的精神，史

_____

① 对此，蒙文通在《评〈学史散篇〉》一文中多次提及刘咸炘个别论史之失，即在其"笃信道家之言"或"不免于有道家之见"，参见《中国史学史》，第121—124 页。

学的方式是儒学形成自身的系统性并使其批判且引导历史之功能得以发挥的重要机制。

反过来，我们也可以说，蒙文通的"史学"便是对儒学批判性之历史运用，一方面运用儒学之义理价值批判性地理解历史，也理顺历史，并进而将历史纳入儒学义理价值之方向；另一方面则是通过对儒学在历史中之作用的发明，将中国的历史梳理为一个儒家义理价值与客观历史在博弈中能动展开的历史过程。正是这样的史学，使"中国历史"成为"中国文明"辨证发展的历史，客观的"中国史"于是成为活的"中国文明史"。

这样一种全面的儒学观及其所具有的史学精神，是现代性对儒学挑战中必须做出的创造性重构的选择。传统价值世界在现代性的挑战之下如何存续的问题，迫使我们必须调整自己的价值表达，以回应历史的挑战。这种调整可以分为两个方面，一方面是对价值立场自身的调适：什么样的价值立场才可能是既适应现代又不背于传统和历史？另一方面则是对价值表达形式的调整：如何去表达传统的价值立场才是符合现代知识条件的？蒙文通的儒学观庶几回答了这两个问题：儒学的义理性立场，在现代条件下其实已不可能以天理的形式存在，但儒家的义理性立场是否有可能在天理的形式之外再找到一种适合自己的存在形式呢？或许我们只有从历史的批判性解释中，去考求义理之原，从中国历史本身的发展来说明儒学义理性的存在根基，而不是先天地去预设一个普遍性的天理，他在对先天预成论的批判继承中所确立的发展观，实际上就是在解决这一问题；从历史中考求义理之原的知识活动，即是史学，而用来表达儒学的义理性立场的史学，其知识形式本身就是贯通古今的知识形式。

在论及浙东文献之传于朱子之后最终与道学合流时，蒙文通感慨言之：

> 夫言史而局于得失之故，不知考于义理之原，则习于近迹，而无以拔生人于清正理想之域，固将不免于丧志之惧。然苟持大无实之论，惟知以绳墨苛察为击断，是亦曲士庸人之陋，则又乌可以语

至治之事哉?①

　　他将浙东史学作为"文化遗产"之学的深意,或许即在于,只有这
种能够将义理、制度与事功结为一体的史学,才可能最终实现儒学的义
理价值。

　　儒学所具有的"史学"形式,以及由史学所建设的"儒学",为我
们在当代条件下再次提出由"仁义之说"出发的"大同之道"与"天下
为公"的政治社会理想,不但提供了更为适合现代知识形式的条件,而
且也让我们能够通过历史地考察,更具有文明的底气。通过对中国历史
和文明的全面考察,我们或许可以再次将民主、社会主义与德性平等的
理想加以综合地提出,使民主参与、共荣互助以及德性平等前提下的社
会教养,在"是非之公"而非"多寡之权"的原则上彻底加以整合。其
整合的可能性条件,仍然来自于中国文明与历史的土壤,来自于作为
"三古所为训"、"中国文明之准"的"仁义之说"原则下的根源性理想。
通过对历史的批判了解我们知道,这些理想尽管从未全面加以整合地实
现于中国历史当中,但中国历史和文明却始终是在这些理想与历史的博
弈中展开的,或许仍将如此在现实中展开。这或许也正是蒙文通的"儒
学"观给予我们的启示,也正是我们将这种儒学观称之为"批判儒学"
的意味所在。②

五　余论

　　蒙文通通过对经、史、义理学关系的重构而确立起的"儒学"观,

---

①　《中国史学史》,第 80 页。
②　关于儒学批判性之思考,当代的先声是甘阳先生二十世纪八十年代《儒学
与当代》一文。其中提出的对于儒学批判性建设的呼吁,至今仍有严肃而深入回应
的必要。本文对蒙文通先生儒学观念的掘发,意在建立起一种对话关系,来重提儒
学批判性的问题。

在现代学术史上的特别贡献在于，他创造性地经由今文经学的路向，将逐渐脱离儒学义理价值立场的经学和史学重新纳入一种以史学为知识统合手段的儒学系统当中。这一学术路向的意义显然完全不同于由章太炎所开启的从古文经学向史学演化的路向。

章太炎利用章学诚"六经皆史"的观念，加以创造性的发挥，将章学诚所赋予"六经皆史"之"史"的史学意涵，剥离为一种纯粹客观的历史；同时，他又整合清代经典考据学的方法和理念，熔铸出一种与"哲学化"的今文经学对峙的"历史化"的古文经学。这样一种古文经学观念下的作为儒家经典的"六经"，被还原为古代的政典文献，并被进一步将儒家寄托于三代政教历史当中的价值理想与古代历史加以简别，六经与六经之道不再自在的合一，而古史与道也不再自在的合一。与这种学术观念相配合，章太炎提出了"俱分进化"的历史观。所谓善恶俱进的问题，若落实于历史研究，则表现为一种对待历史的态度，亦即把历史研究仅仅看成是一种对历史人文社会实际构成之理的客观认知：史学不再承担义理价值，毋宁说，史学首先是一种求真求实的历史知识。当然，作为探求历史真实的史学，实际上可以具有政治之实用，它或用于国粹建设，以建立民族历史的特殊性，或用以获取满足现实政治之需的历史上的社会政治经验。后一种历史之用，实际上是一种道法家的历史观念。章太炎的史学观念，可以说是现代学术史上第一个最具现代性知识品格的史学模式。不仅众多古史议题是被这种经学即史学的逻辑催生出来的，而且其将古史与道之间施行的彻底分离，也为现代史学的开展创造了前提。

在这样一种经、史学观念之下，儒家便仅仅沦为一种修己之学。严格说来，义理价值的表达也不再仅仅是儒家义理学式的，而是以一种哲学的方式或他所谓子家的方式，运用佛老的思想和精神资源，批判性地建立起一种价值理想，这种价值建立模式已经不再是传统义理学式的，也不是宗教式的，而应该说是一种为中国既有传统所陌生的"哲学"形态。在此意义上，章太炎或许是中国近代史上第一个，也可能是唯一一位"哲学家"。他与新儒家中的形而上学家们运用哲学的方式论证儒家价值不同，而是直接运用哲学的理性批判的方式去尝试建立价值。至于哲学与史学的关系，在他那里则又通过佛理真俗的关系模式再次加以架构，从而得以具有各自的领域独立性和自主性。①

　　显然蒙文通的史学旨趣完全不同于章太炎的路线，尽管他曾问学于章，且深受其影响。

　　同时，蒙文通的路向也不同于梁启超从今文经学中开出史学和哲学的路向。梁启超的新史学，严格说来与他尝试通过对儒家价值立场在观念论意义上的重建努力有关。因此，梁启超的史学，尽管也落脚于中国文明史的展演，但却由于其将中国史的展开本身就等同于中国文明价值的辩证展演，所以也具有与蒙文通颇为不同的旨趣。而蒙与梁的不同，代表的是今文经学内部的两条向史学演化的道路。限于篇幅，对此便不加申论了。总之，蒙文通在现代学术史的地位，是难以用一种单一的经学向史学的过渡来诠解的，也更难以将其简单地理解为代表传统学术的"经学"向代表现代学术的"史学"的嬗变。其中的曲折和复杂，也正体现了传统学术向现代学术嬗变的曲折深细。

---

　　①　关于章太炎学术观念的构成及其逻辑，留待另文处理，此处仅作一纲领式的描述。

再论"唯识"与"唯了别"

周贵华

【内容摘要】"唯识"(vijñānamātra)与"唯了别"(vijñaptimātra)是印度瑜伽行派唯识学的基本概念,如何把握此二概念对唯识学的诠释影响甚巨,因此,对二者的细致辨析显得关系重大。欧洲、日本佛学家曾经处理过此问题,现代中国的佛学家亦有论说,但作者认为皆有所不足,因此曾经撰《"唯识"与"唯了别"》一文予以探讨,主要阐明"唯识"与"唯了别"的差别。本文在此基础上,通过词源学与印度佛教原典对"唯识"与"唯了别"二者予以进一步分析,以更深入地阐明二者的区别以及联系。

"唯识"与"唯了别"是印度瑜伽行派唯识学[①]的基本概念,如何把握此二概念对唯识学的诠释影响甚巨,因此,对二者的细致辨析显得关系重大。欧洲、日本佛学家曾经处理过此问题,中国的佛学家霍韬晦、韩镜清亦有论说,但笔者认为皆有所不足,因此曾经撰文重新予以探讨。[②] 但由于此问题本身非常复杂,笔者的分析在获得一些认同的同

---

① "唯识学"、"唯识思想"是对瑜伽行派学说的一个约定俗成的称呼,本文沿用,以求方便。

② 周贵华:《唯识与唯了别》,载《哲学研究》2004 第 3 期;又见周贵华著《唯心与了别》,中国社会科学出版社 2004 年版,第 380—393 页。

时，也引起了一些不同的看法。① 有鉴于此，笔者拟以本文对此二概念作进一步的分析与澄清。

一

"唯心"、"唯识"与"唯了别"作为唯识学的根本性概念，在印度唯识学原典中皆频繁出现。唯心，梵文为 cittamātra，或 cittamātratā（cittamātratva，唯心性），藏文为 sems tsam，或 sems tsam nyid；唯识，梵文为 vijñānamātra，或 vijñānamātratā（vijñānamātratva，唯识性），藏文为 rnam par shes pa tsam，或 rnam par shes pa tsam nyid；唯了别，梵文为 vijñaptimātra，或 vijñaptimātratā（vijñaptimātratva，唯了别性），藏文为 rnam par rig pa tsam，或 rnam par rig pa tsam nyid。其中，心与识用法有别，从直接含义看，前者以集积或者集起为性，后者以了别为性，但二者也可指称同样一个事物，所谓同体异名，即同一体但以不同侧面的作用而分别命名。在此意义上，万法由心种子所集起，与万法由识所现起，二者含义可通。由此，在唯识学中，一般"唯心"与"唯识"意义被许为相当，可等同使用。正因为如此，"唯心"或"唯识"多笼统解释为"唯有心/识，而无外境"之义。在后世的唯识学研究者那里，亦接受二者是理所当然的一致，没有太大的疑虑。但在对待"唯识"与"唯了别"的关系方面，印度唯识学经典的立场却相当复杂。较早多立"唯识"（"唯心"），稍后多立"唯了别"，最后在"唯了别"意义上将"唯识"与"唯了别"融合。②

---

① 如巫白慧先是在《法音》2006第2期发表论文"梵本《唯识三十颂》汉译问题试解"，又在同年9月第三次玄奘国际学术讨论会上发表论文"再谈梵本《唯识三十颂》汉译问题"，依据对梵汉本《唯识三十颂》的分析，判定"唯识"与"唯了别"一义，但他没有对唯识学的其他重要典籍予以类似的分析，所以对"识"与"了别"在不同文本中的不同用法以及在什么意趣下"唯了别"可与"唯识"相通没有予以澄清，这无疑是一个遗憾。

② 见周贵华著《唯心与了别》，中国社会科学出版社2004年版，第289—442页。

　　"唯心"或者"唯识"成为唯心/唯识思想的核心概念，从佛教思想的逻辑发展看是相当正常的，但以"唯了别"来表征唯识思想，却成为一种色彩殊异的发展。特别是考诸梵、藏文本，在唯识学中，"唯识"多被代以"唯了别"出现，不能不引起严肃的关注与深思。可以肯定，这种取代绝对不是随意的行为，定是有深意趣的。对此，后世的唯识学者必然会发问：为什么会有"唯了别"出现？"唯了别"为何能取代"唯识"？二者的关系究竟为何？但遗憾的是，这种情况并没有出现。因为在汉传唯识学译典中，基本看不到"唯了别"的踪影，一般只有"唯心"或者"唯识"。事实上，如果对照梵、汉文本或藏、汉文本就可发现，在梵本或藏本原本是"唯了别"的地方，汉译本一般出现的是"唯识"。换言之，在汉译本中"唯了别"被"唯识"替代了。这意味着，梵本有意以 vijñaptimātra（唯了别）代替 vijñānamātra（唯识），又被汉文译师如著名的真谛、玄奘等，有意地颠倒回来。由于汉文译师们模糊了"唯识"与"唯了别"在意义上的差别，在翻译中对"唯了别"与"唯识"予以再换位，致使后世的研究者甚至不知道很多"唯识"字样在梵文典籍中原本应该是"唯了别"。

　　这种由翻译带来的遮蔽有一千余年，直到近世才逐渐被了知。近世在语言学、文献学与考据学等学术发达起来后，首先是西方与日本学者重新检视唯识学之梵文与藏译文献并与汉译唯识文献相对照，发现汉译唯识文献中的"唯识"字样在梵文与藏文中多是"唯了别"。举表达唯识义的代表性著述《摄大乘论》、《唯识三十颂》、《唯识二十颂》言之。短短的《唯识三十颂》，汉译文连同标题共出现"唯识"字样七次，其中，连同标题有五次实应是"唯了别"，即 vijñaptimātra 或 vijñaptimātratā（vijñaptimātratva，唯了别性），一次是代词形式 tanmātra，一次是"唯识"vijñānamātratva（唯识性）。藏文对应有六次"唯了别"rnam par rig pa tsam（rnam par rig pa tsam nyid），或简略形 rnam rig tsam（rnam rig tsam nyid），一次代词形式 de ni tsam。值得注意的是，藏译将梵文本的唯——一次"唯识"vijñānamātratva，译成了"唯了别"rnam par rig pa tsam。总起来看，在汉译文中全译为

"唯识",而藏译文则相反,全译为"唯了别"。在《唯识二十颂》中,汉译连同标题有两处说"唯识",梵文皆为"唯了别"vijñaptimātra(vijñaptimātratā),藏译文为"唯了别"rnam rig tsam,还有一处汉译为"内识",而对应梵文为"唯了别"vijñaptimātra,藏文为"唯了别"rnam par rig tsam nyid。在汉文《摄大乘论》中,约四十余处"唯识"或者"唯有识",对应藏文本除一处是"唯识"rnam par shes pa tsam nyid外,其余都可归为"唯了别"rnam par rig pa tsam(rnam par rig pa tsam nyid)。其中,有四处是唯了别的代词形式 de tsam,一处将唯了别省略,一处是唯了别的变形 rnam par rig pa thams cad,而直接是唯了别 rnam par rig pa tsam(rnam par rig pa tsam nyid)的约有三十几处。总之,从前三部唯识学代表性著述的梵本与藏译本看,成熟的唯识思想主要以唯了别概念为中心进行诠释。但在汉译本中,几乎毫无例外地将所有 vijñaptimātra(vijñaptimātratā)即"唯了别",翻译为"唯识"。这在汉译唯识文献中造成唯识义是以"唯识"(vijñānamātra)概念为中心诠释的印象,结果,汉传唯识追随者与研究者皆熏习、接受与认定了这样的观念。

　　对唯识思想主要以唯了别概念说明的这种呈现形态,真谛、玄奘等作为精通梵文的唯识大师,当然是清楚的。现代通梵藏文的唯识学者,像吕澂等,从日文著述以及梵藏文本知道了这种差别,但为何仍不作区分?这到底反映了"唯识"与"唯了别"二者的含义完全一致,还是出于其他的原因,比如流派立场?但后者即使有,也不会是主要原因,因为不同的唯识大师竟然不约而同地做出同样的结论,发人深思。就此而言,含义被认为无差别的可能性大些。由此,大致可以判断说,"唯了别"与"唯识"在汉文译师那里不加区分,是因为他们认为二者在意义上完全等同,或者说至少是不相违的。换言之,汉文译师形成了这样的共许:"唯识"与"唯了别"在唯识学中意义相通,因而可以不加区分,至少二者等同使用不会引起对义理的理解出现大的偏差。

二

再细加考察，发现问题远没有解决。"唯识"与"唯了别"观念分别依赖于"识"（vijñāna）与"了别"（vijñapti）。从内在看，真谛、玄奘等翻译大师之所以以"唯识"去取代"唯了别"，原因在于他们认为vijñapti（了别）与 vijñāna（识）一义。我们可以围绕 vijñāna 与 vijñapti 推断一下古代唯识学汉译大师们的思路。

在一般佛教典籍（特别是在阿毗达磨文献）中，"识"（梵文vijñāna，藏文为 rnam par shes pa）与"了别"（梵文 vijñapti，藏文rnam par rig pa）是关联在一起的。了别作为认识功能，在与识的关联中成为识之性（相），典型的说法是："识以了别为性。"即在功能作用的意义上，识以了别为内在本质。在一般的用法中，识可从两方面理解：一者即认识功能或者说作用；二者即产生认识作用之体。通常二者是合一的，识即被理解为具有认识方面的功能作用之实体，这在唯识学中被概括为"能取"（grāhaka），而其认识对象即境，作为实体性存在，相应被概括为"所取"（grāhya）。以此为前提，vijñapti 被限定为识相（性）亦即识的认识作用，正是在此意义上被译为"了别"。在瑜伽行派的法相学（亦即阿毗达磨）著述中，在 vijñapti 作为识之功能作用认识与呈现境的情况下，仍译之为"了别"。

但在阐释唯识思想的唯识学著述中，vijñapti 与 vijñāna 的关系发生了变化。因为瑜伽行派作为大乘思想流派，不承许像能取与所取这样的实体性存在（谓遍计所执性），识即被遮除了能取这样的实体性，而被限定为依他起性之如幻存在。在此意义上，识相当于认识之功能作用。而识以 vijñapti 为性，就意味着完全以 vijñapti 为识体。正是在 vijñapti可以代表识之体的意义上，玄奘等唯识学译师们才将其译为"识"。总之，vijñapti 唯指功能作用时，仍被译为"了别"，但在可以转指识体时，与识可通，而可译为"识"。在真谛、玄奘等看来，在"vijñaptimātra"中，vijñapti（"了别"）自然是指识体性，将

vijñaptimātra 译为"唯识"也就毫不犹豫了。

在唯识学说中，vijñapti 作为功能作用方面，仍译为"了别"，可举二例说明。如汉文奘译《摄大乘论本》卷上云："识复由彼第一依生，第二杂染。了别境义故，等无间义故，思量义故，……。"① 勘藏文此中"识"对应 rnam par shes pa（识），"了别"对应 rnam par rig pa（了别），而 rnam par rig pa 再对应到梵文应是 vijñapti，汉译即将 vijñapti 直接译为了别（真谛将"了别"译为了"缘"②。但从意义上看，二者是相当的）。又如汉文奘译《唯识三十颂》云："谓异熟、思量，及了别境识。"③ 此中以前六识为对境了别之识，而"识"对应梵文为 vijñāna（识），"了别"对应梵文为 vijñapti（了别），后者是直译，在藏译文中亦是如此。总之，在上述情况下，vijñapti（了别）一般被直译为了别，而不是识。

vijñapti 可作为识体，而与识等同，举一例说明。《唯识二十论》云："安立大乘三界唯识，以契经说三界唯心，心、意、识、了，名之差别。"④ 此中的"了"，勘梵文，为 vijñapti，即"了别"。将了别与心、意、识等同起来，即是以了别为心、意、识之体。

根据以了别为识体的意趣，玄奘在《摄大乘论》、《唯识三十颂》等基本唯识典籍的汉译中，把 vijñaptimātra（"唯了别"）中的 vijñapti 都译为了"识"。如，《唯识三十颂》的梵文本中的 vijñaptimātra 共有五处，玄奘汉译本全部译为"唯识"。在《摄大乘论本》卷中的所知相分第三对应的藏文本中，有三十余处 rnam par rig pa（了别），在玄奘的译文相应处皆是"识"。虽然藏译文与汉译文是独立地译自梵文，但考虑到藏译文对梵文的 vijñāna（识）与 vijñapti（了别）分别有对应的词 rnam par shes pa（识）与 rnam par rig pa（了别）对译，可以认为藏译

---

① 无著著，玄奘译：《摄大乘论本》卷上，《大正藏》第 31 册，第 133 页下。

② 真谛译：《摄大乘论》卷上云："此烦恼识由一依止生，由第二染污。由缘尘，及次第、能分别故，此二名意。"《大正藏》第 31 册，第 114 页上。

③ 世亲著，玄奘译：《唯识三十颂》，《大正藏》第 31 册，第 60 页上。

④ 《大正藏》第 31 册，第 74 页中。

文的三十余处 rnam par rig pa（了别）对应了梵文的三十余处 vijñapti
（了别）大致没错，进一步可以认为汉译文是将前述梵文的三十余处
vijñapti（了别）全部译为了"识"。在 vijñapti 可指识体的意义上，这
种译法应该说是可得到辩护的，虽然这样处理会遮蔽唯识学的相当多
精义。

　　上面分析了在唯识思想中在何种意义上 vijñapti（了别）与 vijñāna
（识）相当，从而说明了为何在汉译中普遍以"唯识"代替"唯了别"。
但我们仍要继续追问：为何梵文唯识原典在出现 vijñaptimātra（唯了
别）的地方不用 vijñānamātra（唯识）而用 vijñaptimātra 呢？换言之，
如果说在 vijñapti 可指识（vijñāna）之体的意义上，vijñaptimātra（唯
了别）可以被 vijñānamātra（唯识）替代，但为何无著、世亲等唯识祖
师在相应之处不直接用 vijñānamātra（唯识）而选择用 vijñaptimātra
（唯了别）？一句话，用 vijñaptimātra（唯了别）而不用 vijñānamātra
（唯识）的意趣如何呢？对这个问题我不认为真谛、玄奘等大师甚至吕
澂等没有予以注意，只是他们认为二者的区分事实上是表观性的，没有
太多的实质性内容。如果真是如此，那为何现代的唯识学研究者又开始
强调二者的差异呢？这是笔者最为关注之处。

三

　　现代学者对"唯识"（vijñānamātra）与"唯了别"（vijñaptimātra）
意义的区分主要从两方面入手，一者是根据语言学方面，一者是根据唯
识学义理方面，而这两方面的分析的基础是识（vijñāna）与了别
（vijñapti）在相应方面之细致区分。语言学方面是基于二者相对于词源
动词 vi-jñā（识别，区分，知道，认识等）的关系。胜吕信静云：
"vijñapti 是将 vi-jñā（分别而知）之使役法 vijñapayati（令知）之过去
受动分词 vijñapta（在被知着）改为名词形的。汉译者通常把这个译为
'识'。可是 vijñāna 也同样译为'识'。此语是 vi-jñā 加上了结尾辞的
ana 所作之名词，这是表示'知的作用'（认识作用）……在佛教里，

为表示认识机能之术语，早就使用有 vijñapti 一词，而至于唯识说，再加之，演变成使用着 vijñāna 一词。"① 正如胜吕信静所说，vijñāna 是 vi-jñā 直接的名词化，而 vijñapti 是 vi-jñā 的役使式与被动式的名词化。巫白慧亦分析了 vijñāna 与 vijñapti 在构词意义上的不同，他说："jñāna 是从 '√jñā' 的直陈式异化而成的抽象名词，jñapti 是从 '√jñā' 的役使式异化而成的抽象名词。"② 在 jñāna 与 jñapti 二者前加上前缀 vi-，即成 vijñāna 与 vijñapti。显然，一个渊源于直陈式，一个渊源于役使式，差别明显。但巫白慧没有提及 vijñapti 还有被动式的因素，似有疏忽。总之，从构词的角度看，vijñāna 与 vijñapti 二者是源于同一动词的两种不同名词形态。

　　vijñāna 作为 vi-jñā 直接的名词化，首先表示的是行为，即认识作用，是主动性意义，一般仍被译为"识"，但韩镜清认为此作用是"辨别"，而笔者认为是"识别"③。其次，vijñāna 表示能发出行为的体，仍可按照通常的译法称为识。而 vijñapti 作为 vi-jñā 的役使式与被动式的名词化，在佛典中表示认识作用时，一般被翻译为完全主动化的"了别"（或者"缘"），藏译一般亦以完全主动化的名词 rnam par rig pa 对应。但事实上由于 vijñapti 具有役使式与被动式的语源，从而直接获得了两方面的含义。第一，vijñapti 有"使……了知"之意味，后在佛典中，转而有显表或者显现之义。霍韬晦就是将 vijñapti 限定在此意义上来理解的。他说："因为 vijñapti 一字，原来是有所表或有所呈现的意思，由表示 '知'（to know）的意义的语根 √jñā 采取使役结构之名词形式（jñapti），再加上表示 '分离' 或 '别异'（apart，different）意义字头 vi-组合而成，意思就是指一个自身具有某种内容而使他人得以知之的呈现。"④ 此中他将 vijñapti 看成是"一个自身具有某种内容而使

---

　　① 高崎直道等著：《唯识思想》，华宇出版社 1985 年版，第 124 页。

　　② 巫白慧：《梵本〈唯识三十颂〉汉译问题试解》，载《法音》2006 年第 2 期。

　　③ 周贵华：《唯识与唯了别》，载《哲学研究》2004 第 3 期。

　　④ 霍韬晦：《安慧「三十唯识释」原典译注》，香港中文大学出版社 1980 年版，第 38 页。

他人得以知之的呈现","某种内容"是 vijñapti 内在地具有的东西，由 vijñapti 内在地自我呈现出来，使人能够分明了知。在此意义上，他将 vijñapti 译为"表别"。第二，作为认识作用之 vijñapti，由于在构词上有被动意义的来源，当与所认识的对象相关连时，即带有一点受动的意味。换言之，如果说 vijñāna 作为识别是纯粹的主动行为，是对境的分别与辨识，完全是属于识的能动作用，那 vijñapti 虽是识的主动行为，就含有一分受动于认识对象的意义，是对境的了了分明的呈现。① 这样，vijñapti（了别）就具有了自内而向外之显表／显现之义，与对境之呈现两类含义。由于霍韬晦与巫白慧均忽略了 vijñapti 的来源中被动因素的意义，使他们无法正确了解 vijñapti 具有的"对境之呈现"的这个含义。上述分析表明，从构词角度看，识别（识）与了别在基本意义上是有着明显差别的。

再依据佛典继续考察 vijñapti 与 vijñāna 的用法与意义。根据前文的分析，不难作出如下推论：vijñāna 与 vijñapti 虽然源于同一词源，但由于有本于直陈式与役使式、被动式的差别，可以想见在佛典文本的具体用法上必然会表现出差异。在此意义上，应当说，在佛教典籍中将了别（vijñapti）作为识（vijñāna）之功能作用，相当费解。因为，如前所述，作为识之功能作用的直诠相应该是识别（vijñāna）而非了别（vijñapti）。在笔者看来，根据构词与佛典中的用法，可从两种相描述识的功能作用：一者即直接相，所谓识别，一者即了别。但在一般的佛教文献中，多以了别为识之性，或者说多以了别为识相，而不直接以识别为识相。而且要注意，在瑜伽行派唯识学出现之前的"了别"的用法中，只取了 vijñapti 的"对境之呈现"义。但由于此义是作为识相而给出的，必然还会融入"识别"之义。实际也是如此。在"了别"的实际用法中，兼具了了别与识别的作用，有时强调识别的方面，有时强调了别的方面。在此意义上，了别既是对境的辨识与分别，又是对境的呈现。这样，以了别为相之识与所对境构成了能取、所取，或者说能缘、所缘的关系，此识与境皆是实体性存在。而了别（vijñapti）的另一义

---

① 周贵华：《唯识与唯了别》，载《哲学研究》2004 第 3 期。

"显表/显现",最早不是在识的用法中体现的,而是在"表色"(vijñapti-rūpa)、"表业"(vijñapti-karma)的用法中最早出现。《入阿毗达磨论》卷上在谈到无表色时云:"无表色者,谓能自表诸心心所转变差别,故名为表;与彼同类而不能表,故名无表。"① 此中说"表",即是把自己内在的东西表现出来。

如前文所述,在一般用法中,以了别为相之识与境皆是实体,构成能取与所取,了别对所了别之境是辨别与呈现。但在瑜伽行派唯识思想中,否定能取与所取,不承认有丝毫外境之存在,识也被抽掉其实体性,仅是依他起性的幻存。结果,识即以其功能作用为其自体,即识在意义上等同于识别,或者了别。具体而言,外境之不存,使了别对境不再有执取性质的辨别,了别恢复其对境呈现之本义,但外境的缺失又使其失去所认识对象,对境之呈现转义为内向外之显现,即了别转义为似境的显现。换言之,无外境,但显现为外境,所谓无义但显现为义。这样,了别的此显现义即与其另一本义"显表/显现"相汇合。对此必须注意,在"表色"、"表业"的用法中的"表"(vijñapti),以及vijñapti的本义中的"表显/显现"义,皆是将自己内在的东西显表出来而令他知,与唯识义中的"了别"(vijñapti)义有所不同。后者虽是将内在的东西显表于外,但是显现为特殊的形式,即外境,或者说显现为义/能取所取/所取。这种显现,由于是vijñapti作为识性之显现,即是识/心的显现,重在自我之显现,而不重在令他知,虽然亦令他知。这在《解深密经》、《辨法法性论》、《摄大乘论》、《唯识二十论》等中诠释得最为清晰与充分。② 综上,在瑜伽行派唯识学之前的大、小乘佛教中,vijñapti作为对境之了别,是有认识对象亦即外境的。在这种情况下,了别是对外境的辨别与呈现。只是在唯识学的专讲唯识思想的典籍中,

---

① 塞建陀罗阿罗汉造,玄奘译:《入阿毗达磨论》卷上,《大正藏》第28册,第981页上。

② 但要结合梵文本、藏文本才能看出。如《解深密经》卷三云:"我说识所缘唯识所现故。"勘藏文本,"唯识所现"中的"识"是"了别"rnam par rig pa。又如在《摄大乘论本》卷中所知相第三以九种识说明一切法之显现,其中九种识勘藏文本是九种了别(rnam par rig pa)。

了别才转义为将自身所具的东西显现于外之显现，或者说似外境之
显现。

　　因为 vijñapti 是一种显现能力，能显现为外境，而使人明见，所以
这就造成了误读。具体而言，"了别"（vijñapti）作为似外境之显现，
是识之功能作用，是能动性的行为，这是《摄大乘论》、《唯识二十论》
等的本意。但 vijñapti 显现为外境，在心识上有所现之相（象），即被
一些人将能显现之 vijñapti，与所显现之境混淆，而将 vijñapti 当作境
来理解。霍韬晦即是如此。他批评玄奘、窥基将作为境之 vijñapti，误
解为认识作用，即从"主体指向对象的活动"。他说："但事实上，
vijñapti 是境而不是识的指向作用，所以在这里我们将之译为'表别'，
一来是玄奘在他处译'表'之意，二来是借此境的表别性，来说明境
（梵文作 vijñaptirvisayasya，直译是'境之表别'，即以表别的性质来界
定境）。"① 实际上是他自己发生了误读。在奘译《唯识三十颂》中云：
"此能变为三，谓异熟、思量，及了别境识。"② 此对应梵文原文为：
"parināmah sa ca tridhā：vipāko mananākhyas ca，vijñaptirvisayasya
ca。" 在奘译中，将 vijñapti 译为了别，将 vijñaptirvisayasya 译为"了
别境识"，显然多增加了"识"。如果完全直译，前句应译为："此能变
为三，谓异熟、思量，及境之了别。"笔者赞成后译。藏译也是如此，
如将 vijñaptirvisayasya 译为 "yul la rnam par rig pa"（于境了别）。引
文是谈识之三类，其中一类偏重以异熟为性，一类偏重以思量为性，一
类偏重以了别为性，依次是阿赖耶识、末那识、前六识。八识虽其作用
各有自己突出方面，但就其与境的关系而言，皆以了别（vijñapti）为
性，如在《唯识三十颂》中不仅说前六识以了别为性，而且亦说阿赖耶
识是了别，例见谈后者功能作用、性质时，有言："不可知执受、处
了"，梵文为 "asamviditakopādi sthānavijñaptikam ca"，其中"了"对
应梵文为 "vijñapti"，即了别。在《唯识三十颂》中，毫无疑问，

---

　　① 霍韬晦：《安慧「三十唯识释」原典译注》，香港中文大学出版社 1980 年
版，第 38—39 页。

　　② 世亲著，玄奘译：《唯识三十颂》，《大正藏》第 31 册，第 60 页上。

vijñapti 是功能作用，是识之性（相），是能动性之行为，但又代表识体，而与识（vijñāna）相通。由此可以明确地说，霍韬晦将 vijñapti 诠释为境，是误读。在此意义上，他译"vijñapti"为境含义之"表别"、"表相"，以及进一步译 vijñaptimātra 为"唯表"，是不当的。

　　胜吕信静在这方面的见解堕入了同样的误区。他认为在佛教的一般用法中，作为"认识机能"之 vijñapti 与作为认识作用的识相当，所以被译为了别，这是正确的。但他接着认为在唯识思想中，vijñapti 的基本用法不再是作为识相的认识作用，而是显现出来的表象，并认为这与"表业"（vijñapti-karma）之"表"（vijñapti）同义。他说："vijñapti 的基本的意思，是持有了如此具体的意思内容之表象，此事，我认为在唯识里的 vijñapti 的用例，也是同样的情形。"① 由此他称 vijñapti 为"表象"，而不是"了别"。高崎直道也如此。② 在此类诠释中，vijñapti 被作为心显现或者变现出来之表象，不再是能显现外境之了别。在此方向上更有将 vijñapti 理解为由识所造之实物的观点。如渥德尔认为："……识的所缘境只是识的所造物。……值得注意的是所有的 vijñapti（识、识造、了别、了别所生物）在语法上是造格的形式，意指有意识的行为所引起的或所制造的事物，以别于简单的识 vijñāna。"③ 此中将 vijñapti 解为"有意识的行为所引起的或所制造的事物"，显然比"表别"或者"表象"之义走得更远。简言之，以作为境的"表别"、"表象"、"事物"诠释唯识中的 vijñapti，是与唯识意趣相违的，无需赘言。

　　现在回过头来对 vijñapti 的译名做一些探讨。在佛典中，从心识与境角度反映 vijñapti 对境之呈现义时，一般译为了别（也有译为缘的），但在反映似境之显现义时，是否就应转译为"显现"呢？笔者认为不必。因为在梵文原典与藏译文本中皆一直分别是 vijñapti 与 rnam par rig pa，所以在汉文中继续使用"了别"之译名是合适的，只要注意，了别有"呈现"与"显现"二义，前者是"对境了了分明之呈现"，后

---

①　高崎直道等著：《唯识思想》，华宇出版社 1985 年版，第 125 页。

②　同上书，第 9 页。

③　渥德尔著，王世安译：《印度佛教史》，商务印书馆 1987 年版，第 399 页。

者是"似境了了分明之显现",就不会误读。韩镜清认为 vijñapti 是"了别"之义,但他为了强化"了别"是能动性的认识功能,而译其为"了别识",处理欠妥。① 笔者认为,在"了别识"中,"了别"与"识"含义重叠,应该去掉"识"字而单用"了别"即可。

四

在一些唯识典籍中,以"显现"意义上的了别(vijñapti)为中心诠释唯识思想,即是"唯了别"(vijñaptimātra),而在另一些唯识典籍中,以显现意义上的"识别"(vijñāna)组织义理。后面这些典籍谈能取、所取所摄一切外境,皆是心/识之显现。由于心/识非能取,非实体性存在,其直接含义即是识别。因此,心/识之显现即是识别之显现,而成立"唯识别"("唯识"/"唯心",vijñānamātra/cittamātra)。这种意义在《辨中边论》、《大乘庄严经论》、《三自性论》等中有细致阐明。前文已述,识别是对境的分别与辨识,此处转义为似境之显现,通于了别。此点还需要略加分析。了别在一般佛典的用法中,兼具识别与了别之义,这样,识别与了别基本上已经等同使用,反映到唯识学典籍中二者也是相通的。由于了别本义上有受动于境以及显表/显现的含义,了别在唯识学意境中很自然就转换为境之显现的意义,结果,当谈到心/识或者说识别显现为外境时,实际是以了别之显现为内在根据的。换言之,心/识(或者说识别)在理路上是在了别之意义上谈显现的。也正因为如此,当唯识学发展到《摄大乘论》、《唯识二十论》这样成熟的思想时,唯识义就全归为了"唯了别"义。此后,印度佛教谈唯识,基本上就是"唯了别",即使使用"唯识"一语,也是在"唯了别"的意义上谈的。以世亲的著述为例。他的《唯识二十论》是以"唯了别"义组织义理的,即以了别似外境显现为基本出发点立论。在其最后时期

---

① 韩镜清:《唯识学的第三次译传》,载《玄奘研究》,陕西师范大学出版社1999年版,第195—204页。

的《唯识三十颂》中，引入了转变说（pariṇāma-vāda）诠释唯识机理，但仍主要以"唯了别"（vijñaptimātra）诠释唯识，并与"唯识别"（"唯识"，vijñānamātra）等同运用。① 到此可以说，在唯识学中，谈唯识义，其核心概念是了别，即以了别的"似外境之显现"之义为立论的基础，换言之，唯识的基本义是"唯了别"。但在将识的能取性质的实体含义清除后，识完全是"识别"或者"了别"义。在此意义上，唯识/唯心、唯识别、唯了别相通，可以视为等义。简言之，据唯识学的内在意趣而言，唯识/唯心、唯识别、唯了别可以同义使用。如在《唯识二十论》中即说："安立大乘三界唯识，以契经说三界唯心。心、意、识、了，名之差别。"② 其中，"了"即了别，对应梵文即 vijñapti。但必须清楚，在唯识意趣中，这种相同意义上之使用是以"唯了别"含义为基础的。如胜吕信静云："在佛教里，为表示认识机能之术语，早就使用有 vijñapti 一词，而至于唯识说，再加之，变成使用着 vijñāna 一词。从这点看，在唯识学派，vijñāna 乃被限定为 vijñapti 的意思，所以把两者看作是同义语，可作如是之解释。"③

也正是在此处，现世中国的唯识学研究者陷入理解的误区，即只接受"唯识"与"唯了别"之同一，而拒绝二者有什么差异。结果定会误解唯识之性质、意义与意趣，模糊各种唯识思想形态之差异，以及唯识思想之发展变化，而有意无意地维持唯识思想之本来面目继续被遮蔽之局面。④ 这与唯识学的诸译师真谛、玄奘等将涉及唯识义的 vijñapti 与 vijñāna 不加区分地译为"识"有关。所以胜吕信静云："汉译者把 vijñapti 与 vijñāna 都译为'识'，所以两者是同义语，可说是不认定两语有意思上的差别。"⑤ 所有这些使后世学者辨析唯识义变得困难，当然意义也因而变得更大。

---

① 梵本《唯识三十颂》连同标题出现"唯了别"五次，出现"唯识别（唯识）"一次。

② 世亲著，玄奘译：《唯识二十论》，《大正藏》第 31 册，第 74 页中。

③ 高崎直道等著：《唯识思想》，华宇出版社 1985 年版，第 124 页。

④ 周贵华：《唯识与唯了别》，载《哲学研究》2004 第 3 期。

⑤ 高崎直道等著：《唯识思想》，华宇出版社 1985 年版，第 124 页。

多元主义与整体论视野中的科学

段伟文

【内容摘要】科学的多元主义反对科学一元论及其基础主义的本体论和表征主义的认识论，认为自然并不能由一个单一的理论体系和方法得到完全的解释或探究。本体论的多元主义不能为科学的多元主义提供自洽的辩护，为了既超越科学一元论及其基础主义本体论和表征主义认识论，又不至陷入相对主义，其恰当的辩护进路在于：（1）在认识论层面，将知识整体论拓展到模型建构、仪器中介和实验操控等行动与工具性维度，诉诸科学实践的多重稳定性和认识论的透视主义，沿主体的认知过程、实验介入和语境整体论等进路走向认识论的整体论；（2）从外在论或形而上学实在论转向内在实在论，通过能动者实在论和可操控性因果关系揭示主体的能动因与其所操控世界的相互作用，走向整体论意味的参与实在论。

自逻辑经验主义式微之后，科学哲学大致经历了后实证主义和新经验主义两次转向。在此过程中，一元论的科学的世界观和科学统一运动等逻辑经验主义的目标被基本消解，科学哲学实现了从"科学的哲学"到"关于科学的哲学"的转变。其主导范式不再局限于基于物理学案例的一般的科学哲学，而呈现出一般的科学哲学与各门具体科学的哲学并举互动的局面；同时，发端于科学知识社会学、女性主义科学哲学、技

术的社会建构等理论，并关注科学的微观经验建构及其文化与物质实践
的科学研究（science studies）和科学与技术研究（science and technol-
ogy studies）也成为科学哲学的跨学科延伸领域；而实验室生活世界、
认知、具身、工具实在论等新视角则开启了对科学乃至技术的哲学基础
的解释学式和现象学式的分析。近年来，国内学者在大量译介和述评的
基础上开始思考一般的科学哲学的发展路向，并提出或介绍了一些新的
研究纲领。国内外的相关研究表明，在历史主义和建构主义的后实证主
义运动之后，出于对科学经验能力的增长的关注，新经验主义者并未陷
入相对主义和反实在论。但他们也不想回归理论与观察陈述的划分，更
无意再为反映论的实在论辩护，而转向对科学实践的局域性经验的考
察。此进路的基本主张是反对一元论的基础主义和表征主义，倡导科学
的多元主义。恰如理查德森（Alan W. Richardson）所言，"鉴于科学
哲学依然保持着与逻辑经验主义渐行渐远的态势，科学的非统一性和多
元主义在很大程度上无疑是当前科学哲学的关键话题"[1]。

一 从科学一元论到科学的非统一性

自柏拉图以来，寻求统一知识的努力一直没有中断，其最近的一种
形式就是科学的世界观或科学一元论。20 世纪初逻辑经验主义兴起的
主旨之一就是试图构建一个单一的、融贯的并构成所有科学基础的"科
学的世界观"。卡特赖特（Nancy Cartwright）将这种世界观称为基础
主义，即"所有事实必须属于一个宏大图式；而且，在这一图式中，第
一范畴的事实具有特殊和特权的地位。它们是自然应该运作的方式的范
例。其他的必须弄得符合它们"[2]。这种本体论意义上的基础主义往往

---

① Stephen H. Kellert，Helen E. Longino，C. Kenneth Waters ed. ，*Scientific Pluralism*，University of Minnesota Press，2006，p. 3.

② ［英］N. 卡特赖特：《斑杂的世界：科学边界的研究》，上海科技教育出版社 2006 年版，第 27 页。

与表征主义认识论相互支持，后者主张，人们可以通过理论知识表征自然，描摹、映照和反映独立于主体而存在的世界的真实面貌。沿着这一理路，科学一元论的基本观点是：（1）科学的终极目标是建立一种对自然世界（或科学所考察的那部分世界）的单一、完整和可以理解的解释；（2）世界的本性至少在原则上可以通过这一解释得到完整的描述或说明；（3）至少在原则上存在一些探究方法，若其得到正确的遵循，就能形成这种解释；（4）探究方法是否被接受取决于其能否形成这种解释；（5）对科学理论或模型的评价多半取决于它们能否提供或接近于提供一种基于基本原理的完整和可以理解的解释。[①] 由此，科学一元论及其基础主义和表征主义会进一步导致还原论或附生性，即所有的自然科学理论或定律要么可以还原为一个基本物理理论的定律，要么为一套基本定律所附生，前者意味着基本层次的定律或属性充分而必要地规定着高层次的定律或属性，后者意味着基本层次的定律或属性充分但非必要地规定着高层次的定律或属性。

统一的科学运动落幕之后，这种建立在形而上学预设之上的知识蓝图开始受到系统性的质疑。对此，科学家出身的元科学研究者齐曼指出："不存在一个单一的实在的'科学'地图——或者，即使有，它也会太过复杂和庞大，以至任何人都不能掌握或使用它。但是有很多关于实在的地图，它们分别来自不同的科学观点。"[②] 这实际上反映了科学中种种旨在统一和大统一的研究纲领纷纷以失败而告终的实情。正是这一基本事实，促使新经验主义者一方面致力于否定由"唯一的、完备的以及演绎封闭的一系列精确陈述"构成的"伟大的科学理论"的存在，另一方面则进一步思考科学寻求局域实在的可能。

新经验主义的非一元论首先试图以本体论的多元主义为科学的非统一性奠定形而上学基础。本体论的多元主义主张，世界是由不可还原的

---

① Stephen H. Kellert，Helen E. Longino，C. Kenneth Waters ed. ，*Scientific Pluralism*，University of Minnesota Press，2006，p. x.

② 转引自［美］B. 费耶阿本德《征服丰富性——抽象与存在的丰富性之间的斗争的故事》，中国人民大学出版社 2007 年版，第 152 页。

多元种类和属性所组成，并试图以此说明不同科学之间的差异。杜普雷
(John Dupré) 试图超越自然种类（Nature Kinds），①主张将多元主义
与实在论结合起来，以一种"混杂实在论"（promiscuous realism）为
非统一的科学奠定形而上学基础。杜普雷通过"混杂实在论"强调，我
们对事物的划分总是依赖于我们的理论或目的，尽管这并不意味着不存
在客观的事物分类，但它并不是唯一的，即不存在所谓自然种类，只存
在真实种类，个体事物可能并行不悖地归属不同的真实种类。例如，一
个人可以同时是人、男人、主教、哲学教授等，但他并不绝对地属于其
中一类，因为其中的任何一类都不具有优先性，他也没有什么本质属性
可确定其归属；但他并未因为这些种类的平权而否定其存在，反而认为
没有理由主张它们不是同等真实的实在。杜普雷否定自然种类的目的就
是倡导形而上学的反还原论，他拒斥一切形式的还原论和有关完全因果
关联的假设，对世界可能呈现的有序程度持完全开放的态度。②显然，
杜普雷的激进的多元主义本体论立场已经超越了具体的科学乃至一般意
义上的科学。基切尔（Philip Kitcher）的"多元实在论"（pluralistic
realism）则主要基于对生物学领域的物种、机体和进化过程的思考。
他指出："多元实在论所基于的观念是，我们的客观旨趣可能是多样的，
我们在进行生物学探索时所需要的不同形式的说明可能具有客观正确
性，以至产生于不同的生物学领域的自然图式可能是关于自然构成的交
错分类。"③同时，他还认为，反还原论有助于深入揭示生命领域的自
然本体，避免物理主义或陷入封闭的物理因果关系。

　　在此前提下，本体论的多元主义通过与反还原论或非还原论的结合
直接为科学的非统一性辩护，也为非物理科学争取领域自主。本体论的

---

　　①　自然种类源于柏拉图的本质主义意味的"Carving nature at its joints"，在
当代科学哲学中，对自然种类的主张一般指由科学所揭示的客观事物或过程。

　　②　Peter Galison and David J. Stump ed., *The Disunity of Science*:
Boundaries, Context, and Power, Stanford University Press, 1996, pp. 101-
117.

　　③　Philip Kitcher, *In Mendel's Mirror*: *Philosophical Reflection on Biology*, OUP, 2003, p. 128.

多元主义与反还原论或非还原论的结合旨在表明，世界存在的方式是拼凑，并非所有的种类都属于物理种类或与之相关联，物理学之外的各门具体科学的研究内容不能简单地还原为物理对象，科学不可能通过还原实现统一。换言之，还原论或物理主义的成功固然能够从物理层面揭示世界的构成方式或真理，但这远远不是所有事物的真理，提出反还原论的主张并不是由于我们目前的认知不够完善，而是对生命、心灵等问题进行深刻反思的结果。

但这种基于本体论的辩护可能会遭遇双重困境。一方面，混杂实在论和多元实在论都有可能陷于一种极端的多元主义，为克服一元论和还原论而不得不付出相对主义的代价。另一方面，这种努力依然会遭遇一元论和还原论的侵蚀：既然物理学还原在很多领域获得了成功，那么得到还原论说明的事物就可能在原则上由基本物理定律所决定；即便生命科学能够予以说明的生物有机体的某些行为难以完全由其物理构成加以说明，还原论者和物理主义者依然可以声称，生命现象之下的物理定律导致了这一切，尽管我们不知道其原因和方式。① 这一困境表明，在形而上学层面，由具体科学揭示的实在外推出的本体论的多元主义并不能动摇科学一元论，也难以为科学的非统一性或生命科学等学科的自主性提供强有力的依据。实际上，由事实外推的形而上学的本体论立场最终可能只有诉诸直觉才能做出抉择，要超越科学一元论尚需寻找新的进路。

二　超越表征主义认识论的整体论进路

在科学哲学的历史主义学派之后，建构主义的科学知识社会学从认识的偶然性和情境依赖出发，主张激进的多元主义和相对主义，但其对启蒙理性的解构受到了科学界的强烈拒斥，并引发了所谓"科学大战"，

---

①　Steven Horst，*Beyond Reduction：Philosophy of Mind and Post-Reductionist Philosophy of Science*，OUP，2007，p. 124.

其主要原因在于，双方争论的焦点拘泥于科学理论陈述是否为真。实际上，当代科学实践关注的是实用性和目的性，而不再囿于科学所蕴含的启蒙理性及其普遍的法则与规律。恰如波塞尔（H. Poser）所言："在理论方面，重要的便是是否有效果有用处，而不再是真理，或者准确一点，有关效果的陈述是否是真。"① 由于没有认识到这一点，"科学大战"成为一场关于启蒙科学真理观的稻草人之争。尽管科学知识社会学对科学的建构主义式的解构有其文化价值，但它也表明，如果仅仅关注科学理论而忽略科学活动中的主体、工具和物质的介入，对科学的微观经验研究（如社会学、人类学）很容易导致相对主义。

从某种程度上说，科学知识社会学的激进多元主义和相对主义立场与其说是基于理论建构的社会根源的偶然性，不如说是在社会文化层面对理论自身的有限性和不完备性加以放大的结果。例如，在柯林斯（Harry Collins）的《改变秩序：科学实践中的复制与归纳》中，有关相对主义的经验纲领（EPOR）的论述策略就是将古德曼的新归纳之谜、维特根斯坦对规则的反思以及赫西（Mary Hesse）的概念网络拓展为文化适应层面的多重确立（multiple entrenchment）。② 事实上，当科学知识社会学将科学家和实验室放到社会文化价值网络之中时，恰如蒯因的知识整体论将知识置于整体的信念之网，往往会暗示某种相对主义。其根本原因在于，这些研究涉及的所谓语境的约束并不是科学探究实践中所真正涉及的全部经验约束——由科学所探究的那部分世界与人的互动所形成的整体性约束或所谓由世界对主体的开显所产生的约束，如果看不到这种约束对认识的影响，会陷入表征主义和一元论，若仅仅考虑到其中的一部分，又难免走向相对主义。

为了既超越科学一元论及其基础主义与表征主义，又不至陷入相对主义，新经验主义者不再局限于对理论和定律的观照，转而将知识整体

---

① ［德］H. 波塞尔：《科学：什么是科学》，李文潮译，上海三联书店 2002 年版，第 236 页。

② ［英］H. 柯林斯：《改变秩序：科学实践中的复制与归纳》，成素梅等译，上海科技教育出版社 2007 年版，第 17 页。

论拓展到建构模型和实施实验等实践范畴，从一种整体论的认识论而不仅仅是微观社会学的角度阐释真实的科学过程中的多重稳定性（muliti-stability）。多重确立与多重稳定都承认在经验层面（而非形而上学层面）一种现象可以同时有多种说明，其不同之处在于，前者强调一种说明并不比另一种说明更正确而易暗示相对主义（A 不比 B 更正确），后者则强调一种具有实践稳定性的说明并不能排斥另一种也具有实践稳定性的说明（A 可能与 B 同样正确）。多元主义的要义在于，它一方面拒斥相对主义，认为各种具有实践稳定性的说明对于现象的探究都是必要的，可能同样正确或恰当，另一方面拒斥一元论，即强调不存在某种形而上学的必然性，能使这些"同样正确"的说明在内涵毫无变化的情况下整合到其中的一种说明或整合入一种更完全的表征之中。

新经验主义的代表人物卡特赖特和吉尔（Ronald N. Giere）等人认为，不应该将理论静态地视为一套语法式公理或一套由抽象实体组成的语义模型，而应该动态地"将做理论理解为模型的建构"；对建构模型而言，一个较为合适的模型不一定与纯粹理性或逻辑指称相关，而更多地关乎建构模型者的意图、目的和抉择，其中所涉及的理性是有条件的和工具性的。[①] 对于大多数科学家来说，运用模型主要是为了表征实在，但这种表征完全有别于传统的表征主义认识论意味下的反映和摹写。传统的表征主义认识论一方面有认识却无认识的主体，或者说只有一种上帝的视角（God's Eye point of view）；另一方面将科学活动简单投射为科学的语言实体与世界之间的关系。吉尔等人则意识到，自然语言的本质是文化的人工物，语用是比语法和语义更为基础的层面，语法和语义是从语用中突现出的特性；若将关注点转向科学实践，就应该从真实的表征活动入手，关注于能动者，即那些进行表征活动的科学家。鉴于科学家是有目的和目标等意向性的能动者，表征活动可以形式

---

① Ronald N. Giere, *Science Without Laws*, The University of Chicago Press, 1999, p. 7.

化地表述为：科学家 S 为了目的 P 而用 X 表征世界 W。① 由此，即便固守传统科学哲学所关注的语言实体与世界的语义关系和证据关系，对这些关系的思考也应该从主体如何根据其旨趣接受或拒斥假说出发。具体而言，在"做理论"或模型建构的过程中，科学表征即科学家为了各种不同的目的而使用不同的模型表征世界的某些方面。而且，模型是通过抽象的相似性来表征世界的，所有的模型受到特定旨趣与视角的影响，不存在一种完全、直接地表征世界的所有方面的模型或理论，这不仅涉及世界的复杂性和科学的有限性，还在于对世界的诸方面的界定与选择取决于主体的意向与旨趣。由此，科学家获得的关于世界的说明是从他们对其所感兴趣的问题的追问与回答中产生的，而这些问题又为其所使用的表征体系所框定。

这是一种纳入了不同主体视角的认识论的透视主义（perspectivism，又称视角主义）或透视多元主义（perspectival pluralism，又称视角多元主义），而且这种透视是与认知、工具和文化等相关的。以此反思传统科学哲学所关注的科学观察，就不难看到观察不仅仅涉及简单的"看"或照相似的记录。一方面观察者不再是抽象的主体（表征主义认识论暗示，观察者不过是以客观态度"科学地"观察的抽象主体），另一方面几乎所有的科学观察都需要仪器，但它们只对现象的某个方面是敏感的，并不存在一种能够记录自然对象和过程的所有方面的仪器。重要的是，要使这种重新思考不至于陷入相对主义，必须超越观察语言与理论陈述等概念层面，转而从真实的科学过程中寻找实现多重稳定的机制。其主要进路有如下三个方面：

其一，自然主义者多从认知的角度阐发这一机制，探讨人的认知过程的多元稳定性约束。吉尔试图通过对色觉的分析作为其透视多元主义的注脚。② 他指出，尽管一些人的色觉有别于一般人群（如红绿色盲或

---

① R. N. Giere, *How Models Are Used To Represent Reality*, Philosophy of Science，71 (5)，2004，p. 743.

② Stephen H. Kellert, Helen E. Longino, C. Kenneth Waters ed. , *Scientific Pluralism*, University of Minnesota Press，2006，pp. 26—41.

只能感知黑白灰度者），我们只能说一些人的色觉比另一些人更丰富，而不能说某种更正确，而且它们之间并不能完全相互转换。其原因在于，颜色与其说是对象的属性，不如说是对象与特定的视觉系统相互作用的结果，或许我们的视觉系统所提供的特定视角不同于他人，却不易相互比照。据此，吉尔认为，与人的视觉系统类似，仪器仅仅对某些特定的输入敏感，而可能无法感知其他输入，而且仪器的输出是由输入和仪器的内部构造共同决定的，没有一种仪器具有完全的透视功能，也不可能找到完美的符合世界的模型，人们只能运用特定的模型对世界的某个方面作出断言，却无以寻求大统一理论或终极理论。霍斯特（Steven Horst）则倡导认知多元主义（cognitive pluralism），以此既为科学的非统一性提供基础，又通过认知构建的约束引入多重稳定：（1）科学定律和理论是关于世界的特定方面的模型；（2）这些模型是建模这一认知过程的产物，故其形式取决于人的认知构建（cognitive architecture）；（3）科学模型是理想化的，而理想化又具有多种形式；（4）每个模型都用于某些特定的表征系统；（5）模型的理想化或表征系统的选择会对不同模型及关于各部分的模型的整合造成障碍；（6）人的认知构建的经验事实会制约模型的构想、理解和使用，作为我们的认知人造物的科学因而可能是非统一的。① 从某种角度来说，这一进路可以视为"认知整体论"——人的认知构建的整体性使得透视在具体的与境组合中实现多重稳定性。另外值得指出的是，在此进路中，胡塞尔与梅洛庞蒂的现象学已经成为重要的思想资源。例如，伊德就试图通过现象学的变换，令不

---

① 霍斯特又称其为语用（pragmatic）的和认知的多元主义，这反映出一种自然主义认识论的旨趣。值得略加辨析的是，在科学哲学走出语法和语义导向之后，所谓语用（pragmatic）和语境（context）在很大程度上已经超越了语言范畴，故在不直接涉及语言活动时，汉译为"实用"（如台湾蔡铮云将 Pragmatics 译为实用学）和"与境"（另一种流行的汉译）似可避免歧义。Steven Horst, *Beyond Reduction: Philosophy of Mind and Post-Reductionist Philosophy of Science*, OUP, 2007, p. 122.

变性得以显现，进而获得某种收敛性。①

　　其二，实验哲学等新经验主义则强调科学仪器、工具和技术在实验和观察中所扮演的介入者和调节者的角色。新经验主义认为，实验及其技术过程使得自然对象和过程首先被纳入一种可以控制的运行机制之中，进而转换为一套由常量和变量构成的模型，而模型在实验中既是"技术的（techne）"又是"认识的（episteme）"——它们用"某物如何工作"来描述"某物为何"②。哈金指出："实验为科学实在论提供了最有力的证据。这并非因为我们可以验证关于实体的假设。其原因在于那些原则上不可观察的实体可以被有规则地操控并进而用于产生新的现象和探究自然的其他方面。它们是用于行动（doing）而非思考的工具和仪器。"③ 皮克林和哈金还进一步将这种朴素的实体实在论提升为一种整体论的认识论——主张将假说、仪器和理论模型视为一种整体性的弹性资源，认为它们在实验中体现出的相互包含、调节乃至博弈构成了一种连接信念、理论和行动的整体，并视其为对杜恒论题与蒯因的知识整体论的扩充。由此可以得到一种兼顾多元主义和多重稳定性的"知行整体论"："我们的理论至多对于那些从仪器抽象出来的现象来说是真的，而这些现象的产生就是为了更好地契合理论。仪器运作中所发生的修正过程，无论是物质性的（我们对其进行固定），还是智力性的（我们对其进行重新描述），都在致力于我们的智力世界和物质世界的契合。这就是科学的稳定性。"④

　　其三，在科学哲学的传统论题中通过语用学和修辞学引入语境整体论，探讨加入社会与文化因素后的多元与稳定的双重可能性。在社会文化语境中，科学说明的形式不再拘泥于语法或语义层面，而可能是这样

---

　　① Don Ihde, Evan Selinger ed., *Chasing Technoscience*, Indiana University Press, 2003, p. 125.

　　② Karl Rogers, *Modern Science and the Capriciousness of Nature*, Palgrave, 2006, pp. 52-58.

　　③ I. Hacking, *Representing and Intervening*, CUP, 1983, p. 262.

　　④ ［美］A. 皮克林编著：《作为实践和文化的科学》，柯文、伊梅译，中国人民大学出版社 2006 年版，第 59 页。

的形式：在问题语境 P 中，S 通过表达 u 向 H 说明为什么 q。其中涉及的"为什么"往往和语境相关，在不同语境中"为什么鸟儿会飞向非洲?"这个"Why"问题的答案各异，而"为什么亚当会吃苹果?"则更需要对语境加以澄清。[①] 实际上，如果同等看待科学说明与其他类型的说明，科学说明往往需要同时具有语用与修辞功能，其形式可以是：在语境 C 中，A 为了目的 I 而通过表达 X 向 B 说明 W。这些说明可能发生在科学共同体中和科学共同体外，对它们的探讨，有助于理解科学知识的社会过程中的多元化及其稳定机制。

三　能动者实在论与可操控性因果关系

多元主义者超越一元论和表征主义认识论的初衷之一是为具体的科学（非物理学或物理学中的非基本层次研究）寻求领域自主。其进路之一就是前文已经讨论过的"混杂实在论"等本体论的多元主义，但它们的形而上学预设与表征主义的认识论一样，都将实在视为一种独立于主体之外的形而上学存在，仍无法跨越本体论与认识论的鸿沟。与此类似，卡特赖特的局域实在论（local realism）强调，科学所面对的不是基础主义预设的理性化的世界——一个受系统的或齐一的定律支配的统一的世界，而是一个由各异的领域组成的"斑杂的世界"（dappled world），各种定律只在这些各异领域中适用，它们不可能还原为一套简明统一的基本定律，而只能松散地拼凑在一起。然而，这种形而上学努力最终只能求助于上帝——"上帝仍可能选择成为一个形而上学的多元论者"[②]。

这一困境使多元论者不得不放弃外在论或形而上学的实在论，转而沿着普特南的内在实在论（internalist realism）的理路，提出了诸如能

---

①　J. Persson ed.，*Rethinking Explanation*，Springer，2007，pp. 43-68.

② 　[英] N. 卡特赖特：《斑杂的世界：科学边界的研究》，上海科技教育出版社 2006 年版，第 25—39 页。

动者实在论（agential realism）等基于主体的能动因（agency）与世界
的相互作用的整体论意味的参与实在论。女性主义者巴纳德（Karen
Bard）① 认为，应以操作性的形而上学（performative metaphysics）取
代表征主义，与表征主义将认识与世界归约为词与物不同，操作性的形
而上学主张，我们所面对的世界建基于能动者的内在相互作用（agen-
tial intra-action）。受到康德的物自体与现象二分和玻尔的对量子测量
的解释的启示，巴纳德指出，首要的认识论单位不是独立的客体而是现
象，而能动者实在论的主旨在于强调现象不是观察者与被观察对象之间
的区分标志，而是基于能动者内在相互作用的不可分割的存在论构造，
或者说现象是存在论意义上的原初关系——没有预先存在的关系者的关
系。当代著名理论物理学家惠勒（John A. Wheeler）则更激进地指出：
"要么承认：'宇宙，无论是否毫无意义，都将进入存在，并按照自己的
道路运行……生命只是宇宙机制中的偶然和意外。'要么就从人择原理
再往前走一步，承认这个针锋相对的观点更为接近真理，即：宇宙，通
过某种过去与未来的神秘耦合，要求未来的观察者赋予过去的创世以力
量！"② 但劳斯（J. Rouse）、古丁（D. Gooding）、皮克林（A. Picker-
ing）和诺尔—塞蒂娜（K. Knorr Cetina）等新经验主义者则更愿意诉
诸科学实践过程，将科学视为人与世界相互作用的方式而不仅仅是观察
与描述的方式，认为所有的现象都被人的行动所包围着，都在与人的力
量相互冲撞中使其自身和人的力量得以显现；用梅洛庞帝的术语来说，
这种内在相互作用使得科学制造的经验的现象域以"自我—他者—事
物"（self-other-things）的形式不断得到重组，进而产生出"被经历的
世界"（world-experienced-by）和"能动者相关的世界"（world-relat-

---

① Karen Bard, *Posthumanist Performativity*：*Toward an Understanding of
How Matter Comes to Matter*，http：//www. nchsr. arts. unsw. edu. au/TwoCul-
tures/Barad. pdf.

② ［美］J. A. 惠勒：《宇宙逍遥》，田松译，北京理工大学出版社 2006 年版，
第 48 页。

ed-to-agents）等后人类主义意味的整体性世界。①

对于科学哲学来说，这种具有后现代意味的思想的启示在于，作为能动者的主体在科学探究中能否或如何引入能动因？论及因果关系，柯林伍德认为它主要有三种含义：（1）一个人的行为导致了另一个有意识的、能负责任的人的自由的、有意的行为；（2）人借助对一个事件或过程的控制导致或阻止了另一个事件或过程，或者说被描述为原因的事物总被视为自然界中的东西，它能由人类行为者产生或阻止；（3）独立于人的事件之间的因果关系；并认为它们分别对应着历史科学、实践自然科学和理论自然科学中的因果关系。② 其中，实践自然科学接近于亚里士多德所称的"实践科学"，它不是根据它是否为真，而是根据它给予我们的"控制自然的力量"去评价的，并"可以用另外的方式存在"。自培根以来，大多数科学实际上就是这种实践的自然科学——为了"通过命令自然使自然服从"，科学中的主体往往首先从能动和操控的角度发现因果关系，并使之运用于进一步的操控中。

从能动者的意向性的角度来看，第（1）类因果关系无疑更为根本。现代数学家和数学物理学家外尔（Hermann Weyl）就曾经指出："我们对因果关系的实质最基本的直觉就是：我做了这事儿（I do this）"③——我必然对此确信无疑。如果以这类因果关系作为最基本的因果关系，第（2）和第（3）类就可以看做第（1）类的拟人化外推，而就意向性来看，显然第（2）类比第（3）类可靠，因为在第（2）类中，能动者（agents）可以明确意思到他是否希望影响和控制某个自然对象和过程并引发因果效应，而在第（3）类中，就变成了一种完全拟人化的情形。对此，塞尔（J. R. Searle）从皮亚杰有关儿童获得借助关系的知识的实验出发，指出诸如行动中意向的因果性可

---

① ［美］A. 皮克林编著：《作为实践和文化的科学》，柯文、伊梅译，中国人民大学出版社 2006 年版，第 69—143 页。

② ［英］R. 柯林伍德：《形而上学论》，宫睿译，北京大学出版社 2007 年版，第 217—250 页。

③ H. Weyl，*The Open World*，Yale University Press，1932，p. 31.

以通过借助关系而延伸（如借助石头打击想要打击的花瓶）等因果性的初始经验获得机制表明，因果性和操控（manipulation）的概念密切相关，由此，我们可以通过揭示世界上可操控的因果关系来扩充关于因果性的初始经验。①

在当代因果性研究中，有关能动者和可操控性（manipulability）的讨论有助于我们对科学实践中的因果关系的确立的理解。例如，冯·赖特（Von Wright）认为，可以用能动者的能动作用来界定因果关系："P 是一个与 q 相关的原因，q 是一个与 P 相关的结果，当且仅当通过做 p，我们能导致 q，或者通过抑制 P，我们能消除 q 或阻止其发生。"② 伍德沃德（Jim Woodward）则指出："声称 X 导致 Y 意味着，至少对于某些个体而言，在适当的条件下（可能包括的操控是使其他变量取某个值而保持不变，以与 X 区分），他们有可能操控 X 所拥有的某些值，以改变 Y 的值或者 Y 的可能分布。"③ 在他看来，传统的实在论者一般致力于寻找或说明本体论意味的因果关系，而能动者实在论或工具实在论则认为，任何科学理论在声称存在某种因果关系时，必然建立在对某些理由充分的可操控性的因果关系的声称之上——假如不同的反事实条件可能实现的话，会发生什么？④ 这种关注能动者和可操控性的因果观大致勾勒出了科学实践中的因果关系的建构策略：通过能动者的可操控性介入，不断构建出可操控性的因果关系，进而通过拼接形成一系列尝试性的因果链。

从能动者实在论这一基于世界的整体性内在相互作用推出的可操控性因果关系可支持多元论和寻求多重稳定性。华特士（C. Kenneth Waters）介绍了这么一个思想实验：有一个圆筒形的不透明玩具，内部有若干层带有圆孔的隔板，最上层的圆孔的直径最大，往下每层的

---

①　[英] J. R. 塞尔：《意向性：论心灵哲学》，刘叶涛译，上海人民出版社 2007 年版，第 130—135 页。

②　Ernest Sosa and Michal Tooley ed. , *Causation*，OUP，2002，p. 16.

③　Jim Woodward，*Making Things Happen*，OUP，2003，p. 40.

④　H. Radder ed. , *The Philospphy of Scientific Experimentation*，University of Pittsburgh Press，2003，p. 115.

孔的直径逐渐减小，现在从上面的开口投入带有各种色彩的圆球（直径皆小于最上层的圆孔），假定相同颜色的球直径相同，如绿、蓝、黄、红等直径渐次增加，只有绿色小球能通过最下层并从开口找到，问题是研究小球应满足什么条件才能达到最下层。[①] 有一种解释模型可能认为，这是一个颜色选择装置，但这种簿记式的模型并未抓住小球落到最下层的真正原因。如果运用伍德沃德的操控性因果关系进行反事实条件分析，不难排除这类虚假的原因（如果将所有的球涂上绿色，它们还会通过吗），但对基于直径或周长的改变的因果解释都能同等接受。

这一思想实验的启示是，对于生物学、化学等领域而言，理论模型的选择可以通过可操控性因果关系进行判断，而不必论其是否为基本层次，是否找到全部或终极原因，这一进路对摆脱一元论的潜在影响是有益的。值得指出的是，一些非还原论的"温和的多元主义"，往往会导致或暗示一元论的立场：（1）一种温和的多元主义认为，世界可分为若干块，每一块可用某一个模型或理论加以说明，这虽然不是基础主义或还原论的，却可能是一元论的，即对于每个特定现象而言只有一个最佳的解释；（2）另一种温和的多元主义认为，尽管关于世界的概念或系统等分类反映出认识者的不同旨趣，一个关于 X 的理论表述的所有真理都可以转化为关于 X 的其他理论表述的真理，这似乎表明，存在一个能够包容所有说明旨趣的单一且一致的理论体系；（3）还有人之所以持多元态度概因为尚不能预见相互竞争的理论中哪个能够对现象提供完全说明，只好分头试探，寻找那个单一的理论。在这些潜在的一元论立场的背后，就是本体论意味的因果性的存在假定，这一假定使得找到所有的原因或终极的原因成为科学理论最终得以接受的标准。如果从可操控性因果关系出发，就可以超越一元论及其形而上学泥淖，放弃对所谓基础层次和基本定律的追寻，而从发现可以独立操控的参数入手，寻找那些可操控的因果性，对复杂的问题

---

① C. Kenneth Waters，"Why Genic and Mutillevel Section Theory Are There to Stay?"，*Philosophy of Science*，2005；（72）2，pp. 311—333.

建构起多元的说明模式。朗基诺（H. Longino）[①] 在有关行为研究的案例中指出，有关行为的研究至少存在四种并行的进路。这些研究表明，行为涉及多重因果要素，但研究者不可能同时对它们进行测量，而只能有所选择。每一个选择都导致了相应的因果世界、问题子集及其可能的答案。

四　余论:从多元主义出发

近年来，随着生物学哲学、认知科学哲学和化学哲学等领域的兴起，还原论与反还原论、还原与突现等问题得到了进一步的讨论。而值得指出的是，其基本立场不再是形而上学层面的本体论之争，而立足于对具体科学实践的经验分析。其主流立场就是基于经验的多元主义：一种研究进路的合理性不在于其本体论上的优越性，而取决于其经验有效性；反过来说，从科学中得出普遍的形而上学结论是不可能的。尽管科学的多元主义也谈论世界（the world），但认为探究世界的各部分的具体科学能否完全用一个单一的理论加以解释是一个开放的问题，而不是一元论的形而上学真理。如果单一的基本理论不一定存在，从某种本体论假定出发将科学的终极目标设定为单一的、完全可理解的理论就未必具有合理性。

最近的一些相关研究指出，还原论和反还原论之争不应该从本体论出发推出方法论和认识论原则，而应该看到科学家在这些问题上是机会主义者，他们更关心的是方法论准则能不能促进科学探究，能不能获得更多研究成果。或者说，科学家往往是从具体的情境出发决定采取何种方法，他们在研究理论物理学或神经生理学时可能会诉诸还原论，但在化学或进化心理学研究中甚至在使用还原论的同时不一定会完全相信还原论。例如，在癌症研究等复杂的领域中，不同的研究进路（如基因研

[①]　Stephen H. Kellert, Helen E. Longino, C. Kenneth Waters ed. , *Scientific Pluralism*, University of Minnesota Press, 2006, pp. 102－131.

究和组织研究）都可能带来知识的进步，但它们之间是相互分离的，目前尚无系统的关联；而这些分离的知识往往是形而上学预设、科学实践和得到研究的现象互动的结果。[①] 这显然是一个受到各种条件制约的过程：科学家可能会从某种形而上学预设出发，这些预设限定了研究问题的类型，进一步促使科学家设计有针对性的实验开展研究。在这个过程中，哲学家们往往关心还原论或有机论，但科学实践则首先要受到技术条件和实验发现的制约，有机论者固然可以坚持其研究纲领，但关键在于如何能够设计相应的实验并在实验中观测到有利的现象（如下向因果关系）。在有关化学哲学的讨论中，还原与突现在本体论与认识论上的纠结受到了质疑：还原或突现的解释力是随着具体的问题而变化的，应该将认识论与本体论分开，即关于我们如何知晓世界的声称要与关于世界是什么的声称区分开来。[②] 如果从本体论意义上对现象作出还原或突现解释，即相信被解释的现象所涉及的还原或突现关系是某种固定的本体论关系，就可能导致两类解释的对立。因此，最好将还原或突现理解为认识论意义上的，即对现象采取还原或突现解释不仅取决于世界本身，还与我们所选择的用于描述世界中的关系的方式相关。不论世界在本体论关系上的本性和秩序如何，在赋予它们任何含意之前必须运用语言和理论范畴对其加以解释，而用以描述因果关系的方式在解释中与实在本身所起的作用一样重要，鉴于理论描述的多样性对于同一个实在往往不存在唯一的解释。正是这种描述的多元主义使得像化学这样的"第二科学"（secondary sciences）具有了某种"概念自主"（conceptual autonomy）。所谓"第二科学"的"概念自主"并非本体论意义上的，也无意打破从物理学到化学再到生物学和心理学的科学的本体论等级，而只是强调：科学解释不仅仅是在所谓最基本的层次上捕获关系，因为

① J. A. Marcum, *Metaphysical Presupposition and Scientific Practices: Redutionism and Organicism in Cancer Research*, in International Studies in the Philosophy of Science, Vol. 19, No. 1, March 2005, pp. 31—45.

② Lee McIntyre, "Emergence and Reduction in Chemistry: Ontological or Epistemological Concepts?", in *Synethese* (2007) 155: 337-343.

是否为基本层次在很大程度上取决于我们用以框定探索主题的那个描述层次。"第二科学"并不仅仅坐待还原，而是自有其优势；突现亦非取代既有因果描述，而旨在提供一种替代解释。

由这些讨论我们得到的启迪是，科学哲学如果要对科学有所助益，应该反省其自身的思维方式的优势和局限性。形而上学的思考或本体论的预设的作用应该是批判性的或尝试性的，要避免陷入普遍性或一元论的谜雾之中。不论从复杂性研究或系统科学还是从有机论或整体论出发，都可以批判还原论及其局限，但并不必然就可以找到一种一元论的非还原论或整体论的研究纲领。将世界说成是混杂实在、有机实在不过是一种形而上学的本体论预设，究竟该如何去认识"那个整体"、"那个世界"，或者说"那个整体"、"那个世界"归根结底是什么，都是面向经验开放的问题，都不应该有简单或直接的答案。说未来的科学必须走向某种整体论或者必然出现某种科学革命，如同拉普拉斯说他可以根据初始条件推演出宇宙的一切变化一样，似乎难免陷入独断论或一元论。同样的，科学也不会走向什么都行的相对主义。实际上，科学的未来之路何在，可能是一个科学问题，而不一定是一个恰当的哲学问题。若一定要予以回应，从新经验主义意味的多元主义出发，应该可以看到一个虽然有限、但不乏可能性与变易的知识图景。而未来的科学是否会走向整体论，这种整体论是本体论、认识论还是方法论意味的，也都是由科学实践经验决定的开放的问题，不可避免地要从多元主义出发。

本质主义的批判与历史唯物主义的新反思

孔明安

【内容摘要】本文从 20 世纪末西方社会有关历史终结和马克思主义的命运的争论这一批判语境出发，通过对后马克思主义学者拉克劳有关本质主义批判的逻辑的评述，特别是其有关马克思主义历史唯物主义思想中两个相互矛盾的命题的辨析，以阐明后马克思主义的理论趋向及其得失。本文认为，以拉克劳、墨菲为代表的后马克思主义是当代西方左翼思潮中的另一种"积极进取型"的，带有某种"虚幻"色彩的社会主义思潮。该理论既不同于福山的历史终结论，不同于哈贝马斯的理想交往理论及其对历史唯物主义的重建，也不同于德里达的解构主义式的马克思观，更不同于吉登斯所谓的"第三条道路"式的社会主义。

像其他西方马克思主义一样，拉克劳、墨菲的后马克思主义同样是建立在对传统马克思主义批判的基础之上。这一批判集中体现在其《领导权与社会主义的策略》（以下简称《领导权》）和《我们时代革命的新反思》（以下简称《新反思》）等著作中。特别是在《新反思》一书中，拉克劳对马克思历史唯物主义的基本原理，特别是生产力与生产关系、经济基础与上层建筑，以及阶级、国家和革命等关系进行了细致的分析和批判，并在此基础上提出了其以"对抗"和"错位"为核心的后马克思主义观。现在，我们就对此做一简析。

一　历史唯物主义批判的语境考察

统观拉克劳、墨菲的著作，应该说，《新反思》一书是对传统马克思的历史唯物主义批判最为详细、最为集中的。而在《领导权》一书中，虽然拉克劳、墨菲也在总体上批判了马克思的唯物史观，特别是对马克思唯物史观中的经济决定论观点的批判，但他们的目的是在葛兰西的文化领导权理论的基础上引申出所谓的社会主义的新策略，即"领导权（或霸权）"的思想。对此，拉克劳在《新反思》一书的序言中也对这两本书的不同做了说明。他说"《领导权》一书是通过对马克思主义史的解构，以此作为起始点来展现激进民主的目标，因此，它强调的是马克思主义话语中'领导权'的颠覆本质及其核心性。而这里（指《新反思》）所要表达的论点肯定是有关范畴的逻辑结果。"[①] 这些范畴包括"错位与对抗、错位与资本主义、社会想象与民主革命"。其目的在于批判马克思历史唯物主义的基本理论，特别是历史唯物主义有关社会发展客观规律的论述。这一批判集中于阐明后马克思主义的一个论点，即"社会的不可能性"。对此，拉克劳说到："我唯一的理由就是，社会的建构是一项不可能的任务，虽然人类对此永远是乐此不彼。"[②]

拉克劳强调，《新反思》的主要论点完成 1988 年，然而，事隔两年之后，即该书即将出版，并且他要为该书写序言之时，有关《新反思》观点不但没有失效，反而更显现其生命力。众所周知，20 世纪 90 年代的一个典型历史性事件就是苏联东欧事件，苏联社会主义体制在经历 70 年后却彻底地坍塌了，随之而导致的多米诺骨牌效应是，

[①]　E. Laclau, *New Reflections on the Revolution of Our Time*, Verso, 1990, p. 4.

[②]　Ibid.

东欧一些所谓的社会主义国家也随之倒向西方，并于一夜之间转变为资本主义的体制。面对着这一急剧的体制转轨，西方诸多学者纷纷发表各自的言论，日裔美国学者福山（F.Fukuyama）在苏东解体之后迫不及待地出版了《历史的终结和最后的人》一书，他在书中抛出了其"历史终结论"。这一著作宣称：自由与民主的理念已无可匹敌，历史的演进过程已走向完成。福山以西方社会新福音的传送者身份向人们宣告：目前的世界形势不仅仅是冷战的结束，也是意识形态进化的终点。西方的自由民主既是人类政治的最佳选择，也是最后的形式。于是，西方意识形态终结论的思潮再度以历史终结论的话语形式粉墨登场，福山也因此名声大噪。在此情形下，传统的一些反社会主义的派别和人士，纷纷陶醉于社会主义整体失败的狂欢之中。福山的历史终结论所主张的文化一元主义，将西方的制度作为一种普适的社会制度，体现出西方中心主义和文化霸权主义的心态。显然，它与20世纪末世界文化多元化的趋向不相符合。20世纪的科技、经济的不断发展表明，迄今为止，尚没有任何一种制度能够满足所有国家和所有人的需要。全球化刚刚露出其新世纪的曙光，人类社会远未达到其鼎盛状态，自然，仅仅依托苏联东欧的解体，就断言历史的终结，显然是过于轻率和冒失了。

　　针对福山的这一武断结论，赞成者有之，但也不乏反对的声浪。法国学者德里达随后不久就发表了《马克思的幽灵们》一书，专门批驳了福山的历史终结论。这里，我们关心的不是德里达等人如何批驳福山的历史终结论，而是想指出，即使如德里达这样激进的西方学者，其在《马克思的幽灵们》一书中，仍没有完全对马克思进行全盘否定，而是指出了马克思在未来还具有其生命力。德里达以其解构主义的思维逻辑，对福山的历史终结论和马克思主义消亡论给予了尖锐地批判和嘲讽。因为在福山的历史终结论的背后，其隐含了一个不证自明的前提，那就是在苏东剧变之后，马克思主义及其话语理论和实践都一起灰飞烟灭、寿终正寝了。为此，德里达在这部轰动西方世界的著作中大声疾呼："不能没有马克思，没有马克思，没有对马克思的记忆，没有马克思的遗产，也就没有将来；无论如何得有某个马克

思，得有他的才华，至少得有他的某种精神。""现在该维护马克思的
幽灵们了。"① 当然，有一点必须强调，德里达在《马克思的幽灵》中
所指的马克思，并不是我们平常所谓的"马克思主义"，它与我们教
科书所谓的辩证唯物主义和历史唯物主义也已相去甚远了。

　　与福山的"历史终结论"和德里达的"马克思的幽灵"的论调不
同，拉克劳在《新反思》中提出了迥异于当时西方其他学者的后马克思
主义观点。对他们的思想做一简单的比较，可以看出其明显的差异。纵
然拉克劳声称自己的思想方法来源于德里达的解构主义方法，但其在
《新反思》中所表现出来的对马克思主义的态度也不等同于其后德里达
在《马克思的幽灵》一书中所表达出来的观点。在"序言"中，拉克劳
指出，"这一自俄国社会十月革命开始以来的历史事件的循环肯定结束
了，俄国革命，无论是其作为国际左翼集体想象而发散的力量，还是基
于其领导的社会政治力量的能力，即领导由列宁主义（无论什么形式的
列宁主义）构成的国家学说的社会的能力，都已经彻底结束了"②。显
然，拉克劳这里指出了其马克思主义观（当然包括列宁思想）与福山和
德里达的不同。

　　不仅如此，拉克劳在该书一开始就指出了其与现代新理性的维护者
哈贝马斯的重大差异。必须指出的是，拉克劳的后马克思主义学说是在
20 世纪 80 年代之后后现代主义和后结构主义思潮在全球范围内风起云
涌的背景下而提出的。对此，拉克劳给予了明确的说明。他说，从 20
世纪 80 年代以来，学术界始终弥漫着一种反对普遍主义的氛围，它具
体表现为对理性的有限性的认识和强调，其在各个不同学科中都有所表
现，诸如科学哲学、后分析哲学、后结构主义、实用主义和现象学，等
等。当然，最典型的要数以"文化先锋"为代表的新潮流那帮"前卫"
的冲锋者了。但拉克劳就对这一反现代性的激进主义文化思潮给出了
他自己的分析，他认为"'文化先锋'概念危机产生的限制，标志着现

　　① 德里达:《马克思的幽灵》，中国人民大学出版社 1999 年版，第 21 页。

　　② E. Laclau, *New Reflections on the Revolution of Our Time*, Verso, 1990,
Preface, x.

代性的不同时间和阶段"①。由此可见，拉克劳对西方最激进的"文化先锋"的后现代主义思潮的态度并不是完全赞成和认可的，而是持有一种保留性的态度，而且，这也折射出他对现代性的态度，即针对这些所谓的"文化先锋"概念，等等，在几十年或几个世纪之后，等我们再回头来看待这一所谓的"新时代"的到来之时，它似乎也不过是"标志着现代性的不同时间和阶段"而已。也就是说，拉克劳是从一个更大的跨度来考虑现代性和后现代性之争等问题的。

　　虽然如此，但这并不表明拉克劳对"普遍理性"和"现代性"的简单赞成。为此，他马上就对现代新理性的维护者，德国学者哈贝马斯的普遍理性观提出了质疑。哈贝马斯是反对后现代主义和后结构主义这一"虚无主义"思潮，维护"现代性"事业的典型代表，然而，拉克劳却与哈贝马斯截然相反，他说："然而，我们的观点确完全相反：不是在'理性危机'中来看待'虚无主义'，认为它导致了解放事业的遗弃，相反，我们要看到，虚无主义对一切统治形式的激进批判，以及迄今为止一直因为启蒙的理性'独裁'而遭受限制的自由事业的形成，提供了一个绝好的机会。"②

　　显然，这就是拉克劳对现代性和现代"虚无主义"的态度，虽然他并不完全赞成"文化先锋"等激进主义者的立场和态度，但他还是承认这场起始于后现代主义的"虚无主义"对于批判"一切统治形式"，对于消解启蒙理性的"独裁"，对于推动人类的"自由事业的形成"功不可没。可以说，拉克劳在《新反思》一开始就道出了其对现代性和后现代主义之争的态度，这一争论一直左右其对有关后马克思主义的思考。直至 21 世纪之初他在最初出版的《大众理性》（*Popular Reasons*）中，仍然承继着这一态度。因此，在 20 世纪 90 年代初对马克思思想进行批判和反思的各种社会思潮中，拉克劳扛起了"后马克思主义"这面大旗，并加入到了这一批判行列之中，并以其不同于哈贝马斯、福山和德

---

　　① E. Laclau, *New Reflections on the Revolution of Our Time*, Verso, 1990, p. 2.

　　② Ibid., p. 3.

里达等诸学者的姿态而面世。其中，拉克劳的批判旨在动摇马克思的历史唯物主义的理论大厦，即生产力与生产关系、经济基础与上层建筑之间的辩证关系的有关理论结构。现在，我们就直接进入到拉克劳的批判路径及其"后马克思主义"理论建构逻辑的探讨中。

二　两个相互矛盾的体系

综观《新反思》一书，其最为关键的是拉克劳、墨菲对马克思主义历史唯物主义的批判及其后马克思主义观的重构。其中，马克思有关生产力与生产关系，经济基础与上层建筑之间辩证关系，以及马克思阶级斗争的有关理论是拉克劳批判的重点。而从"对抗"的视角对生产力与生产关系，经济基础与上层建筑之间的关系进行重新反思，则是把握拉克劳、墨菲批判的关键。现在我们看一下他们究竟是如何展开这一分析批判的。

1. 两个相互矛盾的命题：在《新反思》中，拉克劳引用了马克思于 1857—1858 年写的《〈政治经济学批判〉导言》中一段著名的关于生产力与生产关系、经济基础与上层建筑的论述。这也是我们每个人都耳熟能详的。为了分析的方便，我们还是做一简单的引述。马克思在《〈政治经济学批判〉导言》中说：

"物质生活的生产方式制约着整个社会、政治生活和精神生活的过程。不是人们的意识决定人们的存在，相反，是人们的社会存在决定人们的意识。社会的物质生产力发展到一定阶段，便同它们一直在其中运动的现存生产关系或财产关系（这只是生产关系的法律用语）发生矛盾。于是这些关系便由生产力的发展形式变成生产力的桎梏。那时社会革命的时代就到来了。随着经济基础的变更，全部庞大的上层建筑也或慢或快地发生变革。在考察这些变革时，必须时刻把下面两者区别开来：一种是生产的经济条件方面所发生的物质的、可以用自然科学的精确性指明的变革，一种是人们借以意识到这个冲突并力求把它克服的那些法律的、政治的、宗教的、艺术的或哲学的，简言之，意识形态的形式。我们判断一个人不能以他对自己的看法为根据，同样，我们判断这样一个变革时代也不能以它的意识为根据；相反，这个意识必须从物质生活的矛盾中，从社会生产力和生产关系之间的现存冲突中去解释。"①

这里，马克思说的就是生产力决定生产关系，经济基础决定上层建筑的基本原理；换句话说，即社会存在决定社会意识。拉克劳认为，马克思在《〈政治经济学批判〉导言》中的这段话与马克思在1848年《共产党宣言》中有关阶级斗争的论断发生了尖锐的冲突。他说：

"如果我们把这段话（注：指在《导言》中的论述）同另一本著名的马克思主义经典著作《共产党宣言》中的一段内容相比较，就会发现二者之间的巨大差异。《共产党宣言》宣称'迄今为止，一切社会的历史都是阶级斗争的历史'，而在《〈政治经济学批判〉导言》中，阶级斗争则完全消失了。在最终的决定层次上，历史的解释完全是建立在生产力和生产关系之间的矛盾冲突之上。"②

面对着这两种相互不同的表述，拉克劳不仅发问到："这两种解释在逻辑上是如何关联呢？——一方面是生产力与生产关系的矛盾，另一方面则是阶级斗争（在马克思看来，资产阶级社会中存在的阶级斗争采取的是雇佣劳动与资本之间对抗这种简单的形式）？"③

马克思在《共产党宣言》中明确地宣称，由于资本主义社会的基本矛盾，即生产资料的社会所有和资本主义私人占有之间这一不可调和的矛盾，资本主义的灭亡与社会主义的胜利都是不可避免的。在这"两个必然"的历史进程中，必然涉及一个历史主体的担当者或承担者，即谁是资本主义必然失败和社会主义必然胜利的主体担当者或行为主体呢？毫无疑问，马克思将这一历史的重担赋予了当时欧洲的工人阶级，认为资本主义在其历史的发展进程中，同时也创造了一个自己的掘墓人，即

---

①　《马克思恩格斯选集》第 2 卷，人民出版社 1995 年版，第 32—33 页。

②　E. Laclau, *New Reflections on the Revolution of Our Time*, Verso, 1990, p. 6.

③　Ibid.

无产阶级。因为无产阶级最为贫穷,一无所有;觉悟程度最高,因为他们是最先进的生产力的代表者,掌握着最先进的生产工具,处于大机器和工业化生产前沿;组织性最强,因为工业化的大生产和流水线的作业要求他们必须具有高度的组织性和纪律性,否则整个生产进程就无法进行。但与此同时,工业化的大生产和流水线作业也为无产阶级组织起来反对资本家的剥削和压迫,反对整个资本主义制度奠定了坚实的基础,为全世界无产者联合起来,反对整个资本主义制度奠定理论和现实基础。正是基于上述理论和逻辑的论证,马克思和恩格斯在《共产党宣言》的结尾处充满激情地号召,"全世界无产者联合起来!"如此,按照马克思历史唯物主义的逻辑演进,生产力和生产关系,经济基础与上层建筑之间的决定和被决定关系的原理,与无产阶级推翻资本主义制度的阶级斗争的理论,并不再存在逻辑上的矛盾和断裂,而是达到了完美的逻辑互补和相互论证。这两个理论就构成了历史唯物主义理论大厦两个不可分割的重要组成部分。可以看出,马克思的阶级斗争学说是建立在生产关系的基础之上。无论在哪一个社会,各个社会阶级之间的冲突和斗争取决于该社会的生产关系的特性。

然而,在常人看来似乎"天衣无缝"的历史唯物主义理论大厦中,拉克劳却要发现了其中可怕的"裂缝"或逻辑矛盾。他说:"应该首先看到两大矛盾的结构并不是完全相同的。"[①] 这一不同就体现为生产力与生产关系之间所存在的"无对抗的矛盾",以及阶级斗争之间所存在的"无矛盾的对抗"。拉克劳指出,按照马克思的历史唯物主义原理,一方面,生产力决定生产关系,经济基础决定上层建筑,这是"生产的经济条件方面所发生的物质的、可以用自然科学的精确性决定的革命"。按照这样的逻辑,生产力对社会所造成的变革甚至可以用自然科学的精确性决定来衡量,显然,这是马克思科学主义观的体现;另一方面,马克思在《共产党宣言》中却又提出了阶级斗争的理论。在资本主义社会,阶级斗争就体现为资产阶级与工人阶级之间的对抗。那么,马克思

---

① E. Laclau, *New Reflections on the Revolution of Our Time*, Verso, 1990, p. 6.

的阶级斗争学说是否"可以用自然科学的精确性决定"来衡量呢？答案显然是否定的。如此，从马克思1848年的《共产党宣言》到1857—1858年的《〈政治经济学批判〉导言》，就存在着两个不同，甚至矛盾的逻辑体系，一个遵从的可以"用自然科学的精确性决定"来衡量的理论，另一个则完全相反，它遵从的是斗争性的、革命的思想理论。如此，这两个理论在逻辑上的冲突就是必然的了。

2. 无对抗的矛盾与无矛盾的对抗。针对马克思在1848年《共产党宣言》与1857—1858年《〈政治经济学批判〉导言》中的不一致或相互矛盾的两个命题，拉克劳提出"对抗"概念来试图解答马克思理论中的悖论。他说："因为我们很快就会明白，如果生产力与生产关系的矛盾是一个没有对抗的矛盾，那么，作为它自身组成部分的阶级斗争就是一个没有矛盾的对抗。"① 因此，"没有对抗的矛盾"与"没有矛盾的对抗"成为拉克劳回答马克思有关两大矛盾的答案。这里的关键是必须理解这两个比较"绕口"的表述。这是理解拉克劳、墨菲对抗理论的关键。

首先，我们谈一下"没有对抗的矛盾"。毫无疑问，这一说法是针对马克思的生产力与生产关系之间的关系的论述而言的。也就是说，按照马克思的论述，在生产力与生产关系这两者的关系上，如果说生产力是社会中最先进、最具有革命性因素，那么，人类社会生产力的持续发展必然遭遇到落后的生产关系的阻碍，从而形成生产力与生产关系之间的矛盾，这一矛盾要求人们变革落后的生产关系，以适应先进的生产力的发展。对马克思所谓的生产力的这一"先进性、革命性"的特征及其与落后的生产关系之间的"矛盾"，拉克劳并不赞同。但他采取的是反证法来对马克思的理论加以批判。拉克劳假定，按照马克思的论证逻辑，如果说生产力与生产关系之间存在着矛盾，那么，这一矛盾却并不一定产生"对抗"；所以，即使从马克思的生产力与生产关系的辩证矛盾的原理出发，也不能得出二者之间的关系是"对抗"的这一结论。因

---

① E. Laclau, *New Reflections on the Revolution of Our Time*, Verso, 1990, p. 7.

而，可以说，生产力与生产关系之间是"一对没有对抗的矛盾。对一个经济体系来说，无限的发展是不可能的，但是这个事实并非必然意味着它的崩溃就必须采取集团之间的对抗的形式"①。

就此点而论，按照传统马克思主义的理论，这似乎也有一定的道理，因为在马克思谈到了生产力与生产关系之间这一对矛盾的时候，马克思同样又对生产关系做了说明，马克思特别指出："无论哪一个社会形态，在它所能容纳的全部生产力发挥出来以前，是决不会灭亡的；而新的更高的生产关系，在它的物质存在条件在旧社会的胎胞里成熟以前，是决不会出现的。"②

从马克思有关生产关系的这一论述看，似乎从马克思那里也能推出拉克劳所谓的"生产力与生产关系之间是一对没有对抗的矛盾"，然则仔细分析则大谬不然。因为马克思虽然强调无论哪一个社会形态，在其所容纳的全部生产力发挥出来之前，是绝不会灭亡的，但其目的是为了表明生产关系对生产力也具有反作用，强调了生产力与生产关系之间不是简单的决定与被决定的关系，而是一种辩证的决定和被决定的关系，虽然生产关系受制于生产力，但某种生产关系，只要它还没有达到完全地阻碍生产力的发展，它还是有其存在和发展的空间，还不会自动地退出历史舞台。只有当该社会的生产关系完全阻碍了该社会的生产力的发展，才会导致二者之间的冲突，从而不得不以新的生产关系来取代旧的生产关系。但在马克思看来，无论如何，生产力的先进性和革命性，必然造成其与落后的生产关系之间的对抗和矛盾，从而会出现新的生产关系来取代落后的生产关系的局面。

然而，拉克劳根本不认可马克思的这一解释，他将生产力与生产关系之间的矛盾解释为"没有对抗的"矛盾。"有矛盾但非对抗"是拉克劳对马克思生产力与生产关系之间的关系的简单概括。具体而言，拉克劳认为，生产力发展的无限性与生产关系的相对滞后之间可能会产生矛

---

① E. Laclau, *New Reflections on the Revolution of Our Time*, Verso, 1990, p. 6.

② 《马克思恩格斯选集》第2卷，人民出版社1995年版，第33页。

盾，但矛盾的解决方式并非如马克思所说的暴力对抗的解决方式，即采取革命、武装暴动或一个社会集团推翻另一个集团的暴力形式。相反，生产力与生产关系的解决可以采取多种形式，其中也包括非暴力的形式。因此，从马克思的生产力与生产关系、经济基础与上层建筑之间的矛盾及其辩证关系而逻辑地推演出的"革命"的概念，就被拉克劳悄无声息地化解了。所以，拉克劳才要在20世纪之末对"革命"这一概念进行重新反思。这也是拉克劳为什么将他20世纪90年代的这本书称为《我们时代革命的新反思》的根本缘由。如此，马克思唯物史观的"革命"的必然性逻辑就被后马克思主义的"对抗"的偶然性逻辑取而代之了。

从理论逻辑的演变来看，拉克劳一方面承认生产力与生产关系之间的"矛盾"，但另一方面却又否认二者之间的"对抗"特性，如此，他就把"矛盾"和"对抗"这两个概念相割裂，并试图用对抗概念来取代马克思的"矛盾"概念。同样，在分析马克思的阶级斗争理论时，拉克劳使用的也是类似的方法。

其次，再看一下"没有矛盾的对抗"。这一命题首先是对马克思的阶级斗争理论的批判和修正。更具体地说，它是对马克思对资本主义社会两大阶级，即无产阶级反对资产阶级，推翻资本主义制度理论的修正，进而将这一修正扩大到整个社会和政治层面。从字面而言，这一命题包含了两方面的意思，一方面，它承认马克思所谓的两大阶级，即资产阶级与无产阶级之间存在着对抗，也就是说，承认资本家与工人之间是相互对抗的；另一方面，这一命题想告诉人们，虽然资本家与工人之间存在着对抗，但这一对抗的形式有可能是"非矛盾的"的，即不是"你死我活"式的不可调和的，相反，它们的关系是一种非矛盾的对抗。一语道破之，拉克劳认为，资本家与工人之间在一定程度上是可以通过调和、妥协、谈判和调节等方式"和平"地相处，它并不遵从马克思所谓的阶级斗争的规律，也不是什么无产阶级必然推翻资产阶级。相反，在现代资本主义的社会关系中存在着诸多的对抗现象，但这些对抗并非是内在的矛盾。

三　矛盾体系的化解途径

　　针对马克思理论中出现的两个相互矛盾的命题，如何解释或解决这两个完全对立或矛盾的思想体现呢？拉克劳认为，按照马克思思想发展的逻辑，唯一的办法是把以生产关系为基础的阶级斗争纳入生产力与生产关系这一决定性的系统之中，将阶级斗争归属于生产力内部发展中的一个内在性的要素。只有这样，才会避免马克思的阶级斗争理论与生产力发展理论之间的逻辑矛盾。他说："化解因生产力发展而出现的与阶级斗争的矛盾的可能性，取决于阶级斗争能否被还原为生产力内部发展中的一个内在要素。……如果生产力与生产关系之间，以及雇佣劳动与资本之间的关系被认为是矛盾的，而且，如果社会变革的基本动力来自于生产力与生产关系的矛盾，而非雇佣劳动与资本之间的矛盾，那么，后者必定是前者逻辑发展中的一项内在要素。"①

　　那么，为什么必须将阶级斗争理论视为生产力发展理论中的一项内在要素呢？拉克劳对此解释到："原因很清楚，如果这两对矛盾彼此独立，那么，它就意味着历史的内在辩证统一会受到置疑；并且更重要的是，二者之间的关系再也没有历史总体理论中的优先性，而是会成为偶然的（contingent），是建立在权威基础之上的。因为生产力与生产关系之间的矛盾不再是历史的基础，在它的自身之外总有一些建构性的东西。"②

　　拉克劳这样的解释可能还有点隐晦。其实，拉克劳在这里无非想表明，在马克思历史唯物主义的理论大厦中存在着两个相互矛盾的体系，一个是科学的、客观的、内在的，甚至是可以用自然科学的精确性来衡量的理论，那就是生产力与生产关系的理论；另一个则是人为意志的、

---

　　① E. Laclau, *New Reflections on the Revolution of Our Time*, Verso, 1990, p. 6.

　　② Ibid.

建构的、外在的、偶然的，那就是马克思的阶级斗争理论。如此，这两个理论在逻辑上的冲突是难以避免的。因此，拉克劳并不认可马克思关于生产力的发展是无限的、决定性的观点；相反，他认为，由于阶级斗争的存在，生产力与生产关系之间的矛盾的内在性则会受到极大的束缚，"那种认为长远看来生产力的发展必然占据主导地位的看法将成为无端的教条。事实上，生产关系也可能以如此的方式来建构，以阻止生产力无限制的进一步发展"①。

　　在拉克劳看来，必须化解马克思理论大厦中的这一逻辑矛盾，否则，马克思的历史唯物主义和历史辩证法理论将会受到难以避免的挫折和质疑。那么，究竟采用什么样的方式来化解马克思理论大厦中的这一矛盾呢？拉克劳认为无非是如下两条路径：一是按照马克思历史唯物主义的原有路径，将"阶级斗争能否被还原为生产力内部发展中的一个内在要素"，如此就能避免马克思理论体系中的矛盾。另一条就是他自己的后马克思主义路径，从否定马克思有关生产力与生产关系之间的内在的辩证关系入手，用"外在性"和偶然性的逻辑来取代马克思历史唯物主义的有关生产力发展的内在逻辑。

　　首先，我们先看第一条路径，即将阶级斗争还原为生产关系的内在要素是否可行。对此，拉克劳给予了否定的回答。他说："一切都有赖于能够表明：生产关系的内在对抗（如雇佣劳动与资本之间）就是一种矛盾；而且，对抗是生产关系固有的。"② 所谓"生产关系的内在对抗"，其实就是生产关系的主体之间是矛盾的同义语，也就是将阶级斗争看做生产关系的内在要素，如拉克劳所说的雇佣劳动与资本之间的冲突和对抗。如果按照这一逻辑，那么，必须将生产关系的内在对抗还原为矛盾，但这一还原是有疑问的，即能否将内在对抗还原为矛盾，在马克思看来可能是必然的，但在拉克劳看来，却并非必然，而是要打个大大的问号！我们知道，在马克思有关生产关系的论述中，所谓生产关系

　　① E. Laclau, *New Reflections on the Revolution of Our Time*, Verso, 1990，pp. 6—7.

　　② Ibid.，p. 7.

就是指生产中人们之间所形成的关系，具体到资本主义社会，生产关系就具体化为雇佣劳动者与资本家之间的关系。按照马克思的生产关系理论，在资本主义社会，由于资本家以攫取最大剩余价值为目的，所以，资本家与工人之间构成了矛盾的对立统一，他们之间始终是一种内在的矛盾关系，资本家对工人的剥削和压迫，以及工人对资本家的反抗构成了矛盾双方的对立和相互转化，所以，工人与资本家之间就形成了两个阶级之间的斗争。这一斗争必须隶属于生产关系的内在性，并被纳入生产力与生产关系之间的矛盾关系之中。然而，在拉克劳看来，这条路径是行不通的，生产关系不仅不是内在的、矛盾的，相反，它本身就是"外在性"的。这就是拉克劳化解其所谓的马克思思想发展中的理论矛盾的第二条路径。

其次，拉克劳认为，不仅不能将对抗等同于矛盾，而且生产关系本身是否始终处于"对抗"状态，也是值得大加拷问的。因为如果生产关系本身是对抗的，即雇佣劳动者与资本家之间始终是对抗的关系，那么，就不存在马克思的生产力发展理论与阶级斗争之间的矛盾；那么，一切都将是内在的，就不会有任何偶然性的东西产生，如此，资本主义的灭亡和社会主义的胜利就会按照马克思所设想的理论路径自动地实现。然而，100 多年西方资本主义社会发展的现实说明，现实远非马克思历史唯物主义理论所设想得那么简单。

以资本主义社会资本家与工人的关系为例，拉克劳认为，他们之间根本不是一种相互矛盾的关系，而是一种一定条件下的对抗关系。这一问题又要划分为两个方面：(1)按照马克思的生产力与生产关系的原理，生产力发展到一定阶段，必然会与生产关系之间产生矛盾，但这一情况并不适合雇佣劳动者与资本之间的关系。他说："这种情况对于雇佣劳动与资本之间的对抗来说，却是另外一种不同的情形：在此关系中，双方之间所存在的对抗这一事实（例如剩余价值的获取）并非意味着关系本身是矛盾的。对抗并不必然意味着矛盾。"① 所以，在资本主

---

① E. Laclau, *New Reflections on the Revolution of Our Time*, Verso, 1990, p. 7.

义的生产关系中，不能简单地将雇佣劳动与资本之间的对抗关系视为矛盾关系。（2）就对抗与生产关系而言，对抗并不是生产关系所固有的。拉克劳说："作为一种形态来看，资本主义生产关系本质上并不具有一种对抗的性质。……要表明资本主义生产本质上是对抗的，那就意味着去论证对抗逻辑上来源于劳动力买卖双方之间的关系，但这恰好是不可能的。难道因为劳资双方是建立在不平等交换基础上，资本家从工人身上榨取剩余价值，就可以断定这种关系在本质上是对抗的吗？对此的回答显然是'不'，因为只有工人去抵抗这种榨取，资本主义与工人之间的关系才是对抗的。在'劳动力出卖者'范畴里不能推导出对抗是一个合乎逻辑的结论"①

　　显然，拉克劳上述言论涉及马克思政治经济学的一个核心概念"劳动力出卖者"，这一概念既构成了马克思主义剩余价值学说的基础，也成为拉克劳批判马克思生产关系理论的核心。众所周知，剩余价值学说是马克思批判资本主义的重要理论武器。正是由于劳动力成为一种特殊的商品，得以自由买卖，才使得资本家攫取剩余价值得以可能。在马克思看来，在资本主义社会，表面上看，工人作为"劳动力出卖者"似乎是自愿的，但就雇佣劳动与资本之间的关系而言，这一出卖行为却是强迫的，是不得已而为之的社会行为。这一点不仅构成了雇佣劳动与资本之间的矛盾和对抗，而且也成为资本主义制度不合理性的重要原因。对于马克思主义的这一论点，拉克劳是部分承认，部分反对。拉克劳认为，在雇佣劳动与资本之间的关系中，工人的确是"劳动力出卖者"，工人与资本家之间的关系的确是建立在不平等交换的基础上，资本家的确从工人身上榨取了剩余价值。对此，拉克劳供认不讳，并承认这些都是资本主义社会的现实。然而，拉克劳认为，所有这些并不意味着工人与资本家之间的关系是矛盾的，甚至也不是对抗的。换句话说，在资本主义社会，雇佣劳动与资本之间的关系是多重的、复杂的、外在的和建构性的。资本主义社会生产关系的"外在性"特征既是对马克思生产关

---

　　① E. Laclau, *New Reflections on the Revolution of Our Time*, Verso, 1990, p. 7.

系内在性的否定，也是后马克思主义在批判马克思政治经济学的基础上竭力强调的一个"新"观点。

四　后马克思主义的理论趋向

综上所述，反对生产关系的内在特性，转而强调生产关系的外在特性，进而走向以"外在性"为目标的哲学建构，就成为拉克劳、墨菲为代表的后马克思主义的理论取向。其中拉克劳、墨菲提出的"外在构成"（constitutive outside）和"偶然性逻辑"是拉克劳解构马克思的历史唯物主义，并在其解构的基础上重建其后马克思主义的运思逻辑。具体而言，它又包括如下方面：

首先是拉克劳、墨菲对"矛盾"和"对抗"两个概念的区分，对抗概念构成了拉克劳、墨菲后马克思主义学说的关键。也就是说，矛盾是内在的，对抗是外在性的。有关这两个概念的区分涉及意大利的一位实证主义的马克思主义学者科莱蒂有关论点。科莱蒂通过对黑格尔和马克思的辩证法的研究指出，黑格尔与马克思的辩证法并不一致，马克思的错误在于其将观念上的矛盾转化为现实中的矛盾，并将现实对立和对抗视为现实社会的矛盾。他说："作为一个唯心主义者，黑格尔把实在还原为概念，把矛盾引入到了现实；然而，这与诸如马克思主义的唯物主义哲学不尽相同，马克思主义从现实的精神外化特征开始。由此，马克思主义由于把对抗（antagonism）视为矛盾（contradiction）而陷入了可悲的混乱。"[①]

对于科莱蒂的这一区分及其论点，拉克劳并不完全赞成。他说："科莱蒂对对抗的分析是建立在一个特有的二难选择的基础上，即事物要么是实在对立，要么是矛盾。因此，在科莱蒂那里，只有两类实体：即实在对象（real objects）和概念（concepts）。所有他的分析起点及其

---

① L. Colletti, "Marxism and the Dialectic", *New Left Review*, September/October 1975, No. 93.

永恒的假定惟有思想与实在的分离。"① 因此,科莱蒂分析无助于对
"对抗"范畴的阐释。因为按照科莱蒂基于两难选择的分析模式,对抗
要么被归为实在对立,要么被归为矛盾,但这显然无助于问题的解决。
因为在他们看来,"显然对抗不是实在对立"②。拉克劳、墨菲接着解
释:对立是两个实体之间的碰撞,它服从的是实证的物理规律的物质性
事实,是可决定的,可定义的;如两辆汽车的"碰撞";在这一例子中
根本就不存在所谓的"对抗",如果对此不加以区分,就相当于把阶级
斗争中的对抗情形等同于警察殴打工人好斗分子的肢体行为;或相当于
议会中的一群人的大声嚷嚷以阻止反对派的发言。因此,拉克劳、墨菲
认为,不能简单地把实证性领域的"对立"简单地移植到社会领域,社
会对抗的特征不是建立在纯粹的实在对立的基础之上;当然,也不能将
对抗等同于黑格尔矛盾概念和马克思矛盾范畴。因为对抗并不遵守矛盾
内在规律。对抗是外在建构的,是一种偶然性的逻辑。

　　其次,必须强调的是,拉克劳、墨菲的"外在构成"和"偶然性逻
辑"是建立在消解现代本质主义哲学的基础之上的。针对马克思在
1848 年和 1857—1858 年这两个不同时期的相对不同的理论表述,拉克
劳首先将马克思的阶级斗争理论与生产力与生产关系、经济基础与上层
建筑的辩证关系的原理对立或割裂起来,然后在此基础上,用"外在对
抗"概念来取代马克思唯物史观论述中的"内在矛盾"的矛盾分析法,
以此达到消解马克思唯物史观的目的。

　　最后,在后马克思主义的理论取向上,并不能说拉克劳、墨菲与马
克思主义毫不相干,从他们对 20 世纪"革命"概念的反思中,特别是
对马克思生产关系的有关论述的解析中,面对着其所谓的马克思不同时
期理论上出现的逻辑矛盾,他们并不是对马克思主义采取全部抛弃的态
度,而是有所取舍,有所保留或发挥。综观《新反思》中的论述,由于
受 20 世纪后现代主义和解构主义思潮的影响,拉克劳彻底抛弃了他们

---

① E. Laclau & C. Mouffe, *Hegemony and Socialist Strategy*, Verso, 1985,
p. 123.

② Ibid.

所谓的马克思思想中的本质主义和经济决定论的成分，也就是所谓的生产力决定生产关系，经济基础决定上层建筑的理论。但对于马克思主义的阶级斗争理论，他们并没有完全抛弃，而是对之加以后结构主义式的改造。从逻辑上看，在葛兰西文化领导权（霸权）的基础上，通过对意大利的黑格尔主义的马克思主义者科莱蒂有关"矛盾"和"对立"概念的区分的批判吸收，拉克劳、墨菲试图用"对抗"概念（在《新反思》中还是试图用"错位"来部分替代"对抗"）来取代马克思主义的"矛盾"概念。这一概念的替代或替换，对后马克思主义的理论建构具有非同寻常的理论意义。正是由于对抗的"外在性"特征而非矛盾的"内在性"特征，才使得后马克思主义的偶然性逻辑得以取代马克思主义的矛盾辩证方法。针对马克思的阶级斗争理论，在拉克劳看来，由于矛盾是内在的，是对立双方之间的内在冲突，因而，矛盾辩证法的主体必然是二元的，所以，马克思时代的阶级斗争必然是两个阶级，即资产阶级与无产阶级之间的斗争和冲突。然而，就后马克思主义的外在对抗而言，由于对抗是外在的，是一种外在的建构，所以，对抗必然具有一种偶然性（contingency）的特征，进而演变为拉克劳、墨菲所谓的"偶然性逻辑"；不仅如此，由于对抗的外在性和偶然性特征，对抗中的主体并非是二元的，而是多元的，即不是矛盾双方的二元的对抗，而是多元对抗。如此，后马克思主义的主体也就不是二元的，而是多元的。或者说，后马克思主义的主体观就不是近代哲学的主体（subjects），而是一种主体身份（subject position）。与矛盾的二元的主体相对应的是马克思的阶级斗争理论；在阶级斗争的基础上，无产阶级必然要通过自己的意识形态领导权的争夺和暴力革命来推翻资产阶级的统治，建立无产阶级的政权。而与多元的主体身份相对应的则是后马克思主义外在对抗，他们虽然不再像19—20世纪的马克思主义者那样去追求全世界无产阶级的解放和共产主义社会的实现，但他们也并非无所事事，消极逃避，而是必须摆脱经济决定论和本质主义的束缚，赶快行动起来，积极争取现代西方资本主义社会斗争中的"领导权（霸权）"，力争实现"多元、激进、民主"的社会主义的"左翼"理想目标。因此，从这一简单的比较中，我们似可看到后马克思主义的外在对抗理论与马克思主义阶级斗争理论之间既相似，又有所差异的理论表现。

五　结语

　　总之，批判本质主义逻辑，重新反思历史唯物主义，走向"激进、多元、民主"的社会主义是拉克劳、墨菲为代表的后马克思主义的理论追求。这一理论趋向既不同于哈贝马斯的现代交往理性及其对马克思历史唯物主义的重建，也不同于德里达的解构主义思潮及其"马克思的幽灵们"的呐喊，更不同于吉登斯所谓的"第三条道路"式的社会主义目标；当然更不是 F. 福山所谓的"历史终结论"的简单口号。一言以概之，与传统的马克思主义相比，拉克劳、墨菲的后马克思主义是当代西方左翼思潮中的另一种"积极进取型"的，是带有某种"虚幻"色彩修正主义式的社会主义。

"返乡"与"开端"

——关于海德格尔的荷尔德林阐释

王　歌

【内容摘要】此文考察海德格尔阐析荷尔德林时的"返乡"和"开端"概念，两者有助于理解海氏的"存在"和"真理"。"返乡"是回到本源，回到本质性的此在，回到"开端"处，使相互依赖的天地人神四方聚集在无尽的关联中。"返乡"既是回返，也是出发——朝向另一个开端。没有现成的"故乡"与线形时间中的"开端"。只有无限的寻思与作诗中，"故乡"和"开端"初现端倪，又自行隐匿，保持遮蔽和去遮的平衡，使得寻找和追问继续。"开端"通过时间性解释存在，"返乡"则更突出空间性。与传统形而上学地追根溯源相比，返乡更符合海德格尔的语言创建存在的"思—路"，而不是对思考结果的概念把握。

一　为什么偏偏是荷尔德林？

1934年在终止弗莱堡大学校长职位后，海德格尔越来越多的在文章中援引荷尔德林，这些文章 1951 年——即战后五年授课禁令结束——后陆续发表。几十年之久，他的荷尔德林阐释不断发生偏移和深化，与转向（Kehre）后的思想细密地编织在一起。海德格尔为何从哲学史文本转向诗？为何偏偏选择荷尔德林？海德格尔说他的思与荷尔德林的诗有着"不可或缺的必然关联"①。如何理解这种"思的必然性"，如何理解荷尔德林的诗"蕴含着诗的规定性而特地诗化了诗的本质，[…]他乃是诗人的诗人"？②

　　如果我们一味追随海德格尔的阐释语汇，就很可能被"海德格尔化"，陷入词语自身的丛林和矩阵，而未必真正理解他；如果用通常的哲学语言来解释海德格尔，则更容易将敏感而细微的思想钙化——概念化、对象化，陷入海德格尔想通过"思"所回避的。其实除了哲学史的梳理，不存在"通常"的哲学语言，海德格尔认为，艺术家将真理带入艺术品，同样，哲人需要把真理带入语言。思的追问体现在语言本身的追究中，思的条件与语言的条件相联系，而诗是建立语言的过程，"语言本身就是根本意义上的诗"③。如若用非诗的现成语言再现现成事务，就会有悖于对"成其自身"（Ereignis）生成过程的强调，这也是海德格尔通过"诗"思考和表达的原因。语言之本质并不仅仅在于成为理解的工具，那只是语言本质的一个结果而已。语言不是僵死的产品，而是生产过程。④ 正如"诗"一样，语言在"思"中也不应沦落为有用之器，他提出"不消耗词语，[…]词语经由诗人的使用，才成为并且保持为词语"⑤。只有词语不被工具化、对象化、存在者化，与语言息息相关的"存在"才会保持为存在。

---

　　① 1966 年海德格尔接受《明镜》周刊采访，该采访于 1976 年海德格尔逝世后才被发表。摘自《海德格尔全集》第 16 卷，第 652—683 页。

　　② ［德］海德格尔：《荷尔德林和诗的本质》，摘自《荷尔德林诗的阐释》，《海德格尔全集》第 4 卷，孙周兴译，北京 2004，第 36 页。

　　③ ［德］海德格尔：《艺术作品的本源》，摘自《林中路》，孙周兴译，上海2004，第 62 页。

　　④ 参阅［德］海德格尔《走向语言之途》，摘自《在通向语言的途中》，孙周兴译，北京 2004，第 244 页以下。

　　⑤ ［德］海德格尔：《艺术作品的本源》，第 34 页。

　　有学者批判,海德格尔的荷尔德林阐释没有遵守任何学术范例,考据不严谨,阐释断章取义。应该说,海德格尔自己清楚这一点,所以他才声明"无意于成为文学史研究论文或美学论文"①,在《致荷尔德林——希腊之行》一书中,他开宗明义,反对单一地对荷尔德林进行宗教的、美学的、政治的、心理的或是象征的解读。② 至于断章取义,可以说,"存在"是海德格尔几乎处理所有文本的基本出发点和终点。这种固执也可以理解为专注和深入,因为没有一劳永逸的思。他不是通过阐释再现已知的真理,而是希望以"在(Seyn)之真理性"的方式来呈现荷尔德林,如同荷尔德林通过自己的诗所呈现的那样。诗歌很难与概念和系统相融,因为一旦系统作为思的成果,要传达知识时,追问与求知将被中断。海德格尔认为,擅长建构体系的黑格尔、谢林,以及那个时代无法理解荷尔德林,无法理解他模棱两可的诗句中保持的清醒。荷尔德林不兜售现成的机智,而是投身于寻找。"寻找'真'比界定全部'真'的本质都要重要。"③

　　本文将考察的是:海德格尔在阐析荷尔德林时采用的"返乡"和"开端"两个概念。返乡是诗歌中常见的概念和主题,就如同开端对于哲学的重要,海德格尔称"第一开端的历史就是形而上学的历史"④。呈现以上两个概念在文本中的交织,便于我们理解海德格尔的诗与思之间的联系。

---

　　①　[德]海德格尔:《荷尔德林诗的阐释》,增订第四版前言。

　　②　[德]海德格尔:《"怀念"与"记忆女神"》,("Andenken" und "Mnemosyne" 1939 年),摘自《论荷尔德林——希腊之行》,《海德格尔全集》第 75 卷,由 Curd Ochwadt 出版,法兰克福 2000 年版,第 5 页。

　　③　参阅[德]海德格尔:《哲学的基本问题》,《海德格尔全集》第 45 卷,"弗莱堡 1937/38 年冬季学期讲座稿",von Herrmann1992 年第 2 版,第 27 页以下。

　　④　[德]海德格尔:《哲学文集——论成其自身(Ereignis)》,《海德格尔全集》第 65 卷,von Herrmann 1994 年第 2 版修订版,第 87 节,第 175 页。

二　故乡概念

《返乡——致亲人》是荷尔德林的一首诗，海德格尔 1943 年为了纪念荷尔德林逝世百年专门写了文章。在了解海德格尔如何阐释"返乡"之前，我们先考察一下，荷尔德林的诗中"故乡"的含义。

什么是故乡？"出生之地即故乡的土地。"① 不仅于此，故乡是荷尔德林的基本生命情感之一，在各个时期、不同的诗歌语境中，故乡有不同的意义。地域上从小到大：母亲的家——内卡河流经的尼尔廷根（Nürtingen）——施瓦本地区——祖国德意志——西方之国，欧洲（Hesperien）。宾德认为家园在荷尔德林那里非常具象：大地——空间原则、阳光——时间原则、苍穹（大气）——精神原则构成了故乡的三个要素。② 纵观荷尔德林成熟时期的诗歌，故乡浓缩了直观形态的庇护空间；来源于古希腊神话的象征力量；精神性的以爱为特征的交互关系。而在荷尔德林精神错乱期的诗歌中，已经没有故乡这个词了。③

在海德格尔那里，家园大地没有那么具象。依据他的阐释，故乡不是现成的。离乡才有故乡，漂泊流离才有返乡之旅，所以"漫游异乡本质上是一种返乡"④。于是，故乡通过别离而被建立起来，兼有了亲近与疏远的意味。就连"返乡者到达之后，却尚未抵达故乡"⑤，因为故

---

① ［德］荷尔德林：《1800—1804 年诗歌》，摘自《荷尔德林全集》斯图加特 6 卷版，Friedrich Beissner 主编：《斯图加特 1946—1962》，第 2 卷，第 102 页。

② 参见"我茕茕孑立，而你，云端之上的／父国之父，强大的苍穹！还有你／大地与光！你们三者合一，主宰并爱着，／永恒的众神，我与你们的纽带永不折断。"［德］荷尔德林：《1800—1804 年诗歌》，第 87 页。

③ 参阅［德］宾德《荷尔德林诗中"故乡"的含义与形态》，莫光华译，摘自《荷尔德林的新神话》，北京 2004，第 108—144 页。

④ ［德］海德格尔：《追忆》，摘自《荷尔德林诗的阐释》，第 99 页。

⑤ ［德］海德格尔：《返乡——致亲人》，摘自《荷尔德林诗的阐释》，第 11 页。

乡不是一个地理上的现成处所。由于太熟悉，它显得锁闭，所以"近在咫尺，已经与你相逢"①，都几乎未被察觉。只有在运思作诗时，故乡才显现出来。

　　家园的另一个特征是与神性相关联：诗中"家园天使"、"岁月天使"和"神圣的天父"，分别与大地、阳光、天穹（Äther）对应，被海德格尔称为"众神"。为什么是复数的众神，而不是单数的一神——上帝？依照他的阐释，"'上帝之缺席'，决定着我们的时代。[…]这意味着，不再有上帝显明而确实地把人和物聚集在他周围"②；也意味着"丧失了塑造上帝的力量"③；同时也说明人的生活缺乏基底（Grund），人身处无底深渊（Abgrund）。人是上帝退场的肇事者，因为人脱离了上帝的周围。尽管如此，海德格尔认为，我们不必惧怕这种无着无落、无根无据，相反要把持住这个深渊，忍耐上帝缺失的煎熬，避免理性仓促地铺设和开采，在悉然理解的博学与庸常中博得个心安理得：

　　　　可是人，别无它法，必须保持无畏
　　　　独自面对神（上帝），唯有单纯将他庇护，
　　　　无需武器，无需心机，
　　　　直到神（上帝）之缺失发挥效力。④

　　荷尔德林传达的不是上帝，而是神性。⑤ 他没有把神性理解为颠扑不破的整体，而是理解为我们所缺失的基底。上帝已经退场，而众神尚未到来。诗人要通过诗，呈现塑造神的力量，在深渊处建立这个基底，并在此基础上，把相互依赖的人与神，聚集在无尽的关联中。"（天、地、神、人四方中）若没有其他三方，任何一方都不存在。他们无限地

---

①　[德]海德格尔：《返乡——致亲人》，第 11 页。译文有改动。
②　[德]海德格尔：《诗人何为》，摘自《林中路》，第 281 页。
③　[德]海德格尔：《哲学的基本问题》，第 90 页。
④　[德]海德格尔：《返乡——致亲人》，第 31 页。译文有改动。
⑤　参阅《荷尔德林手册：生平—作品—影响》，由 Johann Kreuzer 出版，斯图加特 2002，第 433 页。

相互保持，成为它们之所是，根据无—限的关系而成为这个整体本身。"① 众神的神性不是基督教上帝的特质，也不是永存的神性，而是转瞬即逝的神性。"上天的一切（alles Himmlische）都转瞬消逝，但并非徒然。"② 这意味着，众神在诗人的诗中只是短暂地降临、又逃逸，他们始终要隐匿自己。

　　诗人介于被上帝遗弃的状态——即他本质上无力建立原初的上帝——和为众神的神性奠基之间。在上帝的"不再"降临和众神"尚未"到来面前，诗人如同半神，介于人与神之间，踏入人迹尚未企及的地域。作诗是无害、无利、而无邪的事，使诗人得以远离日常的积习，几成异类。海德格尔将诗与诗歌相区别：诗歌作为文学题材，更多的是抒发最内心最自我的悲欣，而诗则超越了诗歌，它作为创建者、奠基者，跃入人之外的规定。作为神的信使，诗人要么不得不承受卡桑德拉似的尴尬——不被人听信；要么"作为神灵的传达者，他必定早早离去"③。

　　"对诗人来说，'至高之物'与'神圣者'是同一东西，即明朗者。作为一切喜悦的本源，它乃是'极乐'。"④ 这极乐正是故乡与诗人相互给予的。如何解释故乡是"朗照者"与极乐的本源？这与海德格尔的存在哲学有什么关联？

　　空间性是理解其中关联的关键。海德格尔强调"家园"赋予的处所，"岁月"设置的时空，两者都提供了空间。精神性的"天父"通过流通的大气譬喻表达出来，家园的气氛是明朗而欢快的（aufgeräumt und aufgeheitert）。"明朗"德文指整饬出空间，而"欢快的源始本质是对本源之切近的亲熟"⑤。由此可见，故乡提供一个让存在成其自身的

---

① ［德］海德格尔：《荷尔德林的大地和天空》，摘自《荷尔德林诗的阐释》，第 210 页。

② ［德］荷尔德林：《荷尔德林全集》第 3 卷，第 428 页。

③ 同上书，第 154 页；摘自 ［德］海德格尔：《荷尔德林和诗的本质》，第 49 页。

④ ［德］海德格尔：《返乡——致亲人》，第 17 页以下。

⑤ 同上书，第 26 页。

处所，还乡是回归本质、回归本源的生活。

海德格尔曾引用《道德经》第十一章："三十辐（辐条）共一毂（车轮中心的圆木），当其无，有车之用。埏（用水和泥）埴（制作陶器的黏土）以为器，当其无，有器之用。凿户牖（门窗）以为室，当其无，有室之用。故，有之以为利，无之以为用。"海德格尔用他自己的概念翻译了这段文字，把"有"译成"存在者"（Seiendes）；把"用"译成"存在"（Sein）。最后两句译得信马由缰："存在者给予有用性，非存在者确保存在。"①

对象化的存在者是器，是工具，可以被概念把握；而海德格尔称为"无"的"存在"则与"有"相伴而生，"有/存在者"如同容器，腾出空儿，敞开了空间，使车之用、器之用和室之用，得以发生效用，成其自身。存在包含"虚无"的成其本质（Wesung des Nichts），"无/存在"是"敞开"（das Offene），是疏朗处（Lichtung 也译林间空地、澄明），是明朗者（das Heitere）。"明朗者允诺给每一事物以本质空间，使每一事物按其本性归属于这个本质空间［…］，满足于本己的本质。［…］明朗者在其并不引人注目的显露中逗留。它无所要求，绝非一个对象（Gegen-stand），但也不是'一无所有'。"② 海德格尔认为家园指的就是这样一个空间，赋予寻找家园的人们以处所，使之享有并满足于其本质。在德文的语境中，空间、明朗、欢快自然地被编织在一起，成为故乡的基调。

三　守护故乡的秘密

"诗人的天职是返乡，惟通过返乡，故乡才作为达乎本源的切近国

---

① 原文最后两句："Das Seiende ergibt die Brauchbarkeit. Das Nicht-Seiende gewährt das Sein."［德］海德格尔：《诗人的独一无二》（Die Einzigkeit des Dichters），摘自《论荷尔德林，希腊之行》，第 43 页。

② ［德］海德格尔：《返乡——致亲人》，第 14 页以下。

度而得到准备。"① 之所以故乡近在咫尺,我们却视而不见,是因为切近本质。最为本质的东西由于朴素,总是最顽强地躲避我们的视线和思想,因而"与本源的切近乃是一种神秘"②。这句话听起来很晦涩,但在德语中其关联显而易见是个文字游戏:秘密(Geheimnis)由家园(Heim)衍生出来,本来指家中的,非公众的。在海德格尔看来,"我们决不能通过揭露和分析去知道一种秘密,而是惟当我们把秘密当作秘密来守护,我们才能知道秘密"③。秘密兼有显与隐、知与尚不知的特点。如果全然不知,就没有秘密可言了。秘密的若有若无,避免了成为可以被牢牢把持的存在者。它既要求寻找和追问,也需要克制粗暴地揭露。我们不能祛除晦暗,因为看似适度的追问所展开的维度,并非大功告成,确凿无疑,存在之谜处处显露其本质。④ 秘密是遮蔽和去遮之间的动态僵持。它的存在说明寻找和追问尚未终止。

既然不知道秘密的究竟,我们如何知道有秘密呢?海德格尔说必须有一个首先返乡的人来言说秘密。"诗意创作乃是一种发现、寻找。"⑤ 而寻找故乡、寻找秘密的难题在于,被找寻物的若有若无、若即若离。从根本上说,寻找的过程既非"无中生有",也非猎奇发现,而是在寻思与作诗的过程——在返乡之旅中——使被找寻物呈现出来。

如果发现物过于生疏,以至于我们不知其为何物(也可能因为过于熟识),那我们又如何表达这个不曾被道出过的秘密呢?"神如此亲近/而难以把握。"⑥ "呼唤高处的神明?神厌弃不妥当的东西,/我们的欢乐似乎过于渺小,不能把握住神。/我们不得不时常沉默,神圣的名字

---

① [德]海德格尔:《返乡——致亲人》,第31页。

② 同上书,第25页。

③ 同上。

④ 参阅[德]海德格尔《存在与时间》,第十八版,图宾根2001,第75节,第392页。

⑤ [德]海德格尔:《返乡——致亲人》,第14页。

⑥ [德]荷尔德林:《1800—1804年诗歌》,第173页。摘自[德]海德格尔《返乡——致亲人》,第21页。

付诸阙如，/心在击打，而言语却迟迟难发。"① 这发语之前的踌躇正是"永远缄默的追问"②，"不可说"是"尚不可说"，它与"可说"毗邻。海德格尔在关于赫拉克里特的边注中写着："一切可见的来自不可见的——一切可说的来自不可说的——一切闪现来自自行遮蔽。对希腊的本质来说，自行遮蔽者比无遮者更为切近；后者乞灵于前者。"③ 可见诗人的沉默并非无言，而是对道说的酝酿。

说出秘密乃是"命名"的力量："命名并不在于，仅仅给一个事先已经熟知的东西装配上一个名字，而是由于诗人说出本质性的词语，存在者才通过这种命名，而被指说为它所是的东西。这样，存在者就作为存在而被知晓。诗乃是用语言创建存在。"④ 命名接近于诗的本质。"诗意地命名意味着：让高远之物本身在词语中显现出来，而不光是道出它的居所。"⑤ 什么时候需要命名？全新的生命、全新的事物需要命名。命名中没有约定俗成，也没有非本质的日常闲谈，而是需要不断寻找。诗人之所以推敲，就是因为要寻求"本质性的词语"。诗人不是使用语言再现存在者，也不是精巧的象征，而是让存在的真理——让不可见者显现出来，道出不可说者。

如果说"神只是通过遮蔽自身而在场"⑥ 的话，那么诗人不是简单地显现了神，而是显现神的遮蔽。海德格尔认为命名由于能显示，把东西召唤到近处，所以有所"解蔽"。但是不论把东西从远处召唤到近处，或者从近处召唤到远处，被命名的名称与被召唤者之间都有距离。荷尔德林称"自古以来，诸神的语言就是暗示"⑦，这道出了语言的窘境和出路。名称甚至必须是暧昧的，晦涩的。"作为解蔽着的召唤，命名同

---

　　① ［德］荷尔德林：《1800—1804 年诗歌》，第 103 页。参阅孙周兴译诗，有改动，［德］海德格尔：《返乡——致亲人》，第 9 页。

　　② ［德］海德格尔：《"怀念"与"记忆女神"》，第 13 页。

　　③ ［德］海德格尔：《荷尔德林的大地和天空》，第 222 页。

　　④ ［德］海德格尔：《荷尔德林和诗的本质》，第 45 页。译文有改动。

　　⑤ ［德］海德格尔：《返乡——致亲人》，第 29 页。译文有改动。

　　⑥ ［德］海德格尔：《荷尔德林的大地和天空》，第 209 页。

　　⑦ ［德］海德格尔：《荷尔德林和诗的本质》。第 50 页。

时也是一种遮蔽。"① 所以命名亦显亦隐。命名建立最直接的联系，但并不阐明，阐明是人运用自己的智力建立的关联。

命名"从不是'学说'、不是'学科'，更不是什么赤裸裸的象征，命名是开端性的知识"②。它不是象征，因为狭义的象征把特性相似但相隔甚远的东西联系在一起，关联是全新的，而词与物是现成的。命名不能把现有的名称赋予一个全新的事物。它是双重的创建：既创建语言，也创建存在。

海德格尔多次援引荷尔德林《怀念》中的诗句："得以存留的，由诗人创建。"命名既创建、又持存。海德格尔认为这句诗是点题点睛之句。"怀念"（Andenken）即人本来的思（Denken），③ 本是对往昔的追忆，追本溯源。但是这个原初并非曾在，需要通过怀念被发现。由于怀念，被怀念的事物才得到了创建，并由此被保存下来。

要说明的一点是：海德格尔所说的命名，不是诗人天才般的自创、自语。"只有作为对话，语言才是本质性的。"④ 因而我们需要相互倾听。对话的语言保证了人作为历史性的人而存在的可能性。

本文提到的故乡是"诗意安居的家园"，莱特（K. Wright）曾批评这个概念，认为它充斥着战后的接受史。这种阐释的文本基础主要是《荷尔德林诗的阐释》，而该文本脱离了历史和政治背景。莱特着重八十年代出版的海德格尔在纳粹时期进行的荷尔德林阐释——包括全集第 39 卷、第 52 卷和第 53 卷——她认为，海德格尔所谓"诗意的安居"不过是"在德意志的此在"。"他对荷尔德林诗歌的阐析从来不是非政治的。"⑤ 海德格尔曾在 1959 年特意强调，不要狭隘地理解荷尔德林的"祖国"与"民族"：因为祖国（das Vaterland）构词上可理解为"我父之国"，父指

---

① ［德］海德格尔：《诗歌》，摘自《荷尔德林诗的阐释》，第 236 页。

② ［德］海德格尔：《论开端》，《海德格尔全集》第 70 卷，由 Coriando 出版，法兰克福 2005，第 90 节，第 108 页。

③ ［德］海德格尔：《"怀念"与"记忆女神"》，第 15 页。

④ ［德］海德格尔：《荷尔德林和诗的本质》，第 42 页。

⑤ 参阅 Kathleen Wright《荷尔德林的英雄化》，摘自《海德格尔手册：生平—作品—影响》，由 Dieter Thomä 出版，斯图加特/魏玛 2003，第 213—230 页。

至高的神——生命与命运的施予者上帝。"民族"（die Nation）在拉丁文中有出生地之义。① 海德格尔认为，荷尔德林"既非'祖国的'讴歌者，也非'宗教''体验'的宣扬者"②。尽管如此，海德格尔依然难逃嫌疑，他试图使自己的哲学逃离是非评判，脱离社会和政治。而这种回避本身就有悖于"此在"。应该说海德格尔的思考基于当时的语境，他试图用自己的哲学来回应魏玛共和国后期的经济、政治、社会的颓败，因而他强调民族的本土性和由此对历史性能量的调动。就算他的出发点不是为纳粹张目，其政治后果成为海德格尔思想的盲点、污点。③

四　未来的开端

"故乡最本己和最美好的东西就在于：唯一地成为与本源的切近——此外无它。所以，这个故乡就天生有着对于本源的忠诚。［…］还乡就是返回到本源近旁。"④ 尽管海德格尔把返乡与回到本质、本源、开端等同起来，本文从奥德赛似的诗意"还乡"到形而上学的开端看上去还是有些突兀。可是如果可以论证"开端"在时间上构成一种回转（kehren），它同"返乡"空间上的回转一样建立起敞开之域，那么两者就会具有某种同构性。

海德格尔写于 1941 年的《论开端》（Anfang）里，"开端"、"存在"、"在"、"决断"、"没落"（Untergang）、"成其自身"、"本源"、"真理"等概念构成了回旋曲，一个迷宫。"开端只存在于开端处"，"另一个开端是开端般开端着的开端"⑤。海德格尔称这种同义反复，语词上绕圈子，不

① 参阅 ［德］ 海德格尔《荷尔德林的大地和天空》，第 194—195 页脚注。

② ［德］ 海德格尔：《"怀念"与"记忆女神"》，第 7 页。

③ 参阅 ［美］ 巴姆巴赫（Charles Bambach）：《海德格尔的根——尼采，纳粹和希腊人》，张志和译，上海 2007 年，序言，第 5—21 页。

④ ［德］ 海德格尔：《返乡——致亲人》，第 24 页。

⑤ 原文："Der andere Anfang ist der anfänglich anfangende Anfang."海德格尔：《论开端》，第 76 节，第 94 页。

是权宜之计，也不是缺憾，而是思的操练。他说"踏上这条道路，乃思想的力量；在这条道路上停留，是思想的节日"①。这也是很多学者对海德格尔晚期哲学嗤之以鼻的原因。那是海德格尔自我的狂欢节。

　　论及开端，我们通常要问："什么开始了？""发生（ereignet）了什么？"海德格尔则回避这种发问，这样就预设了存在者。他问是否存在着虚无（Nichts）发端的开端，虚无的成其自身？至于这个虚无是与存在者相伴而生的虚无，还是存在发生前的混沌虚无，我们尚不清楚。海德格尔区分了"开端"与"开始"（Beginn）：开始是有主语的，某事某物开始了；而开端不是其他什么东西的开始，甚至也不是自身的开始，因为那样它将会被误解成制造或者诱因。

　　海德格尔认为第一开端的历史就是传统形而上学的历史，它们都基于什么是存在者/实存的问题，基于自我的存在和意识。"在存在者中永远找不到开端。"② 海德格尔要跳出存在者，考察比存在者更为本质的存在，比存在更原初的"在"（Seyn）。在他看来，开端的思考没有设定一个被给定的自我，或是直接的表象，"这样一来，非但不会赢得自身性（Selbstheit），反而会彻底失却和扭曲它"③。自我无法在反思中"成其自身"。因为自身性是生存的方式，而不是现成的存在者。只有从常人的沉沦中自拔，才能渐渐建立自身性。"没有时间存在于'在'之前或者之后，以便作为分类的时间段。无时间（das Zeitlose）不是永恒，而是开端处于进入遮蔽的隔绝状态中。是对言语的拒斥。"④ 我们无法想象时间之外，在时间之外永恒也无法存在，因此我们无法在时间的边缘处人为地设定"第一开端"。"第一开端"总是不断遮蔽自身，回避人各种祛遮的企图。它需要"重新被置入晦暗，以便能被另一个开端如其所是地把握"⑤。

---

①　［德］海德格尔：《艺术作品的本源》，第3页。

②　［德］海德格尔：《论开端》，第1节，第12页。

③　［德］海德格尔：《哲学文集——论成其自身》，第30节，第67页。

④　［德］海德格尔：《论开端》，第3节，第15页。

⑤　［德］海德格尔：《哲学文集——论成其自身》，第88节，第176页。

海德格尔没有给出"第一开端"的新处方。哲学提出的常常是难解之题。而新问题的提出，常常不意味着之前问题的解决，而是之前问题的消解。它们不再重要，不再有意义或是"意蕴"。因此海德格尔认为，对"第一开端"的思考提出要求是"糊涂"的（verirrt），因为错误的要求来自对真理本质的误解。① 海德格尔指出两种对开端的思考不妥当的期待：如果期待开端的思考能直接作答，想要由此缩略追问，那么就高估了它；反之，若是以通常的表象（Vor-stellen）为建立开端的力量，就低估了对开端的思考。②

尽管海德格尔批判了之前所有的形而上学，但是他承认，第一开端的历史并非徒劳，全然失误，只不过那种沉浸于过去的考古般的史学考察（historische Betrachtung）需要被迎向未来的历史思索（geschicht-liche Besinnung）所代替。他强调的"开端"不是"第一开端"，而是"另一个开端"。前者是史学的回溯，后者是历史的前瞻。

应当如何理解"另一个开端"的时间性？很明显，它并不是时间最初的开端。这与海德格尔对时间的理解有关。海德格尔区分了两种时间：积极的和庸常的。"庸常的时间"把时间理解为现成的"现在序列"（Jetztfolge），由"现在"、"过去"和"将来"构成，它们遵循先后次序，如河流一样永不停滞，不断消逝，不可回转。③ 这种虚构的无始无终的线性时间既有悖于"此在"的有限性，也将"现在"过分现成化了。格隆丁（Grondin）认为，海德格尔指出的"积极的时间"是为了严肃对待时间的有限性，但他没能系统地详述什么是"积极的时间"，只是对"庸常的时间"进行了历史现象学的解构。④ 尽管如此，我们还是可以理解，海德格尔希望时间不仅仅是被给定的，而是能对存在有意

① 参阅［德］海德格尔《哲学文集——论成其自身》，第24节，第60页。

② 同上书，第60页以下。

③ 参阅［德］海德格尔《存在与时间》，第81节，第420页以下。

④ Jean Grondin:《现象学—阐释学解构道路上再次唤醒存在问题》（Die Wie-dererweckung der Seinsfrage auf dem Weg einer phänomenologisch-hermeneutischen Destruktion），摘自《阐释经典——存在与时间》，由 Thomas Rentsch 出版，柏林2001，第1—27页。

义——有充满关联的意蕴。如果说"庸常的时间"以"现在"为中心的话，那么"积极的时间"则着眼于"未来"——尚未来的和将要来的。

海德格尔称"另一个开端"是更开端的，它无法比"第一开端"更早，而是更晚。为什么更开端的开端属于未来？海德格尔这样解释："只有此在——如同我曾是/在般（das Gewesene）——存在，此在才能在将来来临到自身。此在其实将在未来成其本来所是。"① 本质（Wesen）在德文中有曾是的含义，而过去曾经怎样，对未来没有意义，只有现在我的存在，我的成其自身，才会在将来成为我的曾在，成为我的本质。因而"未来是一切生发历史（Geschehen）的开端"②。

开端不会发生在追溯过往上，而是一种对未来有意义的当下决断。海德格尔曾引用荷尔德林《莱茵河》中的诗句："你如何开始，也将如何停留"。这并不是说，开端一劳永逸地规定了停留。"另一个开端"不是一次性动词，而是持续性动词。海德格尔认为，"开端在进程中展开本质"③。"'开端'、'成其自身'都是'运动'和'生成'的名字。"④"只要开端保持在到来中，开端就在场着。［…］开端越是切近地保持在那种可能性之中，即：它能够到来，并且在其到来中带出和发送出它在自身那里保持的东西，亦即无限的关系，则开端就越是持久的开端。"⑤开端要求适度（Verhaltenheit），它指克制和停留，18 世纪之前还有保存之意，同时也有关系（Verhältnis），合比例的，均衡的意思。

开端包含着尚未实现的可能性——即一种"悬而未决"，既是危机，也是时机，得当机立断。"过渡到另一个开端，需要做出决断。"⑥ 在这种意义上，开端也是终结。但是海德格尔避免终结（Ende）这个一次性概念，而是采用包含时间进程的"没落"（Untergang）。没落与开端是同步的。决断并非一了百了，而是"无限关系"之间的冲突。和谐的

① ［德］海德格尔：《存在与时间》，第 65 节，第 325 页以下。
② ［德］海德格尔：《哲学的基本问题》，第 36 页。
③ ［德］海德格尔：《论开端》，第 1 节，第 12 页。
④ ［德］海德格尔：《论开端》，第 3 节，第 16 页。
⑤ ［德］海德格尔：《荷尔德林的大地和天空》，第 211 页。
⑥ ［德］海德格尔：《哲学文集——论成其自身》，第 89 节，第 177 页。

"冲突"（Agon）使得开端得以保持。

五　结语

　　"返乡"和"开端"在海德格尔那里既相近，也相异。若是"开端"通过时间性解释存在，"返乡"则更突出空间性。但是两者都有折返，两个概念相得益彰。"返乡"——既是回到本源近处，回到本质性的此在，回到"开端"处，使相互依赖的天地人神四方聚集在无尽的关联中。如果说"漫游异乡本质上是一种返乡"的话，那么上面的"返乡"其实是一种"出发"——另一个开端。在海德格尔那里，没有现成的"故乡"与"开端"。只有在无限的寻思与作诗的过程中，"故乡"和"开端"初现端倪，又自行隐匿。而两者的晦暗都需要得到呵护，它保持着遮蔽和去遮之间的平衡，使得寻找和追问继续下去。《返乡》并不是关于返乡的诗歌，相反地，作为它所是的诗，这首哀歌就是返乡。"①与传统形而上学地追根溯源相比，文学文本的还乡更符合海德格尔的"思—路"（Gedanken-gang）②，即不是思考结果的概念把握，而是过渡性（Übergang）的思考之路。

　　回到开头的问题——为何称荷尔德林是"诗人的诗人"？海德格尔这样解释：

　　　　因为他在开端的远远超前的意义上，自己创建着存在。
　　　　将其言说出来，是他本性的意愿。
　　　　他是源自诗之本质的诗人。诗是神圣之言。
　　　　这个诗之本质绝无仅有——既不能回溯到之前，也不能为未来当作本质之像来树立。③

---

①　[德]海德格尔：《返乡——致亲人》，第27页。
②　[德]海德格尔：《哲学文集——论成其自身》，第3页。
③　[德]海德格尔：《论开端》，第166页以下。

阿奎那理性主义伦理学思想的形而上学性[*]

刘素民

【内容摘要】托马斯·阿奎那认为，伦理行为的实践包含理智、意志与自然法三个要素。意志与理智是灵魂的理性"能力"，二者相依相属。自然法是用来称呼人的理性所宣布的反省的结果和理性借此而颁示的命令。理智依据自然法来明辨善恶与判断是非，意志依据自然法而抉择与实践，从而共同成就人性行为即伦理行为。实践理性从根本上讲是基于意志自然本性的倾向，其判断的正确与否，决定于终极目的"至善"，因此，伦理行为之第一原理应当是"意志"所欲求之终极目的。人作为"上帝的形象"，其道德性与行为的适切性与人的灵魂的理性"能力"以及此能力的来源与基础相"符应"。本文主要依据《神学大学》有关理智、意志、自然法及其相互关系问题的论述，尝试分析托马斯·阿奎那理性主义伦理学思想所隐含的"形而上学"思想特征及其意义。

中国学界对中世纪经院哲学（scholasticism）的传统研究中存在一种观点强调托马斯·阿奎那（Thomas Aquinas，1224/1225－1274）的

　＊　本文为国家社科基金课题"托马斯·阿奎那宗教伦理思想的人学解读"之阶段性成果，课题编号 08BZX056。

伦理学思想是一种与意志主义（voluntarism）相反的理智主义（intellectualism），这是因为，阿奎那强调人之所以是自由和自我运动的，是因为人有理性，是理性存在者，人之伦理行为由理性原理（principium activum）发出，① 理性决定意志，实践理性（ratio practica，practical reason）是人类行为的第一原理。② 对阿奎那伦理学思想这样的一种解读非常正确，然而，如果仅止于此便有失简单，这是因为，透过对阿奎那《神学大全》中所论伦理行为的实践要素即理智、意志与自然法的深入分析，我们便会发现，这种理智主义伦理观背后隐含着更加深刻的形而上学的思考。

一　灵魂的理性能力和伦理行为的构成要素：理智与意志

托马斯·阿奎那根据亚里士多德的"形质论（hylemorphism）"认为，人是由灵魂（灵性、心灵，anima，soul）与肉体构成的"复合实体（complex substance）"③ 或者个体统一体（unity），灵魂与肉体二者彼此合一、相互作用并且各尽其职，其中，灵魂是人的"实体形式（substantial form）"，肉体则是人的"质料（matter）"。从人所具有的功能上来看，可以分为"生机功能（vegetative faculties）"、"感性功能（sensitive faculties）"和"灵魂功能（spiritual faculties）"④。人的伦理行为主要来自其"灵魂功能"的作用。"灵魂功能"包括理智（Intellectus；Intellect）和意志（Voluntas；Will）。

托马斯·阿奎那认为，人之所以超越普通生物及其他动物的主要原因，在于人的灵魂是个理性灵魂，具有其他动物所没有的精神性的内在

---

① Thomas Aquinas, *Summa Theologica*, I—II, 18, 5.
② 同上书，90, 1.
③ Thomas Aquina, *Summa Theologica*, I, 75.4.
④ 参见关永中《知识论》第 1 册，五南图书公司 2000 年版，第 253 页。

能力即理智与意志。① 并且，这个理性存在者是一个"位格之人"（human person），而这个位格之人是"上帝的形象（image of God）"。

"位格（person）"所表达的是个别人的存在，旨在强调具体存在的人的"个别"特性。从本体论的角度讨论人是传统经院哲学的观点，"存在"是"完整之人"的思想基础。从"存在"的维度诠释"位格"是托马斯·阿奎那关于人的哲学理解的重要内容。"位格"一词源于古希腊语 prosopon 和拉丁文 perona，原意是"面具"、"角色"，古罗马斯多噶学派赋予"prosopon"以哲学含义：能够对自己的行为及对神明所给予自己的职务负责的"主体"。"位格"一词的形而上学意义始于中世纪早期的教父思想，用以表达上帝内在生活的奥秘，波埃修（Boethius）对此词的界定是："位格是以理性为本性的个别实体。"② 中世纪的神哲学家用"位格"概念来说明上帝三位一体及基督降生成人的事迹，强调基督之神性与人性的统一，他们从"存在"的角度说明"位格"，从而赋予了这个概念以形上的意义。阿奎那强调"位格指在所有本性中最完美者——即是一个理性本性的自存的个体"③。从而强调了"位格"一词所具有的"理性"与"自我存在"的双重意涵，而二者合一便成为"有理性的独立个体"。

"人是上帝的形象（image of God）"包含两方面含义：一方面，人的自由意志与自我运动的最终根源是上帝，它们是上帝赐予人的"完美（perfection）"。从目的论的角度来看，人作为受造物，分有（participate）上帝的"完美"，那么，人必然以回归并且相似于上帝的"至善（perfect goodness）"为其终极目的与至福，就此而言，"人是上帝的形象"。另一方面，人被视为"上帝的形象"，还因为人分有（participate）

---

① 关于理智，见 Thomas Aquinas, *Summa Theologica*，I，79，1；关于意志，见 Thomas Aquinas, *Summa Theologica*，I，80，1，2；关于理智与意志，见 Thomas Aquinas, *Summa Theologica*，I，78，1。

② Boethius, *De Persona et Duabus Naturis*，Ch. II. 转引自 M. D. Philippe, *L'être*；*Recherche d'une philosophie prenière*；Vol. II，IIe partie；Paris-Téqui，1974，P. 690。

③ Thomas Aquina，*Summa Theologica*，I，29.3。

上帝纯粹精神体的精神性，所不同的是，上帝的理智与意志为一（Identity）、为无限的，而人的理智与意志为同一灵魂的不同能力，都是有限的，合称为人的"理性能力"（rational power）。其中，理智是一种"理性认识"（intellectual apprehension）能力，具有思考、理解与判断的功能；意志是一种"理性欲求"（或理性欲望：rational appetite or intellectual appetite）能力，具有欲求与抉择（appetite and choice）的功能。

　　"理智"一词的拉丁文是"Intellectus"，由"intus"及"legere"二字所合而成，其中，"intus"的意思是"内在"；"legere"的意思是"念"、"读"。照字面意思，就是"里知"或"内知"，即是将隐藏于内部之物——念出、读出、揭示，因此是一种"理性认识"的"能力"。所谓"理性认识"乃是有别于"感性认识"（sensitive apprehension）而言。[1] 托马斯·阿奎那认为，人以外的动物只有与生俱来的感性认识能力，其认识的对象是物之个别性（the singulars）及物之外在部分诸如其形色，因此，此种认识必须受时空的限制。然而，人除了具有与一般动物相同的"感性认识能力"之外，还具有特殊的"理性认识能力"，这是因为，人作为受造物而成为"上帝的形象"、分有上帝的理智，从而成为"类比（analogy）"上帝理智的理性存在者。

　　相对于感性认识对象的个别性，人的理性认识的对象是事物的本质，[2] 也就是说，理智的对象是普遍的、抽象的，而非个别的、具体的。由于理智的对象是非物质的，因而它不受时空的限制，被阿奎那视为"万能的认识能力"（quodammado omnia）。[3] 在阿奎那看来，当理智进行认识活动时，如果理智真正洞悉了所认识对象的本质，那么它便获得了关于对象的"真实性"或"真理"（truth）。实际上，理智对一切事物的认识，都是以获得其"真理"为目的，从这个意义上说，理智

　　[1]　"…what is apprehended by the intellect and what is apprehended by sense are generically different…"，Thomas Aquina，*Summa Theologica*，I，80. 2.

　　[2]　Thomas Aquina，*Summa Theologica*，I，84. 7.

　　[3]　曾仰如：《社会伦理学》，台北"国立空中大学"，1989 年版，第 11 页。

的相称认识对象当为事物的真理，① 而"真理首要地寓于理智之中，次
要地才是在事物内部"②。根据理智运用时的不同表现，理智相应地被
赋予不同的名称，如"智慧"（intelligence）、"理性"（reason）、"理
解"（understanding）、"意识"（consciousness）、"记意"（reminis-
cence）、"良习"（conscience）及"良知"（synderesis）。③

　　"意志"一词在托马斯·阿奎那这里指的是一种"理性欲望"（ra-
tional appetite or intellectual appetite）④ "能力（power）"。阿奎那认
为，"欲望"是一种特殊的灵魂能力，它可区分为"感性欲望（sensi-
tive appetite）"和"理性欲望（intellectual appetite）"两种。同为"欲
望能力"，"感性欲望能力"与"理性欲望能力"的对象（目标）是相同
的，都是"善"（Bonum；good），⑤ 即二者都倾向于善。然而，欲望本
身是盲目的能力，只倾向于先由其他能力所认识的善，其他能力如果未
提供善、未指出何物为善，欲望能力则缺乏对象。禽兽只能借由"感性
认识能力"提供何物为善给感性欲望，托马斯·阿奎那称这种欲望为
"sensuality"，意指"那跟着感觉感受而来的欲望"⑥，因此又可称之为
"自然欲望（natural appetite）"⑦。意志虽然也是一种欲望，可是它并
非属于感性欲望，而是一种"理性欲望"。"理性欲望"同样是相对于
"感性欲望"（sensitive appetite）而言的，⑧ 因为这样的一种欲望乃是
一种"经由被理解形式所引申出的倾向（an inclination consequent up-

---

　　① Thomas Aquina, *Summa Theologica*，I，82.4.

　　② Ibid. , I，16，1.

　　③ Ibid. , I，79.

　　④ Ibid. , I，80.2.

　　⑤ 阿奎那将"善"和"存在"一样看成是一个"类比的观念"：当其被运用
于上帝时，其意义是"终极的善（perfect goodness）"；当其被运用于被造物时，其
意义是"共有的善"（common good）。参见赵敦华《基督教哲学 1500 年》，人民出
版社 1994 年版，第 401 页。

　　⑥ Thomas Aquina，*Summa Theologica*，I，81.1.

　　⑦ Ibid.

　　⑧ "…the intellectual appetite is a distinct power from the sensitive appetite."
Thomas Aquina，*Summa Theologica*，I，80.2.

on an understood form)"。意志作为一种"愿望（desire）"，它不但是灵魂的一种能力，同时也是灵魂在理智理解对象的基础上所引申出来趋向于该对象的欲求。就此而言，意志的对象必然是经过理智理解过的对象——意志不是一种纯粹的感性欲望或者冲动，而是一种理性欲望。

作为一种理性欲望，意志包含两方面活动，并且以"自由"为其根本特征。意志一方面是带有理智的抉择活动，另一方面又是一种欲求活动。① 这两种活动并非两种独立不同的活动，而只是同一意志活动的两种不同方面的理解。意志的抉择主要是在自决的行为、自决的意欲的层面，指意志在面对一些个别具体而有限的善时所进行的选择，这样的活动本身即呈现出"自由"的含义。② 因为意志在面对个别具体而有限的善时，它可以同时考虑许多种不同的方法并从中抉择，这种可以抉择不同方法的意志即是一种"自由"的意志。此外，就意志作为一种"欲求"活动来讲，意志的"自由"特征还可以从意欲某物（voluntary）、不意欲某物（involunary）、不意欲任何事物（non-voluntary）三方面来表现与理。

对于理智与意志孰轻孰重、理智与意志关系的问题，阿奎那在强调理智高于意志③的同时也充分论证的意志在伦理行为中的重要作用。"托马斯这位理性主义者竭力论证人身上的理性优于意志，因为既然我们只能欲求我们所认知的东西，理性就必定决定意志。"④ 在阿奎那看来，理智自身拥有（posses）事物或对象的美善，优于意志趋向（tend towards）于外在的事物或对象的美善，即认识某物当高于意愿某物。从这个意义上，我们可以发现，托马斯·阿奎那基本上是接受亚里士多德的立场，其思想特征当属理智主义的（in-

---

① Thomas Aquina, *Summa Theologica*, I—II, 10.2.

② Ibid., 8.2.

③ Thomas Aquina, *Summa Theologica*, I, 82.3.

④ 威廉·巴雷特：《非理性的人》，段德智译，上海译文出版社 1991 年版，第 104 页。

tellectualism)。

然而，这并不否认阿奎那对自由意志及其在伦理行为中所起重要作用的强调，以及他为此所构建的形而上学的理论分析。理智对意志的引导并非外加，而是内在于意志之中的———一个符合伦理的行为，必然是一个符合理智的意志所实践出来的行动，意志自由是人性行为（伦理行为）的本质。① 阿奎那强调伦理行为乃是就人性行为的内在意志行为而言的行为，而所谓人性行为即是在理智的指导下由意志所实现的活动，其中，意志趋向于"善"是人性行为即伦理行为的起源与动因。

阿奎那强调善是意志固有的对象，人天生具有趋向于对善的追求。② 人的意志不仅以实现共有的善（common good）为目的（end），更重要的是，它必然选择趋向于至善（perfect goodness）并且以实现至善为最终目的（final end），因为如果没有至善和最终目的，人的要求便无法彻底得到满足———相对于至善与最终目的所具有的永恒性与无限性，共有之善都是暂时的和有限的，充其量只是达到至善和最终目的的方法与途径。③ 人的意志必然趋向于永恒与无限即至善与最终目的，即使意志在趋向于至善与最终目的的过程中，在对于终极目的与特殊目的之欲求的问题上发生矛盾、对立与动摇的情况，意志对于终极目的之欲求也不会因此而丧失坚定性。阿奎那用两个基本论点来论证上帝作为"至善"的意义是：第一，至善和最终目的必然存在。第二，上帝是至善和最终目的，因为只有上帝才符合至善的条件：本身完美无缺；持久不变；满足人类所有合理的要求。所以，上帝是至善的，是人生最终的目的。人的意志有意识的"选择"（select）行为即因蕴涵了"向善"的欲求而具有道德意义。

---

① Ralph McInerny, *Ethica Thomistica*, Washington: The Catholic University of America, 1987, p. 66.

② 傅乐安：《托马斯·阿奎那基督教哲学》，上海人民出版社 1990 年版，第 165 页；Thomas Aquina, *Summa Theologica*, I—II, 1.7.

③ Thomas Aquina, *Summa Theologica*, I—II, 2.1—8.

阿奎那认为，在伦理学的领域里，意志的"选择"是伦理行为的核心，"所谓伦理的德行乃是选择的习性（habit），亦即择善的良好习惯"①。当然，选择并非目的（end），却是倾向于目的的方法。②"选择"是伦理行为实现过程中意志的固有的活动，它是意志对于实现目的的深思熟虑（deliberation）的同意（consent）。③ 至于理智在意志选择目的之具体行为中的任务，当属对于实现已确定的目的的可能性方法所做的慎思与判断。因此，伦理行为的正确与否关乎目的与方法，二者缺一不可。④ 可是，如果不是意志选择正确的目的，无论促成目的的方法如何慎重，也不足以使选择具有正确伦理行为的价值，相应的，理智的思虑与判断也不可能因此而成为明智（prudence）之举。⑤ 所以，目的的选择在伦理行为中至关重要。

可见，托马斯·阿奎那不单单强调"理性优于意志"，他同时也强调伦理行为中意志之"选择"作用的至关重要性，这为探讨阿奎那是何种意义上的"理性主义者"留下了思考与探究的空间。

二　伦理行为实践的基础:自然法

就伦理行为而言，意志所趋向的善或善的对象，同时也是理智认识活动的目标；而意志之所以要趋向于善，除了善本身是人性行为的目的之外，也会借由善而使人自我发展和自我完成。就此而言，无论是趋向善或者是实现善，意志都必然受到理智的介入与作用，因此，人的意志趋向于善是自然而且必然的。然而，由于意志在面对理智的判断结果时仍然可以"自由地"选择服从或者背离理智的命令，那么，人的意志是

①　Thomas Aquina, *Summa Theologica*, I－II, 58. 4.

②　Ibid., 13. 3; 57. 5.

③　Ibid., 12－17; 56. 4.

④　Ibid., 58. 4.

⑤　Ibid., 47. 13.

否能够听从理智的引导以进行其自由意志的抉择与行动便会成为善恶判断的标准——是则为善；否则为恶——"无论什么与理智的秩序相违反即是和人类的本性相违反；所谓的合理即是按照人类的本性而为。人类的善是按照理智，而人类的恶是超出合理的秩序之外。"① 在此，自由意志无异成为伦理行为善恶的根源与评断伦理行为的价值基础，那么，伦理行为实践的基础何在呢？

托马斯·阿奎那认为，"伦理行为"即"人性行为（human act）"，只有"出于理智的认识与意志同意的活动"才包含道德性。伦理行为之所以是人性的，是因为此行为来自"审决意志（deliberate will）"的深思熟虑，并且其意向趋向于"终极目的至善"②，即人性行为意味着意志朝向理智认识之善所做的行为，这是托马斯·阿奎那主张"伦理行为即是人性行为"的主要理由。阿奎那如此划分受造物存在的等级：不具生命的物质物（如矿物）是最低的现实存在者；第二级是具有生命及生长、繁殖能力的"植物"；第三级是除了具备植物性存在的所有能力外，尚具可感觉力的"动物"；其上便是具有理性、由灵魂（精神）与肉体二者结合成一复合实体（complex substance）——"人"。"上帝（God）"是纯粹精神实体（pure act/ pure spirit），是最高的存在，其本身即是至善至美；动物、植物及不具生命的物质，其本性根本没有道德自觉及伦理实践之可能性。只有人是例外——人的意志在选择个别善（common good）的时候是自由的，③ 而这并不表示所有由人完成的行为都是自由的行为。所谓"自由"（freedom）只能是适用于发自理智与意志的行为，阿奎那称其为"人性行为"。只有"人性行为"是一种"出于理智的认识与意志同意的活动"，才称得上是"伦理行为"。"伦理

---

① Thomas Aquina, *Summa Theologica*, I－II, 91, 2.

② "…that acts are called human, inasmuch as they proceed from a deliberate will. Now the object of the will is the good and the end. And hence it is clear that the principle of human acts, in so far as they are human, is the end." Thomas Aquinas, *Summa Theologica*, I－II, 1, 3.

③ Thomas Aquina, *Summa Theologica*, I, 83.1－3.

行为和人性行为是一样的。"①

　　阿奎那将人这一类的存在者"应该道德"的理由即伦理行为实践的
基础归因于人的自然本性(nature)的要求,他认为,"应该道德"符
合理性的首要法则——自然法(Natural Law)。所谓"自然法",即
"理性受造物所分有的永恒法(eternal law)"②。"永恒法"是"上帝,
宇宙之主掌管万物的理智"③,或是"指导(万物)一切行为和活动的
上帝神圣智慧(Divine Wisdom)的计划"④。"上帝的理智不能从时间
中有所认识,而是含纳永恒的一个概念,因此,这种法律应该被称为永
恒的。"⑤ 既然宇宙间的自然规律反映着永恒法、从属于永恒法,那么,
作为"上帝的形象(image of God)"而"分有(participate)"上帝理
智的人的理性反省得知的"自然法"也不可能不反映永恒法、从属于永
恒法——自然法是从永恒法中派生出来的,它是永恒法的一部分,是理
性受造物所分有的永恒法。⑥ 托马斯·阿奎那的理论根据是:上帝创造
人而规定人的本性时,实质上就是给人的心灵中烙下了部分的永恒法。
人在认识自己的本性时,也就是在认识这部分的永恒法,而这部分的永
恒法就是"自然法"。所以,从根本上讲,自然法在人受造的那一刻便
被烙在人的心灵之中。⑦ 因此,自然法之"自然"即"合乎人性",它

_____

　　① "...moral acts properly speaking receive their species from the end, for
moral acts are the same as human acts." Thomas Aquina, *Summa Theologica*, I—
II, 1.3.

　　② "It is therefore evident that the natural law is nothing else than the rational
creature's participation of the eternal law." Thomas Aquina, *Summa Theologica*,
I—II, 91, 2.

　　③ Thomas Aquina, *Summa Theologica*, I—II, 91, 1.

　　④ Ibid., 93, 1.

　　⑤ Ibid., 91, 1. "And since the Divine Reason's conception of things is not
subject to time but is eternal…therefore it is that this kind of law must be called eter-
nal."

　　⑥ 关于阿奎那自然法的形而上学理论架构,参阅刘素民《托马斯·阿奎那
"自然法"的形上架构与神性意涵》,见《哲学研究》2005 年第 9 期。

　　⑦ Thomas Aquina, *Summa Theologica*, I—II, 9, 2.

是普遍的、永恒不变的、绝对有效的或必然的。①

自然法是用来称呼人的理性所宣布的反省的结果、理性借此而颁示的命令，其首要诫命是"趋善避恶"，一切其他原则皆由此导出。② 自然法包含三条基本的原则：第一，自我保存——"每一实体（包括人），都各按自己的种类，倾向于保存自己的存在"；第二，性生活与养育后代——"人与其它动物所共有的生殖传统的本性倾向"；第三，追求真理及过社会生活——人本身即拥有一种认识有关上帝的真理的"自然倾向（natural inclination）"以及过社会的生活的自然追求。③ 托马斯·阿奎那认为，人们不可能无所知"行善避恶"这条最基本的自然法则，因为，事实上，人人都有要求善的自然本性的倾向，人人都知道善。"行善"无疑是建立在"善的理智"基础上的，"人内在的首要倾向就是追求符合本性的善"④。因此，正是人的自然本性决定了人应该道德，是自然法使然。而"无伦什么与理智的秩序相违反即是和人类的本性相违反；所谓的合理即是按照人类的本性而为。人类的善是按照理智，而人类的恶是超出合理的秩序之外"⑤。自然法不但是道德原则的基础来源，同时也是人类理性制定道德准则的依据，即人为法（human law）的理性来源。

由此可见，"自然法"如同一条纽带，其一端连接"永恒法"的"神圣"，另一端又牵引着"人定法"的"世俗"。因此，如果从"永恒法"的彼岸观"自然法"，则其"形上"的一面、"神学"的一面清晰可见；而如果从"人定法"的视角看"自然法"，或者说从"自然法"作为"本性之律"的角度来考察，那么，则"自然法""形下"的一面、"人学"的一面昭然若揭。人的理智依据自然法来明辨善恶与判断是非，人的意

---

① 周克勤：《道德观察》，台湾商务印书馆，第 117 页。

② Thomas Aquina, *Summa Theologica*, I－II, 94, 2. "Hence this is the first precept of law that good is to be done and pursued, and evil is to be avoided. All other precepts of the natural law are based upon this…"

③ Ibid., 94, 2.

④ Ibid., 94, 2, 5.

⑤ Thomas Aquina, *Summa Theologica*, I, 16, 2; I－II, 9, 1.

志则依据自然法而抉择与实践，从而共同成就人性行为即伦理行为。

　　按照托马斯·阿奎那，理智与意志的活动同属于灵魂的能力，二者的关系表现为理智将意志的终极目的认为"善"，意志则以理智所把握的存在为其欲求之对象，① 因此，意志自然本性所欲求的目的——善，一方面成为思维行为中的理智的对象，另一方面则成为伦理行为中的第一原理，② 而伦理领域的理智的活动，也称为"实践理性（practical reason）"。自然法是人类伦理行为应然的基础，也是实践理智（实践理性）判断是非的标准；并且，这种判断和理解的过程都是自明的，因为"自然法之于实践理性，就如同辩证法的第一原则之于思辨理性一样，因为二者都是自明的原则"③。

　　托马斯是就上帝统治万物的观点下来说明人的伦理生活。④ 上帝造人时一方面为人制定了自然"本性"意义上的自然法；另一方面又赋予人理智的灵性之光，从而认识自然法。并且，上帝根据受造物的自然倾向制定其活动规律，以使受造万物自愿去追求符合其倾向所需的善。因此，"自然法的秩序乃是根据自然倾向的秩序"⑤ 和"正当理性（right reason）"⑥，人虽然无法在上帝的理智内读到永恒法，但是，理智的人却可以"认出"自己本性内的基本倾向和需要；在反省这些倾向和需要时，他就能认识人性所固有的"自然法"，此即每一个人本性所具有的潜在的善的自然倾向。人凭借自己的自然理性之光（the light of natural reason）

---

　　① Thomas Aquina, *Summa Theologica*, II, 91, 5.

　　② 按照托马斯·阿奎那，"善"与"存在"的概念可以互换，两者实为同一，只是"善"比"存在"更多地含有可欲求的意义。见 Thomas, *Summa Theologica*, I, 5, 1.

　　③ "the precepts of the natural law are to the practical reason what the first principle of demonstrations are to the speculative reason, because both are self-evident principles." St. Thomas, *Summa Theologica*, I—II, 94, 2.

　　④ F. C. Copleston, *Aquinas*, Australia: A Penguin Books, 1965, p. 213.

　　⑤ "Therefore, the order of the precepts of the natural law is according to the order of natural inclinations." Thomas Aquina, *Summa Theologica*, I—II, 94, 2.

　　⑥ Thomas, *Disputed Questions on Virtue*, trans. by Ralph McInerny, Indiana: St. Augustines's press, 1998, p. 37.

就能得到一些自然法的知识。自然法分有或反映着永恒法，因此，人对于最高准则的永恒法并非一无所知。"永恒法"之于"自然法"，并非只视之为一种由上而来的命令，人事实上能够认出自然法本身所有的合理处和约束力，从而将其向自己宣布出来，并且使道德内在化。

　　"道德的内在化"（the interiorization of morality）是《圣经》对基督宗教伦理学产生的重要影响。[1] 它强调道德的善恶并非取决于外在的行为（exterior），而是先于外在的行为；甚至在许多情况下，与外在行为无关。当然，外在行为相当重要，然而，在外在行为以前，就已经有一系列的内在行为（interior），这些行为虽然不被人所注意，可在上帝的眼里却昭然若揭且极为重要。例如，法律禁止奸淫，但上帝禁止心里犯奸淫。[2] 因为即使只有亵渎的欲望，也已经是亵渎。所以，不管人如何谨言慎行，倘若只是注意到使自己的外在行为合于人定法的规定而忽视人性之上的自然法，这对成就一个道德善仍然是不够的，甚至是次要的、非本质的。所谓过失或罪恶不只体现在言、行上，而且体现在思想上。不仅如此，更重要的是：思想的过失正是言、行过失的根源，人心的罪是一切罪的开端和根源。[3] 从这个意义上，道德善恶的本质（the essence of moral good and evil）便如阿奎那所言由外在行为转向意志或意向："道德凭意向或意志而定。"[4] 而意志的正当与不正当在托马斯·阿奎那看来取决于目的（end）。[5] 因此，一个意愿如果是出自恶的意向

---

　　① E. Gilson，*The Spirit of Mediaeval Philosophy*，trans. by A. H. C. Downes. New York，Charles Scribner's Sons，1940. ch. XVII，p. 344.

　　② 思高圣经学会译释：《圣经》千禧版，《新约·马太福音》5：28。

　　③ "The sin of the heart is the beginning and，so to speak，the root of all sin." E. Gilson，*The Spirit of Mediaeval Philosophy*，trans. by A. H. C. Downes. New York，Charles Scribner's Sons，1940. ch. XVII，p. 346.

　　④ Thomas Aquina，*Summa Contra Gentiles*，III. 9："…because moral matters depend on the will…and the measure in morals is reason. Consequently good and evil in moral matters must depend on the end appointed by reason…"；Thomas Aquina，*Summa Theologica*，I—II，20.1：" Therefore moral good and evil are first in the will. "

　　⑤ Thomas Aquina，*Summa Theologica*，I—II，34.4.

或目的，就可以予以谴责。①

　　"人人都意愿最终的目的，因为人人都意愿自己完美无缺；而这就是最终目的的意思。可是，关于这最终目的的具体本性，人们的意见却并不相同。"② 那么，这个最终目的或至高之善到底是什么呢？阿奎那认为它不是感官的快乐、权力、名誉、财富、科学的或理论的知识等等，而是超自然本性地享见上帝即理智的享见上帝（vision of God；vision of the Divine Essence），③ 获得"真福（beatitude）"。而理智的享见上帝必须依赖超性（supernature）的恩宠，④ 这是超出了人类本性的能力之上的，因而需要借助于启示（revealtion）。就道德的内在化而言，一个人性行为的意向，如果适合于达到最终目的，则此意向即是善的，而此人性行为即不可称之为道德恶，然而是否就可以称其为道德善呢？

　　阿奎那认为，"每一个具体的、个别的人性行为，如果不是道德的，就是不道德的，不可能是道德价值中立的"⑤。人性行为的道德性在于意志或意向，但并不表示"只求目的，不择手段"是合理的。实际上，阿奎那是将内在行为和外在行为视作一个整体的合成，并用形式质料的类比说法来阐述他的观点，他将内在行为比作"形式"，外在行为比作"质料"。意志或意向属于内在行为，借此使整个行为取得一定的形式；因此，如果没有一个好的意向，即使在质料方面好的行为（外在行为看起来是好的），此种坏意向仍足以破坏整个行为，使其成为一个不道德的行为。阿奎那举例：为了自己的虚荣心而施舍他人是不好的。⑥ "施舍"就质料方面来说是一个好的行为（外在行为是好的），而"为了自

---

　　①　Thomas Aquina，*Summa Theologica*，Ⅰ—Ⅱ，19.7.

　　②　Ibid.，1.7.

　　③　Ibid.，3.8.

　　④　Ibid.，109—113.

　　⑤　"It sometimes happens that an action is indifferent in its species，but considered in the individual it is good or evil." Thomas Aquina，*Summa Theologica*，Ⅰ—Ⅱ，18.9.

　　⑥　"the giving of alms for vainglory is said to be evil." Thomas Aquina，*Summa Theologica*，Ⅰ—Ⅱ，20.1.

己的虚荣心"之不良意向给了这个施舍的个别人性行为一个"形式",并且使得这个行为因此在本质上变成了一个不道德的行为。所以,"正当的意向"即"道德内在化"的本质特征。

然而,意向并非决定一切。"意志的善来自止于一个目的的意向,此并不足以使一个外在行为成为一个善的行为"①,也就是说,一个在质料方面不好的行为,不会因为一个好的意向,而变成一个好的行为——好心办了坏事的行为不是一个好的行为。托马斯温和的实在论(Moderate Realism)的基本哲学态度使他并非只专注于道德的内在化而忽略内在意向之外的客观现实。因此,对他来说,一个真正善的人性行为,必须要求"形式方面"和"质料方面"两个方面都适合于达致最终目的、都必须为善,这是两个必要条件,只有内在行为与外在行为都必须为善,才能成就伦理行为。

人认识自然法的"理性之光"可以通过"良知"(synderesis)与"良习(conscience)"得以表现。"趋善避恶"这样一种基本道德原则是一个谁也无法抹杀和磨灭的无条件的、必然的、普遍的、绝对的乃至对人人都相同的内心命令。这命令就是上帝赋予人内心的"永恒法"和"自然法"的一种表现,是人的天赋特性,这就是良知。阿奎那以"良知"指理智自然而知的自然法——以自然法为本的道德知觉或自然理性之知,它是一种特殊的、自然的、让人不虑而知地把握伦理大原则的先天习性(innate habit),② 是"自然法的习性(the habit of natural haw)"③,它能"趋善避恶"④,本身是不会错的。而"良习"则是来自"良知"此普遍知识的具体应用,给人指出具体特殊的情况下,什么事可行什么事不可行,什么事当为什么事不当为。"良知"好比三段论式

---

① Thomas Aquina, *Summa Theologica*, I—II, 20.2.

② Thomas Aquina, *Summa Theologica*, I, 79, 12.

③ "whence 'synderesis' is said to incite to good, and to murmur at evil, inasmuch as through first principles we proceed to discover, and judge of what we have discovered. It is therefore clear that 'synderesis' is not a power, but a natural habit." Thomas Aquina, *Summa Theologica*, I, 79, 12.

④ Ibid.

的大前提:"人当避恶",小前提由理性所提供的"偷张三的钱是坏事",结论则由"良习"所引出:"故对我而言,在此时此地不该偷张三的钱。"① 因为良知是人本性所固有,是对普遍真理或原则的认知,因此它不会出错;良习则是因应个别特殊的行为所要做的实践判断,有错误的可能,即有"正确良习"(right conscience)与"错误良习"(erroneous conscience)之区别。② 阿奎那认为,自然法是指自然法律的普遍原则,"良知"指习知这些原则之习或具此习知之能,"良习"指推论应用自然法以实际行事。良知与良习都属于人心知的范围,人之行事,尤其是人的伦理行为,无不听从良知与良习,因此,良知与良习可以说是托马斯道德实践论之内在主观标准。

在托马斯这里,"自然法"是根据人性而来的一种秩序或倾向,这个秩序或倾向可以借助于良知被人类理性发现,并且,人类意志必须按此秩序或倾向而行为,从而与人类的必然目标至善相一致。伦理行为的实践包含理智、意志与自然法三个要素,其中,理智依据自然法来明辨善恶与判断是非;自由意志依据自然法而抉择与实践。作为伦理行为实践的基础,阿奎那的自然法思想借助于理智与意志的传递,不仅蕴涵着深刻的形而上学与人学的双重意义,更表达出人的世俗生活的价值与人类为此应当尽职尽责的意义。

三　结语

伦理学可以定义为是一种叙述社会风俗习惯的学问,③ 也可以定义为"依据理性来研究人的行为的绝对规范科学"④。而无论如何定义,

---

① 曾仰如:"托马斯的伦理思想",见罗光《托马斯文集》,先知出版社 1975 年版,第 277 页。

② 曾仰如:《社会伦理学》,台北"国立空中大学"1989 年版,第 96—97 页。

③ Frankena,William K. *Ethics.* Second edition. Englewood Cliffs,N. J.:Prentice-Hall,1963,p. 11.

④ 袁廷栋:《普遍伦理学》,光启出版社 1969 年版,第 2 页。

其意义不外乎强调伦理学的目的在于指示人应守的道德原则，以及如何判断是非善恶。纵观中外伦理学思想研究的历史，我们发现，"何为应守的道德规则"这个问题似乎容易从理论上得以解决，然而，要解决"伦理道德规则应然的基础何在？"绝非一件容易之事，因为它关涉具体的伦理道德规则背后所隐含的哲学基础。阿奎那伦理学思想的深刻之处也许就恰恰在于其中所揭示的以"存在"为基础、以"终极目的"为意志倾向的形而上学的思想特征，就此而言，他的伦理学思想毋宁说包含着一种形上的理智主义（Metaphysical Intellectualism）的"整全"构思。

阿奎那的伦理学建基于他一以贯之的形而上学之上。阿奎那强调理智与意志都属于灵魂的能力（energy），从而将这种能力称为"形而上学的项目（a metaphysical item）"①。这些是理解阿奎那在伦理哲学与伦理神学之间建构和谐关系的关键。透过阿奎那伦理学思想的论证，我们可以体会出他"整全的存在架构"及其以形上的观点涵括分析的意图：

第一，阿奎那从"人之所以为人"的哲学思辨中确立了作为伦理主体的人观，其核心在于强调伦理行为的"理性存在者（rational being）"。一方面，阿奎那承袭亚里士多德的思想，以"人是理性的动物"作为人的本质，"理性"一词显示出人之异于并尊贵于禽兽的价值。人作为理性存在者依靠其理性活动来显现其存在，同时，人作为活动的主体也必然是一个独立的个体。因此，作为道德实践活动主体的理性存在者必须是一个"位格之人"。既为位格（人格），人则无疑是一个体或实体；又由于位格是理性的，那么，人这一道德主体必然是"自主的"。人作为个体或实体而成为主体，于是，人之为位格使得人可作为自主的道德主体，足以成就道德实践。另一方面，阿奎那在伦理主体的形而上学结构层面上既强调了人作为灵肉合一的理性存在者的个体性、完整性与统一性，又强调了人的灵魂是不朽的精神实体——对人的统一性的强调可以保证作为伦理主体的位格人凭借德性获救根本上是一种包括灵魂

---

① Thomas Aquinas，*Summa Theologica*，II，3.

与肉体的"整全的"获救。

第二,就理智在道德实践中所起的作用而言,其职责在于"知善避恶",而那种平和中正的、清醒的理智即"正确理智 (right reason)"的职责就在于认知人的客观之善,以及指定达到客观之善所用的方法。从质料上说,"良知"仍然属于理智本身,从形式上讲它是理智在实践中对伦理大原则的领悟;"良习"则将"正确理性"从"以自然法为本的道德知觉"层面具体落实到"实际应用"层面,这时,它仍然以两种方式发挥作用:一是权衡是否做出了一个有关道德意义的行为;二是在没有做某一行为之前或者已经做出某一行为之后对其是非善恶性质进行反思。① 托马斯·阿奎那在此虽然主张"正确理性"是伦理行为是非善恶的判断准则,可是他也同时强调"正确理性"作为判断标准的正当性恰恰在于理智并非随意地发布命令,而是遵循自然法。因此,"正确理性"所做出的判断包含有客观道德法律与理性、人性的吻合和一致性的认识。"行善避恶"的伦理原则是自然法的首要诫命,更符合永恒法 (eternal law) 与神法 (divine law)。由于永恒法或者神法首先与"神圣理智 (divine intellect)"相关。由于分有"神圣理智",人可以通过"正确理性"所把握的伦理大原则而分有"神圣理智"内的永恒之法或者神圣之法。由此,人的"正确理性"可以通过反思而获知永恒法与神法,以成为伦理行为善恶性质的标准。就此而言,"永恒法的知识铭刻在我们之内"②。

第三,就意志在道德实践中的作用而言,它既可以自由选择服从"正确理性"的指引而行善,又可自由地选择违背"良知"与"良习"的指导而作恶。③ 意志的自由选择恰恰表明意志的意欲并非盲目的冲动,而是被理智所渗透的理性欲望。显然,阿奎那对自由意志的看法包含着将理智与意志结合在一起的试图——意志的自由因素本身就意味着理智与意志的同时临在与共同参与。因此,阿奎那强调自由意志是"一

---

① Thomas Aquinas, *Summa Theologica*, I, 79.13.

② Thomas Aquinas, *Summa Theologica*, I—II, 93.2.

③ Ibid., 6.1; 18.9.

个借以能自由判断的能力”，“虽然判断属于理性，可是，判断的自由直接属于意志”①。可以说，意志的选择行为从质料上或实体上来讲是一种意志行为，而从形式上来说是一种理性行为。②

第四，从人的生成与变动（generation and corruption）角度来看，人的道德性与行为的适切性必然与人的“能力”以及这个能力的来源与基础的符应相一致。托马斯·阿奎那虽然力求理智与信仰、哲学与神学的清楚划分，然而，对他来说，其哲学思考的终点仍然不免遭遇神存在的终极问题。“把‘存在’解释为‘纯粹活动’或‘现实性（实现）’是托马斯思想的一个关键所在。”③ 因为潜能不具有完美性，只有本身具有完美性才能给予他者，所以，对于托马斯·阿奎那而言，所谓变动并非潜能也非实现，而是潜能到实现的一种历程，而推动这个变动的原因不是潜能而是实现。

阿奎那认为，在所有存在当中必须有一个第一存在，即最高存在即上帝，上帝之在（Being）是其他存在的原因。因此，上帝本身是单一的存在，否则他就会有部分，而部分对于全体而言，就是潜能与实现的对立。在阿奎那看来，上帝是纯实现，而受造物本质与存在的关系是处于潜能与实现之关系中——对受造物而言，实现是赋予潜能完成的来源，受造物的存在是“类比”上帝存在的存在。当一物被他物要求由潜能状态成为实现，必须借助于某种实现的推动，此为“变动（corruption）”——在阿奎那看来，物体之所以变动是因为其自身缺乏完美的存在（esse，existence）或形式。因为一物之所以完美是指它在实现，而不完美则指它是潜能或缺乏实现。从这个意义上讲，所谓变动就是从不完美到完美的过程。阿奎那重视由感觉开始的感官认识能力，更肯定理智能普遍认识原理的悟性能力。在论证意志的作用时与同样来自灵魂的理智能力相依相属，在对人依赖理智认识、意志同意从而成就人性

① St. Thomas, *De Veritate*, 24, 6, trans. By Robert W. Schmidt, S. J., Indianapolis/ Cambridge, Hackett Publishing Company, Inc. , 1994.

② Thomas Aquinas, *Summa Theologica*, I, 13.1.

③ 赵敦华：《基督教哲学1500年》，人民出版社1994年版，第375—376页。

行为这个问题上，阿奎那的基本观点即建基于"人"这个"有限的存在"（contingency being）的生成与变动（generation and corruption）上。"生成"在此指"形式（在此指理智）"、"质料（在此指意志）"及其"本性（在此指自然法）"，以及由此推知"能力"的来源与基础（至善，上帝的理智）；"变化"则是运用"实现与潜能"的普遍的形而上学原理探究由纯潜能的"形式"到实现了的"实体（substance）"的推动过程中"必然存在（necessity being）"的存在。因此，人的道德性与行为的适切性与人的"能力"以及这个能力的来源与基础的符应相一致——"知识"、"德性"与"能力（力量）"由此而建构起一种联系。

阿奎那形而上学的核心，在于以实现（act）与潜能（potency）最普遍的形而上学原理，推演出形式（form）与质料（matter）的原理，并借"在"（Being）所含括的本质（essence）与存在（existence）的原理去分析掌握人性行为，以行为作为一个可见存在的部分，以此讨论人的道德性及行为的适当性。阿奎那主张伦理行为是从理性发出，并主张实践理性是人类行为的第一原理，就此而言，他的伦理学思想符合"理智主义（intellectualism）"理论倾向。然而，阿奎那更进一步论证了实践理性却是基于意志自然本性的倾向；实践理性虽然是决定意志对特殊目的（个别目的）活动的尺度，但实践理性判断的正确与否，则决定于终极目的"至善"或"普遍善"——"终极目的是有关实践理性活动的第一原理"①。伦理行为的第一原理应是意志所欲求的终极目的。同时，阿奎那还论证了伦理行为中理智与意志活动的法则——自然法（自然道德律）是意志对终级目的的本性欲求，它遵循理性的秩序，是受理性规定的自然倾向（natural inclination）。② 由此，阿奎那建构起以理智、意志与自然法之互为关系为基础、以实现理性与信仰沟通融合为目的的"完整而稳妥"的伦理学思想体系。

传统研究许多看法认为，"理解中世纪的世界是一件很别扭的事儿，

---

① Thomas Aquinas, *Summa Theologica*, I—II, 90, 2.
② Ibid., 94, 2.

它和我们今天的世界很不相同"①。可是，正是因为它与我们今天的世界很不相同，所以，理解中世纪才是一件重要之事、必要之事。当然，"自古以来的哲学问题并未解决，迄今为止也没有一种哲学可以取代其他哲学，成为公认的'世界解释体系'。自古以来的哲学问题，仍有探讨的余地。在此意义上，哲学无分新旧。旧哲学体系，只要令现代人感到亲切，便可能重新加以阐释，成为建构认识论、价值体系乃至科学理论的启发性理论。以此观点看待托马斯哲学，则就其富有常识性、经验性，以及关心存在问题而言，仍有现代意义"②。唐逸先生的这段话值得深思、难人寻味。阿奎那的理性主义伦理学思想无异承袭于亚里士多德的思想进路，他不仅与亚里士多德一样强调理智或理性在伦理学中的重要地位与作用，将伦理学与知识论贯通起来进行深入反思，而且更将这种理智主义思考应用于其关于基督宗教伦理神学的思考当中，从而在理性与信仰之间构建起一种和谐的"整全的"形上意义上的关系，这样的理论设计与论证不仅具有前文所及的理论启示，同时具有深刻的现实意义：

第一，人作为受造物，具有灵魂（形式）与肉体（质料）双重成分，二者和合而形成人性；灵魂作为纯粹形式，还单独与上帝的神性灵犀相通，从而享有神性，由此决定了人的本性是人性和神性的统一体。人的双重本性，使人获得了享有今生幸福与天国幸福的双重可能，而其前提必须是人以赎罪的态度坚定地践行神定德性；由于这种坚定性只能来自对上帝的仰慕，所以，从根本上说，人只有依靠信仰才可以获救世主。阿奎那的人性论借用"上帝的理性"来弥补"上帝的意志"的试图，原本是希望用理性的关怀来减轻意志的专横，然而，他的这一努力却启示了近代启蒙思想的"天赋人权论"——既然每个人都赋有神性，都具有追求世俗幸福的权利，那么，每个人也都赢得了与神同样的尊严且个性皆得平等。

① 威廉·瑞珀尔、琳达·史密斯：《宗教哲学》，张念群译，中国社会科学出版社 2004 年版，第 77 页。

② 唐逸：《理性与信仰》，广西师范大学出版社 2005 年版，第 271 页。

　　第二，人的本性的双重性（神性与人性）使人慕求人间与天堂两面种幸福，但根本的幸福在于追求"至善"。托马斯·阿奎那承续了亚里士多德的思想，从而承认俗世幸福。不过，他将尘世幸福只当作达到天堂幸福的手段。阿奎那称说"两种幸福"的目的无异是为了纠正教父哲学过分强调灵魂而贬斥肉体、过分张扬"天启真理"而贬黜"人间幸福"从而造成的对"至善"信心丧失。然而，他的这一思想跃进似乎可以为"社会契约论"提供一种逻辑前提，因为，既然在物质幸福之外还存在着更值得追求的人性完善的幸福，那么，要使后一种幸福能如愿以偿，人们就必须创设一个符合人性发展的社会环境。

　　第三，意志的向善倾向并不总是指向上帝，伦理活动并不总是表现为宗教活动。阿奎那认为，"知"与"行"是人的活动的两种不同的方式，前者是由外到内，是外部原因在心灵内造成的结果；后者是由内向外，是意志在心灵之外造成结果。意志即"理性意欲"，是欲望又是理性：它是以可欲对象为目标的行为，因而是欲望；它以理智为判定的可欲对象为可欲对象，所以是理性。因此，"善"是"可欲的存在的性质"——是一种被理智认定值得追求的目标。在良知与意志的关系中，良知给出道德判断，意志则做出伦理选择，意志的选择当然受良知的约束。而正是这种约束没有构成对意志之自由的破坏。阿奎那认为，意志的自由"不限于一个固定的善"①。意志选取一个目标，是因为它是"共有的善"的体现，因此，意志的向善倾向并不总是指向上帝，伦理活动并不总是表现为宗教活动。这表明，由理智良知推动的意志选择与良知一样有犯错的可能性，那么，"恶"也就在所难免。世俗之人所能获得的幸福只可能是"共有之善"而非上帝的"至善"。因此，人类道德服从的目的是"幸福"，而不是"上帝"；但是，人类的道德善（共有之善）又必然"类比"上帝的至善才能获得意义——由此，人的共有之善（道德善）在与上帝至善的"类比"中"分有"了上帝"至善"的神圣性，并在"类比"上帝的"至善"之中获得价值意义。

---

　　① T. Gilby, *Saint Thomas Aquinas Philosophical Texts*, Oxford, 1960, p. 259.

　　"神恩成全自然"（grace never destroy but perfect nature）是托马斯·阿奎那伦理学思想的内在主旨。由"神圣理性"启示的自然法体现了"信仰"启示的神圣律法，在神圣理性和信仰的辉映中，个人的美德、人的理性和知识获得了肯定。虽然，托马斯·阿奎那的理论并没有从根本上消除基督宗教在自然和神恩、理性与信仰、尘世和教会之间的根本思想分歧，但是，他的理论建构是将重点放在了两者的一致与和谐，而非它们的对立与冲突之上。具有神恩特性的神圣律法（以自然法的形式体现在人的心灵之上）虽然并没有消除以自然理性为基础的人类律法（人定法），却将人类从世俗秩序的奴役（王国统治）和限制中解脱出来，从而为基督宗教文明敞开了一个更为广阔的精神视野。阿奎那借助于"分有"、"类比"的思想方法将各种不同层次的存在和价值逐步融合进基督宗教思想的神圣秩序之中，这一构思代表了 13 世纪基督宗教教会在获得对世俗王权的决定性胜利后试图建立一个基督宗教一体化世界的意识形态的宏伟理想，从而找到了在上帝的预定和人的意志自由、信仰与理性、神恩与自然、人的活动的彼岸目的性和人对尘世幸福的追求等一系列宗教伦理两难问题上的平衡点。毋庸置疑，阿奎那的伦理学理论并非尽如人意或完美无缺，本文对其思想的解读与问题实质的把握也难免有挂一漏万之嫌。可是，无论如何，我们可以尝试从其形上的理性主义伦理思想构建中找寻出一些有益的思考与借鉴。

超越论现象学对"欧洲科学危机"的克服

——从科学理论的超越幻象重返生活世界之途①

张昌盛

【内容摘要】 当代自然主义哲学仅仅追随和模仿客观科学，并不能使哲学沉思科学、真正理解科学。"欧洲科学的危机"和"欧洲人的危机"在当代变得更为严重了。站在自然主义立场，这种危机是根本无法克服的。因为科学危机的根源就在于自然主义本身。现象学的重要意义之一在于，它为我们提供了一种可以让我们真正超越自然主义的思想方式，让我们面对科学的事实本身，去直面科学的危机与当代人类精神生活的危机，并真正理解科学的意义和本性。本文试图借助于现象学的超越论还原，通过从科学的超越世界返回生活世界，再向先验自我意识的还原，获得现象学的超越论的视野。借助于这种视野，我们可以期望揭示生活世界和科学世界如何作为超越论的主观性生活的成就。由此，借助于超越论的视角，原先作为生活世界的理念外衣的超越的幻象可以被剥离，而使科学奠基于

① 本文为国家社科基金青年项目"现象学视野中的科学——一种对自然主义的超越"（项目编号 09CZX014）以及中国社科院哲学所课题"现象学视野中的科学"的阶段性成果。

超越论视野中生活世界成为可能。借助于一门生活世界现象
学，使所有客观科学和精神科学都成为生活世界科学，科学和
人类精神生活才可能获得其超越论现象学的彻底奠基，其面临
的危机才能最终被克服。

在当前关于科学的哲学反思中，自然主义的思想占据着主要的阵
地。然而，如果哲学的沉思仅仅意味着像自然主义那样，追随和模仿客
观科学，那它能够彻底地反思科学、真正地理解科学吗？答案是否定
的。不仅如此，自然主义也无法帮助我们克服胡塞尔所说的"欧洲科学
的危机"。因为科学危机的根源就在于自然主义本身：理念化了的客观
科学世界遮蔽了生活世界，科学理论的本体论谬误则彻底抽离了科学的
真正根基，最终导致科学和整个人类生活的危机

现象学的重要意义之一在于，它为我们提供了一种超越自然主义的
思想方式，让我们能够超越自然主义所构造的科学的幻象而直面科学的
实事本身，通过对科学的彻底反思，去克服科学的危机与当代人类精神
生活的危机，并真正理解科学的意义和本性。

本文借助超越论①现象学思想和方法，描述如何克服自然主义构造

---

①　在本文中，"超越论现象学"这一表述中的"超越论的"（transzendental）
一词和提到科学理论时所说的"超越的幻象"中的"超越的"（transzentent）一
词，是两个词形相似而含义截然不同的术语。在胡塞尔现象学中，"超越论的"首
先表示一种哲学的提问方式、考察问题的视角或方式，或者说是一种哲学态度。具
体而言，"超越论的"是指追溯一切认识形成的最终源泉的动机，这个最终源泉就
是"自我"。整个超越论是围绕自我关系以及自我和世界的关系展开的。或者说超
越论就是探究一切认识生活是如何作为主观性的成就而产生出来的。凭借超越论现
象学，哲学才能够真正超越自然主义。在现象学中，首先，"超越的"概念与"内
在的"（Immanenz）概念相对，是指意识超越体验中被给予的实项因素（感性材
料）而构成意向对象；其次，"超越的"是指意识把意识构成的对象（连同其世界
视阈）看做是超越意识而与意识相对立的东西；最后，"超越论的"对应于"先验
自我"，而"超越的"对应于"世界"，也就是说它们分别对应于意识的意向性的自
我极和世界极。现象学的超越论还原就是把科学在自然主义态度下所形成的超越世
界的幻象，还原到其超越论所强调的主观性源泉。

的科学幻象而使科学回归生活世界的路径的轮廓。对于这种回归而言,
从科学世界经由生活世界向超越论自我的还原,仅仅是获得超越论现象
学的视野。本文的中心任务是,借助于这种视野,以解释性现象学的意
向性分析,揭示科学世界如何作为主观性生活的成就而从生活世界中被
意向性地构造出来,以及自然主义如何对科学理论进行本体论化虚构。
由此,原先作为生活世界的理念外衣的超越的幻象才真正可以被剥离。
最终,只有建立一门生活世界现象学,使所有客观科学和精神科学都奠
基于其之上而成为生活世界科学,科学和人类精神生活才可能获得其超
越论现象学的彻底奠基,其面临的危机才能最终被克服。

一　自然态度的科学的危机与生活的危机

最基本的自然态度就是我们对自然的存在信仰,即设定自然是自在
存在的实在。这种自然态度,在日常生活中具有其天然的合理性。然
而,作为哲学反思中,自然态度往往僭越了科学的实证方法本身,独断
地设定:自在的世界是存在的、无论我们对它有没有意识;科学是我们
对自在自然的客观认识,自然科学理论名词指称实存的自然客体及其属
性,科学理论是对自然的规律的概括;进而,自然科学的方法论是我们
把握真理的唯一的或最优的途径。

20世纪以来,随着现代科学的兴起和哲学家们对科学的深入反思,
这种对科学的朴素信仰在科学界逐渐被动摇和弱化。但作为哲学思想,
尤其是在方法论和科学规范,自然主义的种种纲领却在不断强化它的统
治。首先,在科学方法论层面,自然科学的实证方法依然被独断地当作
所有知识探索和获取真知识的典范。其次,与此相应,实证方法论成为
唯一具有合法性的科学规范:科学与非科学的界限,真理与谬误的判断
标准,都要以自然科学的规范来判决。按照自然科学的科学规范和方
法,精神科学如历史科学、道德科学、伦理学都面临着合理性危机。再
次,在哲学的语言分析层面,自然科学语言尤其是物理学语言被作为科
学语言的典范,甚至是最理想的语言。物理主义的唯物论便是设想通过

"理性重构",使所有科学的语言都还原为物理学语言。最后,这种方法论的自然主义,在新兴的心灵哲学和认知科学哲学中得以彻底贯彻。其典型代表就是当代心灵哲学中的强纲领的物理主义:它企图用种种的物理主义方案来解决身心问题,把表述心理状和感受态的语言,甚至表述自由意志、情绪和的言语都还原为物理主义的语言表述,而且最理想的语言不是观察语言,而是抽象的理论语言。例如,如把关于感受的日常表述还原为理论语言对微观粒子物理运动的表述。

那么20世纪以来形形色色的自然主义的问题在哪里呢?它们和所谓"欧洲科学的危机"和"人类生活的危机"又有何关系呢?

自然态度的根本问题在于,把客观科学的方法层面的设定,当作自在存在的实在了。逻辑实证主义一方面独断地设定经验实证方法论为唯一的、普遍的科学方法论,却不沉思其合理性根据;另一方面,"一切有关作为主题的人性的,以及人的文化构成物的理性与非理性的问题全部都排除掉"[1]。不仅认识论这样的纯粹理性问题不再具有合法性,而且伦理和道德实践也不再属于科学的领域,"实证主义可以说是将哲学的头颅砍去了"[2]。而新兴的自然主义则走向极端:它不仅强化科学方法和规范的权威地位,而且把自然科学的理论假设本体论化,虚构出超越论的幻象的体系。也就是说,20世纪对科学的自然态度下的反思,并没有使我们真正理解科学的革命性发展所显现的科学的本性,而是推波助澜,把披在生活世界之上的理念的外衣实在化,用超越的幻象取代生活世界。

自然主义对科学的这种"理性重构",使得科学(广义的科学概念)和我们人类的整个精神生活陷入了危机。正如胡塞尔所担忧的,"但如果科学只允许以这种方式将客观上可确定的东西看做是真的,如果历史所能教导我们的无非是,精神世界的一切形成物,人们所依赖的一切生活条件,理想,规范,就如同流逝的波浪一样形成又消失,理性总是变

---

① 胡塞尔:《欧洲科学的危机和超越论的现象学》,王炳文译,商务印书馆2001年版,第16页。

② 同上书,第19页。

成胡闹，善行总是变成灾祸，过去如此，将来也如此，如果是这样，这个世界及其中的人的生存真的能有意义吗"?①

可见，"科学的危机"的根源主要不在于伽利略以来的数学—自然科学本身，而是在于人们对科学的非反思的自然主义态度。其中，哲学家们放弃了普遍哲学的理想，不再关注纯粹理性的科学和信念，也不再用理性规范自己的理想生活，是最为关键的原因。

我们如果要克服科学和人类精神生活的危机，就必须决然地克服对科学和生活的自然态度，超越自然主义的狭隘视野。因为，科学是以自然主义的世界自在存在设定为其逻辑基础的，如果哲学试图模仿科学而进行"科学式的"反思，那就相当于一个人试图抓住自己的头发而使自己脱离地面，这是根本不可能实现的。彻底的哲学反思应该是超越具体科学而自己为自己奠基，并进而为科学和人类的精神生活奠基。而追求作为严格科学的哲学理想的现象学，能为我们提供现象学方法论武器，使我们可以超越自然态度；它能够提供关于科学和人类精神生活的深刻洞见，为真正实现哲学为（广义的）科学奠基、并重新塑造人类的生活理想指引一种富有希望之途径。

二　由科学的理念世界开始的超越论还原之途

作为一种严格科学的彻底反思，现象学对科学的反思首先要超越一切对科学的自然态度，才能直面科学的现象本身，揭示其本质。现象学借助于对一切自然态度下的存在信仰以及一切科学的理论和知识的悬置，从而使哲学的反思能够真正超越自然态度，尤其是自然主义。

现象学还原悬置了我们的一切自然态度下的存在信仰、知识和兴趣，但这并不是对科学的方法论及其理论的合理性的否定，而是为了决然地摆脱自然态度对哲学反思的束缚，实现哲学看待世界的态度转变：

---

①　胡塞尔：《欧洲科学的危机和超越论的现象学》，王炳文译，商务印书馆2001 年版，第 16 页。

由自然态度转变为现象学的超越论态度。"在悬置这种改变态度中……在世界—生活的全部兴趣和目的中并没有丧失人和东西，因此，从认识的目的中也没有丧失任何东西。只是对所有这些东西都指出了它们的本质上的主观的相关物。"① 悬置中失去的只是我们的自然态度，而其目的是揭示的却是被悬置者在主观性中的超越论构成的起源。

现象学往往被误认为是和科学对立的，其中广为流传的谬误是：它们在方法上是对立的，在研究领域是互斥的；而悬置则被看做这种"对立"的主要依据。这种看法显然是没有摆脱自然态度，没有把现象学真正当做方法论去应用，而是停留在现象学的某些具体"学说"中。依据现象学的态度，现象学与科学关系应该是：科学和哲学在不同层面上，具体的自然科学可以中立于不同的哲学立场，而不是天然地归属自然主义；现象学和自然主义是考察科学的两种态度和方法论，如果说对立也是指它们在哲学层面上的对立；现象学方法反思整个人类精神生活领域而不是囿于局部，而自然科学也属于人类精神的成就；对科学的哲学反思是为了理解科学，而不是要以哲学方法论代替科学的研究方式，这一点对现象学和自然主义的方法论同样成立。正如胡塞尔所言，"如果悬置是这样的东西，那就没有任何超越论的研究了。如果我们不将知觉与被知觉的东西，记忆与被记忆的东西，客观的东西与对每一种客观东西的证实（其中包括艺术，科学，哲学）当成例证体验到，并且甚至完全自明地体验到，我们如何能够将这一类东西当作超越论的主题呢？"②

由于我们这里的目的是探索由科学回归生活世界的途径，因此我们的超越论现象学还原的途径是：科学世界→生活世界→先验自我意识，目的是获得超越论现象学之视野。

现象学的超越论还原的第一步是由数学—逻辑的客观科学（经验实证科学）构造的抽象理念世界向生活世界的回溯。为此，我们不仅要悬置对自然的自然态度，而且必须悬置对科学理论的自然态度，即对科学

---

① 胡塞尔：《欧洲科学的危机和超越论的现象学》，王炳文译，商务印书馆2001年版，第213页。

② 同上书，第215页。

的实在论立场。通过现象学悬置，客观科学的这些自然态度被彻底剥离，而使其主在生活世界中的主观性起源显露出来：客观科学只是生活世界中的派生性的文化样式之一，它是一种奠基于生活世界中的主观性的成就。

　　这里的生活世界，仍然是自然态度下的直观经验的世界，因此超越论的还原需要进一步悬置我们对生活世界的存在信仰，使其成为纯粹的主观性生活的现象。"在这种悬置中，我们总是能够自由地将我们的目光始终一贯地紧紧指向这个生活世界"，"在这里，集中注意生活世界中现象的态度被当作出发点，即被当作通向更高水平的相关的态度之超越论的指导线索。"①

　　进一步，我们需要悬置自然态度下的生活世界，回溯到它在先验自我意识的超越论生活中的起源。按照胡塞尔的说法，就是把超越世界的一切都要最终纳入"自我—我思—所思"的超越论意识生活的结构中去。至此，我们才真正克服了自然态度，达到超越论现象学还原的最终点——先验自我意识或"具有最终目标指向的主观性"②。

　　但是，超越论还原的终点并不是此意向分析的最终目标。超越论现象学的终极目标是要意向地解释所有超越的现象、陌生的经验。现象学家"将指向世界生活中的目标的生活，并限定于这些目标等等，当成自己的主题"③。这种超越论的解释之所以可能，是因为所有外在的超越的领域归根结底都属于超越论自我的本己性的领域，在超越论还原的最终点，"并回溯到主观性以其隐蔽的内在的'方法论'具有世界，'确立'世界，继续形成世界的诸方式"④。于是，超越论还原的终点成为超越论的视野去理解生活世界和客观科学的出发点。

---

　　① 胡塞尔：《欧洲科学的危机和超越论的现象学》，王炳文译，商务印书馆 2001 年版，第 214 页。

　　② 同上。

　　③ 同上。

　　④ 同上。

三　从生活世界到科学理论的意向构造

以现象学的超越论还原的终点为现象学的意向性解释的起点，进一步的工作是揭示客观科学是如何作为先验的意识生活的成就，从生活世界中被意向地构成出来，这既是科学从生活世界之中成就之途，也是科学重返生活世界之途，即为科学及整个人类精神生活做彻底的现象学奠基之途。

从超越论自我开始的对超越世界的意向性解释，涉及意向构成的很多层次和步骤。具体而言，是分析从内在时间意识之流到内在超越的意识现象的构成，再到交互主体性的构成，最后是超越的生活世界的构造。而客观科学的抽象理念化构造则作为生活世界中的主观成就，奠基于生活世界中的直观的意向构成的经验。因此，我们对科学的超越论意向性解释的步骤是：先验自我→内在时间意识→经验自我→交互主体性→生活世界→科学世界。限于本文的目的，我们在此的任务仅限于意向地分析而勾勒出从生活世界中的意向构成到客观科学世界的理念化构造的这一段路径的轮廓。

（一）由世界视阈开始在直观的生活世界中的明见性构成

我们知道，科学理论的构造是为了系统地说明和预测我们直观世界中的现象，并且首先是建立在对这种直观现象的观察和实验之上的。因此，直观的生活世界中的对象的构成是科学理论构成的基础。在直观现象的超越论构成中，世界是我们的超越论视野中的广阔的地平线。

首先，所有超越的经验的构成，都以一个预先的对象类型的先天确定性为其线索的，而且所有超越对象的意向构成总是在一个外在视阈中进行的，或者说任何外在直观的对象总是这个视阈中的对象。这个作为地平线的世界视阈，正是我们的生活世界。由于世界视阈是任何超越的构造的意向相关物，也即我们的任何超越构造一开始，世界视阈已经存在，所以任何超越的意向构成的成就都是生活世界的组成部分，它们奠基于生活世界，从生活世界获得它们的意义来源。

在超越对象的构成中，我们首先是对对象的整体把握。这种对整体的把握一开始是空洞的，但是它在类型上却是确定的，是由世界视阈的整体结构预先规定的。与这种整体的把握相关的是这个对象的内在视阈，对象的构成便是以这个整体视阈为基础，在直观中不断地获得明见的充实。构成对象的过程就是对在体验中原初地给予的感性材料赋予意义，或者说使其立义为对象的过程。这是一个超越的过程：意向构成总是非完全充实的，总是伴随着共现，总是可错的。

这里的所有经验和判断都是在直观的明见性的领域中意向地构成的。通过这种经验在历史的世界中的不断发生地构成，整个生活世界获得了充实，经验不断地沉积在生活世界中。这里的不断被沉积的经验充实的生活世界是我们所有社会实践的基础，也是我们的科学认识实践的原初的意义领域。科学的成就就是在此基础上不断通过高级层次的、主动的意向综合而形成的。

（二）科学在数学—物理学世界中的抽象的理念化构造

科学的目的是对整个直观世界的现象做系统的说明和预测，或者说，科学企图把握直观经验领域的一切现实的和可能的现象的一般规律性。而包括科学经验在内的所有世间经验都是超越性的，也就是它们不能在直观中完全充实。于是，科学对直观经验世界的普全性的规律的诉求和我们关于这个世界的经验的超越性特性之间发生冲突：直观对普全的世界视阈的整体把握总是空洞的，我们的超越性构成总是只能获得局部领域的直观明见性经验，而科学要求获得关于整个世界的普遍性规律。那么面对世界整体这个不完全直观明见性的领域，科学如何达成它的目的呢？

依据对科学史的现象学分析，科学理论的抽象构造依据于两种超越的构造形式：（1）从某些局部领域的经验构成整个现象领域的普遍性判断；（2）从直观的和已知的对象领域的现象的规律性构造非直观的、未知的对象领域的规律性。前一种超越性构造是为了获得判断的普遍性，这是通过外推和类比的构造获得的；而后一种超越性构造是由直观的或已知的现象和经验构造未知领域的现象，这是通过由现象到机制的回溯性的构造而进行的。

这两种带有跳跃性、猜想性的超越的构造之所以能获得成功，其奥秘或许在于在世界的整体性视阈中，我们的任何超越构成总是受世界的整体结构的预先规定，同时我们对世界的区域本体论有一种预先的领会，作为我们的理论构成的潜在的引导。这种对世界的潜在的整体把握是建立在我们在生活世界中的直观性经验的沉积的基础上的，因此没有我们对生活世界的直观经验，所有科学的超越构造便无法发动起来。

即便如此，科学理论的构成不是完全借助于对这两种构造方式的交替应用而获得的。因为缺乏对所探索的领域的明见性直观，科学家只能借助于对对象领域的整体把握，对直观世界进行抽象，通过自由想象的变更，不断变换这个抽象世界中的要素，获得变换下的不变的要素，再经过生产性的联想贯通这些要素，把握其不变的内在关系。在这个复杂而反复进行的过程中，以上两种构造方式穿插在其中。但是，科学理论的这种超越性构造并不是一个机械的、每一步都明见的，也许很多的构造是在下意识之中，并没有为我们所明确地意识到，也许构造的成就最后是作为完形式的把握，借助于灵感整体性地突现于科学家的意识之中。

由于不能以直观方式把握对对象领域，因此科学是通过某些参数来表征对象系统的状态和性质，然后通过把握这些参数之间的数学关系来把握对象领域，并用某些特定的数学公式来表述这种关系。这样，科学家们通过一整套表述物理性质的参数的数学关系而间接地把握了对象领域。然而，我们没有理由说这里的数学关系式表述了任何关于自在实在的真理，因为这里的数学公式和其中的参数，并不一定具有直观的意义，也不一定能获得直观经验的间接的充实。因此，科学理论，只有作为一个抽象理念的整体构架，才有可能与对象领域整体建立一种间接的明见性关系。而这种明见性仅仅依赖于科学理念构架可以借助于演绎而表述关于直观世界的现象的可能的显现形式的规律性判断。

　　科学理论的抽象构造虽然使其失去了直观意义，但由上面分析可以看出，它仍是生活世界中的主观性成就，奠基于生活世界。这种奠基关系也蕴涵了这种抽象理论通过科学说明和预测而获得间接的明见性的可能性。而且，可以沿着意向构成的路径，追溯其与生活世界的意义关联。

四　科学之超越幻象的自然主义构造

　　虽然近代以来，客观科学远离了直观经验的领域。但作为以说明和预测自然现象为目的的认知实践，科学因其抽象理论构造和直观经验检验的相互关联和反馈而获得其实践的合理性。但自然主义在此基础上进一步对科学理念体系本体论化，从而构造出作为超越幻象的"客观世界"，是外加于科学的虚假观念。

（一）由科学说明和预测的有效性开始的本体论虚构

　　由于科学理论的构造是在直观经验匮乏的情况下，主要以视阈中沉积的以往科学经验以及少数新的科学直观经验而超越地进行的，因此其是否具有间接的明见性（明察性）还需要生活世界中直观经验的最终检验。成功的科学理论可以为我们直观世界的某个领域或全体领域提供的所有可能现象提供一种系统的说明和预测。在运用作为抽象理念语言构架的科学理论解释直观的现象时，我们通常需要对科学理论进行语义阐释，并辅之以各种直观或非直观的模型来说明。在物理学、化学和生物学中，往往把宏观的现象还原为对应的微观抽象客体的理论机制来解释。这种科学中普遍采用的还原论的说明模式也同样适用于科学预测和科学的技术化应用。

　　在这种借助于模型的还原性的科学说明中，要求直观现象及表述它们的描述性术语能够被理论对象及对应的理论术语的语言集表述。显然，在这种以严格性和系统性为规范的科学说明中，作为说明性语言的理论语言构架和理论对象要优越于被说明的直观现象语言和对应的直观现象的。在这个意义上，最理想的科学说明就是用理论语言系统地重新系统地表述整个直观现象领域，或者可以说，科学说明就是用科学世界的语言重构直观的生活世界的现象。因此，从科学说明的角度看，理论对象和理论术语在本体论上好像要"优越"于直观现象和直观描述术语，前者好像更为"实在"。相应的，科学的抽象理论构架好像比那些关于直观现象的描述性判断更系统、更严密，因而更接近真理。

　　但是，这种"实在论"观念是出于对科学理论的构成和科学说明的本性的误解而造成的本体论上的谬误。这是因为，如前所述，科学理论是借助于少量的直观的和明察的经验超越地构造出来的，因此科学理论对象（通过对数学公式的语义解释）作为科学理论中的本体论承诺，是带有假设性和约定性的；虽然它们在说明和预测现象方面也许有工具论意义上的优越性，但却没有本体论上的实在性。这是因为它们本身的明见性（明察性）最终要依赖于直观现象世界中的观察实验经验的检验，而不能把它们直接当作本体论上实在的东西来解释直观世界中的现象。而上面所述由科学说明中理论的优越性一下子跳跃到对科学理论在本体论上的优越性的判断，乃是对科学说明的本性的误解，由前者到后者在逻辑上是不具有合理性的，是由对本体论的谬误理解而导致的幻想而已。

　　而朴素的科学实在论者则往往一方面被科学在说明和预测现象方面的巨大成功所迷惑，另一方面对科学理论的超越构成和科学说明的规范不理解，因而颠倒了直观现象和科学理论、生活世界和科学世界之间的真实的奠基关系，执科学理论对象为实存之物，认科学理论为关于自在实在的客观真理。

（二）科学的超越幻象对直观的生活世界的覆盖

　　如上所述，由于我们对外部世界的构造总是超越性的构造，我们对外在世界的直观是永远都无法完全直观地充实的，即我们的直观无法与直观的世界相即，而世界则永远在我们的视野的地平线处延伸。科学企图依赖于有限的经验通过超越的综合去把握无限的世界，这种有限的经验和无限的潜在可能性之间的矛盾造成了我们的科学理论本身的非直观明见性和抽象性。

由于科学的巨大成就，科学实在论者相信科学理论对象比直观经验更为本源、更为真实，科学理论的抽象世界是一个比生活世界更为真实和客观的世界。这种对作为理论预设的理论实体的实在化，使得科学理论对象和定律超出了它自己的有限性而变成自在存在的实体和规律。恰正如在康德那里，当知性企图超越经验的现象界而去把握无限的本体届时会因理性的僭越而产生先验的幻象一样，[①] 在科学实在论者这里，所谓的实在的理论实体也是科学超越自己的有限性而产生的超越的幻象。

遗憾的是，自然主义的哲学家失去了对科学的理性反思和批判，以一种自然的态度去朴素地看待科学。自然主义被这种科学实在论的幻象所迷惑，把科学理论所假设的理论对象看做是本体论上优先的和实在的。他们把科学说明中用理论语言表述关于直观现象的描述性语言本体论化为是表述真实世界的语言对描述表观的现象的语言的替代，是关于世界的客观真实的知识对主观的感知经验的取代，是真实的客观世界对主观的生活世界的取代。

这样，伴随着科学对自然的数学化和抽象化，在科学文化发达的现代社会，无论是我们的语言、思维还是世界观等方面，都有用抽象的、关于客观世界的语言和观念取代直观的生活世界的语言和经验的趋势。如果人们都习惯于用科学的抽象语言来替代生活世界的日常语言，那么最终我们关于生活世界的直观经验和观念就有被彻底地分解和还原为科学的抽象观念的危险，这样，我们的主观的生活世界就完全被客观科学的理念世界覆盖，一切精神性的因素都被从人类的生活中排除。

---

① 可参阅康德《纯粹理性批判》，邓晓芒译，人民出版社 2004 年版，第258—261 页。

五　向超越论的生活世界的回溯与科学幻象的克服

由上述分析可知，由于这种科学的抽象世界被误认为是本体论上实在的和优越的，我们陷入了我们自己构造的科学的超越的幻象中。这不仅使得科学失去了对于我们原初的生活世界的意义，而且作为理性的生活的基础的理性的科学的理想也被放弃，这使得我们陷入了科学的危机和整个精神生活的危机。当我们企图从这种抽象的、缺乏意义的、单一的存在者之去蔽方式的围困中突围时，我们面临着对道路的抉择。我们不仅要重新澄清科学可能具有的意义，使它成为有根基的，而且需要重新建立我们对普遍性的科学的理想，并使我们的生活奠基于理性之上，使之成为有意义的。

而从前文对科学理论意向构成诸层次的分析，我们发现揭示了客观科学及其世界其实是在生活世界中获得的主观性的精神成就，它奠基于生活世界，它的意义来源于生活世界。因此我们把超越论的目光沿着由客观性知识动机牵引着的科学意向构成的诸层次回溯到生活世界，去追问科学理论在生活世界中的意义源泉。

生活世界，在自然态度中是一个预设的自在存在的整体，但通过向超越论态度的转变，它成为超越论现象学视阈中作为主观性成就的意向相关性领域。在这个直观而生动的世界中，我们的一切生活的丰富的样式和形态不断地发生构造，认知的、价值的、审美的意义总是在历史的流变中不断地从我们生活的周围世界中生发出来。我们的任何的事业总是已经处在此原初的生活世界的视阈中并在其中连续地构造发生。也就是说，包括任何理论或实践的活动，都是奠基于此生活世界。

作为科学的实践者的科学家共同体，就生活在这个主观的世界中；而科学实践活动就是在生活世界中进行的，属于生活世界的具体的派生性的组成部分。所谓客观科学，一开始就已经是主观性的成就，奠基于生活世界并从生活世界获得其意义的；没有生活世界的奠基，任何科学理论的构造根本是不可能的。这不仅体现在科学理论的构造需要借助直观经验作为其材料，而且科学总是已经是在某种科学的文化视阈中的，在这种视阈中，总是已经沉积了以往人类关于实际的认识经验，这也是科学理论的意向构成的必不可少的经验材料。而且，科学理论的明察性需要通过生活世界中的观察实验的检验而获得，科学理论也通过说明和预测直观现象而间接地向生活世界回复。因此，我们的科学总是根植于这个生活世界而具有与这个普遍的生活世界的意义关联。①

　　因此，关于超越论的生活世界的观念的提出，使得我们有可能克服随客观科学的兴盛而产生的科学的危机和生活的危机。下面，我们需要对生活世界及其与科学世界的关系的分析来进一步探索是否可以用这种解决方案解决我们面临的科学危机和生活危机。

　　对科学理论的概念和理论的实在化，是站在朴素的自然主义的立场上，由于不明白科学理论实质上是生活世界中的主观性成就之一，把科学理论说明和预测的有效性等同于它们的客观真理性，把自然信仰当作真理，这是自然主义谬误在科学理论的本体论问题上的根本体现。这种自然主义的谬误的泛滥导致了科学放弃了自己的理性精神，僭越自身的界限而虚构自在的世界，从而造成科学世界对生活世界的抽象化和覆盖。因此，自然主义立场上的科学对自然的理念化才是科学危机的最终根源。

　　通过向生活世界的回溯，我们终于澄清了科学世界和生活世界的关系：科学世界作为一种抽象的数学—逻辑的构造，它是我们生活世界中主观的精神成就。作为抽象理念的体系，它只有回归到生活世界，才能间接地和直观的世界现象相关联，奠基于生活世界并从它那里获得其意义的来源。生活世界并不是作为科学世界的一个局部的、直观现象的层而隶属于科学世界；恰恰相反，科学世界只是作为我们生活的局部的领域，在作为它根基的、充满着意义的生活的整体中才能获得它的意义。

　　在超越论的视野下，我们立足于本源的生活世界中。这时候我们可以发现，对现象的精确的预测和有效的控制是我们的实用性的生活实践

---

　　① 胡塞尔：《生活世界现象学》，倪梁康、张廷国译，上海译文出版社 2002年版，第 268 页。

的重要组成部分，但不是我们生活的全部内容，也不是我们生活的最核心的价值，而是从属于我们的目的性的生活的整体，它必须通过奠基于我们的理性的生活才能获得它对我们生活的意义和价值。科学理论的解释和预测直观现象的有效性并不会导致其理论对象在本体论上的优越性，科学理论只有作为整体提供关于生活世界中现象的系统的说明和预测的意义上间接地具有意义。依据于现象学的明见性原则，生活世界中的直观经验相对科学理论而言具有更为基础和本源的意义。

在前科学的历史中长久地持存的生活世界中，理性不仅体现在理论实践中，而且也规范着我们的价值体系、伦理生活和审美体验。科学的危机不仅仅是客观科学的思维和理念对我们生活的抽象化，而且更在于客观科学不仅成为知识的典范，而且它的规范被外推为一切科学的合理性规范，这导致所有精神科学，尤其是关于价值和道德的科学面临着被剥夺合理性的危机，伴随而来的是价值和道德的相对主义、虚无主义。由此，前科学的时代中那种用理性来规范我们的一切理论和实践的理想丧失了。我们的价值、伦理和审美的理性都丧失了其在生活世界中的根基，面临缺乏其合法性根据的威胁。这又会导致我们的整个精神生活的危机。

那么，整个精神科学如何摆脱客观科学的"侵害"而获得其在理性的科学体系中的合理地位呢？事实上，当我们论证了客观科学是更为本源的生活世界的主观性实践的成就，是隶属于生活世界的派生性的理论实践，它不能作为我们理性的科学的最终规范时，我们就已经获得了一条为精神科学奠基的超越论途径：既然在生活世界中，客观科学不再作为评价一切科学的规范，也不作为我们生活的规范性根据，那我们必须从生活世界本身中去寻找可以衡量客观科学和精神科学的最终的根据。这样，就可以摆脱客观科学观念的精神桎梏，而重新沉思建立奠基于生活世界的理性的普遍的科学的系统，为我们的理性的、有意义的生活奠基。

这样，我们需要对客观科学、精神科学和我们的生活的所有样式做一个彻底而系统的理性的奠基。显然，这种奠基需要建立一门关于生活世界超越论的普遍科学，揭示生活世界的本质形式和诸种派生生活的本质类型，使得前述这些科学都能作生活世界的局部而在这种普遍科学中获得理性的奠基。在胡塞尔的设想中，这种普全的普遍科学就是"生活世界现象学"①。这种理想中的生活世界现象学虽然是主观性的科学、观念的科学，但是它可以系统地澄清客观的科学如何作为主观的精神的成就，也使得客观科学通过回归生活世界而获得其意义。而且，它可以为我们的价值科学、伦理科学和美学奠定基础。最终，所有客观科学和精神科学，都应该是作为生活世界科学体系的不同分支，奠基于生活世界现象学。而生活世界现象学则最终要奠基于一门作关于超越论自我的纯粹现象学。

由此可见，只有建立一门超越论的**生活世界现象学**，并使客观科学和精神科学成为奠基于其上的**生活世界科学**，从科学世界向生活世界的回溯才能最终完成，科学的危机得以克服。

不仅如此，当每一门科学都作为生活世界科学的分支而获得其意义时，在自然态度下的因科学理论的本体化谬误而构造的超越的幻象就会完全消失，导致对生活世界的抽象化、理念化的重构被终止，披在生活世界之上的理念外衣被剥离。从而，人类精神生活的危机有希望得以克服。

六　结论

自然主义作为自然态度在当代哲学中的主要表现形式之一，在关于客观科学的哲学研究中根深蒂固，而且对当代精神科学的研究影响巨大。但是如我们前面所论证，科学中的自然主义并不是科学的本质性因素，它是由自然主义哲学披在科学身上的外衣。现象学对科学的彻底反思就是为了澄清科学的本来面目，揭示科学是如何作为生活世界中主观性的成就，最终克服科学和人类生活的危机。我们先前的分析揭示了客

---

① 参见胡塞尔《生活世界现象学》，倪梁康、张廷国译，上海译文出版社 2002 年版，第 257—274 页。

观科学如何作为主观性的成就从生活世界中意向构成及科学理论如何由于自然主义的本体论化而产生超越论幻象，并探索如何借主义超越论现象学的视角，找到客观科学重返生活世界的途径。但现象学的彻底反思的最终实现，需要一门超越论的生活世界现象学，并使客观科学和精神科学奠基于其上。这个任务对于现象学的沉思来说，还只是刚刚开始。

参考文献

［1］胡塞尔：《经验与判断》，邓晓芒、张廷国译，三联书店 1996 年版。

［2］胡塞尔：《欧洲科学的危机和超越论的现象学》，王炳文译，商务印书馆 2001 年版。

［3］胡塞尔：《生活世界现象学》，倪梁康、张廷国译，上海译文出版社 2002 年版。

［4］康德：《纯粹理性批判》，邓晓芒译，人民出版社 2004 年版。

从价值多元主义到政治现实主义

——威廉姆斯政治哲学论析

陈德中

【内容摘要】威廉姆斯是当代政治现实主义理论的代表人物，他主张"哲学需要历史"和"历史优先于辩护"，对自由主义的理性辩护模式提出了批评。他认为在政治生活中我们要充分认识到政治对手、政治分歧与政治竞争的存在。人类价值是多元的，不同的价值之间存在着不可调解的永恒冲突。而在政治生活中，价值之间的相互竞争必然表现为权力之间的竞争。因此，价值竞争与权力竞争共享一种对于政治的分析模式。基于权力竞争的政治分析是现实主义的核心要素。从权力竞争模式入手，本文对不同种类的现实主义进行了细致区分，并且推导出了结束霍布斯意义上的"自然状态"所必须具备的两个逻辑条件："最低限度的至上权力"和"最低限度的道德"（基本的政治正当性）。

政治现实主义有着悠久的历史传统，不过在当代的政治哲学讨论中却一度成为一个讳莫如深的主题。当代政治哲学的复兴一度被认为是以罗尔斯等为代表的新康德主义和以麦金泰尔等为代表的德性论的复兴。为了批评和对抗当代政治哲学中的广泛存在的道德主义倾向，伯纳德·

阿瑟·欧文·威廉姆斯①以现实主义为其主要依据来系统阐述自己对于政治的看法。威廉姆斯因而被看做是当代现实主义政治哲学思潮的领军人物，这一潮流是对以德沃金和罗尔斯为代表的"高调自由主义"的一个反动。

本文将集中勾勒并构建威廉姆斯的政治哲学思想。在笔者看来，威廉姆斯从以赛亚·伯林的价值多元主义出发，最终走向了以权力竞争为核心的政治现实主义。围绕这一转变而形成的权力竞争的分析模式，是威廉姆斯对于当代政治哲学的一个重要贡献，也是值得我们充分享用的思想遗产。因此，本文将在总结现实主义的基本要素的基础上，首先对不同种类的现实主义作出区分，进而提出结束霍布斯意义上的"自然状态"的两个充分必要条件。笔者对威廉姆斯工作的建构性理解将部分弥补威廉姆斯政治哲学分析中的形式化上的不足，并力图将威廉姆斯的政治现实主义理解往前推进一步。

一　"历史的要旨"与"泰初有为"

威廉姆斯强调历史在人文学科研究中的特殊作用，提出哲学和政治哲学都需要历史。②"缺乏历史感是哲学家们的传统缺陷……所以从现

---

① 　伯纳德·阿瑟·欧文·威廉姆斯（Bernard Arthur Owen Williams，1929—2003）是 20 世纪后半叶英语世界杰出哲学家。他在伦理学、知识论、心灵哲学和政治哲学等领域贡献卓著，对早期希腊思想和笛卡儿的研究颇有建树。威廉姆斯在第二次世界大战后进入牛津学习古典学和哲学。1951 年毕业后他曾入皇家空军服役，后来相继在牛津大学（1953—1954 年）、伦敦大学（1954—1967 年，其中1958—1959 年间在加纳大学担任访问讲师）和剑桥大学（1967—1986 年）任教。他从 1979 年开始担任剑桥大学国王学院院长，从 80 年代中期开始长期任教于美国伯克利大学并成为那里的终身教授。2003 年 6 月 10 日，他在罗马短期度假期间，因心脏病发作而去世，享年 74 岁。

② 　B. Williams，*In the Beginning was the Deed*，Princeton University Press，2005，p. 53.

在开始需要的就是有历史的哲学思考，以及伴随这种思考而应有的谦虚的美德。"尼采写于 1878 年的这段话，被威廉姆斯用在了他的最后一本专著《真与真实》(2002 年出版)的卷首语中，并在他于当年 10 月 17 日发表于《伦敦书评》的评论文章"哲学为什么需要历史"① 一文中再次被引用。在威廉姆斯看来，历史对于哲学观念发挥着特殊的作用。"哲学史帮助我们服务于这一目标的方式之一，就是这样一种我们都很熟悉的基本方式，(历史)使熟悉的事物显得陌生，反之亦然，不过我们需要了解如何才能更好地做到这一点。"② 历史使陌生的事物变得熟悉，使熟悉的事物变得陌生，他把历史的这样一种重要作用称作"历史的要旨"(aim of history)。③

在为威廉姆斯去世后所出版的三本著作所做的书评中，托马斯·内格尔评价说："尽管三本书所涉及的主题广泛，但是它们全因威廉姆斯敏锐的历史偶然感和对没有时间意识的哲学愿望的抵制而紧密地结合到了一起。……他是我们这个时代这样一种观点的杰出代表，这种观点就是：对于最高理性秩序的哲学反思无须超越颇具偶然特征的人类生活。"④ "威廉姆斯强调历史在使陌生的事物熟悉和使熟悉的事物陌生中的重要作用。"⑤

威廉姆斯提出，在观念史研究中，历史和理性各发挥其作用。这一主张可以说是他的哲学认识论。从这样一种考虑出发，他进而提出：理性反思是有力量的，但是反思的力量是有限的。"(对哲学概念和哲学观点提出辩护性的说明)并不是问题的关键，真正的问题关系到我们对待我们自己观点的哲学态度。除了在把我们的观点与其他人的观点进行比

---

① Williams Bernard，"Why Philosophy Needs History"，*London Review of Books*，October 17，2002.

② B. Williams，*The Sense of the Past*：*Essays in the History of Philosophy*，Princeton University Press，2006，p. 259.

③ Ibid.

④ Thomas Nagel，The View from Here and Now，in *London Review of Book*，May 05，2006.

⑤ 威廉姆斯的表述见 SP，p. 259。

较时可能带来的辩护及其后果的问题外，哲学家若想从根本上理解我们的伦理概念就不能完全忽视历史。原因之一就在于，在很多情况下我们的概念的内容是一个偶然的历史现象。……对于我们观念和动机的反思性理解——我认为大家都会同意那种理解就是哲学的要旨之一——就必将包括历史的理解。在这里，历史帮助进行哲学理解，或者就是哲学理解的一部分。哲学不得不学会这一教训：概念描述（或者更专门地说，概念分析）并不是自我充分的；从人类生活的普遍条件中把我们的概念先验地引出的那种计划，即使确实有其地位（在哲学的某些领域中比在哲学的其他领域中具有更大的地位），很可能会留下很多激发哲学研究的特点得不到说明。"①

我们可以把威廉姆斯在"作为一门人文学科的哲学"这篇文章中所表达的这种观点称作"历史相对于辩护的优先性"。历史的这种优先地位，表明我们在看待伦理观念和政治观念的有效保证问题时，应该从逻辑的论证更多地首先转向历史的考察。历史向我们提供了理解哲学概念之内容的更为牢固的基础和根据。当然，在这里，还需要强调，威廉姆斯并不反对概念分析和理性辩护的作用，他只是希望我们能够不把概念分析和理性辩护作为我们最终的、唯一的、不可动摇的理据。

因为，辩护（justification）就是为信念寻找充分根据，并且提出合乎逻辑的融贯说明。但是辩护模式的最大问题就是它只能让相信者更加确信，但是它并不能使不相信这个信念系统的人的原有信念发生丝毫改变，因而它也就把真正的对手（即要说服的对象）排除在了自己所为之辩护的信念系统之外。近代以来对于自由主义的诸种"辩护"就存在着这样的问题。

针对政治哲学思考中广泛存在的这样一个问题，威廉姆斯提出，历史优先于辩护。他认为，我们应该寻找一种不同于辩护模式的新的解释的模式，这样一种模式应该能够把论辩对手也包括进来。这样做才是一种现实主义的（即面对现实的）态度。

---

① B. Williams，*Philosophy as a Humanistic Discipline*，Princeton University Press，2006，pp. 191-192.

　　而这样一种现实主义主张关联着威廉姆斯关于什么是政治的看法。在《从自由到自由权：一种政治价值的建构》一文中，威廉姆斯特意就何为"政治的"（the political）这一问题提出了以下四个观点：[①]

　　（1）政治哲学必须独立地使用政治的概念，诸如权力以及它的规范对应物即正当性（legitimation）。

　　（2）政治观念的焦点集中在政治分歧。

　　（3）可能的政治分歧包括关于政治价值——如自由、平等或正义——的解释的分歧。

　　（4）政治差异是政治对手之间的一种关系。

　　我们可以把威廉姆斯这里所强调的四个观点简化为以下四个大家非常熟悉的词汇：权力（power）、冲突（conflict）、分歧（disagreement）和对手（opponents）。政治就是权力冲突和意见分歧，我们和那些与我们意见相左者的关系是对手关系。

　　威廉姆斯特别强调人类的实践行为在我们理解政治生活中的首要地位。他认为要想跳出一些传统的自由主义者在为自己进行辩护时不断陷入的"应当"的循环，就必须接受"泰初有为"这一真理。

　　"泰初有为"（In the Beginning was the Deed）是说，在我们的理论考察与反思中，人类行为本身应该居于优先地位。这一提法原见于歌德的歌剧《浮士德》，维特根斯坦在《论确定性》一书第 402 条也援引了这一提法。威廉姆斯认为，这一提法提醒我们"实践的首要地位"并非对于实践描述的首要地位。"并不是说我们为自己表述了一遍我们的实践，我们就可以在这种表述中寻找到我们信念的基础。实践和一套信念之间的关系不可能是类似于前提和结论之间的关系，也不可能是任何两套陈述之间的关系。"[②] 威廉姆斯进而认为，在二者的关系的问题上，"反思的力量是有限的"。很显然，威廉姆斯是在提醒我们，任何的理论

---

　　① ［英］B. 威廉姆斯：《从自由到自由权：一种政治价值的建构》，载于《第三种自由》，东方出版社 2006 年版，第 398—399 页。

　　② B. Williams, *In the Beginning was the Deed*, Princeton University Press, 2005, p. 24.

都是我们对于世界的方便表述，这一理论表述能否就此构成我们对于世界的信念基础，我们应该时刻保持悬疑态度。而任何理论的表述，都是对于行为本身的描述。我们的实践不应当基于任何的伦理或认知考虑，（正如威廉姆斯在总结维特根斯坦后期立场时所表述的那样）"从而我们必须承认我们出场的方式不过就是我们出场的方式，我们必须生活于这样一种出场方式之中，而不是极力证明这种出场方式"①。

　　因此，"任何理论都只能在其所赖以表达的历史环境中才能有其意义，才能在某种程度上整理政治思想和政治行为，而该理论与此历史环境之间的关系不能够被完全理论化，也不能完全在反思中被捕捉"②。既然任何基础主义最终都不能真正得到它所想要的东西，那么依照康德路线进行论证的特殊形式的自由主义也就不再有其意义。即便是在歌德的意义上，这种方案也已经不再有其意义。"因为政治方案总是由其历史环境所限定，不仅为其观念背景所限定，而且也为其经验现实所限定。"③ 而"环境几乎可以说永远不是为我们的思想所造就，而是为其他人的行为所造就。因而，我们的思想能否使得政治有其意义，事实上是极不确定地依赖于其他人的行为。"④ 对于生活的理解不能先于生活自身，也就是说："泰初有为。"尽管我们不是特别能够理解和把握，但是我们的价值创造源自我们的周遭生活，源自我们的生活形式，而所创造出的价值则又不是传统上所认为的超人引导人类，而是受制于历史的偶然性。

二　从价值竞争到权力竞争

　　上述的"历史的要旨"主张和"泰初有为"主张构成了威廉姆斯

---

　　① B. Williams, *In the Beginning was the Deed*, Princeton University Press, 2005, p. 34.

　　② Ibid. , p. 25.

　　③ Ibid.

　　④ Ibid.

看待政治哲学问题独特的出发点。从这样的关切倾向出发，我们可以进而把握和梳理威廉姆斯对于政治问题的特殊思考。在笔者看来，威廉姆斯在其晚年完全接受和采用了多元价值竞争和政治权力竞争的主张。前者可以从威廉姆斯强调历史的特殊作用等基本观点中推演出来，而在现实生活中，威廉姆斯也的确与以赛亚·伯林是一生的好朋友，同时也分享了伯林的多元主义价值观念。威廉姆斯回忆说："我们（指他和伯林）最大的一个知识相似点就是不信任体系：相信不可化约，相信多元主义，相信价值冲突，我们总体上都是狐狸型气质。"①

"政治理论中的现实主义与道德主义"是威廉姆斯政治哲学研究的代表性文章。在这篇文章中，威廉姆斯致力于寻找和论证"政治现实主义"② 传统，以抗衡和反驳政治道德主义传统。威廉姆斯在区分了政治道德主义（political moralism）与政治现实主义（political realism）。道德优先于政治的观点被威廉姆斯称作政治道德主义。这种模式典型地以康德式的"自主"观念作为自由主义政治思想的基础，罗尔斯的政治思想可以说是这种思想的代表。而史克拉的"基于恐惧的自由主义"（the liberalism of fear）则被威廉姆斯视作政治现实主义，它源自政治理论中的一个悠久的传统。威廉姆斯主张以政治的现实主义态度来看待政治，他的整篇文章就是要发挥自己的政治现实主义理解，批评政治道德主义的缺陷与不足。

威廉姆斯的多元主义观点是对伯林多元主义的继承与辩护。伯林奠定了多元价值竞争且冲突不可避免的基本观点，而威廉姆斯的工作则致力于创造性地维护这一基本观点。而经由约翰·格雷的分析，我们将获得一个关于价值竞争的更加明晰的模式。

价值多元主义的观点有着悠久的历史，但是只有在伯林之后，才有

---

① B. Williams, *In the Beginning was the Deed*, Princeton University Press, 2005, p. 52.

② Ibid., p. 3.

某些哲学家明确地把自己称作价值多元主义者。① 伯林认为："既然有
些价值可能本质上是相互冲突的，那么，原则上可以发现所有价值都能
和谐相处的模式这样一种观念，便是建立在关于世界本质的一种错误
的、先验的观念之上。""于是，选择的需要，为着一些终极价值而牺牲
另一些终极价值的需要，就成为人类困境的永久特征。"②

　　乔治·克劳德在《自由主义与价值多元论》中总结说，伯林的价值
多元主义观点包含四个主要成分：普遍性、多元性、不可公度性和冲突
性，并指出因不可公度而产生的冲突使我们面临着困难的选择，这是多
元主义观点最主要的含义。③

　　约翰·格雷基于他对于伯林观点的理解，提出伯林的自由主义是一
种竞争的自由主义（agonistic liberalism）。④ "'agon'一词源于希腊语，
它有两重含义，既是指对唱比赛中的竞争或竞赛，也是指悲剧中人物的
冲突。与我们时代流行的自由主义——即乐观地认为基本的自由、公正
或正当要求是（或必定是）一致的和和谐的——不同，伯林的自由主义
是一种斯多葛派的和悲剧的自由主义，它认为在那些具有内在竞争性的
价值中存在着难以避免的冲突，任何选择都会带来无法弥补的损失。"⑤
这一提法进一步加剧了伯林思想中多元主义与自由主义的紧张关系，使
得从多元主义到自由主义的过渡这一难题明朗化。

　　约翰·格雷关于"竞争的自由主义"的提法为我们带来了一个重要

----

　　①　纳斯鲍姆指出，早在亚里士多德和一般的异教多神教中，就已经可以发现
价值多元主义的基本思想。克劳德则指出，除了伯林的系统阐述之外，我们可以在
近代以来的马基雅维里、蒙田、休谟、维科、赫尔德、韦伯和奥克肖特那里看到对
于价值多元主义的理解。而当代的价值多元主义则在包括盖尔斯顿、格雷、汉普什
尔、凯克斯、内格尔、纳斯鲍姆、拉兹、斯托克等人的作品中得到了不同层面的阐
述与理解。见［澳］乔治·克劳德《自由主义与价值多元论》，应奇等译，江苏人
民出版社 2006 年版，第 21 页注释 2。

　　②　［英］伯林：《自由论》，胡传胜译，译林出版社 2003 年版，第 49 页。

　　③　［澳］乔治·克劳德：《自由主义与价值多元论》，应奇等译，江苏人民出
版社 2006 年版，第 2—3 页。

　　④　Gray，John（1993），Post-liberalism，Routledge Press，p. 67.

　　⑤　［英］格雷：《伯林》，马俊峰等译，昆仑出版社 1999 年版，"导言"。

思想，那就是对于多元价值竞争特征的强调。在笔者看来，这种竞争的自由主义的提法既可以用作对于这种多元主义的自由主义的另外一种称呼，也更适合将其看做是对多元主义者政治问题考察模式的描述。而在此基础上提出的"竞争模式"正是威廉姆斯心目中理想的政治哲学考察模式，这一模式的第一个来源就是价值的多元竞争。现实主义则是这一模式的另外一个来源。因此，本论文将接受约翰·格雷的"竞争的自由主义"的提法，并且在此基础上把其中的竞争特质加以抽取，不但将其应用到对于多元主义的分析中，而且将其应用到对于整个政治生活的分析中。笔者相信，价值生活和政治生活的竞争特征是一个可以为当代社会所公认的基本特点。

威廉姆斯的政治现实主义根植于他的历史感和他对政治分析的起始点的看法。在威廉姆斯看来，我们要在一定的历史环境中反思我们的实践。很显然，伯林对于政治现实主义的描述也同样强化了这一点。而对于政治的反思要以人的行为作为起点，而不是以被某种原则所处理过的对于世界的系统看法作为起点。"泰初有为"而不是"泰初有道"。

多元主义者承认不同的价值之间是相互竞争的，基于对这样一种竞争模式的认识，多元主义者必将害怕对于权力的滥用，因而会将基本的安全需求当作其首要需求。所以威廉姆斯对史克拉所发明的"基于恐惧的自由主义"这一提法大加赞赏，并且称赞"她是一个伟大的人物，令人尊敬的学者"。在威廉姆斯看来，"基于恐惧的自由主义进一步简化了道德多元主义的预设，从而具有更强的权力体制的多元主义的含义。"与"基于自然权利的自由主义"和"基于个人发展的自由主义"不同，这种自由主义"完全不是乌托邦"性质的。①

在一次纪念伯林的演讲中威廉姆斯做出了上述表述。可以看出，威廉姆斯对于以权力、价值竞争和安全为要素的"竞争分析模式"中的基本主旨了然于胸。而史克拉的分析也将这一问题向前推进了一大步。不过从现有的文献来看，威廉姆斯自己并没有能够特别形式化地把这一模

①   B. Williams, *In the Beginning was the Deed*, Princeton University Press, 2005, p. 55.

式表达出来。

那么，价值竞争与现实主义之间又是什么关系呢？在笔者看来，从多元价值之间的相互竞争到现实主义的权力竞争必然要求一个基本的过渡：多元价值之间的竞争在人类的政治生活中必然表现为权力的竞争。而权力竞争是现实主义分析政治的核心要素。经过了这样的过渡之后，我们就会发现，从威廉姆斯所坚持的价值多元主张到他所提到的现实主义之间存在着一个逻辑上的关联。有了这样一个跳跃性的主张，我们就可以把伯林和威廉姆斯所坚持的多元主义收敛于对于政治生活的分析与考察。同时我们也就能够明白为什么威廉姆斯会最终以现实主义来对抗道德主义，为什么会从对多元主义的强调走向对现实主义的强调。

现实主义必然预设了多元前提，承认多元必然有现实主义的诉求。事实上，就多元主义和现实主义对于政治生活的分析方式而言，无论二者是否严格对等，二者的确都共同享有了一种权力竞争的分析模式，或者说分享了看待政治问题的政治竞争感。权力、价值竞争和安全是权力竞争模式考察问题的基本要素。而竞争模式从根本上讲是一种特殊形式的博弈模式，在后边的研究中我会进一步把竞争模式处理为博弈模式的一种特殊形式。

可以把竞争的分析模式所包含要素的如下总结

（1）竞争的价值是基本前提。竞争的价值同时意味着：

a 价值是多元的；b 多元的价值之间是一种竞争关系。

（2）权力是作为分析的基本单元。

在政治生活中，竞争的价值之间以争夺权力的形式表现出来；权力直接可以量化为我们在现实生活中可以观察到的对于资源的支配权和规则制定的优先权。

（3）安全是相互竞争的各方的共同诉求。

价值是权力，这一判断并不为人们所直接接受。但是在政治领域，价值可以转换为权力。而在竞争的意义上，价值必然转换成为权力。人们的利益可以通过市场手段加以解决，但是人们的价值在政治的意义上则注定是冲突的。政治的竞争必然是有得必有失。伯林将这一点视作"人类困境的永久特征"。对于什么是权力，大家的表述可能略有差异，不过大家都承认，它是一种支配力量。在政治生活中，笔者将这种支配力量定义为对于资源的支配权和规则制定的优先权。我们可以根据个人或群体在支配权或优先权序列中的权重比例，将其权力转化为可以加以客观量度的权力单位。

威廉姆斯强调"政治差异是政治的本质，而且政治差异是政治对手之间的一种关系，本身并不是智识上的或解释上的分歧关系。……我们会基于各种理由认为我们的对手首先在智识上是错误的，但是政治对抗的关系不能只是根据智识上的错误来理解"①。在同一文章中，威廉姆斯借用卡尔·施密特关于基本的政治关系就是敌友关系的说法，认为"对手"这个观念部分地可以准确表达我们对于政治的理解："我们如何理解我们的对手，我们的对抗在多大程度上是一个利益问题，多大程度上是一个原则问题，牵涉到什么样的感情，为什么我们和他们会产生如此强烈的感情，以及我们每个人怎样以不同的方式融入历史储备。"②

从现实主义的角度来看，政治生活是人的行动以及伴随着这些行动的博弈互动。并不存在着一个超越于人的行动之外的规范应当。因此，现实主义的态度，必将从人的行动中去寻找规范有效性的起源。超越于人的行动之外的规范应当必将是理想主义的而非现实主义的。

三　政治的首要问题与正当性的分级

受到威廉姆斯自己在政治哲学问题上的观点改进的启发，盖尔斯顿在他的一篇名为《政治理论中的现实主义》的文章中，将威廉姆斯归结为现实主义的理论带头人，并且称以威廉姆斯为代表的这种政治现实主义是对以罗尔斯、德沃金等为代表的"高调自由主义"（high liberal-

---

① ［英］B. 威廉姆斯：《从自由到自由权：一种政治价值的建构》，应奇译，载于《第三种自由》，东方出版社 2006 年版，第 399 页。

② 同上。

ism）的一种反动。① 笔者则进而认为，从价值多元主义到政治现实主义的改进，是威廉姆斯对于当代政治哲学的一个重要贡献。

前边我们提到，作为政治的现实主义和作为政治的多元主义进行政治分析时必然将会把对于安全的诉求设定为一个基本目标。如果没有这个目标，我们就会不知道它们为什么要对政治进行研究和剖析了。

现实主义旨在完成对于政治的一种分析，而这种分析的目的就是寻找到价值和权力在经过竞争之后所必然要达到的一种均衡状态。这种均衡状态被认为就是这样一种安全状态。我们希望知道，安全状态的获得是以什么样的方式达致的，是什么样的因素导致了不安全，又是什么样的因素决定或改变了安全状态实现的模式。而这样一种考虑，在我们严格地将现实主义和多元主义限定在对于政治的分析而不是对于个人的生活态度的评判的时候，就变得越发是逻辑上必然要进行的一种设定了。

威廉姆斯将霍布斯问题视作"首要的"政治问题。这就是保证秩序，保护公民，建立人与人之间的安全、信任和相互之间能够进行合作的条件。霍布斯将建立公共权力的目的设定为安全，即对外防止侵略，对内防止相互侵害。"要建立这样一种能抵御外来侵略和制止相互侵害的共同权力，以便保障大家能通过自己的辛劳和土地的丰产为生并生活得很满意。"② 威廉姆斯在这里强调说明了以下几个容易引起误解的问题：

第一，这一问题之所以是"首要的"，是因为解决这一问题乃是解决和安排其他任何问题的条件。

第二，说它是首要的，并不是说一旦这个问题得到解决，那么从此以后就再也不用考虑这个问题了，相反，根据不同的历史条件，"永远"

① Galston, William A. (2007), "Realism in Political Theory", (http://www. law. yale. edu/documents/pdf/Intellectual _ Life/ltw _ galston. doc). 又见 William A. Galston, "Realism and Moralism in Political Theory: The Legacies of John Rawls", in *Reflections on Rawls*, ed, by S. P. Young, Ashgate Publishing Company, 2009.

② ［英］霍布斯：《利维坦》，黎思复、黎廷弼译，商务印书馆 1985 年版，第 131 页。

需要考虑这一问题。

第三，国家对于首要问题的解决是正当性的必要条件，但它不是充分条件。在这一点上，威廉姆斯的看法与霍布斯的看法是有差异的，在霍布斯看来，首要问题的解决就是政治权力正当性的充分而且必要的条件。

第四，这种差异就意味着，在霍布斯那里，首要问题的解决决定了其余的政治安排，而在威廉姆斯这里，即便是在特定的历史条件下，政治安排也都可能不只一套。

第五，即便是霍布斯式的解决方案也会认为，一个具备正当性的国家不应该是一种恐怖统治，国家应使人民免于恐怖。这是对于国家的基本的正当性要求（the Basic Legitimation Demand）。

在这里，要做一个非常重要的辨别。政治首要问题的解决意味着为相互冲突的问题寻求一种解决方案（a "solution" to the problem of conflict）。而正当性要求事实上就是努力防止所设想的解决方案变成另外一种版本的问题。因此，一种解决方案就是一种被证明为正当的权力，而问题则意味着权力的不受限制。这一区别在威廉姆斯讨论人权和人权干预等问题时发挥着重要作用。

政治的首要问题总是伴随着我们，它对于所有的政治模式来说都是一个基本问题。从原则上说，如果没有顾忌，结束混乱并不困难。实践中也确实如此。"因为结束混乱需要对于国家的有效运用。但是如果没有顾忌，（对于混乱问题的这样一种）解决就成了问题。国家权利的主体就会丧失其自由，并且会变得更糟。"[①] 所以，他们就会追问国家保护的性质，让国家来进行保护所需要的代价，以及为什么需要国家来进行保护，他们希望能够得到一个合理的解释。威廉姆斯称其为基本的正当性要求。因此，霍布斯问题的解决逻辑地蕴涵着对于政治生活进行分析的两个核心概念：权力与正当性。

在威廉姆斯看来，正当性是分级的。在威廉姆斯这里，满足基本的

---

① Williams B. (2005), *In the Beginning was the Deed*, Princeton University Press, xii.

正当性要求就是一个具备了正当性的国家，从而使得它与不具备正当性的国家区别开来。满足了基本的正当性要求，我们就可以说它对首要的政治问题有了一个可接受的解决方案。威廉姆斯做这样的区分，是想着重强调这样一个差别：要把国家满足基本的正当性要求的观念与一个国家还具有更多的政治美德（例如一个自由主义国家）的观念区别开来。也就是说，很明显，存在着合法的非自由主义国家。而这样说，并不排除这样一种可能，即有可能存在着这样的一些历史条件，在这些历史条件中，成为具有正当性的国家也就意味着成为一个自由主义的国家。

　　而在政治哲学讨论中，认为一个政治国家要么正当要么不正当，这样截然对立的二分法只是适用于特定的目的。人类能够生活在一个可理解的权威秩序下的例子是一个既定的历史结构的观念。这样一个结构对于我们来说是"有其道理"的。恐怖和暴政是有其道理的，因为对于我们人类来说我们是完全熟悉的。现在的问题是一种作为权威秩序范例的结构是否有其道理。"沿着既有的解释路线，这就需要提供一种正当性，这种正当性要超越权力（自身的）主张；而由于有了历史环境和文化环境等因素，我们能够承认这样一种情况，从而使得有其道理成为一种正当性。"①

　　"正当性分级"的观念和"有其道理"的观念是威廉姆斯对于政治哲学的特别贡献。基于正当性分级的观念，我们可以在将来的研究中合理地提出是否存在着满足从"基本合理的正当性"到"充分合理的正当性"的充分条件或必要条件这样的政治哲学问题。

　　基于对基本的政治正当性要求的考虑，威廉姆斯对一些强的自由主义的政治辩护版本提出了批评。他认为，首先，一个人可以援引自由主义者关于个人的概念来为自由主义国家的一些特点作辩护，但是从一般性结论入手，这个人的这种辩护并不总是能够讲得通。其次，这样做还掩盖了这样一个重要事实：自由主义对于其自身历史的认识状况缺乏说明，在许多时候甚至根本没有说明。"自由主义，（概略地讲）仅仅是从

---

① B. Williams，*In the Beginning was the Deed*，Princeton University Press，2005，p. 11.

十七世纪晚期开始才在欧洲的文化中逐渐凸显出来的。政治道德主义没有用自己的解释来回答，为什么它认为对于政治问题的道德解决是真实的，而这些真理为什么一直不为其他人所知。道德主义的自由主义不能够合理地——相对于其道德抱负来说相当充分地——解释，为什么、什么时候、由谁接受或拒绝了这样一些主张。对于导向自由主义国家的各种历史步伐的解释并不能很令人信服地表明，它们为什么以及如何包括了道德知识上的积累。"①

基于这种现实主义的政治考虑，威廉姆斯在多处提到和讨论了马基雅维里主题（Machiavelli's thesis）：政府责任不同于个人责任，从而政府美德不同于个人美德。②

与马基雅维里主题相关联，威廉姆斯向我们提出了"柏拉图意义上的好人如何统治马基雅维里意义上的现实世界"的问题："从柏拉图那里继承下来的好人的概念产生了好人根本上如何才能有所作为的问题，而马基雅维里的现实世界的概念则提出了任何人面对这个世界如何才能有所作为的问题。（'现实主义'的一个流行含义就是从如下事实中得到了其力量的：即使第一个问题没有答案，但第二个问题是有某些答案的。）"③ 好人如何统治现实世界的问题，构成了威廉姆斯反思政治哲学的一条主线。

既然要现实主义地看待政治，威廉姆斯认为，马克斯·韦伯所讲到的责任伦理就依然是一种真正值得接受的伦理。④ 信念伦理是指由于对某一信念的信仰或坚持而必须无条件履行的义务，这种伦理只向最终的信念本身负责，而无视行为的后果。而责任伦理则必须顾及行为可能的

---

① B. Williams, *In the Beginning was the Deed*, Princeton University Press, 2005, p. 9.

② B. Williams, *Truth & Truthfulness*, Princeton University Press, 2005, p. 207.

③ ［美］威廉姆斯：《道德运气》，徐向东译，上海译文出版社 2007 年版，第 96 页。

④ B. Williams, *In the Beginning was the Deed*, Princeton University Press, 2005, p. 72.

后果。信奉责任伦理的人，会考虑人们身上常见的缺点，他不觉得自己有权利假定自己就是良善的和完美的。既然政治的决定性手段是暴力，那么，在韦伯看来，政治家就应该尊重权力运用后果复杂性的现实，他必须负责任地使用暴力。

威廉姆斯所坚持的现实主义具有几个十分明显的特征：政治道德不同于私人生活中的道德，这是所有现实主义共同承认的基本划分，现实主义反对道德主义，反对理想主义，反对不要国家的乌托邦思想，反对历史进步说。

四　现实主义的分类

现在，根据前边的论述，我们可以假定，威廉姆斯的现实主义考察有下述几个关键要素：

1. 权力——权力是政治生活的核心。
2. 冲突——权力之间相互竞争，因竞争而产生的政治冲突是永恒的。
3. 安全——由于权力之间的持续竞争与冲突，必然产生人们对于基本安全的需求。

对于这几个要素的综合考量将把我们引向下述几个政治现实主义的基本假设，分别是：

1（a）权力、安全与财富在政治生活中具有决定性的意义；
2（a）政治生活本身是冲突的，在政治生活中，价值冲突必然表现为权力的冲突；
3（a）国家是维系秩序于不坠的最高单位，因而其正当性就在于确保其公民的基本安全。

由于权力的争夺，人类必然地处于不同的战争状态。我们经常会面临的战争状态有如下四种：

第一种战争状态：一切人对一切人的战争状态，或者叫"霍布斯战争状态"；

第二种战争状态：个人与绝对权力之间的战争状态，即"洛克战争状态"；

第三种战争状态：一切国家与一切国家之间的战争状态，即国际无政府状态；

第四种战争状态：独立文化群体与绝对权力之间的战争状态，我们可以暂时将其称作"群体权力战争状态"①。

其中，"群体权力战争状态"是笔者建议增加的一种战争状态，这种战争状态针对的是一直非常突出的多元文化②相关领域中的持续冲突。根据这样一种划分，国际无政府状态仍然是一种自然状态，而洛克战争状态和群体权力战争状态显然都是在霍布斯战争状态即自然状态结束后所进入的两种不同类型的战争状态。

从威廉姆斯对于现实主义大师如马基雅维里、霍布斯、马克斯·韦伯、（在某种意义上的）尼采、卡尔·施密特的观点援引上来看，他似乎希望能够强调下述几种判断：

---

① 吴稼祥区分了四种类型的战争状态。参见吴稼祥《果壳里的帝国——洲际国家时代的中国战略》第二章，上海三联书店 2005 年版。其中，吴稼祥将其他国家与霸权国之间的战争状态称作第四种战争状态，并据此引申出了他的国际政治的地形分析。不过他所说的第四种战争状态其实是第三种战争状态的一个变种，在分类上从属于第三种战争状态，笔者在这里用"群体权力战争状态"取代之。

② 在金里卡所列举的文化多元主义争论的主要领域中，移民、少数民族、种族、土著人、宗教群体是最为常见的可能引发独立文化群体与绝对权力之间的战争状态的领域。它们是当今世界局部地区局势动荡的最为主要的诱因。金里卡的划分见［加］威尔·金里卡《当代政治哲学》，刘莘译，上海三联书店 2004 年版，第661—666 页。

A. 权力是政治的最终决定要素；

B. 政治是权力的竞争；

C. 基于竞争的政治是道德最小化的。

这些看法当然都很有道理，也都能够从他所援引的思想大师那里寻找到足够的支持，但是，A＋B是标准的现实主义的考察模式的基本特征。而只要将C替换成：

C′. 基于竞争的政治是不讲道德的。

那么C′也就成为完全的现实主义考虑。A＋B＋C′的组合是一种标准的现实主义观察模式，马基雅维里有时就被认为是这样一种标准的现实主义的代表。威廉姆斯所援引的上述几位思想大师多少都为人所诟病，而他们被人们所诟病的程度则明显地与他们和这种标准的现实主义观察模式的接近程度成正比。

但是，这种标准的现实主义只有在国际政治中才能完全实现，竞争最大化是国际政治的特点。国家间的权力竞争完全以利益出发，以权力争取权利，直到权力的对峙实现了均衡，才能最终赢得和平。至于国内政治，竞争是有限程度的最大化。至上权力的存在显然发挥了一种特殊功能，使得国内政治区别于国际政治。所以，分析国内政治应该考虑加上：

D. 最低限度的至上权力（Minimum Sovereign Power）是一种垄断性的最低控制权，至上权力的存在能够调节权力竞争。所以，国家起码应当具备一种最低限度的至上权力。

我们可以把A＋B＋C＋D看做是一种温和的现实主义考察模式，以区别于A＋B＋C′的"标准的现实主义"。这样的温和模式可以说是一种现实主义的态度取向，也可以在乔治·克劳德的意义上称其为多元主义诸美德之一（克劳德列举出了多元主义的四种美德：宽容、现实主义、周到和灵活性)。①

在这里,我们其实还可以在马基雅维里的"赤裸裸的现实主义"与国际政治领域的标准现实主义之间做出细分。如果鼓吹竞争的政治完全可以抛开道德考量,也即从 C′引申出:

C″. 基于竞争的政治应当不讲道德。

那么,A+B+C″就成为我们通常印象中的马基雅维里主义也即"赤裸裸的现实主义"。而在当代国际政治研究中,尽管也有学者个人主张马基雅维里主义,但是大部分学者都认为 A+B+C′是一个基本事实而不是一个规范。结构现实主义的代表人物华尔兹和米尔斯海默甚至认为,C′的形成是由国与国作为权力实体而存在的结构所决定的,而不是由人的本性所决定的。或者说,是由于人们处在这样的政治结构中,由于人们因这样一种政治结构而带来的安全恐惧才引发了人们采取被我们称作不讲道德的政治行为。②③ 而以摩根索、尼布尔为代表的人性论现实主义则认为人天生是邪恶的。④ 所以,在结构现实主义看来,国际政治必然是 A+B+C′的,但是却并不必然推导出它应当是 A+B+C″的。这也就蕴涵了我们所感受到的现实主义者关于道德问题的复杂态度。

对比马基雅维里《君主论》权力模式的考虑,我们可以得到下述两个观察:

首先,霍布斯意义上的全权旨在寻求一种低限度的至上的权力,最

---

① 〔澳〕乔治·克劳德:《自由主义与价值多元论》,应奇等译,江苏人民出版社 2006 年版,第 224 页。

② 〔美〕华尔兹:《国际政治理论》,信强译,上海世纪出版集团 2003 年版,第 137 页。

③ 〔美〕米尔斯海默:《大国政治的悲剧》,王义桅、唐小松译,上海世纪出版集团 2003 年版。

④ 〔美〕摩根索:《国家间政治》,徐昕等译,北京大学出版社 2006 年版,第 28 页。

低限度的至上权力意味着国家保留最低限度的不可让渡的控制权力；这是让国家来进行保护所需要付出的代价。

其次，这种控制权力相当于马克斯·韦伯所说的"国家是这样一个人类团体，它在一定疆域之内（成功地）宣布了对正当使用暴力的垄断权。……其他机构或个人被授予使用暴力的权利，只限于国家允许的范围之内。国家被认为是暴力使用'权'的惟一来源"[①]。

而前述的最低限度的至上权力就是这样一种被正当垄断了的控制权。假如没有这样一种控制权，无论是人和人之间的竞争还是群体与群体之间的竞争，都将是一种无政府状态，因而也都可能基于现实主义的考虑而被最终采用 A＋B＋C′ 的竞争模式。而由于有了条件 D 的存在，一种 A＋B＋C 的模式就能够成立。

多元主义主张价值竞争。以赛亚·伯林的竞争观点揭示了政治的核心特征，它在分析国际政治领域中的问题时有着精彩的表现，而对国内政治问题的分析只能是对国际政治问题分析的一种改进。我们要寻找和回答的就是，这种改进是由什么因素促成的。

当价值竞争体现于国内政治时，威廉姆斯采取了一种 A＋B＋C＋D 的温和的现实主义考察模式。这个时候，正当性问题和责任伦理等都成为了他的政治哲学的思考要素。

尽管我们说条件 C 是最小化的道德，但是最小化的道德不等于无道德，国内政治的道德最小化肯定不能小到尼采所倾向的程度。相反，国内政治的考察很有必要考虑英国经验论传统所强调的基于一定历史文化条件的公民道德感，这种道德感可以不是康德意义上（被高调自由主义所强调）的基于自律的道德，但是起码是一种文化传统的习得。威廉姆斯并不反对这一点，他的伦理学工作主要地就是在探讨如何给这种经过文化自身的生长而发展出来的道德做出解释，或者用他自己的话来说，如何理解它们。

在做了这样的区分之后，我们有理由认为，威廉姆斯首先是一个多

[①]　［德］马克斯·韦伯：《学术与政治》，冯克利译，三联书店 1998 年版，第 55 页。

元主义者，现实主义是他在考察政治问题时所加以采纳和强调的态度倾向。而基于多元主义的自由主义则是他的最终理论依靠。所以说，威廉姆斯是一个基于多元主义的现实主义的自由主义者。他的现实主义诉求不应该被夸大，相应的，他的权力竞争的分析模式也是温和的现实主义即 A＋B＋C＋D，而不是标准的现实主义即 A＋B＋C′，更不是赤裸裸的现实主义即 A＋B＋C″。

从而，我们得到了这样的一个基本分类：

1. 多元事实——竞争模式：A＋B＋C
2. 标准现实主义：A＋B＋C′
3. 赤裸裸的现实主义：A＋B＋C″
4. 温和的现实主义：A＋B＋C＋D

考虑到威廉姆斯自己对于当代自由主义的基本界定：

5. LEG＋Modernity＝Liberalism①
（正当性＋现代性＝自由主义）

1＋4＋5，就构成我们所说的"基于多元主义的现实主义的自由主义"。这是我对威廉姆斯政治哲学立场的基本判断。

作为补充，我们可以说，通过不讲道德，单凭完全的权力竞争而实现的均衡状态，就是我们在国际政治，或者说是在无政府状态下看到的霸权模式。各种完全由强力获得的天下就是处于这样的状态。这种模式的基本表达式就是：

6. A＋B＋C′＋D

---

① B. Williams, *In the Beginning was the Deed*, Princeton University Press, 2005, p. 9.

这也是当代国际政治理论所公认的标准的现实主义的权力竞争模式。这一模式适用于任何形式的无政府状态的完全博弈。而马基雅维里《君主论》所设定的其实也就是这样一种状态，只不过马基雅维里给君主们推荐和昭示的则是 A＋B＋C″＋D 的模式。他的臭名因此而落下。

五 结束自然状态的两个条件

关于无政府状态，威廉姆斯有过这样的表示："关于无政府主义可以得出两个结论：从自由权的角度，可以推出无政府状态不是一种政治状态，而从原始自由的角度，可以推出它是乏味的，我乐意接受这两个结论。"[①] 所以说，威廉姆斯不是一个无政府主义者，在国家政治问题上，他坚持一种反乌托邦的立场。他接受并赞成霍布斯问题，并基于对于霍布斯问题的解决来考察政治。

按照威廉姆斯目前的看法，上述 5 中的"正当性＋现代性"（"LEG＋Modernity"）就是当代社会一个政治群体考虑道义力量的充分条件。而 1 和 4 则正好是必要条件。或者说，D 就是必要条件。

现在我们可以看到，D 是霍布斯意义上解决政治首要问题的充分条件。但是，作为一种解决，D 是 C′转化为 C 的必要条件，但并不是充分条件。

在威廉姆斯看来，政治就是对于冲突问题的解决（"solution" to the problem of conflict）。只有在被证明为正当的权力（warranted power）中，D 对于冲突的解决才能够算是 C′转化为 C 的充分条件。而不假约束的至上权力 D（unlimited power）必然使解决成为问题。威廉姆斯把这种处于没有约束的权力状态下变成了问题的所谓的"解决"称作是对于人权的侵犯。

所以，被证明为正当的权力是一种政治 C′转化为 C 的充分条件，

---

① ［英］B. 威廉姆斯：《从自由到自由权：一种政治价值的建构》，应奇译，载于《第三种自由》，东方出版社 2006 年版，第 408 页。

而这就是正当性。

现代性使得这样一种正当超越了 C′转化为 C″的模式，使得自由主义成为现代道义力量的最有说服力的表达。这一点被威廉姆斯称作自由主义所具有的美德。而在威廉姆斯看来，只要能够实现从 C′到 C″的转化，就已经完成和满足了基本的正当性要求。

D 为马克斯·韦伯、卡尔·施密特、霍布斯等人所强调，同时也为列宁所强调。但是马基雅维里只是看到了 A＋B＋C′，却没有看到"C′转化为 C″的可能"。尼采则只看到了片段和要素。马克斯·韦伯和卡尔·施密特看到了正当性，而卡尔·施密特则忽略了现代性。

"最小化的道德"是威廉姆斯借用尼采的一个用语，[①] 可以说这是威廉姆斯对于竞争模式的一个保护性的限制条件。它具有如下两个方面的含义：

首先，权力和价值的竞争必须是道德最小化的，也必然是道德最小化的。因为权力的竞争是权力与权力之间的对抗。

其次，作为国家内的政治的竞争分析，对于道德有一种起码的要求。以至于缺少了这样一种起码的道德，作为国家内的政治的竞争就不能够成立。原因很简单，因为那样的话，我们就采纳了前述 A＋B＋C′的标准现实主义分析模式。

而要想 A＋B＋C 的模式下进行分析，"最小化的道德"限制就是一个至关重要的基本条件。这也部分地纠正了一些研究者对于威廉姆斯的错误印象，威廉姆斯并非不要道德，他要反对的是作为一种体系化的道德，反对那种歪曲了我们的道德生活真实面貌的道德主张。

"最小化的道德"[②] 是一个最低限度的至上权力为了对其管辖之下

---

① 见 B. Williams, *The Sense of the Past：Essays in the History of Philosophy*, Princeton University Press, 2006 和 B. Williams, *Making Sense of Humanity and Other Philosophical Papers* 1982—1993, Cambridge University Press, 1995.

② 在这个意义上，最小化的道德就相当于威廉姆斯所说的"基本的正当性要求"。约翰斯顿和拉莫尔也都曾援引"正当"或"最低限度道德"的提法。参见 [澳] 乔治·克劳德《自由主义与价值多元论》，应奇等译，江苏人民出版社 2006 年版，第 197 页。

的公民有一个最起码的交代所必须保有的起码承诺。就是说，起码也得承诺这样一个东西（或标准），没有（或触犯了）这个起码承诺的东西，其治下的公民就将改变非权力服从模式，转而以权力对抗权力。在这个意义上，我们在本文中也将其称作"最底限度的道德"。

如果和国际政治的无政府状态相比较，我们就可以发现，在无政府状态下，国家社会可以出现连"最小化的道德"也不再遵守，单纯以权力对抗权力的状况，而且被认为是一种常态。所以，要想改变以权力对抗权力，实现权力治理下的非权力形式的服从，就必须要求一个不小于"最小化的道德"要求的道德承诺。这个承诺一旦成立，权力治理下的非权力形式的服从就使得这个用来进行统治的权力成为最低限度的至上权力。

最低限度的至上权力与"最小化的道德"（最底限度的道德）互为前提的。就是说，至上权力的拥有必须以它具备最底限度的道德为前提，而最底限度的道德能够存在依赖于至上权力的存在。

至于这个"最小化的道德"是什么样的一种表现，在这里并不影响最低限度的至上权力得以成立。而对"最小化的道德"是什么样的一种表现的深入探讨，应该与政治统治的正当性问题有着密切关联。

假如只是以形式上的至上权力对抗其治下的各种权力，只不过在力量上至上权力大于或者说压倒了各种权力，那么这样的一种至上权力就是一种不受约束的权力，其权力的运用是一个不被证明为正当的权力。独裁统治就是这样一种不被证明为正当的权力。独裁统治尽管也实现了秩序，但这是一种缺乏正当性的政治秩序。在这样一种秩序下，由于至上权力的运用是不受约束的，因此其治下的公民并没有获得真正的安全保证。

只要不是以权力对抗权力，或者说，只要其治下的公民放弃了以权力对抗（至上）权力，承认其最低限度的道德承诺的理由成立，则这种权力的运用就是被证明为正当的权力的运用，这样的统治就满足了基本的正当性要求。有政府状态就是这样一种被证明为正当的至上权力来保证实现的秩序与和平，在被其治下的公民所承认了的这种最小化的道德承诺的意义上，他们的基本安全得到了保证。

　　起码要存在"最低限度的道德"和起码要存在"最低限度的至上权力",这是竞争的社会从无政府状态走向有政府状态的两个充分而且必要的条件,也是结束霍布斯意义上的"自然状态"的充分必要条件。而且,二者是互为限制的。

　　"最低限度的至上权力"解决了秩序得以产生的可稳定性问题,而"最低限度的道德"则解决了秩序得以延续的可持续性问题。

　　这一结论与某些自由主义者的愿望会有很大的出入。对于某些自由至上主义者来说,政府对于权力的运用是一个不得已的事实,而政治反思要进行的主要工作就是阐明无形之手的强大威力和政府行使权力的危险,从而为最大限度地限制政府权力提供理论支持。而"最低限度的至上权力"的提出则起码蕴涵了一个逻辑上截然相反的可能。

　　与政治哲学史上的一些著名争论相比较,这一结论同时也提醒我们,我们政治生活的经验本身就完全支持对于政治的正当性要求。传统政治哲学家对于这一问题的偏颇或忽视,可能有着特殊的历史考虑。我们不要因此而简单地将马基雅维里视作是一个鼓吹无德之楷模,将霍布斯视作只维护君权,不怜惜民权者,更不要因为某些理论家(哪怕是理论大家)的偏颇而跟着陷入琐碎枝节的争论。在对政治生活的反思中,我们遵从的是观察与逻辑,分析与洞见。

六　小结

　　威廉姆斯的现实主义继承了政治哲学史上的伟大的现实主义传统,他较多地从马基雅维里、霍布斯、尼采、马克斯·韦伯、伯林和史克拉那里继承了对于政治的现实主义看法,从而把自己关于政治的见解奠基于权力竞争模式之上。

　　现实主义的核心观念认为"权力"和权力的相互竞争是价值多元在政治生活中的集中表现。现实主义的权力分析保留了政治哲学分析的权力特性,这个特性是各种自由主义解释模式最终所无法化约掉的。我们可以把政治权力的这种不可化约性称作现实主义的"硬核",

而现实主义"硬核"的这种不可化约也正是"政治"必然存在的原因所在。威廉姆斯的"基于现实主义的自由主义"有着其他形式的自由主义解释模式所不具备的"政治特性",这也正是威廉姆斯政治哲学的学术优势所在。

社会进化论:马克思主义哲学在中国的第一个理论形态

单继刚

【内容摘要】 一般认为:中国人对马克思的哲学的介绍是从唯物史观开始的,时间大约在五四运动以后。本文的看法不同。本文认为:在 20 世纪的最初几年,中国人就已经开始介绍马克思的哲学了,只不过是以"社会进化论"的名义。社会进化论的解释范式在中国的发展经历了鼎盛期、维持期、衰落期三个阶段,呈现出不同的特点。本文立足于社会进化论解释的基本文献,考察了有关马克思的进化论者形象的塑造、社会进化阶段的论争、进化说与革命说的冲突等理论问题,最后,在对马克思的社会进化论和达尔文的进化论进行比较的基础上,本文指出,相对于马克思主义哲学的某些特征而言,"社会进步论"是一个比"社会进化论"更好的表达。

一般认为,在 20 世纪初、十月革命前,中国人对马克思主义的介绍是零星的、片段的甚至是歪曲的,而且这些介绍主要集中在马克思、恩格斯的生平活动及其社会主义学说方面,至于马克思主义哲学方面,几乎没有什么介绍。马克思主义哲学在中国的早期传播,主要是唯物史观的传播,从五四运动到中国共产党发起成立,是唯物史观在中国的最初传播时期,也是马克思主义哲学在中国的启蒙时期(参见曾乐山,

1991，第7—8页；庄福龄主编，1988，第63页）。

　　对于上述观点，本文有如下疑问：当马克思主义被当作某种社会主义学说介绍到中国时，是否也涉及了它的哲学依据？如果是的话，这个依据是什么呢？唯物史观是马克思主义哲学在中国的第一个理论形态吗？如果不是，它又是什么呢？本文的简要回答如下：当马克思主义被当作某种社会主义学说介绍到中国时，涉及了它的哲学依据，这个依据是社会进化论；唯物史观不是马克思主义哲学在中国的第一个理论形态，它在中国的第一个理论形态是社会进化论。

　　以"社会进化论"或类似的术语来称呼马克思的哲学，并不是本文作者的发明，实际上，在20世纪的头20年，甚至是头30年，这是相当流行的做法。请看以下几段引文："现在稍微研究社会科学的人，即知道有唯物史观的一个名词，并知道就是卡尔·马克思所发明的社会进化论，也就是马克思主义惟一立足地。"（董亦湘，1924）"马克斯之学说不外资本制之解释与其批评，其立论多根据社会进化原理。"（徐松石，1920）"马克思的唯物史观有二要点：其一是关于人类文化的经验的说明；其二即社会组织进化论。"（李大钊，1919）"马氏在他的历史的哲学序中，说明社会机体进化的原理，和达氏所发明的生物机体进化的论据，很是相近。"（黄凌霜，1919）① 这里不仅出现了"社会进化论"的术语，也出现了"社会进化原理"、"社会组织进化论"、"社会机体进化的原理"等类似的术语，它们都是对马克思哲学的称呼。

　　马克思主义哲学的进化论解释范式在中国大约经历了三个发展时期：（1）鼎盛期。从20世纪初到五四运动前，社会进化论的解释几乎是唯一的，很少有反例出现。即便是不同的解释，也通常是对进化论解释的反驳。（2）维持期。从五四运动到20年代后期，唯物史观解释与社会进化论解释并行，人们竭力把两种解释范式统一起来，但冲突不断出现。（3）衰落期。从20年代后期开始，随着辩证唯物主义与历史唯物主义解释范式的兴起，社会进化论的解释迅速衰落。除了在某些社会发展史著作中还可以见到它的有限影响外，社会进化论作为马克思主义

────────────

　　①　这里的"历史的哲学序"应指《〈政治经济学批判〉序言》。

哲学特征的整体概括已经不再被接受了。

一　马克思的进化论者形象

　　在 20 世纪头 20 年，几乎所有研究过马克思学说或对之感兴趣的人，都参与了马克思的进化论者形象的塑造。他们之中既有改良派，也有革命派，既有无政府主义者，也有各种各样的社会主义者与共产主义者。

　　在中国人写的作品中，最早提及马克思（译作"麦喀士"）名字的是梁启超的《进化论革命者颉德之学说》。该文见于 1902 年 10 月 16 日出版的《新民丛报》第 18 号，内有如下文字："进化论之功在天壤，有识者所同认矣。显然以斯宾塞之睿智，创综合哲学，自谓借生物学之原理，以定人类之原理，而其于人类将来之进化当由何途，当以何为归宿，竟不能确实指明。而世界第一大问题，竟虚悬而无薄，故麦喀士（日耳曼人，社会主义之泰斗也）嘲之曰：'今世学者以科学破宗教，谓人类乃由下等动物变化而来。然其变化之律，以人类为极点乎？抑人类之上更有他日进化之一阶级乎？彼等无以应也。'"梁启超首先指出了斯宾塞进化论的不足，即没有指明人类进化的道路和归宿，然后引用了马克思对斯宾塞的一段批评（实际上是虚构出来的）。从批评的内容看，马克思显然站在为进化论辩护的立场上。①

　　马君武是将马克思哲学系统引进中国的第一人，同时也是达尔文《物种起源》的部分章节及全书的最早中文译者。在发表于《译书汇编》第 2 年第 11 号（1903 年 2 月 15 日）上的《社会主义与进化论比

---

　　①　梁启超关于马克思学说的最初知识来自《大同学》一书。此书的蓝本为英国社会学家、社会达尔文主义者本杰明·颉德（Benjamin Kidd）的《社会进化》(Social Evolution, 1894)。颉德认为，马克思是进化论者，但不是彻底的进化论者，因为他想消灭竞争，实际上，竞争是不可能消灭的，假如真的消灭了，人类社会就会退化。

较——附社会党巨子所著书记》中，马君武提到了马克思的唯物论历史学与达尔文的进化论之间的密切关系："达尔文虽非唯物论者，然其学说实唯物论 Materialism（……）之类也。马克司者，以唯物论解历史学之人也。马氏尝谓：阶级竞争为历史之钥。马氏之徒，遂谓是实与达尔文言物竞之旨合。"（马君武，1903）根据他的理解，生存竞争，不唯是自然进化的动力，也是社会进化的动力，阶级竞争只是生存竞争的特殊表现形式而已。如果以达尔文主义的观点去讲"社会发达"（"Social development"，按现在的译法可译为"社会发展"）问题，那么也就包含了社会主义者所说的"进步"问题。"故社会主义者，不惟不与达尔文主义相反对，且益广其界而补其偏。虽谓达氏主义得社会主义，而其义乃完可也。"（马君武，1903）可以说，社会主义补充和完善了达尔文主义，使它不仅成为关于自然进化的学说，也成为关于社会进化的学说。

　　随着社会主义思想的进一步传入以及新的解释需要的出现，这种以社会达尔文主义色彩涂抹马克思的做法引起了一些疑虑。例如，孙中山并不否认马克思的学说是一种社会进化论，也不否认阶级竞争说在其中的重要位置，但他坚决反对把马克思的社会主义看做是达尔文主义在社会历史领域中的直接运用。他认为，这两者之间存在着原则性的区别，它们的某些观点甚至是完全对立的。"社会主义，所以尽人所能，以挽救天演界之缺憾也。其所主张，原欲推翻弱肉强食、优胜劣败之学说，而以和平慈善，消灭贫富之阶级与贫穷。"（孙中山，1912）社会主义的博爱、平等、自由的目标，靠"天演"，也即"自然进化"的方法是不能实现的，必须要靠"人力"，也就是靠"革命"（政治革命）。

　　当然，也有观点否认社会主义制度有助于人的进化的实现。钱智修指出，由于社会主义制度限制了人的自由意志和个体活动，因而窒塞了"进化之道"（钱智修，1911）。这种观点实际上是对马克思的哲学作出了机械论的解释，否认了社会主义制度下人的丰富性和多样性。王辑尘对此提出了严厉的批评："作者以人之于社会，如金铁之受铸于模范，为机械的行动，此可以言今日工厂苦力劳动之辈则然耳。至社会主义实行以后，每人每日不过操作一二小时之间，或者治劳心之事，或者治劳

力之事。……去私利，谋公益，灭奸诈，重感情，联个人之道德，而因
以著为社会之制度，同登乐土共庆太平，此世界，进化之极轨也，尚何
必为杞人无谓之忧劳哉！"(王辑尘，1912)作为时代主流的激进主义者
(革命派、无政府派、社会主义与共产主义者)看法相近，他们对社会
主义能够解决中国问题的前景表现出了高度的期待。

　　五四运动后，在唯物史观解释和社会进化论解释并行的时期，两者
的关系其实并不是十分清楚的。有人认为，唯物史观是进化论和唯物论
的结合；有人认为，唯物史观说明了社会进化的原因；也有人认为，社
会进化论是唯物史观的立论基础（参见邵振青，1920；董亦湘，1924；
徐松石，1920）。这些观点表明了试图维持原有解释范式的种种努力。
在这一时期，一种代表性的观点是将马克思的哲学，或者说是唯物史
观，说成是"社会组织进化论"。这一术语首先由日本学者河上肇使用，
然后被李大钊、杨匏安、范寿康等人"拿来"。

　　李大钊指出，社会组织进化论是马克思的"历史论"，是关于"过
去"的理论，根据这个理论，就可以对当今社会进行科学的分析，并对
将来社会的走向进行科学的预测。社会组织进化论的要义在于：社会组
织的实质是社会关系（生产关系），它要随着生产力的变动而变动（参
见李大钊，1919）。

　　李达的《现代社会学》(1926)没有使用"社会组织进化论"术语，
但它和李大钊的《我的马克思主义观》一样，也是试图通过对传统的社
会进化论解释范式作出某些调整，而注入唯物史观的一些内容。例如该
书中的如下文字："社会进化之原动力实为生产力，生产力继续发达，
则经济组织继续进化，政治法制及其他意识形态亦随而继续进化，此社
会进化之原理也。"(李达，1926，第 11 章)《现代社会学》可以看做调
和社会进化论和唯物史观两种解释范式的最后一部重要著作，此后，受
苏联的辩证唯物主义与历史唯物主义解释范式的影响，中国马克思主义
者著作中那些带有强烈进化论色彩的词语如"进化"、"阶级竞争"、"互
助"、"社会组织"、"社会有机体"等明显减少，它们被更"科学"和
"准确"的词语取代了。

二　社会进化的阶段

在《社会主义与进化论比较——附社会党巨子所著书记》中，马君武勾勒出迄今为止的西方社会进化的四阶段："若自历史上观之，则人群之竞争，其级常变。野蛮犹獉之时代，其竞争之结果为获其俘囚，杀而均食之（此俗今日极野蛮之岛族尚有），是为第一级。及社会进步，由游牧射猎之族变为耕植聚居之国，其竞争之结果为获其俘囚而奴使之，此家奴之制所由兴也，是为第二级。及罗马帝政之中叶，执政者以为农仆之制，较诸家奴更为良便，而农仆之制兴焉，是为第三级。至于今日，农仆之制变为自由作工之制。乏资财者，服社会中劳动之役以得酬金而争其生存焉，是为第四级。"另外，再加上将来要实行的"人人平等"的社会主义制度，就构成了人类社会发展的五阶段，或五形态。在马君武文章所附的社会主义者的书目中，有《政治经济学批判》（1859）和《资本论》两书。这表明他应该对其基本内容有所了解。但是，马君武的论述显然要比两书中的有关段落内容丰富——不仅对生产方式的变迁进行了较详细的描画，而且还涉及了生活方式（如游牧射猎与耕植聚居）内容。从这个段落的高度概括性和条理性的特点看，它很可能取自日本社会主义者的介绍性文献（而这些文献又往往来自于欧美社会主义者的介绍性文献）。

难能可贵的是，马君武并不认为这种五形态的社会形态划分法具有普适性，而是认为，它和中国的情况并不吻合。在上面所引的那段话之后，马君武加了几句按语："泰西之变级如是。中国则家奴、农仆、雇工三者常兼包并容，而无显然分别之阶级，至今尚然。此中国与泰西历史比较之异点也。"马君武的这个观点后来成为同盟会和国民党制定政策的依据。从笔者掌握的资料看，这应该是最早涉及马克思主义中国化问题的文字。

中国人对古代社会的真正兴趣直到20世纪20年代后期才出现（中国社会性质及社会史论战），在此之前，关于社会进化阶段问题讨论的热点是未来社会形态。这是 20 世纪中国思想界最为热闹的一场讨论。实际上，到 1908 年的时候，社会主义思潮就由于派别众多而变得的面目不清了："至于社会主义四个字，起初没有什么派头可以分别，现在最为含糊。单说社会主义，不知道他主张些什么东西，故现在分了许多派头：有纯然的，有不纯然的；有无宗教的，有有宗教的；有无政府的，有有政府的；有自由的，有强权的；有无祖国的，有有祖国的。"（李石曾，1908）社会进化论在当时承担的一个主要功能是对未来社会提供某种理论支持，或者说，它被当作将来的社会主义与共产主义社会（有不少人称之为"大同"社会）的哲学依据。

在 20 世纪的最初几年，"社会主义"和"共产主义"两个词的含义并没有太大区别。1903 年，杜士珍译翻译了日本人久松义典的《近世社会主义评论》，其译者按语中有如下解释："社会主义，英文谓之'索西亚利士谟'（Socialism），其训即共产主义是也。……日本译之，或曰'社会主义'，或曰'共产主义'，或直译其音，三者皆通用。"（久松义典，1903）在当时，如果说两者的含义有区别的话，也仅仅是字面上的，如康有为和梁启超将社会主义训为"人群主义"，将共产主义训为"均产之说"。

两者的实质性区分大约最早出现在 1906 年。胡汉民在这一年的《民报》第 3 号上发文指出："……社会主义，其学说虽繁，而皆以平经济的阶级为主。言其大别，则分共产主义与国产主义，而土地国有，又国产主义之一部也。"（胡汉民，1906）胡汉民似乎把共产主义和国产主义作为两种不同的处理私有财产的主张。前者主张公共所有（公产），后者主张国家所有，而两者同属于"以平经济的阶级"为主要目的的社会主义学说范围。在中国当时条件下，不宜实行共产主义，也不宜实行完全的国产主义，而只能实行部分的国产主义，其中心政策是土地国有（古代井田制已经为其奠定了基础）。胡汉民的话也暗示了国产制度和共产制度是社会主义的两个不同阶段，且是由低到高、前后相继的两个阶段。

1912 年，在《社会主义之派别及批评》的演讲中，孙中山明确提出阶段论思想，认为"共产主义本为社会主义之上乘"。根据他的判断，由于今日中国国民素质较低,如果贸然实行共产社会主义政策(特别是就其分配制度而言),反而会引发社会混乱,当时中国唯一的选择是集产社会主义。等到全体国民道德、知识达到完美程度之后,方可实行(无政府的)共产社会主义制度,不过,那是"数千年后"的事情了(参见孙中山,1912)。

同盟会和国民党的理论家一般把马克思的社会主义理解为"集产主义"的某种形式。这有两方面的原因,一是他们所依据的经典文献主要是《共产党宣言》,特别是第二章末尾的十条措施(朱执信最早翻译)。现在看来,这十条措施说的不过是由资本主义到社会主义(共产主义)转变或过渡期间所发生的事情,而非社会主义(共产主义)制度本身的特征。二是他们受无政府主义者的影响,把共产主义理解为专属于无政府主义者的某种主张。

无政府主义者刻意强调马克思的共产主义与无政府共产主义的区分。刘师培说,"惟彼(马克思——引者)之所谓共产者,系民主制之共产,非无政府之共产也。故共产主义渐融于集产主义中,则以既认国家之组织,致财产支配不得不归之中心也。由是共产之良法美意亦渐失其真,此马氏学说之弊也"(刘师培,1908)。他明确指出,马克思的共产主义实质上是集产主义。刘师复也持同样的观点:"无政府党所主张者为共产主义,而集产主义则'社会民主党'……所主张。"(刘师复,1914)后来,黄凌霜以更加简洁的语言进行了概括:"马氏所谓共产主义即今日的集产主义。"(黄凌霜,1919)

关于无政府党人所主张的共产主义和社会党人所主张的共产主义(集产主义)的制度方面的特征,无政府主义者谈到:"共产主义(Communisme)主张以生产机关及其产物全属之公共,人人各尽其所能,各取其所需。集产主义(Collectivisme)主张以日用之物(如衣食房屋之类)属之私有,生产之物(如机械土地之类)属之公有(或国家)。"(刘师复,1914)"无政府共产党想将国家的组织改变,由平民自己建立各种团体会社,如办教育就有教育会,办农业就有农业会等,由单纯以趋于复杂,以办理社会所应需的事,去除一切强权,而以各个人能享平等幸福为主。他们所主张的劳动原则,就是'各尽所能'四个大字（From each according to his capacity），他们所主张的分配原则，就是'各取所需'四个大字（To each according to his needs）。无政府党和马克思派争论的焦点，就在这个了。"（黄凌霜，1919）

从上面两个段落所引的文字看，无政府主义者对马克思的共产主义的理解是完全错误的。"各尽所能，各取所需"（今通译为"各尽所能，按需分配"）正是马克思所指出的共产主义高级阶段的分配方式。其实，马克思的共产主义与无政府共产主义的真正区别并不在于其目标，而在于实现这一目标的手段和过程。就手段而言，前者强调作为整体的工人阶级的或以暴力或以和平方式进行的斗争，后者则强调有觉悟的个体或自由组织的工人团体的暴力行动；就过程而言，前者认为共产主义包含了由低到高的两个发展阶段，后者则认为共产主义是资本主义之后的和集产主义对立的另外一种选择。

共产党理论家对马克思未来社会理论的看法和前两派又有不同，他们依据的经典主要是《哥达纲领批判》。"我们从他的这篇文章（《哥达纲领批判》——引者）里，可以把他底实现共产主义底顺序分为三期：第一期，是革命的过渡期；第二期，是共产主义底半熟期（这就是普通所说的社会主义时期）；第三期，是共产主义底完成期（其实，是不能这样严密区分的，大家以意会之就是了）。"（施存统，1921）这是施存统在《马克思底共产主义》一文中对马克思未来社会发展阶段理论的描述。所谓过渡期、半熟期、完成期的说法应该来自河上肇，其《马克思的理想及其实现的过程》的文章中采用了同样的术语，而这篇文章正是施存统翻译的。

值得注意的是施存统对共产主义半熟期的解释。他认为，半熟期就是社会主义时期。这个解释在《哥达纲领批判》中并没有根据。马克思把"社会主义"和"共产主义"看做同一阶段的不同名称。也就是说，共产主义过渡期、共产主义第一阶段、共产主义高级阶段也可以称为社会主义过渡期、社会主义第一阶段和社会主义高级阶段。在 1845 年以后的著作中，马克思从未把社会主义和共产主义视为未来社会的两个不同阶段。《共产党宣言》的确区分过社会主义和共产主义，但不是把它们作为社会发展的阶段,而是作为两种不同的社会思潮。马克思之所以称自己为共产主义者而不是社会主义者,称自己的学说为共产主义学说而不是社会主义学说,是因为,"在1847年,社会主义意味着资产阶级的运动,共产主义则意味着工人的运动。当时,社会主义,至少在大陆上,是上流社会的,而共产主义却恰恰相反"(《马克思恩格斯选集》第1卷,1995,第264页)。

　　施存统的这一解读应该受到了列宁的影响。在《国家与革命》(1917)中,列宁明确把共产主义的第一阶段称为社会主义阶段,"通常所说的社会主义,马克思把它称作共产主义社会的'第一'阶段或低级阶段。既然生产资料已成为公有财产,那么,'共产主义'这个名词在这里也是可以用的,只是不要忘记这还不是完全的共产主义。"(《列宁选集》第3卷,1995,第199—200页)有时候(更多时候),为了强调第一阶段和高级阶段的区别,列宁直接用社会主义称呼第一阶段,而用共产主义称呼第二阶段,"社会主义和共产主义之间的科学区别,只在于第一个词是指从资本主义生长起来的新社会的第一阶段,第二个词是指它的下一个阶段,更高的阶段"(《列宁选集》第4卷,1995,第10页)。这样,给人的感觉是,社会主义和共产主义是未来的两种社会形态,而不是同一社会形态的两个阶段。

　　列宁的解释,而不是马克思本人的看法,后来成为中国共产党人尊奉的经典。毛泽东喜欢"社会主义"和"共产主义"这样直截了当的说法:"社会主义社会也要死亡,不然共产主义怎么来?共产主义也不是一个办法,几万年不变化,辩证法的生命力不断走向反面。万物总是发生、发展到消灭……我不相信共产主义不分阶段,不发生质变。"[①]他似乎从来也没有把社会主义看做共产主义的一部分,而是把它看做有别于共产主义的另外一个完全不同的社会发展阶段。至于共产主义里面,

────────────

　　① 此段话出自毛泽东1964年8月18日在北戴河对吴江、关锋、龚育之等人发表的谈话,有不同版本。本处采用的是中国社会科学院马克思主义毛泽东思想研究所编《马克思、恩格斯、列宁和我国领导人论社会主义发展阶段》中的引文(社会科学文献出版社1989年版,第218页)。

也是分阶段的，但这些阶段和社会主义没有什么联系。

三　进化与革命

在汉语语境中，"进化"和"革命"给人的感觉是非常不同的（特别是当它们并置时）。前者让人联想到渐变、自然力、非暴力，后者让人联想到突变、人力、暴力。梁启超清楚地解释了两者之间的区别："凡事物之变迁有二种，一缓一急。其变化之程度缓慢，缘周遭之情状，而生活方向，渐趋于一新生面，其变迁时代，无太甚之损害及苦痛，如植物然，观乎其外，始终若一，而内部实时时变化，若此者谓之'发达'，亦谓之'进化'（Development or Evolution）。反之，其变化性极急剧，不与周遭之情状相应，旧制度秩序，忽被破坏，社会之混乱苦痛缘之，若此者谓之'革命'（Revolution）。"（梁启超，1906）马克思的哲学是革命的哲学，这一点即使是它在中国的最初传播时期也是非常清楚的。① 在进化论的解释框架中，如何纳入革命的元素，始终是一个棘手的问题（虽然人们已经认识到马克思所说的进化是分阶段的）。这一问题在唯物史观传入以后变得更加突出。因为，按照当时的一般性的理解，唯物史观的要旨是要说明社会的进化是一个由生产力推动的社会组织的变迁过程，而阶级斗争对于这个过程来讲是不重要的，或者说是不太重要的（唯物史观的"唯"字在某种程度上可以看做导致这一误解的根源）。于是，有相当一部分人质疑马克思学说中的进化与革命的关系：马克思一面主张社会之生产力为历史的原动力，一面又主张历史从来都是阶级斗争的历史，这显然是自相矛盾的（参见陈独秀，1921）。

---

① 例如，朱执信说："盖马尔克固恶战争，虽然，以之去不平，所不可阙，则亦因用之所不能讳者也。"（见《德意志社会革命家列传》，载《民报》第 2、3 号，1906 年 1 月、4 月出版。）

　　针对以上质疑,共产党理论家给出了以下解决方案:① 将唯物史观继续解释为某种社会进化论,将阶级斗争说(包括革命说以及无产阶级专政说)与唯物史观分离开来,使之构成马克思学说的相对单独的部分,然后再强调它们互相渗透、互相蕴含。

　　在《我的马克思主义观》中,李大钊把阶级斗争(阶级竞争)看作贯穿于马克思的历史论、经济论和政策论的一条"金线"。他指出,在历史论(社会组织进化论)部分,马克思承认以往的历史为阶级斗争的历史,在经济论(资本主义的经济论)部分,马克思揭示了当今社会组织是造成工人阶级和资产阶级冲突的必然根源,在政策论(社会主义运动论)部分,马克思把阶级斗争视为推翻现今社会组织的最有效的手段。把马克思学说分为三个部分,只是为了研究上的便利,其实马克思的学说完全是一个有机的系统,各部分之间有着不可分割的关系。由于李大钊本人更倾向于唯物史观的"经济史观"解释,所以他也认为,马克思的唯物史观与阶级斗争说之间确实存在一些矛盾。"他(马克思——引者)说自从土地共有制崩坏以来,经济的构造都建立在阶级对立之上。生产力一有变动,这社会关系也跟着变动。可是社会关系的变动,就有赖于当时在经济上占不利地位的阶级的活动。这样看来,马氏实把阶级的活动归在经济行程自然的变化以内。但虽是如此说法,终觉有些牵强矛盾的地方。"(李大钊,1919)李大钊以为,唯物史观过分强调了经济的决定作用,似乎只是把被压迫阶级的反抗当作经济组织实现自我变迁的一个工具,这样就和政策论部分鼓励阶级斗争的做法不一致,但在一种学说的初创期,为了达到矫枉过正的目的,这种做法是难免的。

　　相比之下,陈独秀对唯物史观和阶级斗争说的统一关系、进化说与

---

　　① 某些国民党理论家,例如胡汉民,给出的方案是类似的。胡汉民的文章《唯物史观批评之批评》(载1919年12月出版的《建设》第1卷第5号)"丁"部专门反驳了"以为与阶级斗争说矛盾而非难唯物史观者",其基调和内容与共产党理论家大致相同。这主要是因为,他们都受到了日本社会主义者的影响。按照德里克使用过的术语,胡汉民属于"国民党马克思主义者"。

革命说的统一关系的辩护要积极的多。在《马克思学说》这篇文章中，他明确说："唯物史观说和阶级争斗说不但不矛盾，并且可以互相证明。"(陈独秀，1922)根据《共产党宣言》提供的线索，他详细论述了资本主义发生、发展和灭亡的历史，指出，正是由于资本主义产业的高度发展，才造成了无产阶级人数的增加，而无产阶级人数的增加，使得他们能够逐渐结成大的团体。在生活贫困的情况下，这些团体就会产生和资产阶级抵抗的觉悟，进而发生斗争。这些斗争从罢工开始，以革命而结束。从这个过程来看，唯物史观和阶级斗争说实在没有矛盾的地方。

由于将唯物史观和阶级斗争说视为两种不同的学说，所以，进化说与革命说至多是一种外在的统一。这种解释框架明显受到了日本社会主义者的影响，特别是河上肇的影响。1924年的时候，情况发生了一些变化。在瞿秋白的《社会科学概论》中，我们看到，阶级斗争说（革命说）已被视为唯物史观的当然的组成部分。或许正是从瞿秋白开始，中国的马克思主义者开始将目光转向苏联，寻找一种和日本社会主义者的解释范式不同的范式。瞿秋白的《社会科学概论》和布哈林的《历史唯物主义》有明显的类似之处，甚至可以说，前者只是后者的一个改编本。

《社会科学概论》把阶级斗争说引入唯物史观，试图把进化说与革命说变成内在的统一。"大致而论：经济的基础——技术，因人类以之适应自然而日有变易（所谓工业'革命'），经济关系因之而变（城市生活及商业关系的发展），政治制度及法律亦就渐渐变动（国会里的争执及民法商法上习惯的积累）。于是社会心理潜伏新潮（文艺复兴前后），久而久之，社会思想就大起激变（启蒙时代）；凡此都还只是数量上的渐变，——所谓'进化'。这些根源于经济的变更，逐步帮着经济进化，积累既久，便引起社会上的突变——'大革命'。"(瞿秋白，1924，第12章)进化是社会发展过程中的量变，革命是社会发展过程中的质变，量变积累到一定程度便引发质变。这里的革命不仅指社会形态的更替，也指被压迫解决推翻压迫阶级的行动。

无论是李大钊、陈独秀还是瞿秋白，他们都无法成功地在社会进化论的框架中将进化说与革命说完美地结合起来。要么承认马克思的唯物史观是进化论，而让阶级斗争说停留在唯物史观之外，要么把阶级斗争说纳入唯物史观，而否认唯物史观是进化论。如果不考虑马克思哲学的体系特征及其名称，只考虑社会历史发展过程中进化和革命的关系，那么，我们可以发现，李大钊、陈独秀和瞿秋白的看法其实并没有太大区别。他们都认为，进化和革命是社会历史发展进程中的不同阶段。在生产关系和生产力总体上相适应的阶段，阶级斗争并不会导致革命，社会处于进化的阶段；而在生产力和生产关系总体上不相适应的阶段，阶级斗争将会导致革命，社会处于革命的阶段。另外，在他们那里，进化似乎总是与某种非暴力的方式相连，而革命似乎总是与某种暴力的方式相连。

　　然而，马克思并没有把进化和革命视为截然不同的阶段。实际上，革命内在于社会进化的整个过程中，构成了其中的若干个环节。马克思在《哲学的贫困》中提到，"只有在没有阶级和阶级对抗的情况下，**社会进化**将不再是**政治革命**"（《马克思恩格斯选集》第 1 卷，1995，第 195 页）。在存在阶级和阶级斗争的情况下，社会进化包含了政治革命（政治革命同时也是社会革命）。只有在没有阶级和阶级斗争的情况下，社会进化才不包含政治革命。无论有没有政治革命，社会都是进化的，社会进化并没有因为革命而中断。

　　另外，革命可以有暴力和非暴力两种形式。马克思强调暴力革命的方式，这一点是我们所熟知的，但是，马克思有时候也鼓励非暴力革命的方式（特别是在 19 世纪 60 年代以后的作品中，这可能与国际工人协会的斗争策略有关）。马克思在与《世界报》记者 R. 兰多尔的谈话（1871 年 7 月 3 日）中表露了这样的思想：社会形态的更替要通过革命，革命既可以是暴力的，也可以是非暴力的，究竟采用哪种方式，要根据客观情形而定，绝不反对在可能的情况下通过非暴力的方式取得政权。他明确地说，"凡是利用和平宣传能更快更可靠地达到这一目的的地方，举行起义就是不明智的"（《马克思恩格斯全集》第 44 卷，1972，第 690 页）。如果从"非暴力"的角度去理解进化，那革命仍可以是进化的一部分。

革命和进化并没有冲突，或者说，马克思的哲学是不是一种进化论不应该由它是否宣扬革命来判断。在苏联的"辩证唯物主义与历史唯物主义"解释范式传入以后，社会进化论范式衰落的一个重要原因是，很多人相信革命与进化是冲突的：唯物史观既然是宣扬革命的，那它就不是主张进化的。这个理由从达尔文主义的观点来看或许成立，但问题是，马克思主义是不是一种达尔文主义？

四　进化论还是进步论？

在 19 世纪 20 年代以前，"进化"和"进步"两个词在汉语中基本是混用的。随着第一次世界大战的结束以及资本主义社会弊病的充分显露，有人开始质疑"进化"一词的肯定性意义并试图把它和"进步"区别开来。"我真不解一般人所说的进化是什么意义？说进化是进步吧，从前的弓矢，抵不得现代枪炮的利害，杀人盈野；说进化是退步吧，那达尔文先生，在九泉之下，一定气得胡子翘起来；说进化是一种自然的趋势，但这种趋势，是不是原本的自然？是不是没经过人类的泡制？我们又不敢骤然断定。"（易家钺，1920）虽然这位作者并未直接涉及马克思的理论，但却有助于我们思考如下问题：如果我们把马克思的哲学称为"社会进化论"，那么它和达尔文的进化论有什么不同？如果一定要用"进化"或类似的词语来概括马克思哲学的体系特征，那么，"社会进步论"是不是一个比"社会进化论"更好的表达？本节将尝试回答这两个问题。在得出结论之前，本文仍旧按照先前的叙述习惯将马克思的哲学称为"社会进化论"。

第一，关于进化的目标。

达尔文认为，自然选择的结果会导致物种趋于完善（perfection），但是，这只是就它适应自然的能力而言的。实际上，物种进化的方向是不确定的，因为任何的进化都是对不断变化的环境的一种回应。无论物种向那个方向进化，只要它能生存下来，都是一种成功的回应。达尔文之所以竭力避免为进化设定某种目标，是因为他相信，如果他那样做，又陷入了某种带有神创论特征的目的论。

　　然而,马克思并不认为,在达尔文的进化论中,目标的概念是完全无意义的。在承认达尔文的进化论"不仅第一次给了自然科学中的'目的论'以致命的打击"的同时,他也承认,进化论"也根据经验阐明了它的合理的意义"(《马克思恩格斯全集》第30卷,1975,第574—575页)。或许,在马克思看来,一个完全由偶然造成的自然界是不可思议的,完全的偶然也就是完全的必然,它仍然是非常神秘的。达尔文对未来的某种进化方向的揭示,其实就隐藏在他对进化条件的经验描述之中。或者也可以说,通过对这些条件进行分析,我们也可以合理地预测物种进化的方向。

　　马克思本人的社会分析正基于这样一种信念之上。马克思明确为人类社会的发展指明了目标——社会主义与共产主义。这个目标不是凭空设定的,而是源于对社会发展规律的认识。这个规律简单来说就是,生产力决定生产关系,经济基础决定上层建筑。从世界历史的角度看,所有的社会都要发展到社会主义(共产主义)社会。

　　第二,关于进化的过程。

　　达尔文认为,在生存竞争中,那些最适应的个体能够存活下来,它们的性状得以保存,并通过繁殖得以延续和扩大,假定这个过程不断进行,微小的变化不断积累,那么,长此以往,就会导致新的物种的形成。达尔文明确持有一种渐进论的观点:物种与物种之间的过渡只有渐变,没有突变,如果物种之间的过渡似乎呈现出某种突变的特点,那也不过是因为中间类型已经灭绝或地质记录不全而已。

　　诚然,马克思并不否认社会进化的过程是一个渐变的过程。"当他(马克思——引者)证明现代社会,从经济上来考察孕育着一个新的更高的形态时,他只是在社会关系方面揭示出达尔文在自然史方面所确立的同一个逐渐变革的过程。"(《马克思恩格斯全集》第31卷,1972,第410页)但是,马克思更为强调,社会进化的过程中也存在着突变:一种生产关系取代另一种生产关系,是社会进化过程中的突变,根据占统治地位的生产关系的不同,人类社会可以明确划分为若干种经济社会形态。

首先，生产关系之间没有过渡类型。在某种社会形态的早期和中期，生产关系总体上是适应生产力发展要求的，但是，"社会的物质生产力发展到一定阶段，便同它们一直在其中运动的现存生产关系或财产关系（这只是生产关系的法律用语）发生矛盾。于是这些关系便由生产力的发展形式变成生产力的桎梏。那时社会革命的时代就到来了"（《马克思恩格斯选集》第2卷，1995，第32—33页）。社会革命以改变生产关系为目的。新的生产关系的建立，只能以彻底摧毁旧的生产关系为前提。当然，在原有社会形态中，统治者出于维护自身利益的需要，也会对旧的生产关系进行一些调整，但这种调整只是局部的和轻微的，它绝不会改变原有生产关系的性质，更不会使之发展成为一种新的生产关系类型。

其次，生产关系的进化可以是跨越式的。这里指一种跨度更大、突变程度更高的情况。在一种自然发展的状态下，原始社会应当过渡到奴隶社会，但是，由于某种外在原因，例如，这个社会之外的某种力量的提升，原始社会可以直接过渡到封建社会、资本主义社会，甚至是社会主义社会。英国对印度的殖民统治使得资本主义制度直接取代了印度的原始社会制度，而马克思本人相信，西欧国家的无产阶级革命的成功也会帮助俄国在原始公社制（虽然只是残余）基础上直接建立社会主义公有制。

第三，关于进化的动力。

达尔文认为，一切物种的数量都有高速率增加的倾向，由于可供分享的食物和生存空间有限，因此必然发生生存斗争。斗争可以发生在同种的个体之间，也可以发生在异种的个体之间，还可以发生在物种与周围的环境之间。同种个体之间的斗争是激烈的，因为它们在习性、体质、构造方面非常相似，它们要分享的食物和生存空间也非常相似。生存斗争推动着物种向更加适应环境的方向进化，因此也可以说，生存斗争是物种进化的动力。

在达尔文的整个理论体系中，关于生存斗争的思想是马克思借鉴最多的，也是他评价最高的。在给恩格斯的一封信中，马克思提到，达尔文的《物种起源》一书为他们的观点"提供了自然史的基础"（《马克思恩格斯全集》第 30 卷，1975，第 131 页）。这个观点也就是后来马克思在给拉萨尔的一封信中明确指出的阶级斗争观点："达尔文的著作非常有意义，这本书我可以用来当作历史上的阶级斗争的自然科学根据。"（同上，第 574—575 页）

在马克思的著作中，我们找不到关于阶级的现成定义。《资本论》第 3 卷的最后一章标题是"阶级"，似乎表明马克思在这里要对"阶级"进行详细的阐述，但手稿只进行了一页便终止了，恩格斯不无遗憾地评注道："手稿到此中断。"不过，从马克思对历史上的生产方式的分析来看，"阶级"这个概念的基本内容还是清楚的，也就是，阶级是不同的利益集团，某些集团凭借对生产资料的占有取得物质生产过程中的统治地位，并进一步取得国家权力生产过程中的统治地位，从而能够实现对不占有生产资料的集团的剥削、控制和支配。由于利益的根本对立，阶级之间的冲突在所难免。但是，人类社会的阶级斗争和自然界的物种斗争呈现出不同的特点。第一，物种斗争起因于对食物、地盘、异性的争夺，而阶级斗争既可以围绕物质生活方面的利益而展开，也可以围绕精神生活方面的利益而展开，既争夺生存的权利，也争夺发展的权利；第二，物种斗争以个体为单位进行，阶级斗争以集体为单位进行，人类社会还经常出现几个阶级联合起来对抗另外一些阶级的情况。第三，物种斗争仅限于"热战"，而阶级斗争既可以采取"热战"的形式，也可以采取"冷战"的形式，既可以诉诸暴力途径，也可以诉诸和平途径，既可以用武器进行批判，也可以把批判当作武器。

重要的是，马克思不仅注意到了阶级斗争在推动社会进化中的作用，更注意到了社会基本矛盾运动在推动社会进化中的作用。与前者相比，后者处于一种更为基础性的地位。这表现至少表现在三方面：第一，它遍及一切社会形态；第二，它贯穿某一社会形态始终；第三，在阶级社会中，它决定着阶级斗争起作用的大小、范围和方式。

通过上述几个方面的比较，我们现在可以说，在满足一定条件时，我们可以把马克思的哲学（唯物史观）称为"社会进化论"，这个条件就是避免把它理解为达尔文主义在社会历史领域里的直接应用。把达尔文主义直接应用于社会历史领域,只会产生社会达尔文主义,① 而不会产生马克思主义。如果我们有意强调马克思哲学与达尔文进化论的区分,一个更为恰当的选择是,把马克思哲学称为"社会进步论",而不是"社会进化论"。

马克思主义中国化的过程,在一定程度上表现为在中国语境中对马克思哲学体系进行命名与解释的过程。回望百年历史,社会进化论与唯物史观、辩证唯物主义与历史唯物主义、人道主义、实践唯物主义、批判理论等各种解释范式一起,构成了马克思主义中国化的另一道鲜明轨迹。本文尝试着提醒读者,在被认为是马克思主义哲学解释起点的唯物史观之前,存在着另一个起点,只是它已经被遗忘很久了。

参考文献

[1]《列宁选集》第3、4卷,人民出版社1995年版。

[2]《马克思恩格斯全集》第13、25、30、31、32、44卷,人民出版社1962、1972、1974、1975年版。

[3]《马克思恩格斯选集》第1、2、3卷,人民出版社1995年版。

[4]陈独秀:《〈答蔡和森〉(马克思学说与中国无产阶级)》,载《新青年》第9卷第4号,1921年8月1日出版。

[5]陈独秀:《马克思学说》,载《新青年》第9卷第6号,1922年7月1日出版。

[6]董亦湘:《唯物史观》,载1924年7月25—28日《民国日报》副刊《觉悟》。

[7]胡汉民(署名"汉民"):《〈民报〉之六大主义》,载《民报》第3号,1906年4月出版。

---

① "社会达尔文主义"的名称首见于美国历史学家理查德·霍夫施塔特(Richard Hofstadter)的著作《美国思想中的社会达尔文主义》(Social Darwinism in American Though, 1944),指的是将达尔文主义用于社会分析的社会学理论,它的鼻祖一般被认为是斯宾塞。社会达尔文主义的原则通常是由达尔文的生物进化论直接推导而来,例如,主张自由竞争的资本主义,声称帝国主义、殖民主义、种族主义具有道德上的合理性,宣扬优生学理论等。

[8] 黄凌霜（署名"凌霜"）：《马克思学说的批评》，载《新青年》第 6 卷第 5 号，1919 年 5 月出版。

[9] 久松义典：《近世社会主义评论》，杜士珍译，载《新世界学报》第 2—6 期，1903 年 2 月 27 日至 4 月 27 日。

[10] 瞿秋白：《社会科学概论》，上海书店 1924 年 2 月初版。

[11] 李达：《现代社会学》，湖南现代丛书社 1926 年 6 月初版。

[12] 李大钊：《我的马克思主义观》，载《新青年》第 6 卷第 5、6 号，1919 年 5 月（疑为 9 月）、11 月出版。

[13] 李石曾（署名"民"）：《驳〈时报〉〈论中国今日不能提倡共产主义〉》，载《新世纪》第 72 期，1908 年 11 月 7 日出版。

[14] 梁启超（署名"中国之新民"）：《进化论革命者颉德之学说》，载 1902 年 10 月 16 日《新民丛报》第 18 号。

[15] 梁启超：《社会革命果为今日中国所必要乎》，载《新民丛报》第 86 号，1906 年 11 月出版。

[16] 刘师培（署名"申叔"）：《〈共产党宣言〉序》，《天义报》第 16—19 期合刊，1908 年春出版。

[17] 刘师复（署名"师复"）：《无政府共产主义释名》，载《民声》第 5 号，1914 年 4 月 11 日出版。

[18] 马君武：《社会主义与进化论比较——附社会党巨子所著书记》，载《译书汇编》第 2 年第 11 号，1903 年 2 月 15 日出版。

[19] 毛泽东：《关于哲学问题的讲话》，见中国社会科学院马克思主义毛泽东思想研究所编《马克思、恩格斯、列宁和我国领导人论社会主义发展阶段》，社会科学文献出版社 1989 年版。

[20] 钱智修：《社会主义与社会政策》，载《东方杂志》第 8 卷第 6 号，1911 年 8 月 19 日出版。

[21] 邵振青：《各国社会思潮》，商务印书馆 1920 年 4 月初版。

[22] 施存统（署名"存统"）：《马克思底共产主义》，载《新青年》第 9 卷第 4 号，1921 年 8 月 1 日出版。

[23] 孙中山：《社会主义之派别及批评》，载 1912 年 10 月 30 日《民立报》。

[24] 王辑尘（署名"煮尘"）：《社会主义与社会政策（社会主义讲演集第八章）——附驳〈东方杂志〉论文》，载《新世界》第 7 期，1912 年 8 月 14 日出版。

[25] 徐松石：《社会主义之沿革》，载 1920 年 1 月 18—19 日《时事新报》。

[26] 易家钺（署名"A.D"）：《破坏论（一）》，载《奋斗》第 5 号，1920 年 5

月 3 日出版。

　　[27] 曾乐山:《马克思主义哲学的中国化及其历程》,华东师范大学出版社 1991 年版。

　　[28] 庄福龄主编:《中国马克思主义哲学传播史》,中国人民大学出版社 1988 年版。

"业秤"小考

姜守诚

【内容摘要】"业秤"是冥府地狱中审判亡人之刑具，多由特定之冥官（如阎罗王或五官王等）来执掌，借其称量亡人生前所积之善恶功过。"业秤"之说，在中土始见于唐代佛教典籍中，亦为宋明道教经书所采纳，明清民间宗教宝卷中更屡见此说。本文着眼于佛、道经书及宝卷中所出现的"业秤"，讨论其宗教含义，并从图像学之视角分析"业秤"的演变过程。

中国是世界上最早实行法制计量的国家之一。[①] 秤，是古代最常见

---

① 据考古发掘资料证实，世界上最古老的计量器具出土于中东和埃及，由此证实古埃及人最早发明了原始的秤。秤，在中国的出现和使用亦有悠久的历史。在目前的考古实物中，1975 年湖北江陵雨台山 410 号墓和 419 号墓分别出土了 4 枚春秋时期楚国铜环权和 8 枚战国时期楚国铜环权，现为荆州市博物馆收藏。1954 年湖南长沙左家公山 15 号墓出土的战国楚墓等臂式天平秤（包括一根木衡杆、两个铜托盘和九枚铜环权），约为公元前 4—前 3 世纪的制品，现为湖南省博物馆收藏。到春秋中晚期，楚国制造出木衡、铜环权等小型衡器、用以称量黄金货币，这些是从等臂式天平秤过渡到不等臂式杆秤的标志。另外，中国国家博物馆收藏两件战国铜衡杆，亦为不等臂式秤，被认为是古代提系杆秤之雏形。此外，《吕氏春秋》、《庄子·外篇》和《墨经·经下》等典籍中亦载有称量物品的文字，说明古人对天平、杆秤等衡器的力学原理很早就有了初步地认识和掌握。（有关这方面的情况，详见湖南博物馆《湖南常德德山楚墓发掘报告》，《考古》1963 年第 9 期，第 461—473、479 页；高至喜《湖南楚墓中出土的天平与法马》，《考古》1972 年第 4 期，第 42—45 页；刘东瑞《谈战国时期的不等臂秤"王"铜衡》，《文物》1979 年第 4 期，第 73—76 页；涟溏《说权论衡——秤的由来》，《南方文物》2007 年第 3 期，第 128—131 页。）

的称量工具，古人称之为"权衡"或"衡器"①。东汉初年，中国先民
发明了木质提系杆秤，至南北朝时得以推广和普及。② 唐宋以降，中国
衡器的发展则日臻成熟。③ 北宋真宗景德年间（公元 1004—1007 年），
内府官员刘承硅创造性地发明了精密戥秤，标志着当时中国的衡器技术
已领先于世界水平。本文讨论的是一种特殊功用的"秤"，它不再仅是
用以计量现实生活中各类物品之物理重量的工具，而将其职能向虚拟化
延伸、扮演起衡量亡人之善恶功过的角色。这种被赋予了特殊功用及宗
教内涵的秤，在佛道典籍及民间宝卷中专称为"业秤"。

一　佛典中的"业秤"

"业秤"一语，据稽考至迟见载于唐代佛典中。如唐朝沙门惠详
（或作慧祥）撰《弘赞法华传》（卷九）对"业秤"就有较详细之描述：
"刘时，雍州万年县平康坊人。永隆二年六月患，经二日致死。死经六
日，唯心上煖。其家已择殡日，未敢袭敛。至七日平旦，忽然再苏云：
当时，被一人引入大城，宫殿楼观，壮丽异常。见阎罗王，云：'汝可
具录生时功德。'遂答云：'生时唯读《法华经》两卷，更无别功德。'
王遂索罪案，及业秤秤之，《法华》两卷乃重于罪案。王捡案云：'其人
合得九十年活。'谓案典曰：'汝何以错追？大罪过。可放他还。'因令
得活。"④ 这里明确谈到"业秤"乃系由阎罗王执掌、冥判时凭之衡量
亡人生前的功德与罪案、由此甄别出此人言行中为善与为恶者孰为轻

---

① 东汉许慎撰《说文解字》训曰："称，铨也。"段玉裁注："铨者，衡
也。……铨所以称物也。称，俗作秤。"（东汉·许慎撰，清·段玉裁注：《说文解
字注》，浙江古籍出版社 1998 年版，第 327 页。）

② 丘光明：《我国古代权衡器简论》，《文物》1984 年第 10 期，第 83 页。

③ 详见吴承洛《中国度量衡史》，上海书店 1984 年版；国家计量总局主编
《中国古代度量衡图集》，文物出版社 1984 年版；吴慧《新编简明中国度量衡通
史》，中国计量出版社 2006 年版。

④ 《大正新修大藏经》第 51 卷（史传部三），第 42 页。

重，并据此予以发落。

约撰于晚唐五代的敦煌抄本《佛说十王经》①亦谈到"业秤"，并且指出"业秤"系地狱第四殿五官王厅中之专属物件。据法国巴黎国家图书馆收藏的《佛说阎罗王授记四众预修生七往生净土经》（P. 2003）云："第四七日过五官王。讚曰：五官业秤向空悬，左右双童业簿全。轻重岂由情所愿，伍昂自任昔因缘。"②今存散见于世界各国的敦煌本《佛说十王经》诸本中有四种附有插图，"业秤"图像均出现在第四殿五官王厅内，且旁注赞文与前引略同。这说明，至迟在晚唐五代之前，五官王厅内设"业秤"、责拷亡人功过，似成定说。

考究"业秤"之缘起，实与地狱"十王"说有紧密的联系。地狱"十王"信仰是佛教东传后依附汉译佛典及本地民俗而创的产物，隋唐时佛教在中原文化熏陶下始形成完整的"十王"说法，并逐渐与民间丧葬行事中修七荐亡的"七七斋"紧密联系。③如敦煌写卷晚唐沙门藏川

　　①　《佛说十王经》，全称《佛说阎罗王授记令四众逆修生七斋功德往生净土经》或称《阎罗王授记经》。据迄今公布的资料看，敦煌抄本《佛说十王经》约计有二十余种，其中最为完整的 P. 2003 本子题有"成都府大慈寺沙门藏川述"字样。有关《佛说十王经》的造作时代，杜斗城认为当成书于晚唐五代。（详见杜斗城《敦煌本佛说十王经校录研究》，甘肃教育出版社 1989 年版，第 146 页。）台湾学者萧登福则认为撰于初唐。（详见萧登福《敦煌写卷〈佛说十王经〉之探讨》，载氏著《敦煌俗文学论丛》，台北商务印书馆 1988 年版，第 185 页。）

　　②　上海古籍出版社编：《法藏敦煌西域文献》第 1 册，上海古籍出版社 1995 年版，第 31 页。其他诸本所载亦大略相同。

　　③　有关佛教地狱"十王"之研究，详见石守谦《有关地狱十王图与其东传日本的几个问题》，《中央研究院历史语言研究所集刊》第五十六本、第三分，1985 年 9 月，第 565—618 页；萧登福《敦煌写卷〈佛说十王经〉之探讨——兼谈佛、道两教地狱十殿阎王及狱中诸神》，收入氏著《敦煌俗文学论丛》，第 175—250 页；江玉祥《中国地狱"十王"信仰的起源》，载江玉祥主编《古代西南丝绸之路研究》第 2 辑，四川大学出版社 1995 年版，第 161—186 页；萧登福《道佛十王地狱说》，台北新文丰出版公司 1996 年版；罗世平《地藏十王图像的遗存及其信仰》，载荣新江主编《唐研究》第四卷（1998 年 12 月），北京大学出版社 1998 年版，第 373—413 页。有关日本学界《十王经》之研究状况，详见萧登福《附录二：日本学者〈十王经〉方面的研究——兼论两种〈十王经〉的撰作年代》，载氏著《道佛十王地狱说》，第 579—603 页。

所撰《佛说地藏菩萨发心因缘十王经》、《佛说阎罗王受记令四众逆修生
七斋功德往生净土经》(均简称《十王经》) 就谈到地狱"十王"说,认
为"十王"分别执掌十殿地狱,亡魂在"中阴期"[①] 的头七、二七至七
七及百日、一年、三年忌时将接受所属地狱之冥王的审判处置。[②] 这十
王分别是:一殿秦广王、二殿初江王、三殿宋帝王、四殿五官王、五殿
阎罗王、六殿变成王、七殿太(泰)山王、八殿平正王、九殿都市王、
十殿五道转轮王。[③] 与此同时,"业秤"、"业镜"等说法也相继造作出
来,并在佛教、道教及民间宗教典籍得以渗透和融合,从而补充和丰富
了传统地狱"十王"说。

二　道书所见"业秤"

入唐之后,受佛教地狱观的影响,中国道教构建出自己的一套
地狱说法,同时也将"业秤"援引进来。约出唐代《太上慈悲道场

---

①　佛教传入中土后,不断与汉族文化相杂糅,从而形成一种观念,即认为:
人死后三年才投胎,亡魂自初入地狱至轮回转生这段时间被称作"中阴期"。"中阴
期"一般为四十九天,每七天为一个阶段。基于此,唐代民众中形成了"七七斋"
乃至"十王斋"的丧葬习俗。

②　台湾学者石守谦指出:"地狱十王信仰的内容主要在于人死后所要面临
的审判问题上。所有人在世间所为的善恶,不论是否已经得过赏罚,都要在冥
府再经一次严格而且绝对公正的判决。"〔石守谦:《有关地狱十王图与其东传
日本的几个问题》,《中研院历史语言研究所集刊》第五十六本、第三分 (1985
年 9 月),第 569 页。〕有关唐代的地狱审判信仰及其投射出的俗世官僚体系和
法庭制度之情况,详见陈登武《从人间世到幽冥界——唐代的法制、社会与国
家》第七章"阴间判官——冥司与庶民犯罪",北京大学出版社 2007 年版,第
256—331 页。

③　杜斗城:《关于敦煌本佛说十王经的几个问题》,《世界宗教研究》1987 年
第 2 期,第 44—53 页;杜斗城:《敦煌本〈佛说十王经〉校录研究》,甘肃教育出
版社 1989 年版。

消灾九幽忏》① 卷八 "说三十七狱品第二" 载："其中央一狱，乃是
十恶五逆重罪，众生在彼，其狱内且有刀山剑树……铁挺铁秤、铁
枷铁杻、铁锁铁匣……种种名目，莫知其数。内悬一镜，照罪人
身。隐没差殊，镜中即见。"② 这里所说 "照罪人身" 的镜子显系
"业镜"，至于引文中 "铁秤" 是否系指用以衡量亡人罪过的 "业
秤"，尚难臆断。不过，唐宋道书《太上慈悲九幽拔罪忏》（卷八）
中则有 "秤量罪过" 的明确说法："或将荤辛混杂，腥秽同厨，不
洁己身，但多慢易，过中更食，宿心不精，诽谤至真，将同邪伪，
言犹虚诞、心岂虔恭。如上罪根，秤量最重，死入地狱，无有生
全。"③ 这里谈到诸多恶行、"秤量最重，死入地狱"，其意乃为 "业
秤" 之谓也。

　　有关 "业秤" 之描述，宋代道书中亦屡有见载。宋代李昌龄注、郑
清之《太上感应篇》④（卷一）云："《传》曰：一念未起，则方寸湛
然，有同大虚。何者为善、何者为恶，及一念纔起，趣向不同。善恶
既殊，祸福即异。此太上所以言祸福无门，唯人自召也。大抵一念起
处，即祸福之门。篇中之言，皆其事也。昔卫仲达初为馆职，被摄至
冥司。冥官命吏呈其善恶二録，比至，则恶録盈庭，善録纔如筋小。
官色变，索秤称之，既而小轴乃能压起恶録，地为之动。官乃喜曰：
'君可出矣。'仲达曰：'某未四十，安得过恶如是之多乎？'官曰：
'不然。但一念不正，此即书之，不待其犯也。'仲达曰：'然则小轴
中所书何事？'官曰：'朝廷尝大兴工役，修三山石桥。君上疏谏止
之，此谏业也。'仲达曰：'某虽言之，朝廷初不从，于事何益而能有
如是之力乎？'官曰：'朝廷虽不从，然念之在君者，已是。向使听

---

　　① 《太上慈悲道场消灾九幽忏》原题 "太极左仙公葛玄纂集"，卷首有唐李含
光序。据学者认为："此忏文字颇似李序，殆李含光依前代忏仪所编纂。"（任继愈
主编：《道藏提要（修订本）》，中国社会科学出版社1991年版，第393页。）
　　② 《道藏》第10册，第70页。
　　③ 同上书，第114页。
　　④ 据学者指出《太上感应篇》本文盖造作于北宋末年，作者不详；传文则撰
于南宋前期。（详见任继愈主编《道藏提要（修订本）》，第923—924页。）

从，则君善力何止如是?'"① 这里谈到的"业秤"就是将亡人的善行
（包括善念）与恶行（包括恶念）加以衡量，借此判定是否应给予惩处。
据其描述来看，"业秤"两端分别悬挂记录其人善与恶行为（包括心中
意念）的两种簿册。

　　南宋蒋叔舆编撰《无上黄箓大斋立成仪》（卷五十二）所列地府冥
官中则明确谈到"地府业镜使者、业秤使者"②。这里所说的"业镜使
者"和"业秤使者"乃是地狱中分别执掌"业镜"③ 和"业秤"两种刑
具的狱吏。据其内容推测，这里说的"业秤"之功用当与敦煌抄本《佛
说十王经》中所述一致。

　　附带一说，宋元道教施展法术时也以秤作为辅助手段，即将人形替
代物悬挂于秤架上，借此招魂。如《上清灵宝大法》（卷三五、卷二一
五）、《灵宝玉鉴》（卷十）均载"建八门召魂坛式"以召魂现形，其法
"以净蒭缚作人形，依生前外饰衣冠，服中安大梵隐语，头上戴升天大
券，悬挂于秤架钩上，令蒭人空立离地三五寸许。……若阴魂来附，其
旛坠重，竹竿曲势，与蒭身秤重著地"④。虽然，这里的"秤"并非
"业秤"，然将蒭人（代表亡人）挂于秤上，这一做法却貌似冥府"业
秤"之操作，是否受其影响，亦未可知。又，元末明初道书《道法会
元》卷一八九"投水盆符法"亦云："呪毕，投符于水盆中，以尺秤横
架盆上，次以著身衣盖之。"⑤ 这里以"尺秤"横架于符水盆上，亦似
含有招魂之用意。

————————

　　① 《道藏》第27册，第6页。这段内容亦见《元始无量度人上品妙经内义》
（卷二）所引。（详见《道藏》第2册，第345页。）

　　② 《道藏》第9册，第692页。

　　③ 所谓"业镜"，据《佛说十王经》所云，系设于地狱十王第五殿阎罗王
厅内。狱吏押亡人对镜自照，使其了然生前所犯罪过。有关内容，详见姜守诚
《"业镜"小考》，（台南）《成大历史学报》第37号（2009年12月），第21—
60页。

　　④ 《道藏》第31册，第10页。

　　⑤ 《道藏》第30册，第195页。

三　宝卷亦载"业秤"说

受佛、道教之影响，明清民众所奉行的众多宝卷①中亦频见"业秤"（或称"孽秤"）字样，且就其所处殿厅而言，亦出现多种说法。现存诸种宝卷中，除了沿袭以往常见的第四殿五（伍）官王厅外，"业秤"还出现在第五殿阎罗天子厅、第六殿卞成王厅和第九殿平等王厅内。此外，个别宝卷中还拟构出"秤杆"地狱的独特说法。现援引史料，将上述几种情况条陈如下：

（一）"业秤"位于第四殿伍官王厅

旧抄本《荐亡品忏》卷三《阎罗预修法忏》载："四七伍官孽秤悬，轻者赦愆携华藏。五七森罗怒目睁，业镜台前丑态现。"② 这里所言"四七伍官孽秤悬"，即是说"孽秤"设于第四殿伍官王厅内。宝卷中多将"业秤"称为"孽秤"或"天平"，亦将"业镜"称为"孽镜"。这或许为便于传唱及民众理解而做出的通俗化改动。

（二）"业秤"位于第五殿阎罗天子厅

清康熙六年翻印《大乘意讲还源宝卷》云："阎罗王，有桿秤，较

---

① 宝卷是从唐代佛教寺院的"俗讲"、"变文"演变而来，通常取材于民间故事、采用说唱样式。明清以降，宝卷日渐流行、乃至成为中国民间宗教的专用经典。明中叶至清康熙年间，更成为宝卷刊印和流传的鼎盛时期。有关宝卷之目录，详见车锡伦编著《中国宝卷总目》，燕山出版社 2000 年版。

② 《荐亡品忏》卷三，载周燮藩主编《中国宗教历史文献集成》第 109 册（《民间宝卷》第九册），黄山书社 2005 年版，第 217 页。

量人心。称完了，问罪人，作何功德。"① 引文中"阎罗王"究竟是笼统地指称地狱之主，抑或具体分指第五殿阎罗天子？经书对此并未言明。不过，旧抄本《冥王宝卷》则明确谈到五殿阎罗王厅中设有"业秤"，如谓："五殿天子阎罗王，虎头鬼判在两旁。黑白无常分左右，铜柱地狱铁厘床。较量天平刑具摆，一声呼喝便升堂。"② 这里所说的"较量天平"其实就是指"业秤"，据引文云其作为刑具而放置于第五殿阎罗天子厅中。然而，该经书随后谈到第六殿卞成王厅时却又涉及"业秤"之描述。

(三)"业秤"位于第六殿卞成王厅

前述旧抄本《冥王宝卷》论及第五殿阎罗天子厅有关情况后，又谈到常州府豪富王士元，生前为富不仁，好赌杀生、贪财好色，死后受六殿阎君卞城王审判，"身上衣服多剥净，就叫罪囚上天平。铜钩扎在背脊筋，鲜血淋淋好伤心"。又云："且说王士元上过天平，大王吩咐再摆石斗中，碓得磨骨扬尘，永不超昇。"③ 无独有偶，民国抄本《三品法忏》之《佛门十王宝忏》亦载："六殿变成威灵王，超度亡人生净土。寒冰地狱是惨伤，罪人一见战糠糠。一架秤悬甚非轻，双童高挂定均平。枉言嚼语造罪根，死后恐随地狱门。高悬业镜照凡人，身亡何须畏迷津。"④ 此外，旧抄本《王大娘游十殿宝卷》谈道："六七来到卞成王，卞成大王不容情。善恶轻重称分明，牛头马面来舒人。作恶之人千斤重，为善之人无半斤。善人判他超昇去，恶人押在地狱门。……王大娘五殿罪名受过，来到第六殿，卞成大王审问，叫夜叉将大娘上秤，秤

---

① 《大乘意讲还源宝卷》，载周燮藩主编《中国宗教历史文献集成》第101册（《民间宝卷》第一册），第560页。

② 《冥王宝卷》，载周燮藩主编《中国宗教历史文献集成》第111册（《民间宝卷》第十一册），第21页。

③ 同上书，第24页。

④ 《佛门十王宝忏》，载周燮藩主编《中国宗教历史文献集成》第108册（《民间宝卷》第八册），第224页。

了然后定罪。小鬼说道：'此人千斤有馀。'大王高声大骂：'你在阳间造孽千斤，阴司受剥皮抽筋之罪便了。'"① 综上所述，这三种宝卷均将"业秤"设于第六殿卞成王厅内。此说法不见于先前典籍中，其出现当不排除系为"业秤"说在下层民众中流传时的一种异变。

（四）"业秤"位于第九殿平等王厅

清代光绪刻本《孚佑帝君十王卷》载："平等王设地狱，阿鼻为大。……架天平，称善恶，丝毫不爽。人可欺，神难瞒，怨报难当。"② 这里"业秤"则属于第九殿平等王厅中之物件。无独有偶，此说法也得到高淳县博物馆藏明清道教神画像的印证。该馆保存的"十王"水陆画系列挂轴中第九殿平等大王厅即绘有"业秤"形象，并以其称量亡人之罪孽。（详见下文图版十）

（五）"秤杆地狱"——"业秤"之衍化

值得注意的是，部分宝卷中甚至将"业秤"演化为"秤杆（称）地狱"。如旧抄本《观音游地狱宝卷》载："公主移步向前走，秤杆地狱面前存。罪鬼只拉秤杆上，钩在背心上秤秤。秤得鲜血时时放，远看好像一只小猢狲。公主又问童子：'秤杆地狱前生作何冤孽？'童子答曰：'活在阳间有子家当算计穷人。穷人倘然要借点奢恨勿得摘在别人背心上秤，故到阴司此苦报也。'"③ 此外，旧抄本《荐亡品忏》卷四《地藏灼城法忏》云："秤称地狱设殿堂，挂上钩儿用秤量。罪大恶极不上秤，

① 《王大娘游十殿宝卷》，载周燮藩主编《中国宗教历史文献集成》第116册《民间宝卷》第十六册），第292页。

② 《孚佑帝君十王卷》，载周燮藩主编《中国宗教历史文献集成》第111册（《民间宝卷》第十一册），第5页。

③ 《观音游地狱宝卷》，载周燮藩主编《中国宗教历史文献集成》第110册（《民间宝卷》第十册），第414页。

衡量之后下狱墙。"① 民国初年抄本《真经宝卷》载录了有关十八层地狱之描述，其中谈到"第五镬汤地狱到，牛头马面没人情。罪人上称称轻重，推入镬汤泡烂身"②。概言之，将"业秤"这一原本仅指衡量亡人之恶行的地狱刑具概念，不断加以丰满、最终衍化为"秤杆地狱"，这是民间宝卷的一大特色。

四　有关"业秤"之图像学分析

有关"业秤"之图像，当前存世最早者当推敦煌抄本《佛说十王经》。世界各国已公布的《佛说十王经》诸抄本中附绘插图者计有八件，经中外学者研考、得以缀合为五种经卷，其抄写年代介于晚唐五代至宋初间，即属敦煌归义军时期。③ 其中，插图中出现"业秤"图案者凡有四见，分别为：图版一：法 Pel. chin. 2003《佛说阎罗王授记四众预修生七往生净土经》插图中第四殿五官王厅，有图有赞文，现藏法国巴黎国家图书馆（Cliché Bibliotheque nationale de France，Paris）；图版二：法 Pel. chin. 2870《绘图本佛说十王经》插图中第四殿五官王厅，有图有赞文，现藏法国巴黎国家图书馆；图版三：法 Pel. chin. 4523《色绘地藏菩萨十王经》插图中第四殿五官王厅，系纯插图本、有图无赞文，

---

① 《荐亡品忏》卷四，载周燮藩主编《中国宗教历史文献集成》第 109 册（《民间宝卷》第九册），第 233 页。

② 《真经宝卷》，载周燮藩主编《中国宗教历史文献集成》第 113 册（《民间宝卷》第十三册），第 236 页。

③ 有关敦煌本《佛说十王经》的研究情况，详见杜斗城《敦煌本佛说十王经校录研究》，甘肃教育出版社 1989 年版；萧登福《敦煌写卷〈佛说十王经〉之探讨——兼谈佛、道两教地狱十殿阎王及狱中诸神》，收入氏著《敦煌俗文学论丛》，第 175—250 页；罗世平《地藏十王图像的遗存及其信仰》，载荣新江主编《唐研究》第四卷（1998 年 12 月），北京大学出版社 1998 年版，第 373—413 页；张总《〈阎罗王授记经〉缀补研考》，载《敦煌吐鲁番研究》第五卷，北京大学出版社 2000 年版；党燕妮《〈俄藏敦煌文献〉中〈阎罗王授记经〉缀合研究》，《敦煌研究》2007 年第 2 期，第 104—109 页。

现藏法国巴黎国家图书馆；图版四：英国 S. 3961《佛说十王经》插图
中第四殿五官王厅，有图有赞文，现藏英国伦敦国家图书馆（The
British Library）。

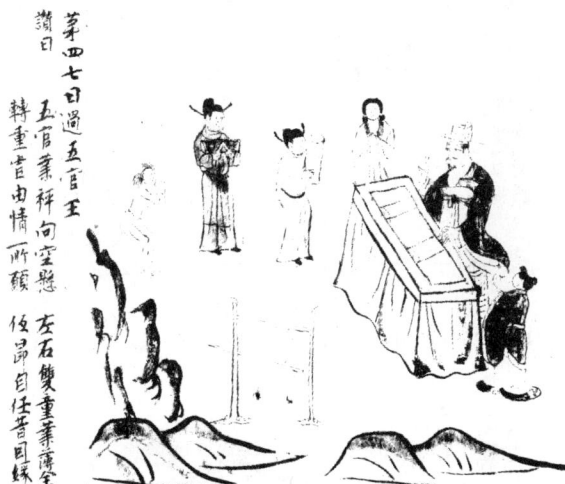

图版一　P. 2003（取自《法藏敦煌西域文献》第 1 册，第 31 页）

图版二　P. 2870（取自《法藏敦煌西域文献》第 19 册，第 213 页）

图版三　P.4523（取自《法藏敦煌西域文献》第31册，第324页）

图版四　S.3961（取自《英藏敦煌文献》第5册，第220页）

前述四种敦煌抄本十王厅插图中第四厅五官王均为文官打扮、头戴冠冕、端坐几案后（图版二 P.2870 中五官王端坐于无四壁的殿堂内），案上或放有记录亡者善恶的卷宗。图版左侧均附有赞文，云："讚曰：五官业秤向空悬，左右双童业簿全。转重岂由情所愿，□昂自任昔因缘。"若细加对照，我们可发现：这四幅敦煌抄本插图中"业秤"图像，无论其构造、式样或所处方位均存在一些明显差异：

（1）图版一（P.2003）共绘六人形象，居中者为五官王，头戴远游冠、端坐几案后，案上摆放展开的卷宗，五官王左手抚案，右手高抬空中、掌心朝外。几案两侧分立善恶双童，右边女童揖手胸前，左边童子手捧卷宗。右侧几案前站立二判官，均戴长翅幞头官帽，怀抱卷宗。其后有一赤身小鬼（系亡人），跣足，头发杂乱，躬身、揖手，作参拜求饶状。"业秤"位于案前左侧，其旁绘有山峦形状，两侧留有大片空白。图中所绘"业秤"乃系木质、等臂式天平结构。"业秤"左右两侧以平行臂杆为支柱（底端固定于地面），臂杆顶端架起一道衡梁，中部用两道系绳串联起第二道衡梁，其长度超出前者，两端各用线绳吊挂起一碟形秤盘（介于两根臂杆内）。

（2）图版二（P.2870）共绘九人，居中者为五官王，八字胡、颌下有短须，头戴长沿冠、端坐于无四壁的庑殿式厅堂内，五官王左手抚案，右手持笔、虚置空中，案上摆放展开的卷宗。几案两侧分立妇人一名，身后屏风隐约可见花朵、枝条图案。殿厅前设有"业秤"，亦为等臂式天平结构，其两侧为两根扁平臂杆、竖立于地，中间横架起三道衡梁：第一道衡梁横跨在两根臂杆顶端、曲折为弓弩状；第二道衡梁为一短圆棒、介于两根臂杆之间，第一、二道衡梁系由一道粗绳联结起来；其下为第三道衡梁、系一细长木棒，其长度较之前二衡梁更长，两端各吊一秤钩、刃显锋利，秤钩位于两根臂杆外侧，第二、三道衡梁由线绳绑成环状联结。"业秤"下方有一条毒蛇，口吐信子。"业秤"左侧有一人戴绕头长枷，由一名穿长袍、戴幞头的判官引导，正等待过秤量罪；右侧一人双膝跪地、双手缚于柱，面前有一狱吏亦戴幞头，手持鞭棒、作拷打状。其后站立善恶双童：一作男子状，头戴幞头，双手合十于胸前；一作妇人状，束发、广袖，怀抱卷宗。

　　(3) 图版三（P. 4523）共绘十人形象，五官王居中而坐，身穿广袖长袍，头戴方冠，面有胡须，面前摆设方桌（桌面略显宽大），方桌上摆放展开的卷宗，左手抚卷宗，右手自然抬起、掌心朝外。桌案右侧站立一判官，头戴长翅幞头官帽，手捧卷宗，面朝五官王。桌案左侧站立三名侍从，均面朝五官王，其中二人为判官打扮，均头戴长翅幞头，一人揖手、作禀报状，一人怀抱卷宗；另有一人为妇人装扮，束发、广袖，怀抱佛像。"业秤"位于桌案正前方，亦为木质、等臂式天平形状。"业秤"左右两侧以平行臂杆为支柱（底端固定于地面），臂杆顶端架起一道衡梁，其下为第二道衡梁，长度超出前者，两道衡梁之间由一根竖木联结。第二道衡梁两端各以线绳悬吊物品（位于臂杆两端外侧）：右端为一卷轴状案宗、左端为一立体曲状物（疑系砝码）。"业秤"两侧各蹲坐一人（似为善恶童子），系妇人装扮，长发披肩，左侧之人手持卷宗、作展开状，右侧之人手指翘起，二人均目视"业秤"、系检查称量之结果。"业秤"前有二亡人，均赤身、戴长枷，或跪、或坐。其旁立一狱吏，戴帽、着武装，手持板斧，乃驱赶亡人至"业秤"处衡量罪过。

　　(4) 图版四（S. 3961）共绘九人。正中端坐五官王，八字胡、颔下短须，头戴方冠、身着宽袖长袍，面前几案略显窄小，身后站立一判官、头戴长翅幞头，拱手胸前。几案左侧有戴枷三人，一人赤裸上身、着短裙、戴方枷，余下二人合戴一绕头长枷，三人均面朝五官王、微躬前身。几案前站立二判官，均戴长翅幞头，一人怀抱卷宗，一人躬身前倾、掌心相合。另有二人跪在案前，头顶有饰物，手持仪仗，身后绘有山峦起伏图案。该图中"业秤"位于五官王身后正上方，其与前述图版一、二、三中所处位置明显不同。"业秤"为等臂式天平状，由固定于地面的两根平行臂杆作支柱，有三道衡梁，最上层衡梁曲折为弓弩状，中间衡梁最短、介于臂杆中间，第三道衡梁最长、横跨臂杆两侧。第三道衡梁的最右端下挂一吊桶状物（或为瓶状物），左端似为弯钩状（因被遮挡而不显其形）。从总体来看，图版四中"业秤"更貌似城门状，颇显得有些庄严、华贵，明显不同于前三者。据图像学分析，此"业秤"形象乃具象征意义（或以其标明五官王之身份），而并非用作量罪审判之刑具。

　　上述四幅图版，均系出自晚唐、五代敦煌抄本《佛说十王经》中。此外，《大正新修大藏经》图像部七《佛说预修十王生七经》亦载有地狱十王厅图像。据《大藏经》目录标注其所据底本为高野山宝寿院藏本。该经文字与敦煌本《佛说十王经》相同、插图布局亦近似，显系衍自敦煌遗书《佛说十王经》系列。[①] 鉴于此，今人石守谦先生援引日本人小野玄妙氏的看法，谓："现存高野山圣寺院的一本十王经绘，可能即成于平安末期的十二世纪初期，大致上是根据敦煌所出那类经绘而来的。"[②] 这幅经绘中"业秤"亦在地狱十王厅中第四殿五官王厅内，有图有赞（文字同敦煌本）。不过，图版五中赞文位于图像左侧，而前四种敦煌本中赞文均位于图像之右侧。图中绘有十二人，五官王居中而立，头戴通天冠，手捧笏板，身着宽袖长袍。五官王两侧分立侍女、判官、护卫若干，或拱手而立，或手持幡旗、仪仗，或怀抱卷宗；五官王面前设一方桌，其上摆有册籍、笔砚等。方桌前方设有"业秤"、系等臂式天平状，两侧为平行臂杆为支柱，两根臂杆与地面的吻合处为十字形底座；臂杆顶端有一衡梁、弯曲似弓弩状，顶端臂杆正中穿出线绳联结第二道衡梁；第二道衡梁呈水平状，两端有系绳，下坠之物、其状不清。"业秤"前跪有二人（系亡人），一前一后并锁同一长枷内；其后有一狱卒，相貌丑陋，手挂木棒，似为驱赶、拘押亡人；其旁立一判官，束发，怀抱卷宗，低头注视"业秤"及二亡人。此外，画面中五官王及众随从、判官，目光均朝向"业秤"前跪地之带枷亡人。

　　除上述文献典籍中所载"业秤"图像外，散布于中国各地的一些洞窟壁画及石刻造像中也偶见有"业秤"的实物造型。它们多作为地狱变相中的一个表现内容而被雕刻和保留下来，其中最具代表性的是由南宋

---

　　① 《新纂大日本续藏经》第 1 册载有《佛说预修十王生七经》一卷，并注云"依朝鲜刻本"，该经文字、首题均与《大正新修大藏经》图像部七《佛说预修十王生七经》相同，然无插图。此外，《新纂大日本续藏经》第 150 册中收录《佛说地藏菩萨发心因缘十王经》一卷，亦无插图，文字略异。

　　② 石守谦：《有关地狱十王图与其东传日本的几个问题》，《中研院历史语言研究所集刊》第五十六本、第三分（1985 年 9 月），第 590 页。

图版五　　《佛说预修十王生七经》插图（取自《大藏经》图像部七，第 655 页）

僧人赵智凤主持修造的大足石刻摩崖造像①中第 20 号"地藏十王与地狱变相"群雕的下层十八地狱变相中也有"业秤"图像（图版六）。②这幅"业秤"构造十分简单，秤杆为水平短圆棒状、长约 65 厘米，无秤砣，中有秤毫（即提纽），秤杆前端垂吊一秤钩，旁镌"业秤"二字。

---

①　位于四川大足县境内的大足石窟与摩崖造像是分布于该地北山、宝顶、南山、石篆山、石门山、妙高山等处反映佛教思想的大型群雕，由南宋僧人赵智凤于淳熙六年至淳祐九年（公元 1179—1244 年）七十年间主持修造。其中，宝顶山大佛湾摩崖石刻中以描述"地藏十王及地狱变相"为主题的一组雕塑保存最为完整，分为三层：上层塑有十方诸佛背光坐像；中层正中塑有地藏王菩萨，两侧分列十殿冥王及二司官（即"现报司官"和"速报司官"）；下层塑有十组地狱变相，描绘亡人在狱中受刑之场景。每幅阎王塑像及下层地狱场景中均刻有榜题或赞文。

②　有关大足石刻及宝顶山地狱变龛造像之情况，详见大足县文物保管所编《大足石窟》，文物出版社 1984 年版；刘长久、胡文和、李永翘编著《大足石刻研究》，四川省社会科学院出版社 1985 年版，第 485—490 页；陈明光《重庆大足宝顶山大佛湾第 20 号龛遗存经变造像的调查与研究——兼探〈十王经变〉与〈地狱变〉的异同》，载中山大学艺术史研究中心编《艺术史研究》（第 4 辑），中山大学出版社 2002 年版，第 325—363 页。

该"业秤"悬于三层群雕的下层"寒冰地狱"中，位于中层十殿冥王塑像中"五官大王"的正下方，与右侧"铁床地狱"中的"业镜"遥相呼应。

图版六　宝顶山大佛湾摩崖石刻第 20 号地狱变相（局部）

"业秤"形象并非仅限于以地狱"十王"为题材的佛教典籍及石刻中，在宣讲"三官"信仰为宗旨的明清道书中亦不乏见其踪迹。譬如，明代版本《太上三元赐福消灾解厄延生保命妙经》（简称《三元经》）①中即可翻检到"业秤"之图像。在笔者收集的十三种《三元经》版本中，卷首扉画中出现"业秤"者凡计有三例：（1）明天顺六年万政、万铎刻本（书号：06449），详见图版七；（2）明成化十六年刻本（书号：05109），详见图版八；（3）明刻正德二年焦琏印本（书号：06566），详见图版九。

前述三种《三元经》版本的卷首扉画原系由两个画面/场景构成：第一个场景均为三官座像（天、地、水三官呈"品"字形分布）；第二个场景均为冥官审狱断案图。兹因"业秤"仅出现在第二个画面场景

---

①　有关今存《三元经》诸多版本的介绍及其年代考证，详见姜守诚《〈三元经〉版本的文献学研究》，（台南）《成大历史学报》第三十三号（2007 年 12 月），第 75—118 页。

图版七 明天顺六年万政、万铎刻本《三元经》扉画（部分）

图版八 明成化十六年刻本《三元经》扉画（部分）

中，故剪裁局部、以飨读者。这三幅扉画中正襟端坐于几案后者，乃是三官辖下冥府三神祇，由其负责审判亡人之功过，并施予惩处。这里的"业秤"系审讯亡人之工具，冥官即以称量结果作为判罚依据。这一点，实与佛学"业秤"说并无差别。现将三种《三元经》版本中有关"业秤"之信息略作叙述。

图版九　明刻正德二年焦琏印本《三元经》扉画（部分）

　　（1）图版七（明天顺六年万氏刻本《三元经》扉画）中三位神祇呈"品"字形分布，正中端坐一神祇、头戴"通天冠"，身后设一屏风，面前几案上摆放纸笔及卷宗等，旁立侍从二名（或系善恶童子）；两侧几案后又各端坐一神祇，左侧神祇头戴长翅幞头官帽，右侧神祇头戴软脚幞头纱帽、颏下短须，旁立侍卫数人。几案前跪地一人，手捧奏状、呈送给一名头戴长翅幞头帽的判官。几案前设一"业秤"用以估算亡人罪过。"业秤"系等臂式天平式样、构造简单，两根平行臂固定于地面，臂杆顶端架起一道衡梁，其中部用线绳绑着一根木棒、长度稍短于顶端衡梁，呈水平状、可转动，其右端悬吊一亡人、以线绳捆绑四肢，左端用绳系一份卷宗。"业秤"下方地面上放有一幅枷锁（呈打开状），当系悬吊之人所戴。"业秤"右边有戴枷者二人、均跣足，由手持兵器的狱吏驱赶、前往"业秤"以待"过秤"量刑；左边判官二名、均手拿册籍作查阅状，其前跪有一人，拱手作聆听状。画面上端祥云缭绕，可见一宫殿、匾额书有"三元考較府"字样。收藏地：中国国家图书馆善本特藏部，书号：06449。

（2）图版八（明成化十六年刻本《三元经》扉画）中三位神祇均端坐几案后、呈"品"字形分布：正中神祇头戴"通天冠"，身后设一屏风，旁立侍从二人；左侧神祇头戴长翅幞头，右侧神祇戴软脚幞头纱帽，两侧各立侍从一人、怀抱卷宗。几案前立一判官、头戴长翅幞头，其前有二人揖手作告饶状（一人跪地、一人躬身）。画面前方设有一架"业秤"，亦为等臂式天平式样，两根平行臂、底端由三角型支架固定，臂杆顶端架起一道衡梁，其中部用线绳绑着一根短棒、明显短于衡梁，呈水平状、可转动，其右端悬吊一亡人、以线绳捆绑四肢，左端绳系一份卷宗。"业秤"右边有戴长枷者二人、均跣足，由一手持兵器的狱吏驱赶、前往"业秤"以待量刑；左边有侍官一人、手拿册籍作查阅状，其前跪有一人，拱手作聆听状。整幅画面上端祥云缭绕、云中隐见一宫殿，其上匾额题"三元考較府"字样。收藏地：中国国家图书馆善本特藏部，书号：05109。

（3）图版九（明刻正德二年焦琏印本《三元经》扉画）中三位神祇各居几案后、呈"品"字形分布：居中神祇头戴"通天冠"，身后设一屏风，旁立侍从二人；左侧神祇头戴长翅幞头官帽，右侧神祇头戴软脚幞头纱帽，两侧站立侍卫武士三名（右一、左二）、均手持兵器。几案前跪地一人，手捧奏状、呈送给一名头戴长翅幞头帽的侍官。画面下方有一架"业秤"、系等臂式天平式样，两根平行臂固定于地面，臂杆顶端架起一道衡梁，其中部用线绳绑着一根短棒、长度短于衡梁，呈水平状、可转动，其右端悬吊一人、以线绳捆绑四肢，左端用绳系一份卷宗。"业秤"下方地面上放有一幅打开的枷锁，当系悬吊之人所戴。"业秤"右旁有戴长枷者二人，由一名手持兵器的狱吏驱赶、前往"业秤"

过秤量刑；左旁立侍官二人、手拿卷宗作查阅状，其前跪地一人，拱手作聆听状。画面上端祥云缭绕，可见一宫殿、匾额未见有字。收藏地：中国国家图书馆善本特藏部，书号：06566。

　　除前引佛道经书外，"业秤"图像亦见于明清拔度道场水陆画及民间宝卷中。现由江苏省南京市高淳县博物馆收藏的地狱"十王"水陆画系列挂轴之第九殿平等大王厅中就有"业秤"图像，绘制精美、栩栩如生，堪为存世之珍品。① 这幅画中绘有十四人，第九殿平等大王端坐中央，蓄五绺长须，头戴方冠，面容白皙、慈祥，左手抚案，右手抬举空中，几案上摆放砚台和两个卷宗（一靛蓝色、一乳白色）。画面上方书有匾额题曰"平等大王"字样以标明身份。平等大王身后侍立一婢女，束发，着绿衣，其后设有屏风、绘有花朵图案。五官王左侧站立一判官，头戴长翅幞头官帽，身穿红色官服、手持笏板；几案左侧立一判官，头戴幞头官帽，身穿靛蓝色官袍，双手平展文书。几案右侧前方站立一武士，头戴战盔，身着绿色武装，手持板斧。几案前方有二人（一男、一女，或系善恶童子）：女子身穿绿色衣袍，盘有发髻，手捧一红色函匣（内装四册文书），作交付状；其前站立一男子，束发，着灰色对襟长袍，平展双手，欲接女子所捧之函匣。"业秤"位于平等大王殿下，为等臂式天平秤、似铁质，设在冥府九殿平等大王的几案前。"业秤"两侧臂杆乃以两根圆形铁棍为支柱（系固定在扁平、厚宽之铁质底座上）。"业秤"顶端衡梁为扁平铁板，正中钻一孔，内嵌旋钮、使之与下方圆形衡梁相连。衡梁外侧两端分别悬吊一秤盘，盘底为圆形扁平状，边缘有四个对称的小孔，内穿线绳以系秤盘。右边盘内放五份卷宗（其色彩分别为浅红、黄、绿、蓝、深红），左边秤盘坐一亡人，双腿蜷曲、赤裸上身。"业秤"前立一判官，戴幞头，着官服、穿官靴，左手

---

　　① 高淳县文化局编：《明清道教神像画》，南京出版社2006年版，第216页。此外，这批由江苏省南京市高淳县博物馆收藏的明清道教神像画中还有一幅"库官神"，画像中绘有三位管理冥界金帛等类库房的神祇，其中二神祇几案上就摆设有精密的天平秤，用以称量冥界中金帛等贵重稀有之物。（详见高淳县文化局编《明清道教神像画》，第206页。）

抱卷宗，右手握毛笔（或长柄烟斗），低头凝视"业秤"，当在查看称量之结果。"业秤"右侧绘有小鬼二、亡人三（一女、二男），均裸身：一绿脸小鬼，毛发乍立，怒目圆睁，着红裙，右手倒持长叉，左手揪扯一男性亡人头发，此亡人上身赤裸、下着短裤，双膝跪地、缚手于后，目视前方之妇人；其面前之妇人，面容姣好、肌肤白皙，赤裸上身、露出一乳，小脚，下着粉色衣裙，双手缚于前而跪地，回眸凝视身后之人，似在暗示二人犯有偷情之罪；另有一亡人，上身赤裸、下穿长裤，四肢捆绑于铜柱之上，口鼻流血，其面前有一小鬼，面孔及上身均为靛蓝色，腰间系草绿色短裙，右手执刀、左手执钩，正对绑缚于铜柱之人实施割舌之刑。（详见图版十）

图版十　高淳县博物馆藏十王水陆画之第九殿平等大王厅

　　"业秤"之造型，亦见于民间宝卷《玉历至宝钞传阎王经》插图中。
该经渲染为恶者下地狱受百般苦刑，借此达到劝人向善之目的。经文介
绍了亡人在地狱十殿中逐一接受审讯判罚之情况，其中"业秤"作为刑
具出现在第四殿五官王厅中。这幅画面中人物形象虽然勾勒得十分简
单，然其描述之场景却较繁杂。插图中"业秤"仅由几条细线标示，不
过轮廓却也大略明了。"业秤"造型亦为等臂式天平状，衡梁左边吊一
亡人。其旁立小鬼二，毛发皆杂乱，形貌不甚清晰：一鬼手持秤钩，其
状欲钩人上秤；一鬼俯身，似在查看称量之结果。（详见图版十一）

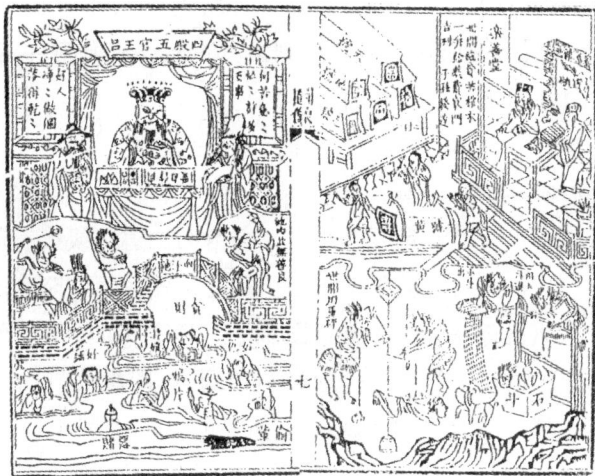

图版十一　《玉历至宝钞传阎王经》插图之第四殿五官王厅①

　　据目前搜集到的图像资料看，除大足摩崖石刻第 20 号"地藏十王
与地狱变相"（图版六）中"业秤"系杆秤造型外，其他图版均为吊悬

---

　　①　此图版取自旧刻本《吕祖师降谕遵信玉历钞传阎王经》，载周燮藩主编
《中国宗教历史文献集成》第 112 册（《民间宝卷》第十二册），黄山书社 2005 年
版，第 55 页。今翻检《中国宗教历史文献集成·民间宝卷》收录旧刻本《吕祖师
降谕遵信玉历钞传阎王经》（一卷），卷首插图中所绘"十王"殿中第四殿五官王厅
中可见"业秤"图像，然该经正文中却未言及"业秤"。

式等臂天平。不过，综观上述十余幅图像，我们发现诸多"业秤"之构造也存在若干细节差异：

第一，从"业秤"秤具的形制来看，可分为钩状、碟状、系绳三类。

这就是说，冥官使用"业秤"衡量亡人罪谪时乃以铁钩、圆形碟状（或桶状）物及系绳等来钩吊或盛装待测人与物（即亡人、卷宗等）。

钩状：图版二（P.2870）；图版六（大足摩崖石刻）。

圆盘或吊桶状：图版一（P.2003）；图版四（S.3961）；图版十（高淳县博物馆藏十王水陆画之第九殿平等大王厅）。

系绳：图版三（P.4523）；图版七（明天顺六年万氏刻本《三元经》扉画）；图版八（明成化十六年刻本《三元经》扉画）；图版九（明刻正德二年焦琏印本《三元经》扉画）。

第二，秤具（秤钩、秤盘或系绳）所处之位置。

秤具（包括秤钩、秤盘、系绳等），是"业秤"的重要组成部位，其是联结称量对象与"业秤"之纽带，多由第二道（或第三道）衡梁水平穿出的绳子悬挂起来。就秤具所在衡梁之位置而言，略有差异：

（1）介于两根臂杆之间的有：图版一（P.2003）；图版五（《大藏经》图像部七《佛说预修十王生七经》插图）；图版七（明天顺六年万氏刻本《三元经》扉画）；图版八（明成化十六年刻本《三元经》扉画）；图版九（明刻正德二年焦琏印本《三元经》扉画）；图版十（高淳县博物馆藏十王水陆画之第九殿平等大王厅）。

（2）位于两根臂杆外侧的有：图版二（P.2870）；图版三（P.4523）；图版四（S.3961）。

第三，称量之对象。

上述图版中，有些并未在图中径直绘出称量对象，计有：图版一（P.2003）、图版二（P.2870）、图版四（S.3961）、图版五（《大藏经》图像部七《佛说预修十王生七经》插图）、图版六（大足摩崖石刻），均属于"业秤"之早期图像。然而，部分图像却刻意勾勒出了处于悬吊之中的称量对象。这些图像中悬吊的待测人或物，又大抵可分为两种情况：

（1）"业秤"之一端悬吊亡人，另一端吊挂卷宗。

这类情况在诸多图版中较为常见，计有：图版七（明天顺六年万氏刻本《三元经》扉画）；图版八（明成化十六年刻本《三元经》扉画）；图版九（明刻正德二年焦琏印本《三元经》扉画）；图版十（高淳县博物馆藏十王水陆画之第九殿平等大王厅）；图版十一（《玉历至宝钞传阎王经》插图之第四殿五官王厅）。明清时期流传于民间的各种道书、宝卷中插图及水陆道场画均以此种情况居多，此较之于"业秤"早期图像显得尤为生动和逼真。

（2）"业秤"两端分别吊挂善恶之簿籍：一端为善簿，一端为恶簿。

此类图像仅见于图版三（P.4523）。不过，据前引宋代李昌龄注、郑清之赞《太上感应篇》载：卫仲达被摄至冥司，冥官以"业秤"称量其生前之善恶二录，因其善籍重于恶籍而放免。可见，文中所言"业秤"两端亦分别悬挂善与恶两种簿册，此与图版三（P.4523）中图像相契合。

五　结论

据上述考证可知，"业秤"之说，在中土汉地至少可追溯至唐代。初唐佛典《弘赞法华传》中"业秤"系由阎罗王执掌（这里的阎罗王乃泛指地狱之主），随后至晚唐五代敦煌抄本《佛说十王经》则对冥界"十王"作了较为细致的阐释和分工，并将"业秤"作为审讯亡人之刑具而落实到地狱第四殿五官王厅内。这一说法逐渐为后世所接受，并对道教产生深远影响。宋代道书《太上慈悲九幽拔罪忏》（卷八）、《太上感应篇》（卷一）、《无上黄箓大斋立成仪》（卷五十二）等谈到冥界观念时均言及"业秤"之说。"业秤"作为图像出现在道书中，就目前所掌握资料来看似始于明代《三元经》。今存几种《三元经》明代版本之卷首扉图中就清晰绘出"业秤"图案。这更加印证了佛教地狱十王说中五官王与道教"三官"说（天、地、水）有着较深之渊源。

明清时期民间宗教宝卷中亦沿袭了"业秤"的说法，不过较之正统的佛道经书，其说法已略显杂乱。尤其在"业秤"归属殿厅问题上，同时出现几种说法：如第四殿五官王厅、第五殿阎罗天子厅、第六殿卞成王厅、第九殿平等王厅等。甚至在同一部宝卷经书中（如旧抄本《冥王宝卷》一卷①），"业秤"竟然重复出现在第五殿阎罗王厅和第六殿卞成王厅中。这些说明，地狱"业秤"说为广大民众所接受，同时亦在流传过程中不断衍变、产生出异说和新见。

据有关图像学资料分析，今存"业秤"之造型多系等臂式天平形状，推究其因，当不仅是因为天平是最古老的称量物体重量的计量器具，而更多在于这种两边水平的传统式样在感官视觉上确能凸显出公正、公平之内涵。综观"业秤"诸多图版，其间历经一个漫长的演变过程，即从晚唐南宋时的简约形象到明清时的成熟造型，由此使其在图像学上所展示的意义及内涵日渐丰富和生动。不过，就形制而言，"业秤"造型与汉唐以来世俗社会中使用的等臂式天平实无太大差别。如清代嘉庆十一年刻本《两淮盐法志》卷四"图说上"所附五幅称量海盐图（"商垣捆盐图"、"官引过秤图"、"泰壩过掣图"、"仪所掣盐图"、"捆运图"）就是使用这种天平秤来称量海盐，②其结构与敦煌抄本《十王经》插图及明版《三元经》扉画中"业秤"造型几乎近似。这说明此类天平秤在世俗中不仅得到广泛应用，而且历经千余年、大抵保留了传统形制。

此外，值得一提的是，古希腊、罗马神话中驱逐邪恶、执掌正义与秩序的正义女神（或称法律女神、司法女神）③ 手中所持之物即为刑剑和天平，这似乎揭示出东西方虽分属异质文化，然在选择代表公正之图像时却有异曲同工之妙。

---

① 《冥王宝卷》，周燮藩主编：《中国宗教历史文献集成》第 111 册（《民间宝卷》第十一册），第 21—24 页。

② 清乾隆十一年刻本《两淮盐法志》卷首绘图中仅有二幅称量海盐图（"泰壩过掣图"、"仪所掣盐图"）。

③ 古希腊神话中主持正义和秩序的女神是忒弥斯（Themis），古罗马神话中正义和司法女神是朱蒂提亚（Justitia）。

参考文献

一　工具书类

[1]［日］高楠顺次郎、渡边海旭编辑：《大正新修大藏经》，大正一切经刊会，大正、昭和年间（1926—1931）版。

[2] 大足县文物保管所编：《大足石窟》，文物出版社1984年版。

[3]（明）《道藏》，文物出版社、上海书店、天津古籍出版社1988年版。

[4]［日］河村孝照编集主任，西义雄、玉城康四郎监修：《新纂大日本续藏经》，国书刊行会1988年版。

[5] 任继愈主编：《道藏提要（修订本）》，中国社会科学出版社1991年版。

[6] 中国社会科学院历史研究所等编：《英藏敦煌文献》，四川人民出版社1992年版。

[7] 上海古籍出版社编：《法藏敦煌西域文献》，上海古籍出版社1995年版。

[8]（东汉）许慎撰、（清）段玉裁注：《说文解字注》，浙江古籍出版社1998年版。

[9] 周燮藩主编：《中国宗教历史文献集成》，黄山书社2005年版。

[10] 高淳县文化局编：《明清道教神像画》，南京出版社2006年版。

二　学术专著

[1] 陈国符：《道藏源流考》，中华书局1963年版。

[2] 吴承洛：《中国度量衡史》，上海书店1984年版。

[3] 国家计量总局主编：《中国古代度量衡图集》，文物出版社1984年版。

[4] 刘长久、胡文和、李永翘编著：《大足石刻研究》，四川省社会科学院出版社1985年版。

[5] 杜斗城：《敦煌本佛说十王经校录研究》，甘肃教育出版社1989年版。

[6] 唐能理（Donnelly，Neal）：《中国地狱之旅：台湾"地狱图卷轴"（*A journey through Chinese hell*："*Hell scrolls*"*of Taiwan*)》，台北艺术家出版社1990年版。

[7] 萧登福：《道佛十王地狱说》，台北新文丰出版公司1996年版。

[8] 吴慧：《新编简明中国度量衡通史》，中国计量出版社2006年版。

三　期刊论文

[1] 湖南博物馆：《湖南常德德山楚墓发掘报告》，《考古》1963年第9期。

[2] 高至喜：《湖南楚墓中出土的天平与砝码》，《考古》1972年第4期。

［3］刘东瑞：《谈战国时期的不等臂秤 "王" 铜衡》,《文物》1979 年第 4 期。

［4］石守谦：《有关地狱十王图与其东传日本的几个问题》,《中研院历史语言研究所集刊》第五十六本、第三分（1985 年 9 月）。

［5］萧登福：《敦煌写卷〈佛说十王经〉之探讨——兼谈佛、道两教地狱十殿阎王及狱中诸神》,载氏著：《敦煌俗文学论丛》,商务印书馆 1988 年版,第 175—250 页。

［6］罗华庆：《敦煌地藏图像和 "地藏十王厅" 研究》,《敦煌研究》1993 年第 2 期。

［7］江玉祥：《中国地狱 "十王" 信仰的起源》,载江玉祥主编《古代西南丝绸之路研究》第 2 辑,四川大学出版社 1995 年版。

［8］罗世平：《地藏十王图像的遗存及其信仰》,载荣新江主编《唐研究》第四卷,北京大学出版社 1998 年版。

［9］陈明光：《重庆大足宝顶山大佛湾第 20 号龛遗存经变造像的调查与研究——兼探〈十王经变〉与〈地狱变〉的异同》,载中山大学艺术史研究中心编《艺术史研究》第 4 辑,中山大学出版社 2002 年版。

［10］王惠民：《地藏信仰与地藏图像研究论著目录》,《敦煌学辑刊》2005 年第 4 期。

［11］王惠民：《中唐以后敦煌地藏图像考察》,《敦煌研究》2007 年第 1 期。

［12］涟溏：《说权论衡——秤的由来》,《南方文物》2007 第 3 期。

［13］姜守诚：《〈三元经〉版本的文献学研究》,《成大历史学报》第三十三号（2007 年 12 月）。

同春堂性理学思想浅析

洪 军

【内容摘要】同春堂宋浚吉（1606—1672 年）是 17 世纪朝鲜朝著名礼学家和政治家，同时亦是朝鲜朝后期性理学的主要代表人物之一。作为栗谷先生的再传弟子，在韩国儒学史上他与同属畿湖学派尤庵宋时烈（1607—1689 年）并称为"两宋"先生，具有重要的历史地位和影响。身为畿湖学人他还与以退溪为宗匠的岭南学人保持密切联系汇诸家之长形成了其颇具魅力的理论风格，为朝鲜朝礼学的形成和确立以及性理学说地发展作出了贡献。本文以朱子、栗谷、同春先生思想之比较的视角，对同春堂的理气说、四端七情说、人心道心说进行了简要论述。可以看出，在理气二物之分判上，虽然同春堂与栗谷相比似有过甚之感，但是这与其推重的"理通气局"思想并不产生矛盾；在四端七情理气之发问题上，同春堂亦特重视栗谷的"气发理乘"说；在人心道心说方面，其理论特色在于对朱子所讲的实然之"心"的重视。

宋浚吉（1606—1672 年，本贯恩津，字明甫，号同春堂，谥号文正）是 17 世纪朝鲜朝著名礼学家和政治家，同时亦是朝鲜朝后期性理学的主要代表人物之一。作为栗谷先生的再传弟子，在儒学史上他与同属畿湖学派宋时烈（1607—1689 年，本贯恩津，字英甫，号尤庵，谥号文正）并称为"两宋"先生，具有重要的历史地位和影响。身为畿湖学人他还与以退溪为宗匠的岭南学者保持密切联系，汇诸家之长形成了其颇具魅力的理论风格，为朝鲜朝礼学的形成和确立以及性理学说的发展作出了贡献。本文拟以朱子、栗谷、同春堂思想之比较的视角，对其性理学思想作一简要论述。

一　同春堂的理气说

理气说是性理学的首要问题，故性理学家们大都把它作为其学说的基础和出发点。对此黄梨州（黄宗羲，1610—1695 年，字太冲，号南雷，学者称梨州先生）曾明确地指出："理气乃学之主脑"①，揭示了"理气"问题在新儒学中的重要地位。

众所周知，朱子的哲学思想是以理气二分，以"理"为核心的理本论哲学体系。而且，"理"在朱子的哲学体系中具有多种含义和用法。如理是天地万物存在之根据、是事物运动变化的原因以及是事物的规律等。另外，理又是仁义理智的总称。这样的"理"，是一个"净洁空阔"的世界，它"无形迹"、"无情意"、"无造作"，是超越的存有，但并非是实有之一物。他说："若理则只是个净洁空阔的世界，无形迹，他却不会造作。"②

相对于"理"的"无情意"、"无计度"、"无造作"之特性，"气"则具有酝酿变化、凝聚动静、造作万物之特性，故理必须借助气的动静，才能凝聚生物。他说："善气则能凝结造作。……且如天地间，人物草木禽兽，其生也莫不有种，定不会无种子，自地生出一个物事，这个都是气"③，"气则能酝酿凝聚生物也。但有此气，则理便在其中"④。

---

① 《黄梨洲文集》"移史馆论不宜立理学传书"，中华书局 2009 年版，第 450 页。
② 《朱子语类》卷一。
③ 同上。
④ 同上。

　　这样"气"不仅把"理"和"物"联系、沟通起来，使"理"借助于"气"而派生万物；而且使"理"有了"挂搭"和"附着"处。他说："无是气，则是理亦无挂搭处"①，"若气不结聚时，理亦无所附着"，②"无那气质，则此理无安顿处"③。正因为"理"安顿在"气"上，所以是个"实底道理"。

　　栗谷同朱熹一样，也认为天地万物是由理和气所构成。而且，对理、气两概念也做了形上、形下区别。他说："天地万物之理则一太极而已，其气则一阴阳而已"④，"理，形而上者也；气，形而下者也"⑤。表明他对理、气概念的认识并未超出朱子学的轨道。

　　栗谷把理看做形而上之存有，即宇宙的普通法则，使它既具有事物的规律、法则的含义，又具有伦理道德的原理、原则的含义。比如，他说："对一阴一阳，天道流行，元亨利贞，周而复始，四时之错行，莫非自然之理也"⑥，理是春夏秋冬周而复始的客观规律、自然法则。"道学本在人伦之内，故于人伦尽其理，则是乃道学也"⑦，理则是处理人的伦理道德关系的原理、原则。这与朱子对"理"的规定基本相同。

　　不过，在理、气两个概念的具体特性的规定上，栗谷与朱子又有所不同。这亦是栗谷为解决朱子所面临的理何以为万化之根本的这一理论困境，而进行的尝试。他把理规定为具有"无形"、"无为"、"纯善"之特性的形而上之存有。他说："无形无为而为有形有为之主宰者，理也"⑧，又言："理气无始，实无先后之可言。但推本其所以然，则理是枢纽、根柢，故不得不以理为先。"⑨ 不过这里要注意的是，在栗谷理

---

① 《朱子语类》卷一。
② 同上。
③ 同上。
④ 《栗谷全书》拾遗卷五，《杂著》二。
⑤ 《栗谷全书》卷十，书二《答成浩原》。
⑥ 《栗谷全书》拾遗卷五，《杂著》二。
⑦ 《栗谷全书》卷三十一，《语录》上。
⑧ 《栗谷全书》卷十，书二《答安应休》。
⑨ 《栗谷全书》卷十，书二《答成浩原》。

气论中，理与气是"浑沦无间，无先后、无离合"①的关系，不存在孰先孰后的问题。同时，理又作为伦理道德的原理、原则，它既是人与人、人与社会之间关系的道德价值，又是道德的价值评价。他说："朱子所谓'温和慈爱底道德者，即所谓爱之理也'。底字之字同一语意，何有不同乎! 大抵性即理也，理无不善。"② 理作为慈爱之所以然的形而上本体，它是纯善之存有。"夫理上不可加一字，不可加一毫修为之力，理本善也，何可修为乎?"③ 因此，在人的道德行为活动或事件中合乎理的便是善，否则则为恶。

相对于理的"无形"、"无为"、"纯善"之特性，气则除了上述含义之外，又具有"有形"、"有为"、"湛一清虚"之特性。朱子主张气是有形与无形的统一。他认为，一方面，"气聚成形"④，有了气，然后物才得以聚而成形，有形之物便是气；另一方面，天地之间又存在着无形之气，比如"声臭有气无形，在物最为微妙，而犹曰无之"⑤，说明气具有无形之特性。栗谷则明确指出，理为"无形"，而气为"有形"。他说："气局者何谓也? 气已涉形迹，故有本末也，有先后也。"⑥ 作为有形象的存在，气属于与本体界相对的现象界。理作为形而上之存有，其超越性、普遍性必须通过气的有形性，才能转化为存在于个别事物之中的特殊性，进而显示其实在性。"有形有为而无形无为之器者，气也。"⑦ 因此，在栗谷理气论中理与气是相互并举、相互规定中显示其内涵的两个概念。同时，气又具有"湛一清虚"性。栗谷把气之本然状态解释为"湛一清虚"⑧或"湛然清虚"⑨，即"浩然之气"。他说："气

① 《栗谷全书》卷十，书二《答成浩原》壬申。
② 《栗谷全书》卷十，书二《答安应休》。
③ 《栗谷全书》卷十，书二《答成浩原》。
④ 《朱子语类》卷五。
⑤ 《中庸章句》。
⑥ 《栗谷全书》卷十，书二《答成浩原》。
⑦ 《栗谷全书》卷十二，书四《答安应休》天瑞。
⑧ 《栗谷全书》卷十，书二《答成浩原》。
⑨ 《栗谷全书》卷二十一，《圣学辑要》三。

之本然者，浩然之气也。浩然之气，充塞天地，则本善之理，无少掩蔽。"①

栗谷还从其"理气之妙"的立场出发，认为不仅理具分殊性，而且气亦具分殊性。他说："理气之妙，难见亦难说。夫理之源一而已矣，气之源亦一而已矣。气流行参差不齐，理亦流行而参差不齐"②，"一气运化散为万殊，分而言之，则天地万象各一气也；合而言之，则天地万象同一气也"③。因此，栗谷的"理一之理"和"分殊之理"分别是依着于"气一之气"和"分殊之气"的实理，作为气之本然者的浩然之气也是与理一样纯善之存有。而天地万物之所以千差万别，是因为气的有形有为之特性使其在时空中的演化出现了变异。

作为栗谷学派的嫡传同春堂对朱子与栗谷十分推崇。他在进呈给国王的《先贤格言屏幅跋》中便引了栗谷的"道统之传，始自伏羲，终于朱子。朱子之后，又无的传"④ 一语，亦追随栗谷将朱子视为了儒家道统的最后传人。同时，同春堂对退溪也表现出相当的尊敬。他在经筵侍讲时还多次引退溪和愚伏（郑经世，1563—1632 年，号愚伏，亦称为石濯道人或松麓）等⑤岭南学者的言论进行讲解。有一首记梦诗中，他曾写道："平生钦仰退陶翁，没世精神尚感通。此夜梦中承诲语，觉来山月满腮栊。"⑥ 这亦表现出其开放的治学风格。

在理气论方面，同春堂的学说大体承袭了其先师沙溪（金长生，1548—1631 年，字希元，号沙溪）的理论。沙溪被视为栗谷的嫡传弟子，20 岁入栗谷门下受学，后又从学于龟峰宋翼弼和牛溪成浑等人。

同春堂亦是用形上、形下来规定理气两个概念。他引《易》大传"形而上者谓之道，形而下者谓之器"讲到"器即气也，道即理也，道

---

① 《栗谷全书》卷十，书二《答成浩原》。
② 同上。
③ 《栗谷全书》卷十四，《杂著》一《天道策》。
④ 《同春堂集》卷十六，《写进春宫先贤格言屏幅跋》。
⑤ 见《同春堂年谱》己丑，庚申入 侍讲中庸及壬子，乙亥入 侍昼讲等。
⑥ 《同春堂年谱》壬子 乙亥入 侍昼讲。

器之分固如是"①。直接以道器概念解释了理气，使之分属于道与器。关于理与道的关系程颐曾曰："天有是理，圣人循而行之，所谓道也。"② 因此，"道"和"理"是异名同实的，不过"道"或"天道"在他们的术语中常用"谓之"在先，如"其理谓之道"，"言天之自然者，谓之天道"，所以二程对"道"的描述和对"天理"是相似的，如"天理"具万理，"道"也具万理；"天理"是无形无象，"道"也是无形无象。

在理与气的特性的规定上，同春堂仍以"有形"、"无形"和"有迹"、"无迹"来说明。同春堂曰："气有形可见，故曰形而下。下者，指有形、有迹而言也。理于物无所不在，而无形可见、无迹可寻。故曰形而上。上者，超乎形迹之外，非闻见所及之谓也。"③

与其同时代的尤庵虽然亦用形上、形下来区分理与气，但是相比较而言比同春堂语气要缓和一些。尤庵曰："所谓道者理也，所谓器者气也"④，"自人物之形象言之，其虚而能为所以然者是理，故谓之上。其经纬错综，能此形象者是气，故谓之下云尔"⑤。

在此同春堂的这一解释有其合理性和简明性，但同时亦易使人产生对理气分判过甚之感。如他还言道："子思既以一道字符串费隐说，道固形而上之理也，非杂以形而下之气也。"⑥ 因相较于退溪哲学，栗谷哲学所强调的是二者的不离性，即理与气的"一而二，二而一"的妙合关系。

关于理与气的关系问题上，他是仍以朱子和栗谷的理气观为基础来解释理对气所以然之作用以及理气关系。同春堂认为"有是形必有是理"，而且理之于物如"诗所谓有物有则者也"⑦。肯定了理对于气的主

---

① 《同春堂年谱》己丑二十二年，乙亥入 侍昼讲。

② 《二程遗书》第二十一下。

③ 《同春堂年谱》壬子 乙亥入 侍昼讲。

④ 《宋子大全》卷一百一十三，《答朴景初（癸丑）》。

⑤ 《宋子大全》卷九十，《答李汝九（癸丑）》。

⑥ 《同春堂年谱》己丑二十二年 乙亥入 侍昼讲。

⑦ 同上。

宰作用。接着，他还以体用范畴来说明了理对于物的"所以然"之作用。同春堂曰："父子、君臣是形而下之器也，是物也。父而慈、子而孝、君而义、臣而忠是形而上之道也，是则也。慈孝义忠，此所谓理之当然者，所谓费也，用也。所以慈、所以孝、所以义、所以忠，此理之所以然者，即至隐存焉，所谓体也。推之万事万物莫不皆然。"①

进而在理气如何生成万物的问题上，同春堂提出"理堕气中"说。同春堂曰："理堕气中，气能用事，而化生万物。即所谓气以成形，而理已赋焉者也。"②

理与气是一物，还是二物以及"理"为"实有之一物"还是"非别有一物"、"若有之物"等是一直以来困扰性理学家们的颇难回答的理论难题，亦是朱子后学所热衷于讨论的问题。在这一问题上朱子的态度是在讲理气不相分离的同时，还强调理与气"决是二物"。对此元代儒者吴澄（1249—1333 年，字幼清，号草庐，元代理学的重要代表人物，与许衡齐名，有"南吴北许"之称）则提出"非别有一物"说，对朱子理气论从理论上做出了调整。他说："理者，非别有一物在气中，只是为气之主宰者即是。无理外之气，亦无气外之理。"③ 强调理不是实体，理只是气之条理和规律。表明，在理的问题上朱子后学中已出现"去实体化"的转向。④ 此后被世人称为"朱学后劲"的罗钦顺（1465—1547 年，字允升，号整庵）则明确提出"理气一物"说。他说"理只是气之理，当于气之转折处观之。往而来，来而往，便是转折处也。夫往而不能不来，来而不能不往，有莫知其所以然而然，若有一物主宰乎其间而使之然者，此理之所以名也。'易有太极'，此之谓也"⑤。指出，理并不是形而上的实体，而是气之运动的条理或规律。进而他又曰："仆从

---

① 《同春堂年谱》己丑二十二年 乙亥入 侍昼讲。

② 同上。

③ 吴澄：《吴文正公集》卷二，《答人问性理》，《元人文集珍本丛刊》三，新文丰出版公司 1985 年版，第 93 页下。

④ 陈来：《诠释与重建——王船山的哲学精神》，北京大学出版社 2004 年版，第 396—397 页。

⑤ 罗钦顺：《困知记》续卷上，三十八章。

来认理气为一物。"① 朱子学的这一理论动向同时也影响到朝鲜朝。《困知记》传入朝鲜朝后,退溪从维护朱子学说的立场出发还特地撰写《非理气为一物辩证》一文,对其学说进行了批评。指出,罗氏的"理气一物"说是"于大头脑处错了"②。栗谷则对罗氏学说评价道:"整庵则望见体,而微有未尽莹者,且不能深信朱子,得见其意。而其质英迈超卓,故言或有过当者微涉于理气一物之病,而实非理气为一物也,所见未尽莹故言,或过差耳。"③ 可见,退溪和栗谷皆反对"理气一物"说,而均接受朱子的理气"不离不杂"、"决是二物"说。

同春堂亦继承先儒之说主张视理气为二物。这一点我们可以从他维护栗谷说的立场中可以概见。同春堂曰:"稷乃谓其(按:指栗谷)学以理气为一物,不以可笑可哀之甚乎。邪说肆行而莫之禁,则其眩乱注误,将至惑一世之人,其为祸岂不下于洪水猛兽哉。"④

朱子理气说的二元论结构必然会面对理气先后、理同气异、理气聚散等问题的回答。面对朱子理气说的这些理论困境,栗谷则提出"理气之妙"说作为了其解释这些问题的理论前提。

同春堂则继承朱子和栗谷理气观亦主张理气为二物的同时,他还做了如下总结。曰:"若以有形无形言,则器与道为二物;以在上在下言,亦为二物。须如此说,方见得即形而理在其中,道与器不相分。"⑤ 之后,同春堂继"理堕入气"说又提出理气"妙合而凝"说。他写道:

"廉溪所谓阴阳一太极,即所谓器即道也。《性理群书》注错误处甚多,至或不成文理,而此条所释精粗本末则无误矣。若依栗谷说,则精粗本末之下,当着吐也。若然则释阴阳太极,不成说话矣。盖大而莫能载,小而莫能破者,无非器也,而理无所不在。子思所谓费而隐,子夏

---

① 罗钦顺:《困知记》附录,与林次崖金宪。

② 《退溪全书》(一)卷十三,《答洪应吉》。

③ 《栗谷全书》卷十,书二《答成浩原》。

④ 《同春堂集》卷二十二,浦渚赵公谥状。

⑤ 《同春堂集》别集,卷三,上愚伏郑先生。

所谓孰先传焉，孰后倦焉。程子所谓洒扫应对，是其然，必有所以然。与来示所引朱子语皆一义也。理固如此，本无可疑，但此所谓精粗本末无彼此一句，分明是贴阴阳太极字说，以为理与气无彼此耳。非泛论气有精粗本末也，如何。幸更细思之，先贤说话横说、竖说，各有攸当，最忌相牵强合作一说……按妙合云者，理气本浑融无间也。此乃理气混合无间隔也，乃阴静时也。凝者，聚也，气聚而成形也。此乃阳动成形时也。"①

对于理气妙合而凝，同春堂还进一步解释道：妙合与凝是两项事，而《性理群书》注把妙合与凝合为一项事是不符合朱子本意。他还以为《性理群书》注解把"妙合而凝"解释为妙于凝合无间断是有所未稳，曰："无间断也。间断字，恐未稳，以间隔释之，则未知如何。"② 理气"浑融无间"说，栗谷总结前人关于理气关系的论述时也曾提出过，曰："理气浑融无间，无不相离，不可指为二物。"③ 但是，栗谷并未对"无间"一词作出进一步的解释。同春堂把"无间断"释为"无间隔"，似乎表明他已意识到此说之理论要害。理气"浑融无间"说，可以视为对其"理堕入气"说的有益的补充。

不过，此"浑融无间"说类似于明代理学家薛瑄（1389—1464 年，字德温，号敬轩，谥文清，河东学派的缔造者）提出的理气"无缝隙"说。薛氏还曾试图以理如日光，气如飞鸟的比喻说明气有聚散，理无聚散运动。结果还是把理气看成有"缝隙"的。对于"堕入"说，罗钦顺则批评道："夫既以堕言，理气不容无罅缝矣。"④ 因为"堕入"一词本身隐含着理堕入气之前，理同气是被分隔着得意思。⑤ 尽管同春堂对理气"浑融无间"做了精心的解释和字义上的调整，但还是难以用此说来较圆满的解释理同气异、理气聚散的问题。

① 《同春堂集》别集，卷三，上愚伏郑先生。
② 同上。
③ 《栗谷全书》卷十，书二《答成浩原》。
④ 罗钦顺：《困知记》卷上，十五章。
⑤ 参见陈来《诠释与重建——王船山的哲学精神》，北京大学出版社 2004 年版，第 400—401 页。

于是，同春堂援引了栗谷的"理通气局"说，并对此说给予了极高的评价。同春堂曰："（李珥）至于理通气局之论，发先贤所未发。形状理气本体，直接分明，可以开悟后学于百世。非其学问精旨超特绝出于人者，安能及此。谓理通气局，则其分别理气，可谓极明白矣。"①

"理通气局"说是栗谷为回答理同气异问题而提出。关于"理通气局"这一命题，栗谷认为"理通气局四字，自谓见得，而又恐读书不多，先有此等言，而未见之也"②。尽管佛教华严宗有理事通局之说，但就其以"理通气局"四字表述理气之异而言，则确是栗谷的独见。虽然其思想也受到程伊川的"理一分殊"和朱子的"理同气异"思想的影响，但是程朱并未用"通"、"局"两个概念说明理同气异问题。这一命题提出的更直接的前提是，栗谷对其"气发理乘"思想的进一步发挥。因此，"理通气局"说往往又与"气发理乘"说相对待而言——"理无形而气有形，故理通而气局；理无为而气有为，故气发而理乘"③。

由上所述，在理气论方面同春堂亦接续朱子、栗谷传统认为，世界万物皆由理与气构成。而且，理气两个概念的规定上也大体追随了栗谷说。但是，比栗谷更强调道器之分别和理的无迹、超乎形迹之特性。在这一点上，同春堂似乎具有某种折中退、栗理气说之倾向，其作为主气论学者的理论特色并不明显。若对其理气观作一概括的话，他的理气说主要由"理堕气中"说、"理气浑融无间"说、"理通气局"说组成。三者在其学说中互为补充，相互关联，得到了较合理的逻辑阐释。但是，在对"理"的理解方面仍未溢出传统的内在实体说之藩篱，亦有其理论困境。

---

① 《同春堂集》卷二十二，浦渚赵公谥状。
② 《栗谷全书》卷十，书二《答成浩原》。
③ 同上。

二　同春堂的四端七情说

"四端七情"之辩是朝鲜朝性理学的中心论题之一，亦是最能反映朝鲜朝性理学理论特色的学说。它所关注的四七理气之"发"和性情之辩等论题，在朱子学乃至在新儒学中皆具有重要理论意义。朱子在论及四端时，曾说过"四端理之发，七情气之发"①。不过，这两句话在中国并没有引起注意。朱熹本人也未对此做过进一步的阐发。据研究此一语仅见《语类》，在朱子其他著作中再难找寻，且朱子对这一句也并未进行具体的解释。②依朱子的思想理路来看，可以把这句话理解为四端是依理而发出的情，发者是气，故情属于气，在"理"上则不说发。

在朝鲜朝此一理论滥觞于退溪对郑之云（1509—1561年，字静而，号秋峦）所作的《天命图》的修订。

朝鲜朝前期性理学家们在探讨这一问题的过程中，先是围绕理气之"发"产生了歧义。退溪在手订郑之云的《天命图说》过程中，将"四端发于理，七情发于气"改为"四端理之发，七情气之发"。退溪意识到郑氏将四端与七情分属理气而论的这一命题具有重要哲学意义，但又感到郑氏之说分别理气过甚，故在语气上做了改动。退溪的这一订正，引起了学界的争议。尤其是奇明彦从自己的"理气浑沦"思想出发，对退溪之说提出了质疑。他说："就理气妙合之中而浑论言之，则情固兼理气有善恶矣。"③进而指出：所谓四端、七情，"所就以言之者不同，故有四端七情之别有，非七情外复有四端也"④。故将四端七情对举互言，谓之纯理或兼气是不对的。四端虽为纯粹的天理之所发，但只是发

---

①　《朱子语类》卷五十三，"孟子不忍之心章"。

②　参见崔昌海新元《"四端理之发，七情气之发"一语来源考》，《延边大学学报》1999年4期。

③　《高峰集》第三辑，《两先生四七理气往复书上篇》卷一。

④　《退溪全书》（一）卷十六，《附奇明彦非四端七情分理气辩》。

乎七情中的苗脉而已。理气虽然实有分别（理为气之主、气为理之质料），但在具体事物中却混沦不可分开。他说：

"夫理，气之主宰也；气也，理之材料也。二者固有分矣，而其在事物也，则固混沦不可分开，但理弱气强，理无朕而气有迹，故其流行发见之际，不能无过不及之差，此所以七情之发，或善或恶，而性之本体或有所不能全也。然其善者，乃天命之本然；恶者，乃气禀之过不及也。则所谓四端、七情，初非有二义也。"①

奇明彦则认为四端与七情皆是情的一种善恶性质，并非四端七情本身有不同的特性，故二者不可分理气而论。

对于奇氏的质疑，退溪答复道："性情之辩，先儒发明详矣。惟四端七情之云，但俱谓之情，而未见有以理气分说者焉……夫四端，情也，亦情也。均是情也。何以有四七之异名耶？来喻所谓'所就以言之者不同'是也。盖理之与气，本相须以为体，相待以为用，固未有无理之气，亦未有无气之理。然而所就而言之不同，则亦不容无别。从古圣贤有论及二者，何尝必滚合为一说而不分别言之耶？"②

接着，退溪指出情有四端、七情之别与性有本然、气禀之别相同。性既然可以分理气而言，情为什么就不能分理气而言呢？认为，由于四端、七情其所从来各有所主与所重，可以分别从理、气角度而言。他说："故愚尝妄以谓情之有四端七情之分，犹性之有本性、气禀之异也。然则其于性也，即可以理气分言之；至于情，独不可以理气分言之乎？"③ 退溪最后把自己的观点归纳为"四端理发而气随之，七情气发而理乘之"，即所谓"理气互发"说。而将奇氏之说称之为"理气共发"说。

这场始于明宗十四年（1559年），到明宗二十一年（1566年）结束的四七理气之争，在朝鲜朝性理学史上产生了深远的影响。朝鲜朝性理学以此为起点，走上了以心性论探讨为中心的哲学轨道。

---

① 《退溪全书》（一）卷十六，《附奇明彦非四端七情分理气辩》。
② 《退溪全书》（一）卷十六，《答奇明彦（论四端七情第一书）》。
③ 同上。

与理气之"发"问题相关的另一论题为"主理"、"主气"之分的问题。退溪云:"大抵有理发而气随之者,则可主理而言耳,非谓理外于气,四端是也。有气发而理乘之者,则可主气而言耳,非谓气外于理,七情是也。"①

其实,退溪、栗谷等人也并非不知朱子理气"不离不杂"之义。退溪也说:"理与气本不相杂,而亦不相离。不分而言,则混为一物,而不知其不相杂也。不合而言,则判为二物,而不知其不相离也。"② 栗谷亦有理气"既非二物,亦非一物"之说。但从思想倾向上看,退溪毕竟着重于理气之"不杂",而栗谷则强调理气之"不离"。两人在理气观上的差异,必然会引起在四七理气论问题上的不同解释。

栗谷从其"理气之妙"的思想出发,不同意退溪的理气互发论,转而支持奇明彦的观点。他说:"朱子之意亦不过曰:四端专言理,七情兼言气云尔耳。非曰四端则理先发,七情则气先发也。退溪因此立论曰:四端理发而气随之,七情气发而理乘之。所谓气发而理乘之者可也,非特七情为然,四端亦是气发理乘之也。"③ 一方面批评退溪未能真正理会朱子之本意,另一方面又主张不仅七情是气发理乘,四端亦是气发理乘。

栗谷对退溪之说的批评,遭到了成浑的辩难。于是,继"退、高之辩"之后,栗谷和成浑之间又展开了第二次四七大论辩,将之推向了高潮。他说:"今为四端七情之图,而曰发于理、发于气,有何不可乎!理与气之互发,乃为天下之定理,而退翁所见亦自正当耶?"④ 并向栗谷提出质疑道:曾对退溪的理气互发说存疑,但细心玩味朱子关于"人心道心之异,则以其或生于形气之私,或原于性命之正"之说,觉得退溪的互发说亦未尝不可。"愚意以为四七对举而言,则谓之四发于理,

① 《退溪全书》(一) 卷十六,《答奇明彦 (论四端七情第二书)》。
② 《退溪全书》(四) 言行录 卷四,《论理气》。
③ 《栗谷全书》卷十,书二《答成浩原》。
④ 《牛溪先生集》卷四,《与栗谷论理气第一书·别纸》。

七发于气可也"①，成氏基本上持退溪的立场，倾向肯定理气互发说。

栗谷同成浑数次交换信函进行论辩。结果，使栗谷的性理学的立场更加明了。在栗谷看来，对四七的解释只能是"气发理乘"。他说："今若曰'四端理发而气随之，七情气发而理乘之'，则是理气二物或先或后，相对为两歧，各自出发矣。"② 进而举例说："所谓气发而理乘之可也，非特七情为然，四端亦是气发而理乘之也。何则？见孺子入井，然后乃发恻隐之心，见之而恻隐者，气也。此所谓气发也。恻隐之本，则仁也，此所谓理乘之也。非特人心为然，天地之化无非气发而理乘之也"③，可见四端七情均是气发理乘。

在四端七情说上同春堂基本接受了栗谷的主张。《同春堂年谱》中有如下的记述：

"尤庵先生曰：'日知皆扩充之说，李滉、李珥之见不同矣。'先生（宋浚吉）曰：'非但此也，四端七情之论亦不同。国初权近始发此论，其后郑之云作《天命图》而祖是说。李滉之言本于此，而有四端理发气乘，七情气发理乘之语。故李珥作书以辨之。'上曰：'分言理气，何也。'对（按：宋浚吉）曰：'此李珥所以为未安者也。四端只是拈出七情之善一边而言，不可分两边相对说。若论气发理乘之，则不但七情而四端亦然。大抵人心必有感而后发，发之者气也，所以发者理也，无先后无离合，不可道互发也。'"④

权近（1352—1409 年，号阳村，字可远）是一位朝鲜朝初期颇有影响力的性理学家，郑之云、退溪等人的很多思想端绪可从他的性理学说中找到理论根据。故同春堂认为权氏的学说开了四七论之先河。文中同春堂在讲述李滉与李珥四七理论之不同时，阐明了自己的立场。即在四端七情理之发问题上同春堂认为不能以分言理气的方式来解释四端与七情，不能把二者两边对说。主张发之者是气，理只是所以发者，四

---

① 《牛溪先生集》卷四，《与栗谷论理气第一书·别纸》。

② 《栗谷全书》卷九，书一《答成浩原》。

③ 《栗谷全书》卷十，书二《答成浩原》。

④ 《同春堂年谱》戊戌十一年，己卯入 侍召对。

端只是七情之中的纯善者。他接着又指出：

"夫孟子之言四端，所以明人之可以为善也。故特举情之善一边言之，非谓四端之外更无他情也。若人情只有四端，更无不善之情则人皆为圣人也，故知四端只拈出情之善者而言也。《记》曰：'何谓人情？喜、怒、哀、惧、爱、恶、欲。'七者，即人情善恶之总称。若举七情中之恶者，与四端为对则可。若以四端与七情相对则不可。李滉四七相对之论，虽因权近旧说，而未免失于照勘。义理天下之公也，学者穷格之功，只求义理之所在。若心有所疑而不为辨析，则此理终晦而不明矣。昔程子作易传，乃竭一生之精力，而朱子指其差吴处甚多。饶鲁、陈栎等至有愿为朱子忠臣，不愿为朱子佞臣等语，虽程朱之说，或未免有可疑处。况李滉之言，何可谓尽无差处乎。今以此为李珥之疵，其无识甚矣。李珥四七书，识见之超迈，言论之洞快，前古诸儒罕有及者。"①

同春堂认为，四端与七情并非为"二情"，二者是"七包四"的关系。即七情包四端在其中，七情是人之情的总称。反对，退溪的把二者并立为二物的思想。

在进一步谈论退溪与栗谷理气说之不同时，他还对"气发理乘"说做了进一步的解释。同春堂曰：

"盖退溪先生论四端七情云：'四端理发而气随之，七情气发而理乘之。'栗谷先生辨之甚详。无虑数十百言，其大意曰'发之者气也，所以发者理也。非气则不能发，非理者无所发。所谓气发理乘之者，非特七情为然，四端亦然云云'。先师（按：指金长生）常以栗谷之说为从。非特先师之见为然，外舅氏（按：指郑经世）之见亦然。弟常问之曰：'退溪、栗谷理气说不同，后学将何所的从。'答：'恐栗谷说是。试以吾身验之，如入家庙则心便肃然，是敬畏之发也。而即其肃然者，乃气也云云。'至今言犹在耳……栗谷此论真可谓百世以竢而不惑，使退陶而复作，亦必莞尔而笑。"②

---

① 《同春堂集》卷二十二，浦渚赵公谥状。

② 《同春堂集》卷十二，答郑景式景华。

同春堂的岳父愚伏先生是当时岭南学派的主要代表人物。他以愚伏亦同意栗谷说为由来强调"气发理乘"说的正确性的目的在于,试图说服退溪门人亦接受此观点。同时,也表明他本人则对此说的确信不疑。

关于"四端"朱子亦视为是情。认为,"四端"和"七情"均是情,皆为性之所发。他在《孟子集注》中讲道:"恻隐、羞恶、辞让、是非,情也。仁、义、礼、智,性也。心,统性情也。端,绪也。因其情之发,而性之本然可得而见,犹有物在中而绪见于外也。"① 同春堂对"四端"亦有其解释,曰:"有诸内而形诸外者,谓之端也。人心本善,于此可见。"② 指出,"四端"指形诸外者,属于已发,故应视为是情。但它又根于性,即发于仁、义、礼、智,故心亦本善。对于"性"与"理"的关系同春堂则解释道:"大抵性字从心丛生,与理字不同。理堕在气中者,方谓之性。故曰'性即理也'。盖谓在人之性,即在天之理耳。"③

在"四端"中,同春堂特别重视恻隐之心,曰:"心生道也,有是心,斯具是形以生。恻隐之心,人之生道也。"④ 接着,他又指出了"恻隐之心"在四端中的统摄作用。关于"恻隐之心"的重要作用,他讲道:"人无恻隐之心,便是死物,犹鱼之不得水则不生也……恻隐便是初动时,纔动便见三者之分界。如春不生则夏不长,秋不收而冬无所藏矣。此可见恻隐统四端也。古人观庭草庐鸣以体仁,此是天机流动活泼泼地也。"⑤ 可见,同春堂是把"恻隐之心"视为了人之所以为人的根本特性。

不仅如此,他对仁、义、礼、智亦做了如下论述。同春堂曰:

"夫仁礼属于阳,义知属于阴,而阳德健、阴德顺,健顺五常乃人之所同得。而并言物者,凡物亦自得其一端,如虎狼之仁、蜂蚁之义皆

---

① 朱熹:《四书章句集注》,《孟子集注》卷三,公孙丑章句上。

② 《同春堂年谱》戊戌十一年,已卯入 侍召对。

③ 《同春堂别集》卷三,上愚伏郑先生。

④ 同上。

⑤ 《同春堂年谱》戊戌十一年,已卯入 侍召对。

是。故谓之各得其所赋之理也。"①

四端七情理气问题，其实质是性情问题。故顺四端七情之辩，自然会引出性情之辩。与"两宋"先生同时代的明末清初著名学者王夫之（1619—1692年，字而农，晚号船山）则在四端七情问题上提出了"四端非情"论。他认为，朱子犯了"以性为情"、"以情知性"的错误，而性、情分属天、人，这种混淆很可能导致"情"的僭越，"情"对"性"的侵蚀。他认为，如尽其性，则喜怒哀乐爱恶欲炽然充塞，其害甚大。②他认为，四端不仅是道心，而且还是性。船山曰：

"今以怵惕恻隐为情，则又误以为以性为情，知发皆中节之和而不知未发之中也（言中节则有节而中之，非一物事矣。性者节也，中之者情也，情中性也）。曰由性善故情善，此一本万殊之理，顺也。若曰以情之善知性之善，则情固有或不善者，亦将以知性之不善与？此孟子所以于恻隐羞恶辞让是非之见端于心者言性，而不于喜怒哀乐之中节者征性也。有中节者，则有不中节者；若恻隐之心，人皆有之，固全乎善而无有不善矣。"③

依他之见，应以性与情、道心与人心来分言四端与七情。从船山与同春的四七见解中，我们亦可窥出17世纪中韩儒学各自不同的多维发展路向。

总之，同春堂四端七情理论的主要特色在于，其对退溪与栗谷四七说之异同的详细论述。同春堂在指出退溪说的错误的同时，对栗谷的"气发而理乘之"说表现出相当的推崇。尽管他在理气概念的界定和理气关系的理解上有折中退溪与栗谷的倾向，但是从他的四七理气论中我们还是可以窥出其作为畿湖学派（主气论）学者的为学性格。

----

① 《同春堂年谱》己亥三十二年，辛巳入 侍昼讲。

② 郭齐勇：《朱熹与王夫之的性情论之比较》，《文史哲》2001年3期，第79页。

③ 转引自陈来《诠释与重建——王船山的哲学精神》，北京大学出版社2004年版，第226页。

三　同春堂的人心道心说

　　四端七情问题在更深一层意义上的展开，便是对性情善恶及人心道心问题的讨论。人心道心问题也是朝鲜朝性理学者们十分关注的一个论题。

　　此说作为朱子学之精髓，与公私、理欲等问题相联系，在新儒学体系中确实占有重要的位置。

　　"人心道心"最早出现于《尚书·大禹谟》："人心惟危，道心惟微，惟精惟一，允执厥中。"意思是，道义之心微而难明，众人之心危而难安，只有精一而不杂，才能保持中而不偏。后来，荀子在《解蔽篇》中引《道经》曰："人心之危，道心之微，危微之几，惟明君子而后能知之。"

　　二程认为，道心、公心与天理相联；而人心、私心则与人欲相通。程颢说："人心惟危，人欲也；道心惟微，天理也。"① 程颐说："人心，私欲也；道心，正心也。危言不安，微言精微。惟其如此，所以要精一。'惟精惟一'者，专要精一之也。精之一之，始能'允执厥中'，中是极至处。"② 这里伊川把"道心"和"人心"对立起来，以道心为正，人心为邪，要用"精一"功夫使"道心"得到保持，主张存公灭私、明理灭欲。曰："人心私欲，故危殆；道心天理，故精微。灭私欲则天理明矣。"③

　　朱子认为，人心道心说是圣人尧舜相传之"道"。他说："所谓'人心惟危，道心惟微，惟精惟一，允执厥中'者，尧舜禹相传之密旨也。"④ 他把道心、人心解释为"此心之灵，其觉于理者，道心也；其

------

　　① 《二程遗书》卷十一。
　　② 《二程遗书》卷十九。
　　③ 《二程遗书》卷二十四。
　　④ 《朱文公文集》卷三十六，《答陈同甫》。

觉于欲者，人心也"①，又说"只是这一个心，知觉从耳目之欲上去，便是人心；知觉从义理上去，便是道心"②。即以"道心"为根于义理之正的心，而以"人心"为原于耳目之欲的心。

若以已发、未发而论，则人心、道心皆属于已发，二者皆发自"一心"。那么，人何以会有人心、道心两种不同知觉？朱子说："心之虚灵知觉，一而已矣。而以为有人心道心之异者，则以其或生于形气之私，或原于性命之正，而所以知觉者不同。是以或危而不安，或微妙而难见耳。"③朱子在这里还纠正了伊川的说法，并指出人心并非皆是恶。"若说道心天理，人心人欲，却是有两个心。人只有一个心，但知觉得道理底是道心，知觉得声色臭味底是人心。""'人心人欲也'，此语有病，虽上智不能无此，岂可谓全不是。"④在一定程度上，肯定了人的自然属性所决定的生理欲望的合理性。

朱子虽然提出人心与道心相分的理论，但他并不把二者分而为二，它们只是一个心。"大抵人心、道心只是交界，不是两个物。"⑤由于是一个心，就以"不可作两物看，不可于两处求也"⑥。他认为人生之欲是自然的客观存在，但必须将之纳入天理的管辖之内，以道心来节制人心。

栗谷则继承和发挥朱子的学说，亦提出了自己对人心、道心问题的看法。他说："理气之说与人心道心之说，皆是一贯。若人心道心未透。则是与理气未透也。理气之不相离者若已灼见，则人心道心之无二原，可以推此而知之耳。"⑦可见，栗谷的人心、道心说是直接从其理气观上生发出来的，因其理气说以理气不相离为立论基础，故人心道心说也以其二者的相联结和不可分为其主旨，强调人心、道心的"无二源"。

---

① 《朱文公文集》卷五十六，《答郑子上》。
② 《朱子语类》卷七十八。
③ 朱熹：《四书章句集注》，中庸章句序。
④ 《朱子语类》卷七十八。
⑤ 《朱子语类》卷九十八。
⑥ 《朱文公文集》卷三十二，《问张敬夫》。
⑦ 《栗谷全书》卷十，书二《答成浩原》。

这一点与朱子和退溪的人心、道心之相分思想是有所不同的。

关于何谓人心、何谓道心栗谷说:"人生而静,天之性也。感于物而动,性之欲也。感动之际,欲居仁、欲由义……欲切偲于朋友,则如此之类谓之道心。感动者固是形气,而其发也直出于仁义礼智之正,而形气不为之掩蔽,故主乎理而目之以道心也。如或饥欲食、寒欲衣……四肢之欲安佚,则如此之类谓人心。其原虽本乎天性,而其发也由乎耳目四肢之私而非天理之本然,故主乎气而目之以人心也。"①

人心道心都属于心之已发,皆随心动而生,他说:"道心虽不离乎气,而其发也为道义,故属之性命。人心虽亦本乎理,而其发也为口体,故属之形气。方寸之中初无二心,只于发处有此二端,故发道心者气也,而非性命则道心不生;原人心者理也,而非形气则人心不生,此所以或原或生公私之异者也。"②栗谷独创新见,提出了"道心"不离乎"气"、而"人心"原于理的思想。此说与朱子和退溪的"道心"发于"天理"(性命)与朱子的"人心"生于"形气之私",退溪的"人心"生于"形气"思想相比较,则确有较大不同。但这也是与栗谷哲学以"气"为主要范畴是密不可分的。他认为,"方寸之中"即心,原无"二心","只是发处有此二端",人心道心都是"气发理乘"。他说:"道心原于性命,而发者气也,则谓之理发不可也,人心道心俱是气发。"③

同为一心而异名,于是"人心道心通情意而言者也。人莫不有性,亦莫不有形,此心之知觉均由形之寒暖饥饱劳佚好恶而发,则谓之人心。初非不善,而易流于人欲"④。人心道心兼情意,这是栗谷对朱子人心道心说的进一步发展。若以性、情范畴而论,则道心、人心皆属于情;人心与喜怒哀惧爱恶欲之情相关,而道心则为恻隐、羞恶、是非、辞逊之情。但在朱子哲学处,"意"是从属于"情"的概念,"情"又一般被理解为是喜、怒、哀、乐等,而所谓"意"不必都与"情"相联

---

① 《栗谷全书》卷十,书二《答成浩原》。

② 《栗谷全书》卷十四,《杂著》一《人心道心图说》。

③ 《栗谷全书》卷十,书二《答成诰原》。

④ 《栗谷全书》卷十二,书四《答安应休》。

系。故在其心性论中，"意"之念虑、计度之作用表现得并不明了。在栗谷哲学处，"意"则是与"情"相并列的两个范畴，是一心之两个不同境界、状态、表现。"情"与"意"含义亦有明确的规定。栗谷说："人心道心与性命形气之相对而言不同，且情是发出地，不及计较"①，"盖人心道心兼情意而言也"②。可见，栗谷的心性论确有比朱子的心性论更加细密而清晰的一面。栗谷明确指出人之"情"都是心感而遂通的结果，是性发而为情，但其发虽为自动，然而人心与道心在情中还加入作商量计较的"意"，所以二者并无固定的、严格的分别，反而处在可变的流动状态中。由此，栗谷提出了自己的"人心道心不能相兼而相为终始"的"人心道心终始"说。他说：

"今人之心直出于性命之正，而或不能顺而遂之，间之以私意，则是始以道心而终以人心也。或出于形气，而不咈乎正理，则固不违于道心矣。或咈乎正理，而知非制伏，不从其欲，则是始以人心，而终以道心也。"③

这是因"意"的商量计较，人心可转变为道心，道心可转变为人心，因此不能将人心与道心固定地加以区分。但是，人心与道心因"源一而流二"彼此无法兼有，与"七情兼四端"、"气质之性兼本然之性"有所不同。栗谷对人心道心与四端七情的差异指出："心一也，而谓之道、谓之人者，性命形气之别也。情一也，而或曰四或曰七者，专言理、兼言气之不同也。是故人心道心不能相兼而相为终始焉，四端不能兼七情而七情则兼四端。道心之微，人心之危，朱子之说尽矣。四端不如七情之全，七情不如四端之粹，是则愚见也。"④

七情是心动之时混沦而言的人的一切"情"。不过，此时按照发之原来，尚未达到比较而看的地步，故七情可包四端。又因四端是七情之善一边，故七情可兼四端。但道心、人心则因源于一而流为二，所以彼

① 《栗谷全书》卷九，书一《答成浩原》壬申。

② 同上。

③ 同上。

④ 同上。

此成为始终，不可彼此兼有。因此，栗谷认为道心与人心是基于“意”之计较商量而存在的相对之物。他说：

“盖人心道心相对立名，既曰道心则非人心，既曰人心则非道心，故可作两边说下矣。若七情则已包四端在其中，不可谓四端非七情，七情非四端也，乌可分两边乎？”①

栗谷又由人心道心终始说，而提出人心道心相对说。这里他陷入了自己设下的理论困境。栗谷认为：“道心纯是天理故有善而无恶，人心也有天理也有人欲，故有善有恶。”② 肯定了人心有善的方面。在这一点上，栗谷是有补于退溪的。退溪则从理贵气贱之思想出发将人心变之称为人欲，而且更将人欲归之为恶。既然人心也有善，那么人心之善与道心之善是否为同价值之善？栗谷在四十七岁，即宣祖十五年所制进的《人心道心图说》中指出：“孟子就七情中别出善一边，目之以四端。四端即道心及人心之善者也……论者或以四端为道心，七情为人心，四端固可只谓之道心矣，七情岂可只谓之人心乎？七情之外无他情，若偏指人心则是举其半而遗其半矣。”③ 他将此二善视为同价值之善。这不能不同其强调的“人心道心不能相兼而相为终始”说，相发生矛盾。但从天理人欲的角度来看，其人道说颇似“天理人欲相对”说。由此，我们可以看出，栗谷人道说较之朱子的人道说显得更为紧张和严峻。这也是二人“人心道心”说之重要区别。

同春堂的人心道心说大体亦接续朱子、栗谷说而讲，曰：“朱子之序，历叙上古圣王道统之传，‘危微精一’十六字，实万世心学之渊源。”④ 他对人心和道心的理解是“人心修之便是道心，自道心放出便是人心”⑤，主张二者的相互转换性。故他到晚年特别强调气之发用时的省察工夫，要求对人心应时时加以严加防范。曰：“深加省察如有一

---

① 《栗谷全书》卷十，书二《答成浩原》壬申。
② 《栗谷全书》卷十四，说《人心道心图说》。
③ 同上。
④ 《同春堂年谱》己丑二十二年，庚申入 侍讲中庸
⑤ 《同春堂年谱》己亥三十二年，辛巳入 侍昼讲。

念之差用，力速去焉。"① 关于人心与道心的不同，他则解释道："心之本体而言，未发之前理为主，既发之后气用事。周子云诚无为几善恶，此人心道心分歧处也。"② 表明，也以已发、未发来区分人心与道心。

同春堂人心道心说的主要特色在于其"心"论。首先他强调"心"之虚灵知觉性，而且对"虚灵知觉"也有精深的理解。《年谱》中记载："上御养心阁。侍读官金万重讲文义曰：'虚灵心之体，知觉人之用也'。先生曰：'此言误矣。虚灵知觉皆心之体也。其曰具众理应万事者，具众理体也，应万事用也。'"③ 心的虚灵知觉之属性是，使心具有能动性、知觉思虑作用的重要规定。同春堂以体用概念说明心之这一特性，简明且精到，颇具特色。

其次，同春堂强调心之易动性、流动性。曰："道之浩浩何处下手用力之方，无踰于庄敬自持。真氏之言实为明白精切。每侍先王讲此书，未尝不反复咏叹于此。夫人之一心易流而难制，外貌斯须不庄不敬，则心便至于放逸矣。"④ 人心易流而难制，那么如何使其保持清明之体呢？同春堂主张要去"物欲"，曰："如镜不尘则明，如水不混则清。心无物欲以蔽之，则清明之体自然呈露矣。"⑤

再次，在同春堂学说中"心"多次被描述为"活物"，使其心比朱子之心更具活用性。同春堂则曰："人心是活物。终不得不用，既不用于学问，则其所用不过宦官宫妾嬖戏玩之事而已。"⑥ 这一点在与其同时代的尤庵先生亦同。尤庵曰："盖朱子之意，以人心道心，皆为已发者矣。此心为食色而发，则是为人心，而又商量其所发，使合乎道理者，则为道心。其为食色而发者，此心也。商量其所发者，亦此心也。何可谓两样心也？大概心是活物，其发无穷，而本体则一，岂可以节制

①　《同春堂年谱》戊申四十一年，十一月己亥入 侍召对。
②　《同春堂年谱》乙巳三十八年，癸亥 侍召对。
③　《同春堂年谱》戊申四十一年，辛卯入 侍召对夕又入侍。
④　《同春堂年谱》乙巳三十八年，乙丑入 侍召对。
⑤　《同春堂年谱》乙巳三十八年，丙寅入 侍召对。
⑥　《同春堂年谱》甲辰三十七年，上疏辞兼论 君德。

者为一心，听命者又为一心。"① "心是活物"、"其发无穷"等言论中，我们可以看出韩国主气论学者的"心"论的特色。

朱子的"心"是一身之主宰，兼摄体用，兼摄超越形上之性、理与实然形下之情、气。此所谓"一心"具众理乃其体，应万事者乃其用，寂然不动者乃其体，感而遂通者乃其用。其"一心"实际上涵盖形上、形下两层，即此"心"既是超越层面的本然之心，又是经验层面的实然之心，是二者的统合。故"心"本身一体两面，既存有又活动。实然形下的"心"具有活动作用的能力，由此体现超越形上之"心"，但又不是禅宗的"作用见性"②。在同春堂的心性论中，"心"更多的是指实然形下之"心"，并非是王（阳明）学所讲的一颗活泼泼的心。此一心论在修养论上有一特点，即较重视"志"的导向。"志"为"心之所之"，使"心"全幅地趋向一个目的，决然必欲得之。故特别强调"立志"之重要性。③ 同春堂亦是。他讲道："愿殿下勿以臣言为迂，必须立此大志焉。立志坚定，然后道统可继，治化可成矣。"④ 又曰："诚能奋发大志，则何事不可做乎。"⑤

最后，同春堂对诸儒"心"论做了个概括。曰："圣贤论心不同有如此处，有如彼处。有从那边用工者，有从这边用工者，其归未尝不一。所谓从一方入，则三方入处皆在其中也。"⑥ 这段话是同春堂向国王讲解《心学图》时，针对李滉与李珥所论之不同而发的议论。从文义中，我们可以看出他对退溪与栗谷的心论都精深了解。

在人心道心说方面，同春堂应该具有极高的造诣和精深的见解。据《年谱》上曰："讲心经。先生（按：指同春堂）于人心道心之辨，毫分

① 《宋子大全》卷九十，《答李汝九（庚戌）》。

② 参见郭齐勇《朱熹与王夫之的性情论之比较》，《文史哲》2001年3期，第77页。

③ 同上。

④ 《同春堂年谱》己亥三十二年，庚辰入 侍昼讲。

⑤ 《同春堂年谱》乙巳三十八年，五月丙戌旨 行宫即被赐对。

⑥ 《同春堂年谱》己巳三十八年，癸亥入 侍召对。

缕析援据详尽。上叹曰：'晓喻诚切也。'"① 但是，从现存的文献中我
们很难发现其对人道说的更多系统论述，无法了解到其更多的心性论乃
至有关性理学说的观点，这是一件十分遗憾的事情。

　　以上是从比较的角度，对同春堂的理气说、四端七情说、人心道心
说进行了简要论述。可以看出，在理气二物之分判上，虽然同春堂与栗
谷相比似有过甚之感，但是这与其推崇的"理通气局"思想并不产生矛
盾；在四端七情理气之发问题上，同春堂亦特重视栗谷的"气发理乘"
说；在人心道心说方面，其理论特色在于对朱子所讲的实然之"心"的
重视。

---

① 《同春堂年谱》己巳三十八年，己未承 命入待。

关于承认理论的再思考

——从霍耐特到弗雷泽

贺翠香

【内容摘要】 承认理论转向是法兰克福学派第三代批判理论的一个重要标签。霍耐特将建立在主体间性上的道德心理学和社会发展模式相结合，提出"为承认而斗争"和社会蔑视的发展动力学依据，为批判理论的发展提供了新的规范性基础。弗雷泽则在"再分配，还是承认"的争论中，将承认问题归结到正义框架内的有关社会地位的政治问题。二者虽然都在延续着哈贝马斯的批判旨趣，但由于批判的视角和对当代资本主义社会现实的诊断不同，致使他们的承认理论在某种程度上各执一端：霍耐特注重从哲学的层面分析，而弗雷泽则偏向政治角度。这样二者的承认理论在理论层面也就不可能实现真正的交锋。同时，他们的承认理论尽管找到了当代资本主义社会现实不公正的经验基础，但由于忽视了批判理论的一个根本特征：批判与自我批判，致使他们的理论体系缺乏一种自我反思性。

承认理论转向是法兰克福学派第三代批判理论的一个重要标签。霍耐特在1992年提出"为承认而斗争"和社会蔑视的发展动力学依据，为批判理论的发展提供了新的规范性基础。时隔三年，美国著名的激进女性主义学者和政治哲学家弗雷泽就霍耐特的理论写作出《再分配到承认?》一书，从此拉开近十年的有关"承认，还是再分配"的争论。本文在此不想具体展开二者争论的细节和过程，而是想厘清和梳理"承认"这个概念在二者理论体系中的含义、地位和作用。事实上，我认为霍耐特的"承认"是奠基在青年黑格尔主体间性上的自我实现的社会道德模式；而弗雷泽则是在"正义"的框架内来探讨承认问题，她把承认归结为一种地位政治。二者虽然同是在探讨"承认"问题，也有相互交叉共同涉及的内容，但总的来说，视角的不同，对"承认"含义的不同理解和定位及对当代资本主义社会现实的诊断不同，致使二者有关承认的争论在理论层面没有实现真正的交锋。

一　霍耐特:承认是为人格的完整和自我实现

西方马克思主义思潮自其创立以来一直都存在着对马克思主义的经济决定论或生产范式进行修正的诉求和努力。这不仅体现在卢卡奇对无产阶级意识的强调，葛兰西对文化领导权和意识形态的重视，还充分体现在哈贝马斯对历史唯物主义的重建，甚至福柯的知识考古学和权利谱系学都是对正统马克思主义经济决定论的一种潜在的对抗与反驳。这说明 20 世纪中叶的西方知识分子已经不再相信苏联马克思主义，特别是第二国际所主张的经济主义。相反，他们在西方社会革命失败后，认真总结经验教训，重新反思马克思主义，吸收社会科学新成果和资源，从各个角度提出并肯定了与经济相对的文化、道德、宗教及各种上层建筑的社会发展作用。其中，大众文化批判、交往行为理论、日常生活批判、意识形态批判理论、现代性批判等都集中成为西方马克思主义理论的生长点。法兰克福学派的第三代传人霍耐特也属于这个思潮脉络中。他提出的承认理论无疑也是继哈贝马斯之后，对传统马克思主义的生产范式和阶级斗争理论的一种批判和解构。哈贝马斯站在对现代性批判的立场上，认为马克思的生产范式是一种只致力于工具理性活动，而不具有反思性的实证性理论。他主张以劳动和交往的二元架构来重建马克思的历史唯物主义。而霍耐特虽反对哈贝马斯对马克思劳动概念的批判和贬低，但总的来说，他还是继承了哈贝马斯的交往行为理论，将马克思的阶级斗争理论转换为主体间为追求相互承认的社会发展理论。下面我们就看看霍耐特为什么要在哈贝马斯之后进行承认理论转向。

从批判理论的发展史来看，无论是霍克海默和阿多诺的第一代，还是以哈贝马斯为首的第二代，批判理论的建构本身需要两个条件：一是寻找和诊断当下社会现实不公正的真实经验；二是为批判资本主义和新的解放旨趣提供规范性基础，从而给批判标准提供新的客观性依据。然而，作为哈贝马斯的弟子，霍耐特在成长中不得不面对哈贝马斯的交往行为理论的困境——社会性的缺失。在霍耐特看来，"对哈贝马斯来说，合法性的前理论来源在于运用语言规则达致相互理解的社会过程。但这一历史过程发生在社会主体的'背后'(behind the back)，也就是说主体的意识对交往合理化过程既不能指导，也不能把握。这样，交往理性的展开就不必然反映日益敏感的社会主体的道德经验。因此，哈贝马斯的语言交往理论不能有助于解释现存社会不公正的道德经验"①。霍耐特通过调查社会低阶层的日常交往过程，发现道德不公主要体现在社会主体没有得到应有的社会认可。人们在现实交往中遇到的伤害和侮辱主要是来自蔑视和歧视。所以应把批判的视角从哈贝马斯的"生活世界殖民化"转移到对社会认同关系的歪曲和破坏上。只有克服和批判各种形式的蔑视和侮辱，人们才能真正进入一种自由交往的美好境界。

有了对当代资本主义现实的深刻洞察，霍耐特为进行其承认理论转向，不得不借助两个重要人物的思想资源：黑格尔和米德。黑格尔在耶拿时期曾提出一种建立在主体间性上的承认思想。其核心意思是主体的能力、品质和意识必须为另一个主体所承认。只有建立在主体间性上的相互承认，才能构成完整的自我。此外，这种主体间性上的相互承认不仅在伦理关系的范围内，而且还具有社会哲学的基础意味。即主体间为

---

① A. Honneth, "The Social dynamics of disrespect: situating Critical Theory today", in *Habermas: A Critical Reader*, 1999, p. 320.

争取承认会展开斗争，在和解和社会冲突中将承认进行到底。因此，承认与不承认的矛盾运动就构成社会伦理领域中的道德发展逻辑。黑格尔早期的相互承认思想不仅被哈贝马斯看做是"交往理性思想的最早萌芽"，还成为霍耐特重构批判理论的直接理论来源。

美国人类学家和社会心理学家米德则是从社会心理学的角度给予霍耐特帮助。米德认为自我认同的形成有其生物—心理的来源。如同人类生存的其他需要一样，认同，来自他我、客我的承认也是人类生存下去的简单需要。因为"个人就是这样感受自己的，他不是直接而只是间接地从同一社会群体的其他个别成员的特有观点中，或从他属于的整个社会群体的泛化观点中感受自己。因为他作为自我或个人进入到自己的经验中，不是直接地，也不是通过成为自己的主体；而是他首先成为自己的客体，正如其他人成为他的客体或进入他的经验一样；只有采用某种社会环境或经验和行为背景（他和他们都卷入其中）中他人对自己的态度时，他才成为自己的客体"①。也就是说，自我同一性的构成关键的一点就在于学会从他者的规范角度来认识自己。只有这样，个体才能真正地在共同体中自我持存，并获得"尊严"。

正是在批判地吸收和改造黑格尔和米德两位大师的理论思想之后，霍耐特又从科学的经验层面来论证承认的三种形式：爱、法律和团结，并提出其独特的有关社会蔑视的动力学思考。"被蔑视"即不被承认，这种不好的自我感觉与个体的存在及其所寻求的来自他我、共同体的认同息息相关。因为没有来自他人的承认，人就是不完整的。但特殊的是，霍耐特将蔑视作为一种道德经验来思考，并把它放在社会发展的规律系统和动力学依据层次上来看。正如他提出的问题，"蔑视的经验为什么隐含在人类主体的情感生活中，以至于它可以为社会对抗和社会冲突，即为承认而斗争提供动力"？② 根据对实践自我关系所造成的伤害

---

① ［美］威廉·布鲁姆（William Bloom）：《认同理论：其结构、动力及应用》，王兵译，《社会心理研究》2006年第2期。

② ［德］阿克塞尔·霍耐特：《为承认而斗争》，胡继华译，曹卫东校，世纪出版集团2005年版，第141页。

程度，霍耐特还将蔑视的基本形式分为三种：强暴、被剥夺权利、侮辱。强暴是对个人自主控制肉体权力的剥夺；被剥夺权利意味着共同体合格的一员被剥夺了平等参与制度秩序的权利；侮辱涉及的是一个人的"荣誉"、"尊严"或"地位"等。而蔑视之所以会成为社会对抗和冲突的深层动力在于，个体被羞辱、被激怒、被伤害的消极情感反应会像杜威所阐述的，变成一种"道德知识"，这种道德知识会通过告知或交流等表达手段，形成一种集体在行动上的反抗和对立，如此就会促成社会冲突的产生。

总之，霍耐特的承认理论延续了哈贝马斯的交往行为理论框架，继续从主体间性的关系上探讨批判理论的新的规范性基础。"承认"或"蔑视"是从道德的视角提出，以自我认同的社会心理学为基础，并结合道德与社会冲突的相互关系原理，最终以自我实现和"好生活"为追求承认的目标。

二　弗雷泽:承认是一种地位政治

霍耐特基于道德的视角所建构的承认一元论引起美国具有女权主义倾向的左翼思想家弗雷泽的不满。她认为，尽管"争取承认的斗争"在20 世纪末迅速成为政治冲突的主要形式，如基于民族、族裔、种族、性别和性行为的差异承认的文化诉求不断增加，各种形式的社会新运动不断兴起。可以说"在这些'后社会主义'冲突中，群体身份替代了阶级利益，成为政治动员的主要媒介。文化统治替代了剥削，成为根本的不正义。文化承认取代社会经济再分配，成为消除不正义的良方和政治斗争的目标"①。但在弗雷泽看来，这些事实都没有证明传统政治所关注的经济再分配的正义诉求已经过时。因为在后社会主义阶段，经济不平等并没有消失，反而在经济全球化的过程中，以新的方式得到增长。

---

① ［美］凯文·奥尔森编：《伤害十侮辱——争论中的再分配、承认和代表权》，高静宇译，周穗明校，上海人民出版社 2009 年版，第 13 页。

这具体表现在以南北分界线为主的发达国家与不发达国家之间的差距继续拉大；在收入和财产、就业机会、教育、医疗保障和休闲时间等方面，物质不平等日益加大；甚至以身份承认为目标的性别平等运动也有经济再分配方面的正义诉求。因此，当今有关正义和不公正的诉求不再是单一的，以传统的物质再分配为主，也不应该以霍耐特所倡导的"文化承认"为主，而应在包容二者的二维正义框架内思考问题。后来，弗雷泽在日后的争论和思考中发现，在常规正义时代，人们对当前有关正义实质的争论几乎达不成任何共识。为此，她又提出在当今无法达成共识的"反常规时代"，我们需要一个综合的多元社会本体论和规范一元论。即把正义看做是一个再分配、承认和代表权的三维度概念，同时还需要一个能覆盖三维度的单一规范性原则——参与对等（parity of participation）。由此，弗雷泽建构起自己的三维一规范的正义批判理论。

弗雷泽在反常规时代建构的规范一元论引起了欧美各国批判理论学者的热烈关注。这在 2007 年 5 月的布拉格会议上的现场效果及其随后引发的各种争论可见一斑。2009 年弗雷泽教授也来到中国，分别在中国社会科学院哲学所、北京大学、复旦大学、广州中山大学等进行了其正义批判理论的系列讲座。反响甚大。可以说是 2009 年学术界的一桩大事。当我们国人还在反思哈贝马斯的交往行为理论，还在消化和理解霍耐特的承认理论时，弗雷泽给我们带来了当前国际有关批判理论的最新进展，其主要内容还是对霍耐特承认理论的批判和其新批判理论的建构。"目不暇接"之际，我们只得认真而审慎地研究弗雷泽的正义批判理论。其中首要的任务就是对其核心概念的厘清。在此我关注的是"承认"概念。我的问题是：弗雷泽如何看待霍耐特的承认理论？霍耐特的承认理论是一种身份政治，亦地位政治？她是否曲解了霍耐特的承认理论？二者争论中的"承认"是同一含义吗？在弗雷泽的三维框架中，"承认"是一种政治，还是一种"自我实现"？承认与道德、与政治、正义是什么关系？批判理论应建构在怎样的基础上，它与哲学和政治的关系如何？

我们知道，霍耐特是将承认看做是道德心理学基础上的一种自我实现。与此不同，弗雷泽认为霍耐特的承认理论肇始于黑格尔主体间性上的"身份模式"①，是一种承认政治。而这种承认政治在现实中还往往被归结为"身份政治"。弗雷泽指出，"当今的承认斗争通常都披上了身份政治的外衣，其目标是反抗对从属群体的贬低性文化描述，并从错误承认的制度结构中抽象出错误承认，切断其与政治经济的联系"②。而在她看来，身份政治及其所倡导的多元文化主义虽然在反对种族主义、文化帝国主义、男性至上主义等方面存在一定的合理性，但如果以身份认同为正义目标就会在理论上和政治上产生很多问题。如对分配不公的忽视，特殊化某一群体，造成新的不宽容和不平等，等等。为此，弗雷泽创新地提出把承认当作社会地位来看待，从身份政治转向地位政治。她说："我要提出另一种方法：把承认当作社会地位的问题。从这一角度看，承认所需要的不是群体的特殊身份，而是每个群体被承认作为社会相互作用的正式伙伴的地位。因此，错误承认并不意味着群体身份的轻视和弯曲，而意味着社会从属地位——在被阻碍作为平等一员参与社会生活的意义上。为了矫正这种不正义，仍然需要承认政治，但是在'地位模式'中，这种不正义不再被还原为身份问题：相反，该模式意味着一种政治，即旨在通过把被错误承认的一方构建为社会的正式成员，能够平等地与其他社会成员一起参与社会生活，来克服从属地位。"③ 如果把这段引文解释一下，我们就会明白，弗雷泽也非常重视当下的承认问题，但她认为错误承认的原因不是"完整"人格没有自我实现，而是由于某些社会成员没有被作为平等的一员来参与社会生活，是社会地位不平等的原因。而某些个体和群体被构造为"低下的、被排斥的、完全另类的，或仅仅是隐形的"④，就在于社会的文化价值模式存在问题。

　　如果简单地概括一下弗雷泽的承认理论逻辑的话，那就是她将霍耐

---

　　① 〔美〕凯文·奥尔森编：《伤害十侮辱——争论中的再分配、承认和代表权》，高静宇译，周穗明校，上海人民出版社 2009 年版，第 131 页。

　　② 同上书，第 140 页。

　　③ 同上书，第 135 页。

　　④ 同上书，第 292 页。

特的承认理论（道德规范）还原为身份政治，又将身份政治还原为地位政治。也就是说，弗雷泽不是将承认看做是一个具有普遍性的哲学问题，即个体自我实现的道德心理学诉求，而是直接将造成承认或蔑视的社会文化制度和价值模式等现实原因作为承认问题产生的根源。从这一意义上来看，二者提出承认问题的视角是不同的：霍耐特从哲学的视角来审查，来说明社会变迁过程，必须采用主体间性上的相互承认关系内部所固有的规范要求；而弗雷泽则从现实政治的角度来考虑，或者说她把承认问题纳入到正义框架内来研究，说明错误承认只是当前现实中不正义的一方面，而其根源也不在于自我认同的危机，而在于其制度化的社会地位。这就如同对马克思主义的定义一样，从哲学和从政治的视角来审查历史唯物主义会得出完全不同的画面。二者理论视角的不同，导致他们对承认在其体系中的地位和作用的评价也不同。

三　介于哲学和科学之间的批判理论

无疑，霍耐特和弗雷泽同为法兰克福学派社会批判理论的新一代传人。他们对批判理论的发展史和批判理论自身的特点都很熟悉。尤其，他们二者都深受哈贝马斯的影响。所以他们应深谙批判理论与传统理论的区别。哈贝马斯早期将批判理论定位为介于哲学和科学之间。他说："批判（的社会科学）通过理论对自身形成过程中的联系的反思有别于科学和哲学。科学不考虑结构联系；它客观主义地去对待自己的对象领域；哲学则相反，它太相信自己的起源；它用本体论的观点把自身的起源视作根基。"[①] 这种批判理论不同于哲学与科学的地方在于，它要进行"双重反思"，一是对理论自身形成过程中的联系的反思和其在实践运用中的反思；另一是理论对自身的反思和批判，知道自己是可以扬弃的。正是由于批判理论是批判和自我批判，所以要求理论一方面要研究

---

① ［德］尤尔根·哈贝马斯：《理论与实践》，郭官义、李黎译，社会科学文献出版社 2004 年版，导论第 2 页。

社会实践（社会实践作为社会的综合，使认识有了可能）；另一方面要研究政治实践（政治实践自觉提出的目标是彻底改变现有的制度体系）。① 也就是马克思所言的，既要认识世界，也要改造世界。在认识、改造世界的同时，批判还不能忘记批判自身。

霍耐特和弗雷泽在践行哈贝马斯所提出的批判理论的宗旨时，可以说取得了部分成功。霍耐特在社会实践研究方面，即在认识世界方面，卓有建树。但在政治实践方面即改造世界方面，承认理论的力量却很微弱。与他相反，弗雷泽在政治实践方面提出了更为激进的反抗方案，要求将平等主义贯彻到社会生活的各个方面，但她对现代社会的分析和认识却存在一定的问题。这点尤其体现在对承认问题的处理上。霍耐特在考察当代资本主义社会的现实时，对一种"道德伤害现象学"进行分析。他认为，"道德伤害是一种心理伤害，是主体感受到的不公正感。因而，不是身体的疼痛，而是参与者在自我理解中不被承认的意识，构成了道德伤害的可能性条件"②。这种心理伤害与诸如杀害、虐待、拷打、强奸等生理伤害是一样的。这些道德伤害的具体表现特征是：个体自尊被伤害；从个体被蒙蔽、被欺骗到整个群体的法律歧视；侮辱、能力不被承认等。③ 霍耐特既注意到人们在日常交往中承认或蔑视的道德经验有可能成为各种反抗、斗争和运动的根源的事实，又从社会历史哲学中，从马克思、索雷尔、萨特等社会理论中发现"尊严"与"荣誉"等与社会斗、社会冲突的关系，从而奠定了以承认为规范性基础的新批判理论。霍耐特认为，承认或道德尊重已经成为一种实现"美好生活"的具有普遍性的条件之一。而传统观念认为与人们的"物质利益"挂钩的有关再分配的社会冲突，也可以看做是承认的特殊形式。总之，霍耐特的承认批判理论是在肯定资本主义现有制度的条件下，就如何能更好

---

① ［德］尤尔根·哈贝马斯：《理论与实践》，郭官义、李黎译，社会科学文献出版社 2004 年版，导论第 2 页。

② 王凤才：《平等对待与道德关怀——霍耐特的政治伦理学构想》，《马克思主义与现实》2009 年第 4 期。

③ 同上。

地自我实现，展开社会哲学的探索和研究。他的改造世界已不是革命意义上的颠覆制度，而是如何使现有制度变得更完善，使人的生活更美好。

弗雷泽同样想改变现实不公正的世界，但她认为，现代社会是一个高度复杂、现代化、组织化的社会。每个社会都基本上有三个不同的组织序列："经济秩序主导于市场之内；文化秩序主导着公民社会；政治秩序主导着国家机构。"① 因而不能把批判理论的火力集中在以承认为目标的文化维度，而应覆盖在整个资本主义社会的三个维度上。因为随着全球化进程的加剧，世界范围内的不公正在三个不可还原的维度上都存在，而且即使面对同一个问题也可能折射出三个维度的原因。如以性别不平等为例子，就分别在收入、身份、政治代表权等方面存在着不平等问题。因此，弗雷泽把"参与对等"作为衡量三个维度即再分配、承认、政治代表权等规范性标准。"根据这个原则，正义要求那种允许所有人都作为同等人参与社会生活的社会条件存在。"这些条件包括消除各种经济、文化、政治层面的障碍，以确保所有人能平等的参与社会生活。

二者孰是孰非？一时很难有定论。但可以肯定的是二者都对马克思主义所主张的经济决定论持否定态度，也放弃了立足于物质分配诉求的阶级斗争学说。有学者这样评价霍耐特和弗雷泽，"霍耐特采取的是在路径上转向右的策略，通过对预设原则的抛弃和对事物自发机制的展示去指出社会变迁的现实道路所在；弗雷泽则采取了强硬的左翼思路：将现实中令人不满的东西直接展现出来，以激发起反抗现实、改变现实的革命冲动"②。二者的不同在于他们对当代社会现实的切入和诊断不同，以及由此带来的反抗和批判旨趣也不同。霍耐特以承认病理学为当代社会的主要特征，而弗雷泽则以经济再分配的不公正为主，兼带文化和政

---

① 弗雷泽：《有关正义实质的论辩：再分配、承认还是代表权？》，《马克思主义与现实》2009 年第 4 期。

② 王才勇：《承认还是再分配？——从霍耐特到弗雷泽》，《马克思主义与现实》2009 年第 4 期。

治领域的不公平为特点。二者虽然都谈到承认问题,但理论关注的重心不一样。弗雷泽认为,霍耐特夸大了承认的社会作用,把资本主义的社会秩序还原为一种承认秩序。而事实上,社会中的相互作用不一定都是由承认的文化价值模式所决定。同时,她认为霍耐特的道德承认一元论也是无力的。无疑,这些质疑都击中了霍耐特理论的弱点。但霍耐特辩解到,他的承认秩序只限于"社会整合"中,即在社会一体化过程中,个体在主体间性上相互作用、相互承认,既能保持个体的特殊性,又能促使社会朝着一个合理的方向发展。在霍耐特看来,这种社会整合比起弗雷泽所看重的"制度整合"要重要得多。①

四　对承认理论的几点思考

承认到底意味着什么?它是一种完整人格的内在需要,一种自我实现的需要,还是一种身份的追求,一种社会地位的平衡?面对霍耐特和弗雷泽对承认理论的不同阐述,我们不得不发出以上这样的疑问。还有,承认是一种目的,还是一种手段?我们追求承认,反抗蔑视,目的是想达到一种什么样的"好生活"?我认为,弗雷泽以地位政治的承认概念取代了霍耐特基于道德心理学的承认概念,以阐述当代的社会承认问题,并不具有很大的优越性。因为承认或蔑视不仅仅是一个社会地位平等的问题,它与个体的能力、禀赋、欲望、信念、观念等密切相关。即使按照弗雷泽的"参与对等性"原则,我们克服了经济、文化和政治制度方面的各种障碍,实现真正的参与平等,也会产生各种错误承认。试想如果一个残疾人在各种保障下平等地与一个正常人同等参与竞争,你认为他会得到与正常人一样的承认吗?2008 年北京残奥会上有个著名的"尖刀战士"奥斯卡,他可以带着两个假肢跑得比正常人还快,甚至他还参加了健全人的奥运预选赛。那么他在比赛中所获得的承认不应

_____

① 周穗明:《N. 弗雷泽和 A. 霍耐特关于承认理论的争论——对近十余年来西方批判理论第三代的一场政治哲学论战的评析》,《世界哲学》2009 年第 2 期。

该比正常运动员获得的更多吗？如果没有，是不是对他的错误承认，可如果他在比赛获得了额外的承认，是不是对其他健全运动员的一种错误承认呢？所以，我认为，弗雷泽的地位平等只是保证承认的形式条件之一，并不能实现实质性的、真正平等的承认。

此外，我也不同意弗雷泽把霍耐特的承认理论归结为一种身份政治。这点霍耐特本人也是否认的。霍耐特认为，他的承认理论与文化主义或身份政治的关系是偶然的。正像周穗明教授所判断的，"霍耐特的承认理论尽管有文化主义的外观，但实际上与泰勒等人基于多元文化主义的承认理论大相径庭。他的承认并非文化承认，而是道德承认，主要不是政治理念，而是哲学概念"①。奠基在哲学基础上的承认理论，不会为某一特殊群体代言，如以族裔、性别、宗教等标准划分的群体，而是以每个个体的自我认同和自我实现为目的，寻求的是个体社会化和社会个体化的相互整合。

最后，我想指出无论是霍耐特建立在哲学基础上的承认理论，还是弗雷泽以现实政治为指向的地位承认诉求，它们都把承认作为一种"工具"来看待。正如法国著名的哲学家孔普雷蒂斯所指出的："霍耐特与弗雷泽都认为承认具有工具性，即他们都把承认视为实现目的的手段，无论这个目的是完整的人格身份，还是正式的社会参与。而且他们都把承认当作清楚的或明显的举动，即某些我们能够安排的事情，某些能够由国家或个人意愿的行为动员起来的事情，好像一旦承认诉求得到公开证明，那么它就成为以正确的方式给予正确承认的问题。"② 这种对待承认问题的科学态度，使得我们确信可以使用"头痛医头，脚痛医脚"的医学方法。但对于争取承认的整个实践活动来说，这种客观的、可以测量的或重新安排的标准并不存在。因为获得承认或错误承认都是一个漫长的、动态的复杂工程。弗雷泽所倡导的"文化价值模式非制度化"

① 周穗明：《N. 弗雷泽和 A. 霍耐特关于承认理论的争论——对近十余年来西方批判理论第三代的一场政治哲学论战的评析》，《世界哲学》2009 年第 2 期。

② ［美］凯文·奥尔森编：《伤害＋侮辱——争论中的再分配、承认和代表权》，高静宇译，周穗明校，上海人民出版社 2009 年版，第 299—300 页。

也不是短时期就能达到。此外，即便个体通过努力学习，不断反思，纠正错误承认的困境，达到了自我潜能真正实现的社会承认，他也会产生新的承认诉求。而表面上个体通过努力，在为了承认而奋斗的过程中实现了自己个性的张扬和自我潜能的释放，殊不知为了获得承认，个体在社会化的过程中已经放弃了原有的批判精神，融合到现有的体制中。所以，为了承认而斗争，某种意义上可以换成"为了统治合法化而斗争"。这是一体两面的事情。面对这样的尴尬之事，霍耐特不得不反思，伴随新自由主义所产生的资本主义现代化怎么会产生这样的悖论："过去所取得的规范性受到了侵蚀，甚至失去了其原本具有的解放性意义，走向了自身的反面。"① 而之所以造成这样的悖论，我认为他们都忽视了哈贝马斯对批判理论自身的规定：批判及自我批判。当批判指向当下的社会现实时，也应同是指向自身，不断地进行自我反思和批判，考察批判的适用条件和限度。为此，我赞同孔普雷蒂斯把"解构"的概念和话语纳入到批判理论体系中。批判和解构应构成当代批判理论不可缺少的两极。

---

① 〔德〕马丁·哈特曼、阿克塞尔·霍耐特著：《资本主义的悖论》，张琳译，《马克思主义与现实》2009 年第 4 期。

模态林斯特龙定理[*]

夏素敏

【内容摘要】在现代逻辑研究中，一阶逻辑是最基础也最重要的，得到了最为广泛的探讨。模态逻辑是一阶逻辑的双仿不变片段，并且具备可判定性、有穷模型性等"好"性质，从这一角度而言，模态逻辑较一阶逻辑更适合作为研究的起点。不同的模态语言具备不同的表达力，由此可以对它们进行分类，从而清楚地把握由此形成的模态逻辑谱系。一阶林斯特龙定理刻画了一阶语言的表达力，从抽象模型论的角度将一阶逻辑的唯一地位确立下来；林斯特龙定理与哥德尔完全性定理、骆文汉姆—斯科伦定理一起刻画了一阶逻辑。类似地，模态林斯特龙定理力求刻画的是基本模态语言的表达力：基本模态逻辑是同时具备紧致性和双仿不变性的表达力最强的模态逻辑。由于观念和技术手段的局限性，传统的抽象模型论仅仅关注一阶逻辑及其扩充，而忽略了一阶片段的抽象模型论研究。随着模态新观点的引入和新概念的产生、新方法的应用，模态逻辑及其他一阶片段的林斯特龙定理研究也越来越深入。从对应理论的角度看，模态林斯特龙定理的研究利用了在模态语言与一

---

　　* 中国社会科学院 2007 年青年启动基金项目"模态 Lindström 定理"、2008 年国家社会科学基金项目"一阶逻辑片段研究"（08CZX021）资助。

阶语言片段之间的对应关系，也开启了一阶片段的抽象模型论研究。而从模态逻辑内部看，这一定理肯定了基本模态逻辑的重要地位。本文首先简要介绍一阶林斯特龙定理，而后梳理和讨论模态林斯特龙定理研究的发展、意义及问题。

在现代逻辑研究中，一阶逻辑是最基础也最重要的，得到了最为广泛的探讨。模态逻辑是一阶逻辑的双仿不变片段，并且具备可判定性、有穷模型性等"好"性质，从这一角度而言，模态逻辑较一阶逻辑更适合作为研究的起点。不同的模态语言具备不同的表达力，由此可以对它们进行分类，从而清楚地把握由此形成的模态逻辑谱系。一阶林斯特龙定理刻画了一阶语言的表达力，从抽象模型论的角度将一阶逻辑的唯一地位确立下来；林斯特龙定理与哥德尔完全性定理、骆文汉姆—斯科伦定理一起刻画了一阶逻辑。类似地，模态林斯特龙定理力求刻画的是基本模态语言的表达力：基本模态逻辑是同时具备紧致性和双仿不变性的表达力最强的模态逻辑。

由于观念和技术手段的局限性，传统的抽象模型论仅仅关注一阶逻辑及其扩充，而忽略了一阶片段的抽象模型论研究。随着模态新观点的引入和新概念的产生、新方法的应用，模态逻辑及其他一阶片段的林斯特龙定理研究也越来越深入。从对应理论的角度看，模态林斯特龙定理的研究利用了在模态语言与一阶语言片段之间的对应关系，也开启了一阶片段的抽象模型论研究。而从模态逻辑内部看，这一定理肯定了基本模态逻辑的重要地位。

一　一阶林斯特龙定理

一阶林斯特龙定理是 P. 林斯特龙在 1969 年证明的（参见 [1]），这是刻画一阶逻辑表达力的一个著名定理：一阶逻辑的一个扩充如果满足紧致性和骆文汉姆—斯科伦性，当且仅当其表达力不超过一阶逻辑。这种表述和证明利用的是紧致性和骆文汉姆—斯科伦性。紧致性说的是，如果一个公式集是不可满足的，那么其有穷子集也是不可满足的；换句话说，如果一个公式集的任意一个有穷子集是可满足的，那么这个公式集就是可满足的。骆文汉姆—斯科伦性的意思是说，每个具有无穷模型的公式集都有一个可数模型。另外，这个定理还有其他不同的表述形式。例如，更具启发性的现代表述方式强调的除了一阶逻辑的模型存在性即紧致性之外，认为同样基本的还有通过"对潜同构不变"体现出来的语义不变性质：一个包含一阶逻辑的抽象逻辑 L 等价于一阶逻辑，当且仅当：（1）L 的所有公式对潜同构不变；（2）L 具有紧致性。所谓"潜同构"是对一般同构的双向条件封闭的有穷部分同构的一个非空簇。这里，对潜同构的不变性是关键之处，但并不是抽象逻辑定义中所含有的，因为抽象逻辑要求的只是满足同构不变。而上述从紧致性和骆文汉姆—斯科伦性的角度进行描述的林斯特龙定理可以从"潜同构"版本中得出，只是需要明确这样一个事实：可数模型之间的潜同构实际上就是真正的同构。

艾宾豪斯等人在一阶逻辑的经典教材《数理逻辑》（参见 [3]）中表述了一阶林斯特龙定理的两种形式。其一，就同时满足紧致性和骆文汉姆—斯科伦性这两种性质而言，不存在比一阶逻辑更具表达力的其他逻辑系统。其二，就满足骆文汉姆—斯科伦性并且其有效句子集是可枚举的而言，也不存在比一阶逻辑更具表达力的其他逻辑系统。前者更侧重语义，后者更侧重句法。

在证明林斯特龙定理的过程中，我们首先给出抽象逻辑（或称逻辑系统）的定义。抽象逻辑经典逻辑、一阶逻辑、二阶逻辑以及高阶逻辑等我们所了解的逻辑。对于符号集 S 和以 S 为基础形成的逻辑 L（S），其中任意一个公式 φ 的模型即使得这个公式成立的那些结构。由于抽象逻辑不止一个，它们的表达力各不相同，因此就产生了表达力的比较问题。对于任意两个抽象逻辑，如果它们中各有一个公式 φ 和 ψ，满足两者的模型恰好相同，或者说它们在同样的模型中成立，我们就说这两个公式是逻辑等价的。以逻辑等价概念为基础，我们可以比较两个逻辑在表达力方面的强弱关系。我们的最终目的是证明一阶逻辑的表达力，因而这些概念均为林斯特龙定理证明中所不可缺少的。另外，我们给出抽象逻辑的一些性质和特点，例如同构保持、归约性、对布尔联结词封闭、对一元谓词的关系化封闭、具备紧致性以及具备骆文汉姆—斯科伦等，这些性质均为我们所了解到的逻辑所具备，也是证明林斯特龙定理的必要准备，可以简化证明过程。最后，我们假设一个抽象逻辑 L 具备紧致性和骆文汉姆—斯科伦性，但其表达力强于一阶逻辑 L_1，或者说其中存在不等价于任意一个一阶逻辑公式的公式，如果我们由此最终得出一个矛盾。就能证明我们的假设是错的，这样便间接证明了一阶林斯特龙定理。

如上所述是一阶林斯特龙定理证明的基本思路，实际证明过程是这一思路的具体体现。

首先，给出一个抽象逻辑的定义：抽象逻辑 L 是这样一个二元组 $(L, \models_L)$，L 是一个从符号到语句的函项，它与符号集 S 相结合形成语句集 $L(S)$，$\models_L$ 是 $L(S)$ —语句与模型之间的二元关系，用于说明哪些语句中模型中为真。在不引起混淆的语境中，将 $\models_L$ 记为 $\models$。再给出抽象逻辑 L 的其他一些性质，包括 Boole (L)、Rel (L)、Repl (L)、Lösko (L) 和 Comp (L) 等，具体如下：

• L 对布尔联结词封闭（Boole (L)）：对于每一个 $\varphi \in L(S)$，存在一个 $\psi \in L(S)$ 来定义其否定。即对于所有模型 M，M $\models \psi$，当且仅当，M$''\varphi$。同时，对于每个 $\varphi, \psi \in L(S)$，存在一个 $\psi \in L(S)$，来定义 φ 与 ψ 的合取式。

• L 对一元谓词的关系化封闭（Rel (L)）：对于所有语句 $\varphi \in L(S)$ 和一元关系符号 P，存在一个语句 $\psi \in L(S)$，使得对于所有模型 M，M $\models \psi$，当且仅当，$M^P \models \psi$，其中 M^P 为由 P 对 M 进行限制而形成的子模型。

• L 对易字封闭（Repl (L)）：ρ 是一个将关系符号映射为同元关系符号的映射，对于所有 $\varphi \in L(S)$，存在一个语句 $\psi \in L(S)$，使得对于所有模型 M，M $\models \psi$，当且仅当，$\rho M \models \varphi$。

如果一个抽象逻辑同时满足 Boole (L)、Rel (L) 和 Repl (L)，则被称为"正则的"。

• L 具备骆文汉姆—斯科伦性（Lösko (L)）：如果 $\varphi \in L(S)$ 是

可满足的，那么存在 φ 的一个模型，其论域至多是可数的。

　　• L 具备紧致性（Comp（L））：如果 $\Phi\subset L$（S），并且 Φ 的有穷子集是可满足的，那么 Φ 本身也是可满足的。

　　假设 L_1 和 L_2 都是抽象逻辑，S 是一个符号集，$\varphi\in L_1$（S）且 $\psi\in L_2$（S），那么：（a）φ 与 ψ 逻辑等价，当且仅当 $\mathrm{Mod}_{L_1}^s(\varphi)=\mathrm{Mod}_{L_2}^s$（$\varphi$）；（b）$L_1$ 的表达力至少和 L_2 的一样强（记为 $L_1\leqslant L_2$），当且仅当对于每个 S 和每个 $\varphi\in L_1$（S），都有一个 $\psi\in L_2$（S），使得 φ 与 ψ 逻辑等价；（c）L_1 和 L_2 同等强（记为 $L_1\sim L_2$），当且仅当 $L_1\leqslant L_2$ 且 $L_2\leqslant L_1$。

　　一阶林斯特龙定理的内容是说：如果 L 是一个正则抽象逻辑，使得其表达力至少与一阶逻辑同样强，$L_1\leqslant L$（L_1 为一阶逻辑），同时有 Lösko（L）并且 Comp（L），那么 $L_1\sim L$。

　　这一定理的证明思路是：利用反证法，首先假设 φ 是一个 L 语句，它并不逻辑等价于任意一个一阶语句，对于任意 $m\geqslant 1$，我们有结构 M 和 N，使得

　　（1）M $\models_L\varphi$ 并且 N$\models_L\neg\varphi$；

　　（2）M$\cong_m$N（M 与 N 是 m 同构的，即存在一个序列 I_0，$\cdots$，I_m，它们是 M 与 N 之间的有穷同构构成的非空集合）。

　　再根据紧致性，我们有，

　　（1）M $\models_L\varphi$ 并且 N $\models_L\neg\varphi$；

　　（2$'$）M$\cong_p$N（M 与 N 是部分同构的）。

　　而骆文汉姆—斯科伦性，又使我们得到满足（1）和（2$'$）的可数结构，因此，

　　（1）M $\models_L\varphi$ 并且 N $\models_L\neg\varphi$；

　　（2$'$）M$\cong$N（M 与 N 是同构的）。

　　这与假设的前提相矛盾，从而证明 L 语句都等价于一个一阶语句，两者的表达力相同。

二　模态林斯特龙定理

　　传统的抽象模型论关注得更多的只是一阶语言的扩充，一阶林斯特

龙定理仅在一阶扩充类的范围内将一阶逻辑凸显出来，而忽略了可与一阶逻辑比较的其他逻辑，例如一阶片段（即一阶逻辑的子逻辑）。导致这一情形的因素是多方面的，主要原因则在于技术手段的局限：以往一阶林斯特龙定理证明中所使用到的方法，完全依靠一阶公式的相关性质，这些性质对于表达力不低于一阶逻辑的语言不成问题，但是对于相对"弱化"了的语言却不成立，因此也并不适用于一阶片段，不能直接推及到一阶片段之上。一阶片段的可判定性以及其他"好"性质却激发着人们十分关注一阶片段，特别是模态逻辑。模态逻辑有着足够的表达力，不仅是可判定的，还具有有穷模型性、紧致性、内插性以及对双仿不变等，其广泛应用更引起大家的关注。不同的模态语言具备不同的表达力，由此可以对它们进行分类，从而清楚地把握由此形成的模态逻辑谱系。

基本模态逻辑是一阶逻辑的可判定的双仿（bisimulation）不变片段；换句话说，基本模态逻辑可以嵌入一阶逻辑的可判定的片段（或称子逻辑）之内。这是范本特姆在 1976 年通过研究对应理论而得出的结论。那么，基本模态语言是否占据特殊地位，如果是的话，其表达力如何，是否可以找到对应于一阶林斯特龙定理那样刻画一阶逻辑表达力的相应定理，来刻画模态逻辑的表达力呢？答案是肯定的。一方面，模态逻辑新观点促使我们以一阶逻辑为中心，将研究视角由向外转向向内，由扩充转向片段；另一方面，新概念和新技术的出现也为建立和证明模态林斯特龙定理提供了可能性。

1993 年，德莱克讨论了一阶逻辑模型论性质在模态逻辑中的对应的一般问题，尝试将一阶的模型论性质移植到模态逻辑中（参见 [2]），模态林斯特龙定理就是其中之一。这一工作集中体现在 1995 年他对基本模态语言所进行的林斯特龙式的刻画（参见 [4]）。目前非常流行的模态逻辑教科书《模态逻辑》（参见 [5]）中对模态林斯特龙定理的介绍源自德莱克的这些工作。2007 年，范本特姆、腾卡特和外纳能研究了一阶 k（$k>2$）变元片段、塔尔斯基关系代数，安保模态逻辑以及二元安保片段等逻辑的林斯特龙定理，不过证明中所使用的概念和方法稍有调整，其中包括双仿、树形延展方法以及有穷深概念（参见［6］）。

　　模态林斯特龙定理从另一个角度使得模态逻辑更加突出，它把握的是模态逻辑的元性质：L 扩充模态逻辑，如果 L 具有有穷度，那么它等价于基本模态语言 ML。在这一定理的证明中，等价于抽象模态公式 φ 的基本模态公式 ψ，恰是基本模态语言中的公式 φ。也就是说，二元关系之上具有有穷度的抽象模态逻辑正是带一元模态算子◇的标准模态逻辑。

　　2007 年，范本特姆发表了"一个新模态林斯特龙定理"（参见［7］），依照他的观点，尽管原有的模态林斯特龙定理信息丰富，但并不完全令人满意，因为它并不像抽象模型论中的标准林斯特龙定理，特别是"有穷度"概念多少有些特设性，否则的话其证明将会变得相当复杂，突显了一阶片段与一阶扩充的抽象模型论的区别。如果将原来的一阶林斯特龙定理表述为：扩充一阶逻辑的一个抽象逻辑 L 恰与一阶逻辑一致，当且仅当所有 L 公式对"潜同构"不变并且 L 具有紧致性。所谓"潜同构"是指有穷部分同构组成的非空集合。并说明证明中出现的"潜同构"实际上指的正是"双仿"。而后指出这种证明存在一定的缺陷，它不仅不能推广到高阶逻辑，而且对一阶逻辑的片段同样不适用。因为其证明具有特设性，导致失去很多基本的、富于表达力的东西。在"模态林斯特龙定理"基础上，范本特姆给出了新的、标准的、真正的基本模态逻辑林斯特龙定理：一个包含基本模态逻辑的抽象模态逻辑 L 等价于前者，当且仅当：（1）L 的所有公式对双仿不变；（2）L 具有紧致性。

　　新模态林斯特龙定理的证明思路如下：以基本模态逻辑的证明为基础，这种情况不仅最为明晰，而且很容易推广到一般情形。在具体证明中，需要用到"模态语言"、"抽象模态逻辑"、"有穷深性"等概念，并增加"相对化"概念。

　　基本模态语言是描述关系结构中的点（例如（M，w））的一种语言：

$$\varphi ::= p \mid \neg\varphi \mid \varphi \wedge \varphi \mid \Box\varphi$$

公式 φ 的语义（即模型 M 中的点 w 满足公式 φ）定义如下：

M，$w \models p$，当且仅当 $w \in p^M$

M，$w \models \neg \varphi$，当且仅当 M，$w'' \varphi$

M，$w \models \varphi \wedge \psi$，当且仅当 M，$w \models \varphi$ 并且 M，$w \models \psi$

M，$w \models \Box \varphi$，当且仅当，对于所有的 v，如果 $R^M wv$ 那么 M，$v \models \varphi$

任意一个模态公式 φ 可以通过标准翻译，成为一个仅带一个自由变元的一阶公式 φ（x）。例如 p $\wedge$ $\Box$q 可以翻译为 Px $\wedge$ $\forall y$（$Rxy \rightarrow Qy$）。一个一阶公式 φ（x）等价于一个模态公式的标准翻译，当且仅当，φ（x）在双仿下保持不变。

模型 M（W，R，V）与模型 M'（W'，R'，V'）之间的双仿就是满足下列条件的一个二元关系 Z（Z 为 $W \times W'$ 的非空子集）：

（1）如果 wZw'，那么，w 和 w' 满足同样的命题变项（w 与 w' 分别为 M 与 M' 上的点或者说是其中的可能世界）；

（2）如果 wZw' 且 Rwv，那么 M' 中存在 v'，使得 vZv' 并且 R'$w'v'$；

（3）如果 wZw' 且 R'$w'v$，那么 M 中存在 v，使得 vZv' 并且 Rwv。

抽象模态逻辑是满足下列性质的一个序对（L，$\models_L$），其中 L 是公式集，$\models_L$ 是模型与 L 公式之间的满足关系：

• 出现性：对 L 公式 φ，存在一个相关的有穷语言 L（φ），（M，w）$\models_L \varphi$ 是 L 公式 φ 与包含 L（φ）的语言 L 的结构（M，w）之间的关系。也就是说，如果 φ 在 L 中，M 是 L 模型，那么，如果 L（φ）出现在 L 中，则语句（M，w）$\models_L \varphi$ 或真或假，否则即为不确定的。

• 扩展性：如果（M，w）$\models_L \varphi$，并且（N，v）是从（M，w）到更大的语言的扩展，那么，有（N，v）$\models_L \varphi$。

• 双仿性：（M，w）$\models_L \varphi$ 在双仿下被保持：如果（M，w）与（N，v）双仿，并且（M，w）$\models_L \varphi$，那么（N，v）$\models_L \varphi$。

下面是基本模态逻辑的扩充以及对否定封闭两个概念：

L 扩充基本模态逻辑是说，如果对于每个基本模态公式 φ，都有一个等价的 L 公式，也就是说，对每个基本模态公式 φ，都存在一个 L 公式 ψ，使得对任意模型（M，w），有（M，w）$\models_L \varphi$，当且仅当（M，w）$\models_L \psi$。

　　L 对否定封闭是说，如果对所有 L 公式 φ，存在一个 L 公式 $\neg\varphi$，对于所有模型 (M, w)，有 (M, w) $\models_L \varphi$ 当且仅当，并非 (M, w) $\models_L \neg\varphi$。

　　抽象模态逻辑具有有穷深概念，即存在一个函项 $\deg_L: L \to w$，使得对于所有的 (M, w) 和 L 中所有 φ，下述等价式都成立：(M, w) $\models_L \varphi$ 当且仅当 ((M, w) | $\deg_L$ (φ), w) $\models_L \psi$。

　　"相对化"的意思是说：对任意一个 L 公式 φ 和新的一元命题字母 p，存在一个 L 公式 Rel (φ, p)，它在模型 (M, w) 中为真，当且仅当 φ 在 (M | p, w) 中为真。也就是说，恰由论域中满足 p 的那些点组成的 M 的子模型。公式的"有穷深性"是指，对任意一个个公式 φ，存在一个自然数 k，对于所有模型，有 (M, w) $\models \varphi$，当且仅当 (M | k, w) $\models \varphi$，其中 M | k 是指，将模型 M 限制到那些由 w 经由不多于 k 步的 R 关系到达的那些点。在一个对双仿不变的紧致抽象模态逻辑 L 中，任何公式都有有穷深性。

　　对于基本模态语言的情况，证明比较容易。因此我们取这样一个语言 L，其中带一个可及关系 R 和可数多个命题字母。这可以推广到更大的多模态语言。每个 L 公式是这个语言中的一个有穷符号串。关键在于给出一个标准的模态林斯特龙定理：

　　一个包含基本模态逻辑的抽象模态逻辑 L 等价于前者，当且仅当：(1) L 的所有公式都是对双仿不变的；(2) L 具有紧致性。

　　证明思路如下：设 L 是基本模态逻辑 ML 的扩充，L 具备紧致性，并且对双仿不变。假设 $\varphi \in L$。这样，我们只需证明 $\varphi \in ML$，就可以证明结论。取一个新的一元谓词 p 以及如下一个公式集：

$$\Sigma = \{ \Box p, \Box\Box p, \Box\Box\Box p, \cdots \}，或记为 \{ \Box^n p : n \text{ 为自然数} \}$$

　　根据双仿不变性，我们得到：$\Sigma \models \varphi \leftrightarrow \varphi^p$。再根据紧致性，存在一个自然数 k，使得 $\bigwedge_{n \leqslant k} \Box^n p \models \varphi \leftrightarrow \varphi^p$。因此，$\varphi$ 所能"看到"的点的集合，恰由那些从当前点开始通过不高于 k 的步骤可以达到的那些点构成。而 ML 可以表达所有具有有穷深的双仿不变公式。

　　综上所述，则可以得到 $\varphi \in ML$。

三　意义和问题

　　同一阶林斯特龙定理刻画了一阶逻辑的表达力相似,模态林斯特龙定理力求刻画的是模态逻辑的表达力。从对应理论的角度说,模态林斯特龙定理的研究利用了在模态语言与一阶语言片段之间的对应关系。而从模态逻辑内部看,这一定理是区分基本模态逻辑的方法。模态林斯特龙定理的研究与模态逻辑的新观点是分不开的。根据新观点"模态语言是研究关系结构的一般工具"以及相应的具体技术,可以证明,模态公式都可以翻译成等价的一阶公式,反之不然,即模态语言在表达力上弱于一阶语言。但这种新观点丰富了我们对模态逻辑的理论理解,促成了新的技术工具以及许多"扩充的模态逻辑"的产生。因此,对模态语言的深入研究仍然具有重要的价值,而对林斯特龙定理的研究与深入是其中尤为重要的一环。模态林斯特龙定理的表述和证明中更是直接用到了基于新模态观点的概念及技术。

　　在证明模态林斯特龙定理的同时,也激发了新的问题和新的研究方向。

　　基于这些具体的林斯特龙定理,我们希望能够继续寻找能为林斯特龙定理所刻画的一阶片段,例如二变元片段 FO^2 以及安保片段。同样,我们要考虑模态逻辑的非初等扩充,如模态 μ 演算的表达力:能否根据双仿不变和有穷模型性来刻画模态 μ 演算? 刻画某些特殊的结构类也是一个可能的研究方向,对于有穷结构或树形结构上的一阶林斯特龙定理尚不明确,在这些结构上,一阶紧致性定理失效,而骆文汉姆—斯科伦性变得没有意义。范本特姆等人在 2007 年给出了一些肯定的结论:安保模态逻辑在树形结构上是具备紧致性和骆文汉姆—斯科伦性的最大的逻辑。三变元片段 FO^3 是满足紧致性和对潜同构不变的最大一阶扩充。但一般的说,这方面尚存许多有待深入研究的问题(参见［6］)。

　　另外,很自然地会产生一个问题,即我们能在多大的语言类中刻画一阶逻辑。例如, FO^2 的扩充是否并不包含于满足紧致性和骆文汉姆—

斯科伦性的一阶语言？有些模态扩充具备这些性质，但并不是一阶片段。当然，林斯特龙定理也有其相应的作用范围，它对于带一个固定有穷字母表的语言并不起作用。"在对应理论中，紧致性和骆文汉姆—斯科伦定理不成立的地方常会出现一阶不可定义性。……实际当中，紧致性和骆文汉姆—斯科伦定理失效是位于 M1 之外的一个可靠标志。"（参见［8］，第 28—29 页）

　　就模态林斯特龙定理而言，我们还关心它与其他模态逻辑的特殊性质之间的关系。例如，已经证明，模态不变定理（MIT）蕴涵模态林斯特龙定理。但反之是否成立尚不确定。

参考文献

［1］Lindström，P.："On Extensions of Elementary Logic"，*Theoria*35，1969，pp. 1—11.

［2］de Rijke，M.：*Extending Modal Logic*，PhD thesis，ILLC，University of Amesterdam，1993.

［3］Ebbinghaus，H. D.，Flum，J. & W. Thomas：*Mathematical Logic*，Springer-Verlag New York，Inc.，1994.

［4］de Rijke，M.："A Lindström Theorem for Modal Logic"，in A. Ponse，M. de Rijke & Y. Venema（eds），*Modal Logic and Process Algebra：A Bisimulation Perspective*，CSLI 53，Stanford University，1995.

［5］Blackburn，P.，de Rijke，M. & Y. Venema：*Modal Logic*，Cambridge University Press，2001.

［6］van Bethem，J.，ten Cate，B. & J. Väänänen："Lindström Theorem for Fragments of First Order Logic"，*LICS*，2007.

［7］van Benthem，J.："A New Modal Lindström Theorem"，*Logica Universalis*1，2007，pp. 125—138.

［8］范本特姆：《逻辑、信息和互动》，刘奋荣、余俊伟等译，科学出版社 2008 年版。

伦理学在日本近代的历史命运:1868—1945 年

龚　颖

【内容摘要】明治维新以后传入日本的近代西方伦理学，在第二次世界大战结束以前经历过三个大的发展阶段。最初，他们想依照欧洲伦理学的问题结构在近代国家重构学术的和教育实践的话语。紧接着，配合近代国家要在道德层面整合国民的要求，国民道德论得以确立，它与理论性伦理学（ethics）形成对立之势。随着近代国家要在道德层面整合国民的要求日益迫切，以"个人"为其关键词的近代西方伦理学遭遇坚决抵抗，和辻哲郎提出的作为"人类共同体之理法"的伦理学最终占领了第二次世界大战前的日本伦理学界。

日本民族自古以来就有自己的、还引进了儒、释、道等多种道德学说，但"伦理学"的概念却是在明治维新以后，作为对 ethics 一词的译词、承载着新的意蕴而形成的。"哲学"是 philosophy 的译词，它的定译及确立是"哲学"这一学术概念得以建立的标志，[①] 从这种意义上说，"伦理学"与"哲学"的情况相似。但情况又有所不同的是：由于"伦理"作为一个固定搭配在中国古代典籍中早已存在，儒家传统思想

---

① 参见龚颖《"哲学"、"权利"、"真理"在日本的定译及其他》，载于《哲学译丛》2001 年第 3 期。

也对"伦理"进行过阐释，这就使得采用"伦理"一词命名的"伦理学"在近代日本的命运变得不同于其他引进的学术概念，具有独特之处。

一　"伦理学"译词的启用与"伦理"概念的复活

日本在其近代化过程中，为了翻译西方文献，通过重组汉字等多种方式方法制造过一批新词，这类新词在日语学史中被称为"近代汉语"或"新汉语"。森冈健二依据这些"新汉语"的不同生成方式将它们区分为"置换"、"再生·转用"、"变形"、"借用"、"假借"和"造语"几大类。森冈把"伦理学"、"形而上学"等一起归入"再生·转用"一类。森冈氏对"再生·转用"型新汉语的定义是：通过使那些现在已经变成古语、死语的语词以其原有的面貌再生或是转用于表述新的意义而使之复活的汉语词汇。① "伦理"、"伦理学"就属于这类担负着新的意义在近代日本死而复生的词语，从本质上说，这类汉字词也是新造词的一种。

ethics译成"伦理学"并不是从一开始就确定的。例如据研究，明治时期思想家西周（1829—1897年）最初曾把ethics译作"名教学"、"彝伦学"、"道义学"等，到明治八年（1875年）才开始将其译作"伦理学"②。再如，1872年与1886年两次出版的美国人赫本（J. C. Hep-burn）所编《改正增补和英·英和语林集成》（丸善版）中，Ethics的译词是"道德学、修身学"。

将ethics定译为"伦理学"并使之广泛流传开来的是井上哲次郎（1855—1944年）。明治十四年（1881年），帝国大学（即现在的东京大

---

① 对森冈健二观点的介绍根据该氏著《改订近代语的成立》（明治书院1991年版）。

② 冯天瑜：《新语探源——中西日文化互动与近代汉字术语生成》，中华书局2004年版，第354页。

学）首任哲学专业副教授井上哲次郎主持编纂的《哲学字汇》出版。①
书中 ethics 的词条下，编者将其译为“伦理学”，并同时注明：

　　　　按：《礼·乐记》：“通于伦理”；又《近思录》：“正伦理、笃
　　恩义。”

　　井上哲次郎 1880 年毕业于创建不久的帝国大学哲学·政治学专业，
随后留校任教。他是日本近代大学学制建立后的首批哲学专业毕业生，
也是第一代日本人哲学教授，开辟了日本近代学院派哲学研究的传统，
影响力大而长久。井上哲次郎主持编纂的这部《哲学字汇》是日本近代
第一部体系较完备的哲学用语词汇集，它的出版使许多新的哲学概念得
以确立，在日本近代哲学史上具有重要地位。井上在《哲学字汇》中将
ethics 译为“伦理学”后，这个译法就此固定下来。

　　《哲学字汇》把 ethics 译为“伦理学”的同时，编者还用“按语”
的形式明确地把 ethics 与中国古代典籍中的“伦理”联系在一起，这
种操作使“伦理学”一词以古老的儒家用语“伦理”为基础，承载着
崭新的含义被启用了。同时，由于新译词“伦理学”的启用，也使得
原指旧的纲常礼教的“伦理”概念蕴涵着不同于以往的新义重获
生机。②

---

①　明治十四年（1881 年），井上哲次郎与另外一些青年学者一起，以英国哲
学家弗列冥（Fleming）的《哲学字典》第二版（1858 年）为原本，增补了近世的
新词而翻译、编辑成了《哲学字汇》（第一版）一书。这是日本近代最早的一部有
体系的哲学用语词汇集。明治十七年（1884 年），该书第二版以《改订增补哲学字
汇》的书名由东京的东洋馆刊行；明治四十五年（1912 年），又以《英独佛和哲学
字汇》书名刊印第三版。

②　有的学者已经在关注日本近代的“伦理”这一主题，着重研究其走向及特
征。本文的关注点在于日本近代伦理学引进、发展及其特征。参见子安宣邦论文
《近代“伦理”概念的形成及其走向》，载《思想》九一二号，2000 年 6 月。中村
春作《江户儒教与近代的“知”》，鹈鹕社 2002 年版。

二　"伦理学"的启动

　　井上哲次郎是日本近代史上第一位用日语讲授西方哲学的教授，他最先在教学实践中启用了近代伦理学的概念。同时，井上还是日本近代第一部用日语撰写的伦理学教科书的编纂者和讲用者，这部教科书名为《伦理新说》，公开刊行于明治十六年（1883 年）。

　　此时的井上哲次郎刚从帝国大学哲学专业毕业留校任教不久，是日本历史上第一代以西方哲学的知识和方法武装了头脑的哲学研究者与哲学教育工作者。《伦理新说》的开头部分展示了年轻的"哲学士"井上哲次郎对于自己身份的自觉意识和希望探究伦理学根本问题的抱负。他写道：

　　　　像我这样要作"哲学士"的人，必须要探究伦理之大本，不是为首唱伦理而求其大本，只从道理上察知伦理之大本究竟是否存在；不是要问某项习惯的新旧，而是要搞清楚应否遵从这类习惯；不是讨论什么样的言行会带来幸福或灾难，而是要审察人为什么要把幸福当作自己的目标。下一步才是辨明该如何行动、如何进退、如何下工夫。因此，首先要确定真理的标准，由平易之处进入，渐达艰深之域。[1]

很显然，井上是要研究伦理学的基本问题而不是具体的道德规范。他在该书"绪言"中也声明，相对于那类"把伦理当作人应当遵守的纪律，不断论证其根基"的做法来说，本书"把伦理看成是天地间的一种现象，论述它是否有基础，其基础又是什么"。该书的主旨就在于论述"道德的基础是什么"，在他看来"所谓道德的基础，就是善恶的标准"。

---

　　[1]　井上哲次郎：《伦理新说》，同盟书肆出版，明治十六年（1883 年）版。

　　井上哲次郎说"不是为首唱伦理而求其大本",他认为自己的任务不是为某一种既成的道德学说寻找理论依据或理论辩护,换言之,也许时代对他的要求不是提供某种伦理实践上的主张、展示伦理上的社会性目标。他要"探究理论之大本"的要求是"从道理上"来的,即来自理论上的需求。作为日本近代第一代"哲学士",井上给自己的确定的目标就是首先从理论上阐明"伦理之大本",同时还要借此建构伦理学。所以从字面上看,我们所见到的《伦理新说》并不是面对"明治"这一崭新的时代提倡某种新道德、新风尚的著作。这本日本历史上第一部以近代伦理学话语写成的论著本身的学术价值姑且不论,它提出的和要钻研的是"伦理学"问题,而不是"伦理"即具体的道德规范问题,这一点是很清楚的。

　　《伦理新说》的另一个意义在于近代学术体制的建构和对学科的划分上。作者想要探求的核心问题是:"不是讨论什么样的言行会带来幸福或灾难,而是要审察人为什么要把幸福当作自己的目标。"这就与讨论人类终极目标(善)的伦理学(ethics)提出的问题是一致的。对于当时的井上哲次郎等人来说,他们面临的最主要的课题是,如何才能依照当时欧洲伦理学的问题结构在刚刚经由明治维新跨入近代国家行列的日本重构学术的和教育实践的话语的问题。"伦理学"也和"物理学"、"政理学"、"心理学"等一起,成为一个新的学术制度名称、同时带来了新的学术制度的专业划分。

　　不久以后的明治二十年(1887 年),同样毕业于帝国大学哲学专业的井上圆了(1858—1919 年)刊行了他撰著的两卷本《伦理通论》。①由于此书受到了广泛欢迎,后来他又以教科书的形式出版了该书的简写本《伦理摘要》(一卷,明治二十四年,1891 年)。《伦理通论》开头部分设有"伦理学之义解"一章,在这里,作者对"伦理学"下了一个定义,还表明自己不同意将译词换为"道德学"、"道义学"、"修身学"等相近词汇的理由。井上圆了说:

---

① 井上圆了:《伦理通论》,普及舍出版,明治二十年(1887 年)版。

伦理学即在西方语言中称之为"ethics"、"moral philosophy"、
"moral science"的。最近有人用"道德学"、"道义学"、"修身学"
等各种名称翻译这个词,但我是特地要使用"伦理学"这个名称。
伦理学即"ethics"是一门论定善恶标准、道德规范,向人们的行
为举止发出命令的学问。这里所说的"论定"是从逻辑上加以考
定、探明,而不是发自某人的假定臆想。

对于这里的"假定臆想",井上圆了还举例说,孔孟的修身之学没
有探明"凭什么理由说仁义礼让是人之道"这个问题,"而只是要求人
们信之如天然确定之物",必须严格遵守,这种"自古以来世间所传的
修身之学"就属于"假定臆想"一类。由此可见,新译词"伦理学"的
启用和伦理学学科的建立都是在否定旧道德学说的基础上进行的。

井上圆了的伦理学教科书在对近世、近代欧洲伦理学的思想学说
加以介绍的同时,为了帮助读者理解和加深印象,还在《伦理摘要》
一书的最后附加了 148 道"伦理考试题",试题中有"伦理学的定义
为何?""理论学与实用学的区别为何?""伦理学与政治学的区别为
何?""人的终极目的为何?""幸福论有几种?""善恶的标准是什
么?"等。

由井上哲次郎、井上圆了二人的情形可以看出,在日本近代,年轻
的哲学研究者们首先遇到的问题是"伦理学"问题,而不是"伦理"问
题,他们所致力解决、着重建设的也首先是前者而不是后者。他们自觉
地认识到自身肩负的责任,那就是依照伦理学的框架重新在学术上、进
而在教育实践中建构新的话语。这就是从新的"伦理学"视角去发现和
组织新的"伦理问题"话语,由近代式的"伦理学"概念去导出近代式
的"伦理问题"。在近代日本,"伦理学"概念先于"伦理"概念确立起
来,这一历史事实规定了此后日本的学院派伦理学的特质。概括而言,
在井上等人这里,"伦理问题"并非现实社会中出现的伦理难题或道德
困惑,而是由"伦理学"引出的诸如"人如果不以幸福为目的会产生什
么样的结果"(《伦理摘要》后附"目的论"一章的试题)等问题,这类
伦理问题当然永远都只是派生性的、第二位的。

三 "国民道德论"的提出

由上可知，近代日本的伦理学概念在其确立之初就注重理论性探讨，给人以脱离现实、缺乏现实针对性的感觉。因此，几乎与此同时，主张在全体国民中普及"日本道德"，建设新的"国民道德"的思想和运动应运而生。

大力提倡国民道德论的代表人物是当时担任文部省官僚的道德思想家西村茂树（1828—1902 年）。明治十九年（1886 年）12 月，西村茂树在帝国大学进行了连续三天的讲演，翌年 4 月他把当时的讲稿整理出版，这就是著名的西村茂树《日本道德论》一书。该书分别论述了"道德学"的必要性、应当将道德的根据置于何处、"道德学"的实践方法、"道德学"的普及等问题。在书中，西村茂树把当时的社会状况判定为"道德颓废"，针对此种状况，他认为："现在有人宣扬耶稣教，有人讲论西方的道德学。但是，佛教徒们极力排斥耶稣教，而道德学又仅仅是学士们的嗜好，两者都不能成为全国公共之教义。"西村茂树看到了近代日本伦理学中存在着的重理论、偏抽象的问题，明确地意识到仅靠这样的伦理学无法建设起新的普遍性国民道德。

西村茂树分析指出，造成道德颓废状况的原因是：原来担当着道德基准任务的儒教的权威已经丧失，而能够取代儒教的新基准尚未建立起来。那么，简单地恢复儒教的权威是否就能解决问题呢？西村认为这也是不行的，由于明治维新已经把旧有的东西一扫而光，使人们的生活发生了根本性变化，仅仅在日本恢复过去的儒教道德是开历史的倒车，这是不可能实现的。同时，他还认为，新引进的伦理学并不是为了回应日本社会所面临的上述道德困境而建构起来的，学术语境中的伦理学依然不是日本的国民道德建设可以依赖的坚实基础。

为了确立新的日本道德论，西村茂树按照他自己设定的取舍标准提出，新的道德基准应当在"儒道"即儒教精神与"西国之哲学"即西方哲学的对照比较、折中综合中创造出来。根据这一旨趣，《日本道德论》

提出了如下的"道德条目"：

> 第一、使我身善；第二、使我家善；第三、使我乡里善；第
> 四、使我本国善；第五、使他国人民善。

很显然，这不过是利用伦理学的"善"概念对《大学》"修身齐家治国平天下"思想进行的加工改造，这种改造是在近代国民国家逐步形成的大背景下进行的。

西村茂树还表明，确定新的道德基准的依据是"天地之真理"，由于对其具体内容语焉不详，后来法学家加藤弘之（1836—1939 年）在"德育方法案"中认为这种观点不适合用于德育教育，对其加以批判。在政府内部，对《日本道德论》的反映不一致，当时的内阁总理大臣伊藤博文（1841—1909 年）认为这是批判政府之作，应遭谴责；而文部大臣森有礼（1847—1889 年）却提议将其作为教科书加以利用。面对这些反映，1888 年西村将书中内容删掉 5000 字后再版。另外，西村出版此书后很快就把他说的道德基准由"天地之真理"改成了"本邦之风俗人情习惯"（见"讲在日本弘道会更名之时"的演讲稿），第二年又开始提倡国民道德论，出版了《国民道德》一书。此后他就放弃了要将西方哲学与儒教精神加以对照比较的态度。

在这一系列过程中，为了适应近代国家要在道德层面整合国民的迫切要求，人伦教化的道德（儒道）凭借近代式逻辑和话语（西方哲学）得以重构，日本的国民道德论也由此确立起来。

四　"伦理学"与"国民道德论"之间的差距

虽然"伦理学"与"国民道德论"几乎是同时建立起来的，但二者在基本理念上的差距甚大。

井上圆了在《伦理通论》中写道："政治学论述关涉一国政法的行

为规则，伦理学论述一身一己、一个人的行为规则，二者有别。"① 在这里，个人成为界分"伦理学"与"政治学"的标志性词语，在同一时期，另一位优秀的西方哲学、伦理学的研究者和传播者大西祝（1864—1900 年）也说："伦理学是研究个人自身的行为的学科。道德性判别是针对个人自身的行为而作的判别。"② 由此可见，依据这样一种近代性学术领域的划分标准，伦理学所讨论的"伦理问题"只关涉近代市民社会中的个人的行为规范问题；而统一的近代国家却希望寻找一种能在道德层面上使国民统合为一体的学说，二者之间存在差距，并不能直接对接。前述西村茂树所做的全部努力，就是要舍弃伦理学（ethics），同时改造儒家传统道德教义，使之服务于近代国民国家的需要。

　　"伦理学"与"国民道德论"的分庭抗礼并没能持续很久。1890年《教育敕语》③ 的发布和推广是一个标志性的事件，它既标志着"国民道德论"的最终形成，又由于作为国家教育体制重要组成部分之一的大学讲坛必须要承担起宣传推广《教育敕语》的工作，所以它又标志着日本近代的伦理学教授（教师）开始"身兼二职"，即要同时讲授两种性质不同的道德伦理学说——"伦理学（ethics）"和"国民道德论"。1891 年，哲学教授井上哲次郎写成《敕语衍义》④ 就属此类典型实例。

---

　　①　井上圆了：《伦理通论》，普及舍出版明治二十年（1887 年）版。

　　②　大西祝所著《伦理学》收入在《大西博士全集》第二卷中，警醒社书店1903 年版。《伦理学》是根据作者在 1891—1898 年期间在早稻田大学的课堂讲义整理而成的。

　　③　《教育敕语》于 1890 年 10 月由明治天皇发布，是日本在第二次世界大战以前实施的教育的根本方针，1948 年由日本国会宣布失效。其内容立足于家族式国家观、在以忠孝为核心的儒教德目的基础上，把忠君爱国规定为国民道德的终极目标。

　　④　《敕语衍义》是井上哲次郎编写的《教育敕语》解说书。1891 年文部省通过检定作为学校教科书印行。在书中，井上把"敕语的主旨"理解为修养"孝悌忠信之德性"、涵养"共同爱国之义心"，对书中各条逐一进行了阐释。该书多次重印，影响极大。

五　作为"人伦之道"的"伦理"和
作为"共同体理法"的"伦理"

　　井上哲次郎等人最早引进的西方伦理学在近代日本遭遇了顽强的抵抗。这种抵抗是通过重新诠释"伦理"一词而实现的，概括地看，有两种诠释方法最具代表性。一是被称为儒家保守主义一派的诠释，另一个是和辻哲郎的诠释。

　　儒家保守主义的代表人物野中准所著《日本道德原论》一书出版于明治二十一年（1888 年），是一部为国民（实质是"臣民"）教化而写的书。该书分为"伦理"、"明证"、"国体"、"反省"四大部分，在"伦理"篇中，虽然以"伦理之说/附三亲三纲"、"伦理之基本/附臣下之分"、"伦理的应用"等作为各章的题目，但这里的"伦理"被解释为"人伦之道"，它讨论的理论问题与"伦理学（ethics）"相距甚远。例如，该书"伦理"篇的绪论中写道："一家一村一郡一县一国之内，必须要建立起组合顺序，互相亲爱、互相和合、以此各安其生。此为人伦之道一日不可或缺之理由。"保守派另一个代表人物元良勇次郎（1858—1912 年）在他编写的伦理学教科书中将"伦理学"定义为"探究人伦之理并研究其实施办法的学问"，这些情况表明研究儒教式"人伦之道（理）"的伦理学已经通过把"伦理"解释为"人伦之理"而建立起来。

　　在日本近代伦理学（ethics）的发展过程中，和辻伦理学是它所遭遇的另一个强劲对手。和辻哲郎（1889—1960 年）1912 年毕业于东京帝国大学哲学科，作为一名伦理学家，他所建立的伦理学体系独具特色，被冠以"和辻伦理学"之名。

　　1934 年，和辻哲郎以批判西方伦理学为目的，从作为"交往性存在"的"人"的观点出发写成《人间学としての伦理学》一书，开始构建他自己的"人间学"伦理学体系。该书认为，"伦理"一词不是人们创造出来的，也不是由伦理学这门学问派生出来的概念。它是历史性、社会性现实的体现，是客观的存在。又认为，"伦理这个词是支那（即中国——龚颖注）人创造出来以后传到我国来的，这个词目前保有着活力依然残存在我们中间"。很显然，和辻哲郎在这里解释的"伦理"是与近代西方伦理学无关的、早应与旧道德一起被扫进历史垃圾箱的那个"正伦理、笃恩义"的"伦理"。和辻哲郎所说的"我们"也不包括那些立志建构近代伦理学的人们，而是指背负着源自中国古代的语言传统和特殊文化的日本人群。可以预见，和辻哲郎下面要进行的工作是要通过重新解释古已有之的"伦理"一词来建构新的"伦理"的概念。

在《人間学としての伦理学》中，和辻哲郎用解释学的方法进行词义辨析后指出，"伦"有两重含义，一是指人类共同体，同时还指这种共同体的秩序，即"人之道"；"理"是"条理"之意，"伦理"连用时其含义等同于"人伦"。和辻哲郎认为"伦理"就是作为人类共同体的存在根基的道义，他把强调个人的主观道德意识的伦理学（ethics）变成了"人类共同体之理法的伦理学（人伦之理法的学问）"。

1937 年开始，和辻哲郎又陆续出版了三卷本《伦理学》，进一步系统地阐述他的上述思想。《伦理学》由三部分构成，一是与作为"人伦之理法"的伦理学的概念构成相关的基础论部分，二是作为上述理法的实现实体的人类共同体论部分。在这里，国家是最高的共同体形态。三是围绕人类共同体的历史性、地域性展开的论证部分。在 1942 年出版的《伦理学》中卷，和辻哲郎把"国家"说成是"系统地统一所有共同体"的存在，是他所谓的人类共同体的最高端。和辻伦理学是将"国民道德论"总括在内的国家伦理学。

到了这时，身为东京帝国大学教授的和辻哲郎已经不再讲授"伦理学（ethics）"和"国民道德论"这两种性质不同的道德伦理学说，而是只讲授一种国家伦理学式的教义——作为人类共同体之理法的伦理学（也称为"人伦之理法"的学问）。全日本的哲学教授也都是如此。这种状况一致延续到 1945 年第二次世界大战日本战败投降。

倾听 LOGOS：赫拉克利特著作残篇 DK-B1 诠释[①]

詹文杰

【内容摘要】本文讨论赫拉克利特著作残篇 DK22B1（简称 B1）的翻译与理解问题。首先对 B1 做了一般性的介绍，然后直接面对古希腊原文利用古典语文学方法详细阐述了 B1 的若干文本问题，包括：（1）"aei"（永恒）究竟修饰前面的"eontos"（是/存在）还是后面的"axunetoi"（无领会）；（2）怎么理解 eontos 的含义，它究竟表示"存在"还是表示"真"，还是只起"系词"的作用；（3）怎么翻译"phrazōn hokōs echei"这个短语，尤其是"echei"这个词；（4）如何理解和翻译"lanthanei"和"epilanthanontai"这两个词。在文章的第三部分，对 Logos 做了词源学的分析，并且在总结西方学界各种观点的基础上对 B1 中的 Logos 的含义进行了深入分析。作者认为，赫拉克利特的 Logos 具有多个层次的含义，它不仅表示赫拉克利特个人的"叙述"或"教义"，而且表示超越的"理性"或"法则"。赫拉克利特在 B1 中呼吁人们理解 Logos，洞察存在者之本性和真相，追求智慧而脱离愚

---

① 本文经修改后曾发表于《世界哲学》2010 年第 2 期。

昧，这是真正哲学式的召唤。

　　本文旨在对赫拉克利特的一则著作残篇进行诠释。这首先是一种"语文学"(philology) 层面上的文本考察，不过，其最终目标是通过这种考察达到对赫拉克利特"哲学"（philosophy）的某种理解。赫拉克利特（与其他前苏格拉底哲学家一样）没有留下完整的著作，只存有一些残篇，因此不难想见，如果没有古典语文学的训练，对其哲学的研究是寸步难行的，即使勉强为之，也常常陷于空疏。我们没有其他办法，只有从零开始学习古希腊语，深入钻研西方古典学家的编纂、校勘、翻译和注疏。这是由西方古代哲学研究的特殊性决定的。当然，我们也不能停留于语文学层面，而必须让它最终服务于哲学上的兴趣。本文就属于这样一种尝试。

一　关于 DK-B1 的一般介绍

　　根据"DK 本"①，赫拉克利特著作残篇第一则（标记为 DK22B1)②，简称 DK-B1 或 B1）希腊文是这样的：③

---

　　①　指第尔斯（H. Diels）编译，后来由克兰茨（W. Kranz）修订的古希腊文和德文对照的《前苏格拉底著作残篇》（*Die Fragmente der Vorsokratiker*）。该书已经成为最通用的前苏格拉底著作残篇辑录。

　　②　"DK"是 Diels 和 Kranz 的首字母缩写，表示他们编辑的《前苏格拉底著作残篇》；"22"是该书中"赫拉克利特"所处的顺序号；"B"表示"著作残篇"，相对于 A 而言（A 表示"生平与学说记载"）；"1"表示"第 1 则"。DK 编码是最流行的前苏格拉底著作残篇编码，另一种较流行的编码是 KR（Kirk 和 Raven 编著的《前苏格拉底哲学家》）或 KRS（指后来由 Kirk 和 Schofield 修订的《前苏格拉底哲学家》，*The Presocratic Philosophers*，2nd edition，Cambridge）。DK22B1＝KRS194。

　　③　为排版方便，本文中出现的所有希腊文均音译为拉丁字母。

tou de logou toud' eontos aei axunetoi ginontai anthrōpoi kai pros-
then ē akousai kai akousantes to prōton；ginomenon gar pantōn kata ton
logon tonde apeiroisin eoikasi，peirōmenoi kai epeōn kai ergōn
toioutōn，hokoiōn egō diēgeumai kata physin diaireōn hekaston kai
phrazōn hokōs echei. tous de allous anthrōpous lanthanei hokosa eger-
thentes poiousin，hokōsper hokosa heudontes epilanthanontai.

下面是我的译文（此译文放在文章的开头，但实际上它是整个思考
的"结果"）：

> 对这个恒是①的 logos，② 人们恒［发生］③ 无领会，无论他们
> 听到它之前，还是最初听到；因为尽管一切发生者都依据这个 log-
> os，他们对它却好像毫无经验——即便他们经验到了这样的言行，
> 如我所详述的，按照本性（kata physin）区别每一个〈存在者〉，④
> 并且阐明它如何存在（phrazōn hokōs echei）；另一些人在醒时忽
> 忘（lanthanei）其作为，正如睡时之忘忽（epilanthanontai）。

---

①　此处译作"是"的是希腊语动词 eimi 的分词 eontos，详细讨论见本文第
二节。

②　中文通常把此处的 logos 音译为"逻各斯"，实际上隐含了对 logos 的一种
解释，即把它理解为一种宇宙论原则。本文不完全赞同这种理解，所以暂且保留原
文而不做翻译。

③　一些译者忽略"ginontai"（发生/产生/出现）这个谓语动词，而直接把形
容词性的"axunetoi"（无领会的/不理解的）当作动词使用（无领会/不理解）；另
一些译者使用"prove"（表明为/显示为）之类的动词来意译"ginontai"，以使得
句子更为符合现代语文习惯。这种做法情有可原，因为直译"ginontai"是困难的。
但是，"ginontai"这个词可能扮演了重要的角色，从而不可忽略或替代。一方面，
它与前面的"eontos"（是/在）形成了一种对照关系，另一方面，它与后面的"gi-
nomenon"（与 ginontai 是同一个词的不同形式）有一种呼应关系。我找不到更好的
译法，勉强把它放在方括号里，以供参考。

④　"存在者"是译者的补充，比通常所谓"事物"更贴近古希腊文风格。

赫拉克利特本人的著作已经失传。我们看到的残篇是历史上其他作者对它的引用。B1 主要根据塞克斯都·恩披里柯《驳教条派》（*Adv. Math.* 7. 132）的记载，还参考了其他文献，如希波吕图（Hippolitus，*Refutatio omnium haeresium* 9. 9. 3）和亚里士多德（《修辞学》1407b16－17）。亚里士多德的引用只有开头半句，即"tou logou toud' eontos aei axunetoi anthrōpoi ginontai"。希波吕图的引用内容比恩披里柯的引用略少一些，从开头截至"phrazōn hokōs echei"。DK 本给出了版本校勘，标记了上面几处引用赫拉克利特文字的细微差异。后来，基尔克（G. S. Kirk）在《赫拉克利特：宇宙论残篇》一书中对版本校勘做了一点补充，增加了克莱门在《杂记》（*Stromata*）中的引用，其内容从开头截至"to prōton"。鉴于各版本之间的差异不算大，因此我们不妨以恩披里柯的记载为准。

DK1 是最长的一则赫拉克利特著作残篇。从亚里士多德和恩披里柯的引用语境中，我们知道它是从赫拉克利特著作开篇部分引来的——亚里士多德说的是"他的著作（syngramma）开头"，恩披里柯说的是"《论自然》的开头"。第尔斯认为，赫拉克里特本人并无著作，他的所谓"书"，只是一些格言汇编；基尔克也持类似看法。许多学者反对这个看法，正如格斯里指出的，亚里士多德所说的"他的著作开头"是证明赫拉克里特有其"著作"的有力证据。① 在我看来，尽管不少残篇看上去更像是"格言"，因此前一种观点似乎有道理；但是，B1 更像是一篇文章（或著作）的引言，这支持了赫拉克利特有其"著作"的主张。不过，"论自然"这个标题很可能不是出自他本人，而是后人冠上去的（正如其他前苏格拉底哲学家的著作常常被冠名为"论自然"一样）。B1 作为赫拉克利特著作的开端或导言，对于理解其整体而言无疑具有关键的意义。

B1 这则残篇的中文翻译已经有多个版本，譬如王太庆、徐开来、范明生和楚荷的版本。这些中译文可能不同程度地参考了古希腊原文，不过常常受到其所参考的英文或德文翻译的影响，自不待言。赫拉克利

---

① Guthrie, p. 409.

特残篇的现代西文版本繁多，代表性的英文翻译有帕特里克（G. T. W. Patrick）、伯奈特（J. Burnet）、琼斯（W. H. S. Jones）、基尔克、惠莱特（P. Wheelwright）、马尔科维奇（M. Marcovich）、卡恩（C. H. Kahn）、麦基拉汉（R. D. McKirahan, Jr.）和罗宾森（T. M. Robinson）等人的版本，而德文翻译则有第尔斯—克兰茨（H. Diels- W. Kranz）和黑尔德（K. Held）等人的版本。[①] 由于我们在后面的讨论中将会经常提及各种译文，这里不妨转录几则译文，以便于参阅比较：

1. 王太庆译文（参见《古希腊罗马哲学》，商务印书馆 1957 年版）

这个"逻各斯"（logos），虽然永恒地存在着，但是人们在听见人说到它以前，以及在初次听到人说到它以后，都不能了解它。虽然万物都根据这个"逻各斯"而产生，但是我在分别每一事物的本性并表明其实质时所说出的那些话语和事实，人们在加以体会时却显得毫无经验。另外一些人则不知道他们醒时所做的事，就像忘了自己睡梦中所做的事一样。

2. 徐开来译文（参见苗力田主编《古希腊哲学》，中国人民大学出版社 1989 年版）

虽然这里所说的"逻各斯"永恒存在着，但是人们总不留意，无论是在他们所见以前还是在最初听到它之时。尽管万物都根据这个逻各斯生成，而我又按其本性划分每一事物并说明它为什么是这个样，但是，人们却像毫无经验一样，虽然他们对我所说的话和所行的事有所体察。另外的人则根本没有注意他们醒时所做的事，犹如忘却了他们的梦中所

---

① 具体出处请参见本文的"参考文献"部分。

为一样。

3. 范明生译文（参见汪子嵩等编《希腊哲学史》第一卷，人民出版社 1997 年版，第 455 页）

逻各斯虽然像我所说的那样存在，但人们在听到它以前，或是第一次听到它的时候，却总是不能理解它。万物都是按照这个逻各斯产生的，虽然我已经根据事物的本性将它们加以区别，解释了它们是如何发生的，而且人们也经常遇到像我所说明的那些话语和事实，但是他们却像从来没有遇到过它［逻各斯］一样。至于另外一些人对他们醒来以后做了些什么也不知道，就像是对他们梦中所做的事已经忘记了一样。

4. 楚荷译文（参见《赫拉克利特著作残篇》，广西师范大学出版社 2007 年版）

但于此恒久有效的逻各斯，人们总证明其不解，无论在听到之前，还是闻及之后。因为，虽万物的发生与此逻各斯吻合，人们在体验我所提供的言行——〈像我所做的那样〉按〈其〉实际构成来辨识每一物，亦即指明该物何以成其所是——之时，仍然一如毫无经验者。不过人类之余者，醒后不知其所做，恰如眠时不记其所为。

5. DK 本德译文

Für der Lehre Sinn aber, wie er hier vorliegt, gewinnen die Menschen nie ein Verständis, weder ehe sie ihn vernommen noch sobald sie ihn vernommen. Denn geschieht auch alles nach diesem Sinn, so gleichen sie doch Unerprobten, so oft sie sich erproben an solchen Worten und Werken, wie ich sie erörteren nach seiner Natur ein jegliches zerlegend und erklärend, wie es sich verhält. Den anderen Menschen aber bleibt unbewuβt, was sie nach dem Erwachen tun, so wie sie Bewuβtsein verlieren für das, was sie im Schlafe tun.

6. G. S. Kirk 英译文

Of the Logos which is as I describe it men always prove to be uncomprehending, both before they have heard it and when once they have heard it. For although all things happen according to this Logos, they [men] are like people of no experience, even when they experience such words its constitution and declare how it is; but the rest of men fail to notice what they do after they wake up just as they forget what they do when asleep.

7. T. M. Robinson 英译文

But of this account, which holds forever, people forever prove uncomprehending, both before they have heard it and when once they have heard it. For, although all things happen in accordance with this account, they are like people without experience when they experience words and dees such as I set forth, distinguishing ⟨as I do⟩ each thing according to ⟨its⟩ real constitution, ie, pointing out how it is. The rest of mankind, however, fail to be aware of what they do after they wake up just as they forget what they do while asleep.

二　基于古典语文学视野的文本考察

面对 B1 这个文本，我们首先遇到这样几个语文学层面的问题：（1）aei（永恒/总是/始终）究竟修饰前面的 eontos（是/存在）还是后面的 axunetoi（无领会/不理解）？（2）怎么理解 eontos 的含义，它表

"存在"还是表"真",还是只起"系词"的作用?(3)怎么翻译"phrazōn hokōs echei"?(4)怎么理解和翻译 lanthanei 和 epilanthanontai?(5)怎么理解 logos 的含义?这几个问题都要求在语文学的层面上做出回答;不过,问题(5)显然是更深层的问题,它需要从哲学上做进一步思考。在本节中,我们分别考察前四个问题,而问题(5)将在第三节得到讨论。作者希望本则残篇的总体意旨可以在这整个论述过程中得到揭示。

首先看问题(1):B1 第一句中的 aei 究竟处于怎样的句法位置。上述四个中文翻译,只有范明生的译文把 aei 与 axunetoi 连在一起,译作"总是不能理解",其他三种译文把 aei 与 eontos 连在一起,译作"永恒存在"(王、徐)或"恒久有效"(楚)。不过,除了王太庆之外,其他人似乎又让 aei 同时修饰 axunetoi,译作"总不留意"(徐)或"总……不解"(楚)。这里的"总"只能看做希腊文 aei 的对应词——无论译者是否注意到这个问题。实际上,aei 究竟修饰前后哪个词,这历来是一个疑难。希波吕图倾向于把 aei 与前面的 eontos 连在一起,即强调 logos 是"永恒实在的"。持相似看法的现代学者有第尔斯、策勒和斯维特(Sweet)等人。不过,其反对者认为 aei 应该修饰后面的 axunetoi,如莱茵哈德特(Reinhardt)、史奈尔(Snell)、克兰茨、基尔克和马尔科维奇等人。基尔克认为,"永远不理解"可以与接下来的"无论他们听到它之前,还是最初听到它"相呼应。[①] 然而,更熟悉希腊语文的亚里士多德却认为,这是一种模棱两可的情况,即 aei 修饰 eontos 和 axunetoi 都是可能的。[②] 我认为,亚里士多德在某个意义上是正确的,即 aei 具有"模糊性/两可性",但是,最好不要将它理解为一个有待清除的毛病(模糊性),而要理解为有意安排的一种语言的浓缩性(两可性),这就是说,作者有意让 aei 同时修饰 eontos 和 axunetoi 两者——这符合赫拉克利特所谓"晦涩"的语言风格。卡恩、麦基拉汉、[③] 兰

---

① Kirk,p. 34.

② 亚里士多德:《修辞学》1407b.

③ Mckirahan,p. 116.

金（Rankin）[①] 和罗宾森[②]等人都持类似的看法。由此看来，赫拉克利特在自己著作的一开始就"大胆地"宣称，他要讲述的 logos 是"永恒的"（aei），即其他"一切"都"发生（产生—消逝）"（ginomenon），唯独这个 logos 永恒"是/在"（eontos）；[③] 而且，"一切"（包括"人们"）都离不开这个 logos，都"根据/遵循"（kata）这个 logos 而"发生"。另外，"人们"（大众）对这个永恒的 logos"始终"（aei）显得"没有领会"（a-xunetoi）。换言之，大众"始终"没有与"始终"主宰着自己的根本原则"相逢"（xunetoi）。

再看问题（2）：怎么理解 eontos 的含义。eontos 是动词 eimi 的分词，相当于英语的 being，在此处充当 logos 的一个限定词。我们知道，希腊语动词 eimi 既可以表实（"存在"），也可以表真（"是真的"、"是如此这般"），还可以用作纯粹的系词（"……是……"）；同样，其分词 eontos 也兼有这些含义或用法。现有的中文翻译几乎全部（楚荷的译文除外）把 eontos 理解为"存在"，这类似于第尔斯和斯维特等人的看法。这种理解的后果是直接让 logos 成为一种客观存在，一种超越的、永恒"存在"的"逻各斯"（大写的 Logos）。楚荷的版本把 eontos 翻译为"有效的"，因为他所依赖的英译文（罗宾森译本，与卡恩的译法一样）把 eontos aei 译为 holds forever。但是，楚荷对罗宾森的意思传达并不准确，因为后者用 holds 这个词主要不是强调"有效的"（is valid），而是强调"是真的"（is true）。[④] 除了罗宾森和卡恩之外，认为此处 eontos 属于表真用法的还有伯奈特、琼斯、马尔科维奇和莱茵哈德特等人，尽管他们的具体措辞不尽相同。伯奈特明确反对把 eontos 理解为"存在"，因为他把此处的 logos 解释为赫拉克利特本人的"话语"而不是超越的"逻各斯"。然而，基尔克既不同意表实用法，也不同意

[①] 　Rankin，p. 370.

[②] 　Robinson，p. 74.

[③] 　关于此处 ginomenon 和 eontos 的对立，以及它们与 aei 的关系，参考 Benardete 颇有见地的解释，见 Benardete，pp. 615—616.

[④] 　Robinson，p. 75. 不过，的确有人把"eontos aei"直接翻译为"eternally valid"（恒久有效的），如惠莱特的译文，见 Wheelwright，p. 19.

表真用法，而主张此处 eontos 只起一个"系词"的作用。他认为，如果 aei 不是修饰 eontos 而是修饰 axunetoi，那么 eontos（理解为 which is）必须带一个表语，这就是前面的"toud'"（意思是"this"）。这样，他把整个"tou de logou toud' eontos"解释为"the Logos being this"，并最终翻译为"Of the Logos which is as I describe it"（"对于我所描述的这个 Logos"）。① 经过反复考虑，基尔克的论证最终不能让我信服，我更支持 eontos 在这里有其实义而不仅仅充当系词的作用。至于这实义是"表真"还是"表实"，赫拉克利特本人可能不会有这么细致的区分，因为这个区分实际上到了亚里士多德才得到强调。也就是说，eontos 具有原始的"是—在"重叠含义，它的意思可以解释为"在场—持续起作用"（eimi 原本就有"在"、"活着"和"起作用"等意思）。② 总之，"eontos aei"此处对 logos 的限定所表明的是，这个 logos"始终在起作用"，而据此把 logos 解释为"超时间的客观存在"（客观派）或"永真的叙述或学说"（主观派）都属于某种"过度诠释"。关于 logos 的具体含义，将在下一节继续讨论。

接下来让我们讨论问题（3）：怎么翻译"phrazōn hokōs echei"。对此，现有的中文翻译很不一样，分别有"表明其实质"（王）、"说明它为什么是这个样"（徐）、"解释了它们是如何发生的"（范）和"指明该物何以成其所是"（楚）。分词 phrazōn 可以表示"宣告"、"讲出"或"说明"之类，各译者措辞不同，可以理解。但是，对"hokōs echei"的中文翻译为什么有这么大的差别，究竟应该怎么理解这个表达？对照英文翻译，几乎所有版本都译作"how it is"（它如何是，它是怎样的），③ 而第尔斯和黑尔德的德文翻译都是"wie es sich verhält"（相当于英文的"how it behaves/conducts"，即"它如何作为"）。可见，英

---

① 基尔克的译文很可能影响了徐开来和范明生的中译文（分别为"这里所说的"和"像我所说的那样"）。

② 在"持续起作用"的意义上，译为"hold forever"和"eternally valid"都是可理解的。

③ 只有惠莱特译作"how it behaves"。

文和德文翻译的基本倾向是不同的，英文倾向于用系词"is"（是）来传达"echei"，而德文倾向于实义动词"verhält"（作为）。此处出现分歧的原因在于希腊语动词"echō"的含义。当"echō"用作及物动词，通常表示"有"（have）、"拥有"（possess）、"持有"（hold），有时也可以表示"保持"（某个位置、某种状态），还可以表示"能够"；当它用作不及物动词，通常表示"自我保持"（hold oneself 或 keep），有时可以直接译作"是"（例如"hōs echō"可以译作"how I am"）。①我们要注意，当用"是"（be）来翻译"echō"的时候，这个"是"并非通常意义的"系词"，而是一个"实义动词"（表示"自身保持"、"自身起作用"）。由此看来，上述两种德文翻译使用一般的实义动词而避免用系词化了的"ist"来翻译"echei"，还是有其深意的。归根到底，残篇 B1中的"echei"不是及物动物，因此不表示"持有（某某）"，反之，它是不及物动词，表示一种"自身持有"、"自身作为"（德文恰当地使用了反身动词 sich verhält：自身作为）。我曾经考虑按照多数英文本的做法，将"hokōs echei"译为"它是怎样的"，但最终发现"是"过于"系词化"了，不是赫拉克利特想要表达的意思。他要表达的毋宁是："它"（每一个存在者）如何"自身持存—存在"。我最终把"echei"译作"存在"，因为"存在"在汉语中天然是一个"不及物动词"，具有"反身动词"的特征，而且恰恰能够表达此处的"自身持存"。古希腊语没有一个完全相当于汉语"存在"的词，不过，不接表语的 eimi（to be）和 echō 常常可以译作"存在"。现在，让我们回头看前面几种中文翻译。"表明其实质"（王）是一个过度的译法，毕竟"存在"与"实质"（本质）是两个不同层面的东西。"说明它为什么是这个样"（徐）的问题在于两点：（1）"如何"（how）≠"为什么"（why）；（2）"是"太过于系词化。"指明该物何以成其所是"（楚）的不妥之处与前者类似，而且，"何以成其所是"的意思更接近"to ti ēn einai"（essence），而与此处的"echei"相去甚远。"解释了它们是如何发生的"（范）中

① LSJM，p. 750.

的"发生"有些勉强，而且"是"是多余的。①

下面讨论问题（4）：怎么理解和翻译"lanthanei-epilanthanontai"。lanthanō 的词典解释是"没注意到"、"没觉察到"或"忘记"；epilanthanō 是 lanthanō 的同源词，词典解释为"忘记"（forget）或"疏忽"（neglect）。我们暂且不理会它们，因为哲学上的语义分析常常优先于词典解释。让我们来看现有关于这对语词的中文翻译："不知[道]—不记[得]/忘[记]了"（王/范/楚）、"没有注意到—忘却了"（徐）。可见，一方面，对 epilanthanontai 的译法比较一致："不记得了/忘了"。这不奇怪，因为 epilanthanontai 在英文里几乎一概被译作 forget，而黑尔德的德文译法也是 vergessen（相当于 forget）。另一方面，"不知道"和"没有注意到"也有英文的对应译法：know not（琼斯）、fail to be aware of（罗宾森）、fail to notice（基尔克）、be unnoticed（斯维特）。那么，问题究竟出在哪里？问题在于：（A）上述各种译文均不能体现 lanthanō 和 epilanthanō 这对同源词的相关性，而赫拉克利特使用这对同源词显然是有意的而不是偶然的；（B）lanthanō 和 epilanthanō 的深层含义并不能通过"不知道"、"没注意到"或"忘了"这些语词直接传达出来。在我看来，第尔斯的德译文"bleibt unbewuβt（没意识到）—Bewuβtsein verlieren（缺乏意识）"较好地克服了问题 A，可惜的是，"意识"这样的字眼过于"现代"，似乎不属于赫拉克利特。在这里，我有意找出一对生僻的语词："忽忘—忘忽"②。它们的优点如下：首先，它们的相关性一目了然，这克服了问题 A；其次，它们避免了如"意识"这样过分"现代"的用语；最后，它们还能够激发起我们对汉语词汇之本原含义的再思。"忘"字从"亡"从"心"，也就是

① 或许因为西文语法的影响，我们常常用冗赘的"是 V 的"来表达本来用动词 V 本身就足以表达的意思，例如，此处"它们是如何发生的"可以简化为"它们如何发生"。严格说来，像"它是存在的"这样的句子应该更好地表达为"它存在"，因为当说"它是……"的时候通常已经蕴含了"它存在，并且是……"。

② 在古典汉语里我们并不缺乏"忽"和"忘"并举的例子，如"思君其莫我忠兮，忽忘身之贱贫"（屈原《九章·惜诵》）。

"没放在心上"，可见，"忘"的本原含义是"特定意识的缺乏"①，而不是"忘记"（特定记忆的遗失）；"特定记忆的遗失"只是"特定意识的缺乏"的一种衍生样态。"忽"的本义与"忘"接近，表示"特定意识的缺乏"，故而《说文》用"忘"来解释"忽"②。然而，我们不能"忽忘"这个事情：赫拉克利特在此处谈论的不是一般的"心理学—认识论现象"（如"意识"、"认知"、"记忆"和"遗忘"之类），而是"基本生存论现象"（用海德格尔式的语言）："人们"（大众，而不是作为"此在"的人）对于"生存本身"（自我—世界）的"蒙蔽状态"或"忽忘状态"。此处 lanthanō 的本原含义正是"处于蒙蔽状态—忽忘"。赫拉克利特用常人能理解的"醒"和"睡"的对比来显明这种生存论意义上的"忽忘现象"。睡与醒的根本差别在于，前者是"忽忘"状态，后者是"觉"的状态。西方古典学家们纠缠于这样的问题，即"epilantha-nontai"作为"遗忘"，它的对象或内容是什么，是睡觉时做的"梦"（罗宾森等人③），还是睡觉时身体的"活动"（维斯特④）。然而，他们都"忽忘"了一点，此处的"epilanthanontai"不是一般意义上的"遗忘"，而是隐喻意义上的"睡眠"本身："忘忽"和"睡眠"是同一回事。不幸的是，大众在醒着的时候，仍然"不觉"，而陷入另一种忽忘状态。赫拉克利特说，"（这种人）听见了却不能理解，就像聋子一样，有言为证：人在魂不在"⑤。他们需要哲学式的唤醒。但是，赫拉克利特对这种唤醒并不乐观，因为人们即使"听"到了 logos，也"永远不领会"，即使通过赫拉克利特本人的说明"经验"（peirōmenoi）到了 logos，却又像是"无经验"（apeiroisin）。大众对 logos 的"无领会—无经验"同时也是对自己生存本身的"忽忘"——这是赫拉克利特在 B1 要表达的总体意思。大众的这种"忘忽"状态，在 B2 中被说成缺乏

---

① 《说文》：忘，不识也。

② 《说文》：忽，忘也。由此可知，所谓"忽然"，本义是"一不留神"。

③ Robinson，p. 76.

④ West，p. 116.

⑤ DK22B34。"人在魂不在"是意译，原文直译为"在场时不在场"。

"公共的理性"（xunos logos），"好像拥有私人思想那样生活"（zōousin hōs idēn echontes phronēsin）。赫拉克利特把"睡"和"私人的"，把"醒"和"公共的"联系起来，这点可以在 B89 中得到确证。就我们所知，赫拉克利特是第一个这样强调"自我觉醒"、强调走出蒙蔽或洞穴状态而达到"无蔽"（alētheia，真理）的希腊人。[①]

三　DK-B1 中的 Logos 究竟是何意?

Logos 已经成为西方思想史上一个重要的语词。我们知道，斯多亚学派和《约翰福音》的作者赋予了 logos 各自不同的意义，前者把 logos 理解为主宰世界的一种"理性原则"，后者则把 logos 与"上帝"和"基督"联系起来，使 logos（"道"）成为一种超越的神性原则。然而，他们在某种意义上都有赖于赫拉克利特最早对这个词的特别用法。[②] 现存赫拉克利特残篇中有几则出现了 logos，其中最富争议的是 B1。B1 中的 logos 究竟是何意? 对此，我们首先有必要对 logos 这个词做些语文学上的一般分析，然后考察一下当代西方学界对 B1 中 logos 有些什么争议，最后给出一个相对可靠的结论。

让我们首先来考察一般意义上的 logos 这个"语词"，尤其是它的"多义性"。有多种因素决定和影响一个语词的含义，譬如，词源、具体语境和历史上某个言说者（作者）的特殊赋义。语词的多义性常常不是简单的"歧义"，而是语词自身生长出来的相互关联的多层含义，其中可能有作为生长点的"基本义"。从词源上看，"logos"是动词 legō 的名词化形式（verbal noun），词根是"leg"，其基本义或第一层含义是

---

① 关于"lanthanei/epilanthanontai"与"a-lētheia"的关联性，参见海德格尔《存在与时间》，节 44，B。

② 关于《约翰福音》中的 logos 和赫拉克利特的 logos 之间关系，可以参见 Walther Kranz 的论文 Der Logos Heraklits un der Logos des Johannes，in *Rheinisches Museum für Philologie*，n. s. 93（1950）81—95。

"挑选"、"收集"和"安排"（含义 A），由此引申出第二层含义，可分为两方面：一是"计算"、"计数"（含义 B），一是"讲述"、"陈述"（含义 C，即用语言进行"陈列"、"安排"）；从含义 C 最终引申为一般意义上的"说"、"表达"和"意谓"（含义 C′）。在荷马作品中，"legō"占主导的含义是 A，极个别地方表示 B 和 C，到了柏拉图那里，C′成为绝对主导。Logos 的多义性直接与 legō 相关，譬如，它可以表示：(1) 凡说出或意谓的东西（"话语"、"陈述"、"论证"、"故事"、"演说"，等），出自含义 C 和 C′；(2)"尺度"或"比例"，主要与含义 B 有关；(3)"根据"、"理由"、"法则"和"原则"之类，归根到底出自含义 A。应该说，希腊早期思想中的"主客二分"是不明显的："事物自身的集结或构成方式"（所谓客观的"法则"、"原则"）与"人按照某种方式收集或安排事物"（所谓主观的"理由"、"理性"）本来是相通的。此外，从"话语"的角度讲，logos 不强调人的"声音"或"言语"（希腊语有别的词表达这个意思，如 phthegma），而是强调言语里传达出来的"内容"、"意思"或"道理"。

　　Logos 的"多义性"极大地影响了后世学者对赫拉克利特文本的解释。西方学界对 B1 中 logos 含义的争议，主要是主观解释和客观解释之间的对立，此外还有一种对前两种解释都不太满意的神学解释。主观解释（或称为"个人化解释"）的要点是认为 logos 表示赫拉克利特本人的"叙述"（伯奈特）或者"学说"（DK 本把 logos 译作"der Lehre Sinn"，即"教义"）。客观解释（或称为"形而上学—宇宙论解释"）则主张 logos 不是赫拉克利特个人的话语或学说，而是客观的或超越的宇宙论原则，可以解释为世界的"构成方式"或生成变化的"法则"之类（基尔克、格斯里、弗里曼等人）。神学解释（米勒）强调赫拉克利特的"先知"角色，认为 logos 表示通过赫拉克利特本人的话语所传达的"神的话语"或"道"（the prophetic-Word）。下面概要地讨论一下这几种观点。

　　首先来看主观的解释。这种解释的代表是英国古典学家伯奈特。他在《早期希腊哲学》中谈到 B1 的时候写道："这个 logos 主要指赫拉克利特本人的叙述（discourse），尽管，由于他是一位先知，我们或许可

以称之为他的 '道' （Word）。"① 伯奈特为了支持 logos 表示 "叙述"
而不是超越的宇宙原则，还特别强调后面的 eontos 应该理解为 "表真"
而不是 "表实"，因为 "这个永远存在的叙述" 似乎说不通，而 "这个
永真的叙述" 就没问题了。此外，还有人 （如 Wilamowiz） 揣测，紧接
B1 之前的一句是著作开头，即 "爱菲斯的赫拉克利特，布洛森之子，
如是说 （tade legei）"②。如果这样，后面的 logos 就是直接对这个 legei
（说） 的承接，因此也就只能表示赫拉克利特本人的 "所说/叙述"，或
最多引申为 "学说/教义"。主观解释的直接后果是拒绝承认赫拉克利特
有所谓 "逻各斯学说"，正如伯奈特的追随者格拉森 （Glasson） 所坚持
的那样。③

　　然而，这种主观解释受到了客观派解释者的批评，后者坚决拒斥把
logos 进行个人化的理解，其代表人物有基尔克、卡恩、格斯里、弗里
曼和惠莱特等人。基尔克在 KRS 中写道：④

　　　　logos 很可能应该解释为万事万物的统一定式 （unifying for-
　　mula） 或合乎比例的安排方式，大致相当于个体或全体的结构安
　　排。赫拉克利特此处 logos 的术语用法很可能与这个词的一般意义
　　（"尺度"、"计算"、"比例"） 有关；它不可能单纯是赫拉克利特本
　　人的 "叙述"（否则的话，残篇 KRS196 在 "我" 和 logos 之间做
　　出区分就是无意义的），尽管 logos 可以体现在与之相符的 "叙述"
　　之中。

　　基尔克用来批评主观解释的主要证据是残篇 KRS196 （DK-B50）：
"不要听从我，要听从 logos，同意一切是一，这就是智慧"。在这里，
赫拉克利特把 "我" 和 "logos" 区分开来了，可见，logos 不是 "我的

---

①　Burnet，p. 133，note 1.

②　DK，p. 150.

③　Glasson，pp. 231-238.

④　KRS，p. 187.

话语"。卡恩也认为，B1 的 logos 不可能只是"赫拉克利特的所说"，甚至也不只是他的主观"意谓"。这个 logos 只能是客观上的"意谓"，即他的话语所指向的世界本身的结构（不是他关于世界的思想结构）。只有这样的"客观结构"才能是"永恒的"，在说出它"之前"就可供人去理解。与"定式"（formula）和"结构"（structure）类似，格斯里和弗里曼把 logos 理解为宇宙的"法则"（law）。与此同时，他们常常把这个大写的"LOGOS"（逻各斯）与赫拉克利特所说的"火"、"战争"、"智慧"（to sophon）和"宙斯"考虑为同一个东西。

惠莱特的解释也基本上属于客观派。除了 B50 之外，他还提供了几个证据。[1] 首先，残篇 B2 中所谓"公共的 logos"不可能指赫拉克利特个人的话语。其次，恩披里柯在引用赫拉克利特的时候，明显把 logos 看做具有一种普遍的、宇宙论层面上的含义，因为他引用后随即写道："赫拉克利特主张公共和神圣的 logos 是真理的标准，我们通过分有此 logos 而变成理性的。"最后，赫拉克利特的同时代人，即叙拉古的埃庇卡摩斯（Epicharmus），一位偶尔论及哲学的喜剧作家，曾经这样写道（根据克莱门的引用）："logos 驾驭着人类，并且始终以正确方式守护人类。人类拥有思维（logismos），不过还有神性的 logos。人类思维源自于神性的 logos，它为每个人提供生命和滋养之途。"[2] 这表明在赫拉克利特时代，logos 已经被用来表示神圣的超越原则。然而，惠莱特还希望调和主观解释，他最终这样写道：

"最大的可能性是，赫拉克利特把 logos 当作客观和超越人类意义上的真理（Truth），不过，他同样认为自己有特别的资格来揭示这个真理的本性。的确，logos 这个词也表示'话语'，因而带有'所说'这样的涵义。但是，其中的意谓主要是隐喻性的和超越

---

[1]   Wheelwright, pp. 21—24.

[2]   参见 DK23B57。惠莱特没有怀疑这则残篇的真伪性，不过我认为其真伪性待考，因为像"theios logos"（神性的 logos）这样的表达不太可能出现于前苏格拉底作品之中，它更像是斯多亚学派和教父哲学家的习惯用语。

的，就像我们今天还使用'真理之音'这样的习语。"①

尽管有这样一些理由支持客观解释，但是它们无法动摇主观解释的"根基"。正如马尔科维奇和罗宾森等人强调的，logos 是某种可以被"听到"的东西，因此更直接的意思应该是"陈述"（statement）。不过，伯奈特的单纯主观解释也应该被放弃，② 正如罗宾森所说，这个陈述不单纯是赫拉克利特的个人"陈述"，他的个人陈述只是把"智慧本身"（to sophon）的陈述转译为人的语言。这就是说，这个陈述有两层含义：一层是赫拉克利特的"个人陈述"，另一层是寓于其中的"超越者的陈述"。罗宾森的这种解释实际上已经带有某种"神学解释"的意味。

米勒在他的文章中直接从神学视野来考察赫拉克利特的 logos。他对客观解释和主观解释都不甚满意，而主张把赫拉克利特的 logos 解释为"先知之道"（the prophetic-Word）。他认为，赫拉克利特与巴门尼德一样，宣称自己的学说具有"先知式的"或"神启的"权威性；既然巴门尼德可以借"真理女神"之口说话，赫拉克利特当然也可能为某个超越者（如德尔斐的主人：阿波罗）代言。这样，B50 中"我"和"logos"的区分就是先知的"个人语言"和它所传达的"神圣语言"之间的区分。米勒还提到了克兰茨的一篇文章，③ 其中对赫拉克利特的 logos 和《约翰福音》的 logos 进行类比并找出了七点相似性；不过，米勒并不认为这两种 logos 观念有直接的关系。他的结论是，尽管赫拉克利特的 logos 是一种先知式的宣告，不过这种宣告仍然是对于"形而上学—宇宙论法则"的宣告。这样，他的神学解释可以看做客观解释和主观解释的一种调和方式。

---

① Wheelwright，p. 23.

② 米勒恰当地指出，伯奈特对前苏格拉底哲学家的解释带有一种"反形而上学"的偏见。参见 Miller，p. 172，note 42。

③ Walther Kranz, "Der Logos Heraklits und der Logos des Johannes", *Rheinisches Museum für Philologie* n. s. 93（1950）81-95.

　　以上简要地叙述和评论了西方学界的主要争论，这些对 logos 的解释似乎都有些道理，但又都显得不够完善。我们注意到，logos 的含义贯穿于存在、思想和语言三个领域。有些类似于汉语中"道理"这个词，"logos"既是世界的"原则"（logos-1），又是思想的"理性"（logos-2），还是"话语"本身（logos-3）及其"意谓"（logos-4）。这几层意思可能是交织在一起的。实际上，早在柏拉图那里，就已经对 logos 的多义性有所讨论，在《泰阿泰德》208c 中，他清楚地区分了 logos 的三个不同含义：(1)"在声音中的思想之影像"（相当于 logos-3）；(2)"从要素到整体的道路"（相当于 logos-1）；(3)"能说出所问的东西区别于其他一切东西的标识"（logos 的这层含义后来被亚里士多德所强调，中文一般译作"定义"）。很可能只有从这种交织着的多义性出发，我们才能够明白赫拉克利特的 logos 的真正含义。赫拉克利特常常有意利用某个语词的多义性或歧义来表达更丰富的思想，他的这种语言风格被卡恩称为"语言浓缩性"（linguistic density）。[①] 从 B1 来看，这个 logos 能够被"听到"，因而它首先是某种"话语"或"叙述"（logos-3），进而是这叙述所传达出来的"意谓"或"道理"（logos-4）。在这个意义上，上述主观解释是站得住的。但是，这个 logos 在被听到"之前"就一直在起作用，供人们去领会，而且，它是一切发生的事物的"依据"，这样，它又不仅仅是赫拉克利特的个人话语或意谓，而是某种普遍的"理性"（logos-2）或"法则"（logos-1）。于是，客观的或超越的解释也是必要的。鉴于赫拉克利特的"语言浓缩性"，这个 logos 很可能表达的是：体现在"话语"和"意谓"中的"理性"和"原则"。或许我们可以把它翻译为汉语中同样具有高度浓缩性或模糊性的"道理"。

　　至于 B50，"不要听从我，要听从道理（logos），同意一切是一，这就是智慧"，这里在"我"和 logos 之间所做的区分，实际上就是把 logos-3（"我"的话语）分离出来，从而把听者引向 logos-4，乃至 logos-2 和 logos-1。此处译为"智慧"的是中性词"to sophon"，它很可能等同于 logos-2，甚至等同于 logos-1（参考 DK-B41）。

---

　　① Kahn，p. 89.

实际上，赫拉克利特本人在 B1 中对 logos 有一个"详细的说明"
(diēgeumai)，只要我们注意"倾听"，就不会"经验不到"（apeiroi-
sin）。这个说明就是：按照本性（kata physin）区别每一个〈存在者〉，
并且阐明它如何存在（phrazōn hokōs echei）。赫拉克利特说，假如我
们做到了这点，我们就经验到了 logos。这样，去经验 logos，就是去发
现"本性"（physis），通过这本性把某个存在者从存在者整体中"区
别"或"划分"（diaireōn）出来，并且"阐明"（phrazōn）这个存在者
"如何存在"（hokōs echei）。这个意义上的 logos 更接近上述的 logos-2
和 logos-1。这里所说的"区别每一个（存在者）"与 B50 的"同意一切
是一"应该看做同一个意思，都是 logos 的"任务"。柏拉图所说的
"从要素到整体的道路"，或许也是这个意思，在此意义上，"构成方式"
或"聚集方式"这种理解是较为准确的。

现在我们可以下一个结论：B1 中的 logos 不仅仅是赫拉克利特个
人的"叙述"或"教义"，而且具有超越方面的含义，即把一切聚集为
一的"聚集方式"或"构成方式"。就"一切"皆"发生"而言，logos
是一切发生者之生成变化的"原则"或"法则"。对于赫拉克利特的哲
学而言，"逻各斯"（大写的 Logos）表达的是支配着复杂多变的万事万
物的根本统一性。赫拉克利特在 B1（著作的开头）呼吁人们理解 Log-
os，洞察存在者之本性和真相，追求智慧（清醒）而脱离愚昧（像睡着
的人一样忘忽存在者的真相），这绝不是一些人所理解的赫拉克利特的
自负和傲慢，而是哲人深沉的叮咛，是真正哲学式的召唤。

四　余论　Logos 与"希腊—西方思想方式"①

以上我们解释了 B1 的意思，特别阐述了 logos 的含义。或许，我
们还需要从一个更广的视野来重新考察 logos 的问题；这个视野，要求

---

①　这个"余论"受到较多批评，在《世界哲学》发表时不再保留，这里作为当时思
考的一个"痕迹"予以保留。

我们把从古希腊到现代西方的整个哲学轮廓乃至整个学术轮廓都收入眼帘。换言之，我们要意识到 logos 是"西方思想"的"核心语词"之一，它本身可能决定和统摄着西方思想的最一般形态。汉语哲学界已经注意到 being（to on，ousia）是西方哲学的核心语词，它统摄着西方"形而上学—逻辑学—神学"体系。同样的，logos 也像一个基因，奠定了西方思想关于"世界—语言—逻辑—科学"的基本理解，影响着西方哲学的历史。在存在论视野中，logos 作为超越的原则或"逻各斯"，统摄着"世界"，它表示世界的"世界性"，有着"道"这个词在汉语思想中的地位。在知识论视野中，logos 被理解为"理性"，是真理的源泉。现代哲学思潮打着"反形而上学"的旗号把主题转换为"语言"，却仍然没有逃出 logos 的手掌心。因为 logos 又恰恰是"语言"。不过，logos 作为语言不是一般的言语或声音，而是关于世界的道说。这道说既非神话式的隐喻（mythos），① 也非博学式的信息累积（historia），也非抒发情感和表现行为的诗歌（poema）和戏剧（drama），而是一种冷静的、直言不讳的、直面世界本身之在场的"道说"。"哲学—科学"就奠基于这种道说方式。这种道说或思想方式被亚里士多德命名为"theōria"（理论—思辨）。西方科学体系至今还沿用"X-logy"和"Theory of X"来表达各门科学。至于"逻辑"（logikē），它的本质从一开始就取决于 logos，它在柏拉图那里获得的命名是"he tōn logōn technē"（属于 logos 的技艺）。②"哲学—逻辑—科学"，这是由 logos 统摄着的一个体系，它是"希腊—西方"的思想方式，也是"人类—世界"的"一种"思想方式。

---

① 关于"Logos-Mythos"二元对立的话语模式，可以参考陈中梅《论秘索思——关于提出研究西方文学与文化的"M-L 模式"的几点说明》，载于《柏拉图诗学和艺术思想研究》，商务印书馆 1999 年版，第 453—497 页；叶秀山《从 Mythos 到 Logos》，载于《时代与思考：中国哲学 1996》，上海人民出版社 1998 年版，第 194—213 页。

② 柏拉图：《斐德罗》260d4。

参考文献

[1] Benardete, S. , "On Heraclitus", in *The Review of Metaphysics*, 53: 3 (2000: Mar), p. 613—633.

[2] Burnet, J. , *Early Greek Philosophy*, Adam & Charles Black, 4th edition 1930, reprinted 1948.

[3] Dilcher, R. , *Studies in Heraclitus*, Hildesheim: Olms, 1995.

[4] DK=Diels, H. , revised by W. Kranz, *Die Fragmente der Vorsokratiker*, vol. 1, 6th edition. Zürich, 1951.

[5] Glasson, T. F. , "Heraclitus' Alleged Logos Doctrine", in *The Journal of Theological Studies*. n. s. 3 (1952) 231—238.

[6] Guthrie, W. K. C. , *A Histry of Greek Philosophy*, Vol. 1, *The Early Presocratics and the Pythagoreans*. Cambridge, 1962.

[7] Jones, W. H. S. , *Heracleitus. On the Universe*, *with an English transla-tion*, in Leob Classical Library. Harvard University Press, 1931.

[8] Kahn, C. H. , *The Art and Thought of Heraclitus*, Cambridge, 1979.

[9] Kirk, G. S. , *Heraclitus. The Cosmic Fragments*, Cambridge, 1954.

[10] KRS=Kirk-Raven-Schofield, (1983) *The Presocratic Philosophers*, 2nd edition, Cambridge.

[11] LSJM=Liddell-Scott-Jones-Mckenzie, *A Greek-English Lexicon*, Oxford, 1973.

[12] Marcovich, M. , *Heraclitus. The Greek Text with a Short Commentary*, Merida, 1967.

[13] Mckirahan, R. D. Jr. , *Philosophy Before Socrates. An Introduction with Texts and Commentary*, Hackett Publishing Company, Cambridge, 1994.

[14] Miller, Ed. L. , "The Logos of Heraclitus: Updating the Report", in *The Harvard Theological Review*, Vol. 74, No. 2. (Apr. , 1981), pp. 161-176.

[15] Patrick, G. T. W. , *The Fragments of the Work of Heraclitus of Ephe-sus on Nature*, Baltimore: N. Murray, 1889.

[16] Rankin, D. , "Heraclitus: Fragment B 1 D. —K. Revisited", in *Hermes*, Vol. 123, No. 3 (1995), pp. 369—373.

[17] Robinson, T. M. , *Heraclitus Fragments. A text and translation with a*

commentary，University of Toronto Press，1987.

[18] Tejera，V. ，"Listening to Heraclitus"，in *Monist* 74，4 (1991) 490-516.

[19] West，M. L. ，*Early Greek Philosophy and the Orient*，Oxford，1971.

[20] Wheelwright，P. ，*Heraclitus*，Princeton University Press. Princeton，1959.

量子信息研究及其意义

蔡肖兵

【**内容摘要**】信息技术和量子力学理论的发展，导致量子信息概念的提出，这是二十世纪末理论物理学家、实验物理学家和工程技术人员将量子效应应用于信息理论和技术的成果，虽然量子信息仍然处于理论实验阶段，但它对未来的影响将是不可忽视的。将量子效应用于信息基元的量子比特，及在此基础上构成的量子计算、量子通信可能解决经典计算机模型下的一些无法解决的问题，如 NP 问题、计算复杂性问题的改变。量子信息将量子不确定的特性作为信息的基础，将信息与量子的非定域关联联系，这将改变对信息本质的认识。量子信息在哲学上为我们对思维的机制提供了新的思考进路，量子计算的高效、并行、整体性比经典计算机更接近人脑的计算形式。另外量子计算的强大能力和量子通信不可窃听的保密性对当今信息社会将会带来很大的影响。

量子信息是二十世纪末由信息科学与量子力学结合形成新的交叉科学领域。从信息科学作为一门应用学科开始，就不断地从广度和深度上寻找其物理客体的实现载体，量子信息利用微观粒子的量子力学原理，寄希望通过量子载体，以解决经典信息学和经典计算机所不能解决的问题，它的研究有利于搞清思维与大脑的物质结构之间的关系，对认知科学有着重大的意义，同时它又有极大的实际应用价值。因此，量子信息研究具有潜在的应用价值和重大的科学意义。

一　量子信息的产生

量子信息概念是为了解决在经典信息下遇到的理论和技术发展上的困境而提出的。

第一，大规模集成电路的快速发展使得人们不得不考虑量子效应，研究思考如何在量子条件下表示信息，搞清信息与量子问题的关系。

1965 年摩尔（Gordon Moore）将计算机能力，近似地每两年增长一倍，概括成摩尔定律。随着技术和工艺的进步发展这一定律适用的条件将会逐渐走向尽头。这是因为，为提高计算机的能力，就必须提高信息的处理速度并降低能耗，这就要求信息处理的物理基本部件越做越小。当电子器件越做越小时，电子器件的功能开始受到量子效应的干扰，其行为就不能再用经典物理学定律描述。有远见的科学家意识到量子效应必将成为现代信息技术发展的困境，也将成为下一代信息技术发展的契机。二十世纪八十年代，物理学家费曼（Richard Feynman）在日本的一次讲演中指出：计算机的发展必将受到量子效应的制约。计算机构成单元的尺寸的减小会带来功耗的减少，提高运算速度，同样也会进入到量子效应不可忽视的境地；指出似乎在经典计算机上模拟量子力学系统存在本质困难，并建议在量子力学原理的基础上构造计算机以克服那些困难。

费曼不仅意识到可以用量子力学原理处理信息，而且也意识到量子行为下的信息的特性应该与经典行为下大不相同，即经典计算机不能模拟量子力学系统，并且有希望发现一种新的信息表达形式解决现存的一些困难和问题。这启发了后来的学者将量子力学的观点引入信息问题的研究。

第二，在现在的计算机模型下，计算上会遇到的一些无法解决的难题。这刺激人们去寻求新的计算机模型，从而导致量子图灵机概念的产生。

　　经典计算模型中存在着一大类 NP 问题（非多项式问题），即问题的复杂度随着比特位数的增长而指数上升。这类问题在经典计算机上是不能计算的。但是有些问题是否是 NP 问题似乎与计算机模型有关，在经典图灵机模型下，它们似乎是 NP 问题。另外，求解问题必须要有有意义的算法。经典模型中，有的问题有快速算法，但许多问题没有已知的快速算法。一些问题实际上不能被求解，不是因为不存在算法，而是因为所有已知的算法所耗费的时间和空间资源太多，以致在实践中毫无用处。这些问题中，有些就是因为它复杂度是指数型增长的，对于经典图灵机模型显然是无能为力的。

　　这些问题涉及"算法"（algorithm）的一个基础问题，即丘奇（A. Church）和图灵（A. Turing）提出的丘奇—图灵论题：图灵机可以计算的函数类型恰好对应于我们自然理解的能由算法计算的函数类型。图灵机（Turing）是算法的基本模型，并且数学家断言图灵机可以执行任何算法，"算法"构成了计算机理论的重要部分。丘奇—图灵论题这一思想源于对希尔伯特（D. Hilbert）在二十世纪早期提出的被称为"判定问题"①（entscheidungsproblem）的回答。虽然，直观上用算法可计算的函数并不显然地能用图灵机计算，但是迄今为止还没有找到违反丘奇—图灵论题的证据。

　　但是丘奇—图灵论题并没有告诉我们完成一项计算的复杂程度如何。为了估计一个算法的复杂程度的量级，就必须确定图灵机的类型，在经典信息的层面可以构造多种经典图灵机模型，典型的可分为确定型图灵机和非确定型图灵机。通常算法分析中常用的是确定型图灵机。显然，不同类型的图灵机对类似 NP 问题的回答是不同的。同时也不是任何数学上构造的图灵机都可以在物理上实现的。人们希望寻找新图灵机

---

　　①　希尔伯特（David Hilbert）在二十世纪早期曾提出一个被称为"判定问题"（entscheidungsproblem），问：是否存在某个算法，原则上可以求解所有的数学问题。Church 和 Turing 用数学定义定义了算法的直观概念，并否定地回答了这个问题：不存在解所有数学问题的算法。

模型，使其中的一部分 NP 问题变成 P 问题（容易求解的多项式问题），这其中的有些问题是有重大的理论意义和实践价值的。

第三，常规的研究中，通用图灵机的操作是完全确定性的，但理论上讲，这不是必须的。二十世纪后期的计算理论研究，已对概率算法作出了很多研究。概率算法，即图灵机不是以确定的变换状态，而是以一定的概率变换到计算的下一状态，它用规定的某一概率函数完全决定图灵机的性质。这种模型就是概率图灵机，它在算法中引入随机因素，但信息的表示上仍旧是确定性的。经典计算机理论证明，对解决某些问题，概率算法比确定性算法更为有效。这种模型是有物理基础的，人们可以根据热力学和统计物理学的原则模拟概率图灵机模型，它具有与确定型图灵机不同的处理能力。根据量子力学的正统解释，量子具有本质上的不确定性，即它的演化是概率性的，那么，能否用量子力学的机制构造图灵机呢？这也成为量子信息产生的一个动机。

第四，对计算过程中能耗的研究，推进了可逆计算理论的研究，可逆计算的可行性为将量子力学规则用于计算理论铺平道路。如果在量子水平处理信息，这种信息形式是否有计算能力呢？为什么会提出这样的疑问呢？这是因为，量子力学理论要求量子过程必须是可逆的，但是我们在经典条件下的计算过程并没有提出可逆性要求。直觉上讲，我们感到"计算"是一种不可逆的过程，因为普通的计算是一个"从多到一"的过程，但事实是否一定是这样呢？热力学第二定律告诉我们，一个不可逆过程必将耗散能量到环境中去，即发出热量。托夫里（T. Toffoli）认为，[①] 计算模型的数学抽象，如经典的图灵机或线路模型，使得计算不受物理定律的约制，在选择模型时没有考虑到实际计算的物理要求，可以选择一种可以满足可逆要求的数学模型来弥合以前数学模型和物理模型间的间隙。而且从能耗的角度上讲，实现可逆计算，才能降低能耗，在物理上实现更高密度、更快速度的计算机。他证明这种可逆的运算模型是存在的。他建立了后来被称作 Toffoli 门的逻辑门，由它构建

① Tommaso Toffoli, *Reversible Computing*, *Proceedings of the 7th Colloquium on Automata*, Languages and Programming, pp. 632—644, July 14—18, 1980.

的计算网络可以是可逆的。托夫里并且还指出：可逆计算网络也许会加大网络结构的复杂度，但其"逻辑上"的代价是微不足道的。现已证明所有经典计算机都可以找到一种对应的可逆计算机，而且不影响运算能力。托夫里的工作为量子信息的建立提供了一个重要的理论支持。

受到费曼观点的启发，有了可逆计算网络和概率图灵机理论的支持，经过对丘奇—图灵论题的深入研究，为摆脱现有理论中的种种理论和应用的困境，1985年德依奇（David Deutsch）在《量子理论、丘奇—图灵论题与通用量子计算机》的文中提出是否可以用物理学定律推导出任何更强的丘奇—图灵论题的问题。他试图用物理学理论来为丘奇—图灵论题建立和当今物理理论可信程度相当的基础，并试图定义一种能够有效模拟任意物理系统的计算装置。他很自然地考虑在量子力学原理下的计算装置。他构造量子信息的基本单元：量子比特（Qubit），并仿照49年前图灵定义的机器，提出现代量子计算机的概念，一种完全不同于经典的计算机模型。普遍认为这标志着量子信息概念和量子信息研究的诞生。

量子信息是以量子比特（Qubit）为信息的基本单元，用量子力学机制构造信息编码和处理机制，来描述信息的新学科。量子信息研究包括量子密码术、量子通信、量子计算机等几个方面，其中最重要的两个应用方向是量子通信和量子计算。由于不在将信息的性质和处理机制限制在经典物理学条件下，量子信息大胆地将量子力学中量子的性质赋予信息概念，从而有希望拓展那些经典信息所不具有的信息性质，这为揭示信息的本质和信息与世界与人脑意识的关系提供了可能性，也为我们利用信息，认识世界和改造世界开拓了新手段。

研究表明，在量子信息上构造的量子图灵机模型，其量子算法具有将某些指数形问题转化的能力，使其可以在有限的资源下得以解决。量子计算机按照量子力学效应运行，可以找到它的物理实现。

另外，量子比特的构造在信息特性中引入了量子纠缠态这一特殊的量子现象，它具有的非定域性，这对研究信息的本质有重大意义。同时，量子纠缠态作为一种新的信息资源同信息论相结合，被应用于信息通信和计算的研究，又是具有巨大的实践价值的。

由于量子信息在信息科学、认知科学及具体实际应用上的巨大潜力，它的研究受到了科学界、政府、企业界及社会的关注。由于信息处理是与人类意识研究最为接近的领域，量子信息的进展同样受到哲学界的关注。

二　量子信息与经典信息的区别与联系

量子信息和经典信息都是信息，它们有联系，但同时它们的具体性质和形式又有不同。

量子信息的基本单元量子比特与比特在形式和机制上有很大的区别，尤其在量子比特中用不确定性代替了比特确定性，使量子比特拥有了神奇的性质。从物理的观点看，一个比特就是经典条件下的双态系统，它的可分辨的两个态，代表着逻辑上的两个值：真或假，简单地说就是"0"或"1"。它们是确定性的，两态之间是独立的，不能互相包含。一比特的信息同样可以用一个量子系统的可分辨的两个量子态来表征。量子力学告诉我们，如果一比特的信息可以保存在两个可分辨状态之一中，那么，它也可以保存在这两个状态的"相干叠加态"中，这是一种完全不同于经典状态的状态。"相干叠加态"可以同时包含代表着"0"和"1"的两个状态的叠加，通过量子测量，我们又可以"读"出这一量子态所表征的"0"和"1"两个状态存在的各自几率。量子信息不是用两个量子态作为信息元分别表示"0"和"1"，而是用相干叠加态作为信息元，这样的信息元形式已不再是经典意义下确定性的"0"或"1"，而是包含有"0"和"1"的态函数 $|\psi\rangle = \alpha|0\rangle + \beta|1\rangle$ 表示，这里 $|0\rangle$ 和 $|1\rangle$ 是两态量子系统的两个正交本征向量，α 和 β 为任意复数，且满足归一化要求 $\alpha \cdot \alpha^* + \beta \cdot \beta^* = 1$。它代表着量子信息的基本单元—量子比特（Qubit）。这里 0 或 1 的状态已不再是确定性的了，而是表现为有一定几率的不确定性。

量子的相干叠加态的存在及其特性，在量子力学建立之初就已为物理学家所知。如果我们仅用量子的两个正交的本征态取代经典的二值态表示逻辑的"0"或"1",那么我们充其量只是在量子水平上处理经典信息,它与经典信息本质上是一样的,只是物理实现的不同,因此这不是费曼所暗示的新的信息形式。因为这样的信息形式仍旧不能模拟量子系统,如上所说的,至少它不能模拟相干叠加态。费曼所提示的正是如何利用相干叠加态来表示信息和处理信息,只有这样才能产生不同于经典信息的量子信息。

由于量子比特与比特的形式不同,所以量子信息与经典信息的性质有着很大不同。

比特存储的"0"或"1"表示的经典意义上的信息,比特对应信息载体的经典物理量,是由经典物理学描述其性质,这构成了经典信息研究的出发点。量子比特对应信息载体的量子相干叠加态,是以一定的几率同时表示"0"和"1",这是量子信息研究的出发点。这种信息的演化行为受量子力学理论制约:薛定谔方程决定着量子信息的每一步演变,线性代数的幺正变换约束着可逆的量子态信息计算;量子信息的传输是由量子通道端点上量子纠缠集合状态的变化,结果信息的获取是在得到输出态之后,量子计算机对输出态进行一定的测量后给出的结果。

经典信息的性质是符合直觉的,而量子信息的性质明显是反直觉的。但是量子比特并不只是一种数学上的构造,它有真实的物理基础,理论上也是自洽的。用确定性描述的经典信息,按逻辑上的排中律要求,要么"开",要么"关",不能存在一种同时既可能"开"又可能"关"的状态,无论你是否处理,它都确定地存在那里,这一观念可以在宏观系统得到很好的遵守。量子信息的这种既有"开"又有"关"的叠加状态明显与我们的直觉相矛盾。按量子力学理论的正统解释,量子世界是处在这种"矛盾"状态下的,直至你对它测量。著名的"薛定谔猫"的佯谬就是这样的一个状态。实验表明微观的"薛定谔猫"处在"半死半活"的状态,这是因为量子力学描述不再使用确定性描述,而必须使用几率性(不确定性)描述。对"薛定谔猫"的量子测量得到 $|$ 活 $\rangle$ 态的几率 $\alpha \cdot \alpha^*$,和 $|$ 死 $\rangle$ 态的几率 $\beta \cdot \beta^*$,一般情况下,这些几率不会严格为零,在这个实验中这些几率值都为 $1/2$。因此,"薛定谔猫"是处在"半死半活"的状态。有证据表明"量子比特"概念是真的

描述了大自然的行为，核物理实验中微观粒子表现出的令人惊异的量子效应确证了"量子比特"的存在。在二十世纪二十年代发现的著名的 Stern-Gerlach 实验，及对核、光和超导等领域的研究都为存在量子比特这样的信息单元提供着证据。

经典信息是定域的，而量子信息是非定域的。经典信息的定域性 (Locality) 就是说，信息之间是因果的，而且在某段时间里，所有的因果关系都必须维持在一个特定的区域内，不能超越时空来瞬间地作用和传播。这是由于在经典信息的研究范式中，信息间的因果关联是由其信息载体的因果关联描述的，因此经典信息必须是定域性的。而量子信息由于以量子比特为基础，使其具有量子所具有的非定域性 (Non-locality)，这在"EPR 对"中表现的很明显，由"EPR 对"表示的两个量子比特具有时空上的非定域关联，这是量子纠缠态的最重要的性质。这导致量子信息不能任意克隆。这一特性被应用于量子密码术的研究中，它保证量子密码不可能在不被察觉的情况下被监听。而相对的，经典信息是定域的，经典信息可以任意克隆，即可以被监听。

然而量子信息和经典信息又是有联系的。量子信息和经典信息的关系表现为不确定性和确定性的关系上。C. E. 香侬说：信息是不确定性的消除，但是我们是否可以彻底消除不确定呢？至少现在的研究表明，不确定性是绝对的，而确定性却是相对的。从信息元的表示来看，比特表示的是确定性的，而量子比特表示是不确定的。确定性的获得不能是绝对的，只能是相对的，是一定"不确定"容限下的确定性，这就是说确定性和不确定性是统一的。因此经典信息的确定性本身是有代价的。对经典信息确定性的要求，即精度增加的要求都会引起运算的增加或者对时间、空间、能量或者其他物理资源的增加。另外，任何一个计算过程都不可避免硬件的不精确和环境的干扰，这些都是物理定律规定的。这些效应导致了计算过程的误差和不稳定。经典计算机不得不利用计算变量大大超过逻辑上所要求的物理自由度的冗余来提高稳定性，以此来抵消这些效应。因此原则上讲经典信息也是不确定性的。量子信息本身也受这种机制的影响，但是为了获得"信息"我们仍然必须获得"确定性"的信息。量子信息正是通过量子测量坍缩成经典信息的一个几率值来表明这种信息的"确定性"的。人是在经典环境下的,为获得量子信息中我们感兴趣的东西,这种向经典信息"几率性"的坍缩是必要的,否则就不可能获得信息。另外,对于量子信息中的相干叠加态如果我们置备成"几乎"只有一个正交态时,而对应的另一个正交态的几率"接近"于 0,那么这一量子信息就在较大的几率下与经典信息一样了,在允许一定误差的条件下,它也可以被克隆。因此,可以说经典信息是量子信息的特例。这表明经典信息和量子信息是相关的。

三　量子信息的意义和价值

(一) 量子信息研究对人脑认知的研究有着重要意义

维纳曾说过:"信息是社会的黏合剂",可见,信息对于人类的重要性。同时人类的意识在表达成为确切的语言和文字之前,是处在人的大脑之中,这个意识与信息有关系吗? 当今的认知科学从科学和哲学上努力地在寻找"脑"与"意识"的关系,其中一个重要的桥梁就是要搞清"计算"与"意识"的关系。笛卡尔说"动物是机器",到拉·梅特里说"人是机器",这里的"机器"显然是一种牛顿力学观念的经典信息处理结构。虽然笛卡尔曾说"人不是机器",但无法否认我们人身上的物理结构并不能违背物理学定律。物理定律是否制约我们的意识,信息与意识是什么关系呢? 这个问题答案的寻找在认知科学中被赋予到对"计算"的研究。因此寻求一个物理上资源有限、时间有限,且计算能力强大的"模拟器"就成为科学家的目标。而量子计算机被认为是实现这一目标最有利的候选者。研究认为,量子计算比经典计算在物理实现上有着强大的计算能力。

何以证明量子计算机比经典计算机的能力强大呢? 费曼曾经提出一个很有意义的问题:计算机是否可以模拟物理系统? 量子力学的正确性否定了经典物理理论对世界的决定性描述,科学家们认为,概率原则(随机性)要比经典的决定性原则更基本,同时发现概率计算系统要比经典确定性计算系统的计算能力更强大。经典计算机系统是牛顿决定论为基础的计算系统，即使模拟随机系统，也不是真正的随机性系统，同时经典 Turing 机无法处理指数型增长问题的解答，而随机性和指数性增长正是量子系统问题的突出特征，因此经典计算机系统无法模拟量子力学主导的物理系统。而量子信息将随机性和指数型增长作为其算法自身固有的机制，因此它自然可以解决这类问题。其例证之一是 1994 年由 Peter Shor 提出的 Shor 算法，可解决大数的因子分解这一在经典计算机上很难解决的一个数论问题的一般算法，Peter Shor 利用量子算法证明可以在多项式时间内解决任意大数的因子分解问题。这就从另一个角度回答了费曼的问题。例证之二是 Bell 实验室的 Grover 于 1996 年公布的量子搜索算法，展示了量子计算从根本上超越经典计算机计算能力和在信息处理方面的巨大潜力。对于在大量数据中查询某一特定数据的任务，计算理论告诉我们，经典计算机平均至少要查阅一半的数据，因而查阅量就是相当于数据总量一半的次数。而 Grover 的量子查询算法只需要数据总量的平方根次的查询量。这对于现在使用的数据加密标准 DES（Data Encryption Standard），将是一个致命的打击。DES 的加密解密是通过一个 56bits 的密钥来控制的，如果窃听者知道了这个密钥，他就能窃听通信双方的信息。在一般条件下如何得到密钥，就相当于上述的查询任务。经典计算机平均需要尝试 $2^{55} = 3.6 \times 10^{16}$ 个密钥才能找到正确的密钥，对于一个每秒可以尝试 10 亿次的经典计算机需要一年的时间，这就保证了密钥的安全性。但是如果窃听者使用量子计算机，用 Grover 的量子查询算法，他平均只需要 1.85 亿次，也就是说如果他还可以每秒 10 亿次的速度去尝试密钥的话，不到 1 秒它就能获得密钥，从而获取这之后的信息。这就构成了对现代通信保密系统安全性的威胁。

量子计算的强大能力还表现在量子信息可以实现并行计算机制。早在二十世纪八十年代许多物理学家和计算理论家就发现，量子力学过程原则上就可以成为一种信息处理的新类型，Bennett 和 Wiesner 的研究表明量子通道的能力可以翻倍，量子计算机本质上就具有并行处理机制。量子态的叠加性使得量子算法具有并行性，因此具有强大的能力。

由 David Deutsch 提出的以量子态表示的信息单元 Qubit, 具有经典 Bit 不具备的同时存储和表征二进制信息单元 "0" 和 "1" 的能力, 量子力学揭示出的量子系统的演化又保证了同时存储的所有 "态" 在量子叠加态下真正同时地演化, 即被计算, 这是自然的特性, 不是人为设计出来的。一个有 n 个 Qubit 的寄存器, 可以处在所有 2^n 个经典状态组成的任意叠加态上, 原则上, 对于这一呈现指数型增加的如此之多的计算路径, 量子计算机可以同时在一块硬件上进行程序计算, 这就是量子并行机制。因此, 量子计算机是真正的并行计算机。与经典计算机不同, 量子计算机可以做任意的幺正变换, 在得到输出态后, 进行测量得出计算结果。因此, 量子计算对经典计算作了极大的扩充, 在数学形式上, 经典计算可看做是一类特殊的量子计算。量子计算机对每一个叠加分量进行变换, 所有这些变换同时完成, 并按一定的概率幅叠加起来, 给出结果, 这种计算称作量子并行计算。在输入方量子并行计算可以将所有可能的输入状态同时输入, 在输出方同时输出这些输入状态可能的结果, 而经典计算机是不能够做到这一点的。因此量子计算机使计算的概念焕然一新。量子计算机的作用远不止是解决一些经典计算机无法解决的问题。

对于强人工智能的支持者而言, 人脑的活动只不过是进一步的算法活动, 他们认为只要这种内部活动达到足够复杂的程度, 就引起了 "知觉" 的现象。物理学家罗杰·彭罗斯在他的著作《皇帝的新脑》中认为, 在 (意识) 思考过程中包含非算法的要素是说得通的。同时他认为, 意识思维的一个显著特征是它的 "一性", 在意识的 "一性" 和量子平行主义之间可以想见具有某种关系。因为量子理论中, 在量子程度上允许不同选择在线性叠加中共存! 这样子, 一个单独的量子态在原则上可由大量不同的, 而且同时发生的活动组成。这就是所谓的量子平行主义。这些都与量子计算机观念有紧密的关系, 量子平行主义在原则上可同时进行大量的计算。如果意识的 "心理状态" 在某种形式上和量子态同类, 那么思维中某种形式的 "一性" 或整体性对量子计算机就比对经典的普通并行计算机更为适合。

人脑有计算能力, 那么人脑是否是一个超级计算机呢? 这个问题至少现在还无法从正面回答，虽然我们不能证明计算机可以模拟人脑，但是一个强大的计算机对人脑功能的模拟，至少可以使我们更接近答案。

（二）量子信息的研究改变我们对信息与物质关系的认识，信息和物质是一体的，既不能相互替代，也不能割裂。我们有必要重新审视那些我们已经习以为常的对信息的认识

维纳（Wiener）说"信息就是信息，既不是物质也不是能量"（Wiener，1948）。也就是说，我们的世界是信息和物质的。信息和物质是什么关系呢？就像我们可以抽象出欧氏几何一样，我们从直觉也抽象出经典信息，但是爱因斯坦告诉我们描述我们世界的几何不是欧氏几何，是黎曼几何，欧氏几何只是小尺度下的近似；同样，真实物理世界中的信息也不是经典信息，经典信息同欧氏几何一样是我们在经典物理的概念下抽象出的数学模型。真正的物理世界的信息表征，量子信息要比经典信息更加合理，这一点在上面的经典信息与量子信息的关系中已作了部分说明。

从1948年C. E. 香侬创立信息论以来，对信息的研究逐渐主要集中在信息的数学和技术方面的研究，将信息的物理基础默认为经典物理学基础，某种程度上淡化了信息与物理间的联系。使得人们差不多将实际的信息问题变成了一个数学或技术问题，而忽略了与物理上的关系。

经典信息注重信息载体可能实现的逻辑性质的表达，而量子信息则更注重信息载体的物理性质中的信息能力。因此在这方面量子信息与物理的关系比经典信息更加密切，更注重利用物理下的信息性质。

虽然信息不是物质和能量的属性，但任何一个有着物理实体的信息系统则是通过物质和能量来展现信息的。角色不是演员，但角色必须通过演员来承载。信息这个角色正是通过物理实体这个演员来展示的。

经典信息规定的比特的特性比较数学化，所以经典信息的计算过程被抽象成为逻辑和数学过程，而其与物理的关系变成了模型与技术实现的关系。例如我们现在广泛应用的逻辑电路，除去系统物理自身的要求，理论上对于信息处理来讲，只由其逻辑架构决定，而与系统物理性质不相关。像"计算"这样的任务是由逻辑结构完成的，而不是物理机制。当然这必须有个前提：物理机制可以实现逻辑结构，并通过逻辑上冗余的代价可以限制物理机制引发的不确定性的"干扰"。在经典物理学的背景下的这种保障，容易使人们忘却物理对信息处理机制的制约，以至于形成信息可以彻底独立于物理的假象，它极容易割裂信息与物质的关系。

托夫里指出这样的思维必将制约我们的思想。

当我们需要更深入了解信息利用信息时，保持这样的设计哲学，已经不可能让我们走得更远，我们必定要从"材料"层面走向"粒子"层面。"粒子"层面的特性使我们无法要求自然按照我们已经熟知的经典行为的目录编排，而是必须适应"粒子"自身的性质才能将其组织起来。因此，我们将进入"计算"的一个深层的"谱系"，在这个"谱系"中我们所要考虑的问题必然发生"范式"的变化。就像我们肉眼在可见光下看到的世界与 X 射线谱系下的世界不同一样，这一新"谱系"代表了一种新视角，它要求从物理的角度看待信息，发掘物理对计算的意义。

不可否认人的思维可以对"计算"进行抽象，我们更多地思考的是"我们如何计算"，而当我们世界考察世界时，就应该考虑"自然如何计算"。

我们必须重新审视物理的计算能力，而不是割裂信息和物理的关系。托夫里撰文提出，[①] 为了能更好地探索物理自然的计算能力，我们首先要问：当自然去"计算"时，自然的倾向是什么？什么类型的计算过程是物理学最直接最为自然所支持的？自然更倾向于支持哪一类型的计算任务？无论是在经典领域还是在量子领域，首先可以肯定的是自然有计算能力。一个可加性的物理属性，它的量的相加是物理

---

① Tommaso Toffoli, What Are Nature's "Natural" Ways of Computing? *Workshop on Physics & Computation-PHYSCOMP*'92, IEEE Computer Science Press (1993), pp. 5－9.

过程，而不是数学过程，不是数学上相加后再重建物理量。要发现自然的计算倾向，就应该是"计算"模型的概念、结构、机制去适应自然的物理性质，而不是自然的物理性质去模拟"计算"模型。另外必须整体地认识物理性质的信息能力，而不是割裂它，这才能使计算的效率极大化。这一点在量子信息中得到了反映，我们看到量子比特的形式正是反映了信息和物理的统一，因此量子信息更多地反映了物理的要求，它能够模拟量子系统。当代物理学的研究告诉我们，宏观属性和微观效应有着明显的不同，也就是说这中间有个分水岭，我们必须打破在经典尺度下大体不变的研究范式，才能更好地理解计算与物理的关系，及信息与物质的关系。这可以看做物理机制和信息机制形成了一种辩证的对立统一。

另外，量子通信的研究表明，任何对量子信道的介入行为都会改变量子信息，而且这种改变时可以被察觉的，这就是量子通信的保密性。根据量子力学的不确定性原理以及量子态不可克隆定理，[①] 任何窃听者的存在都会被发现。与经典信息告诉我们的不同，任何物理上的改变（如窃听）都会使信息改变，因为这种改变，我们才能察觉。因此，信息是不能独立于物质的，虽然它不是物质的属性。

量子隐形传态（quantum teleportation）的实验又告诉我们，虽然信息不能独立于物质，但它绝不是物质的属性。量子隐形传态基本思想是：将原物的信息分成经典信息和量子信息两部分，它们分别经由经典通道和量子通道传送给接收者。经典信息是发送者对原物进行某种测量而获得的，量子信息是发送者在测量中未提取的其余信息；接收者在获得这两种信息后，就可以制备出原物量子态的完全复制品。该过程中传送的仅仅是原物的量子态，即是信息，而不是原物本身。发送者甚至可以对这个量子态一无所知，而接收者是将别的粒子处于原物的量子态上。像量子隐形传态这样的概念是有重大的意义的，它将导致计算机科学的革命。

因此量子信息研究有利于揭示物质与信息之间的复杂关系。

---

① Wootters W K，Zurek W H. Nature，1982，299：802－803.

（三）量子信息的研究可以从实践的角度验证量子力学对我们这个世界描述的正确性

对于二十世纪物理学来讲，相对论和量子力学是其最重要的理论基础，但是，它们中一个揭示出世界的"定域性"，一个却表明世界还存在"非定域性关联"。

所谓"定域性"就是相对论揭示出的光速有限，不可能通过物理方法以超光速使两个客体产生关联。然而量子纠缠现象却表现出"非定域性关联"。

量子纠缠现象的揭示来自于著名 EPR 佯谬和 BELL 不等式的研究。"EPR 佯谬"是爱因斯坦等人与玻尔之间展开的有关量子力学是否自洽、是否完备的学术争论中的一个思想实验。

EPR 佯谬可以简化描述如下：考虑由 A 和 B 两个粒子组成的一对总自旋为零的粒子对（称为 EPR 对），两个粒子随后在空间上分开，并设想分开的距离如此之大，以至对粒子 A 进行的任何物理操作都不会对粒子 B 产生干扰。对"EPR 对"若单独测量 A（或 B）的自旋，则自旋可能向上，也可能向下，各自概率为 1/2。但若已测得粒子 A 的自旋向上，那么，粒子 B 不管测量与否，必然会处在自旋向下的本征态上。

爱因斯坦认定真实世界绝非如此，粒子 B 绝不会受到对 A 测量的任何影响。由此得出的结论是量子力学不足以正确地描述真实的世界。玻尔则持完全相反的看法，他认为粒子 A 和 B 之间存在着量子关联，不管它们在空间上分得多开，对其中一个粒子实行局域操作（如上述的测量），必然会立刻导致另一个粒子状态的改变，这是由量子力学的非定域性所决定的。

为判定爱因斯坦和玻尔"孰是孰非"，J. S. 贝尔（J. S. Bell）基于玻姆的隐变量理论推导出著名的贝尔不等式。如果爱因斯坦正确，那么试验结果会符合这个不等式，如果玻尔正确，结果则相反。对贝尔不等式的实验表明在量子条件下贝尔不等式被违背，玻尔是正确的。当粒子处在 EPR 粒子对状态下会最大地违背贝尔不等式。量子间表现出的这种特性就是量子纠缠，EPR 粒子对是处于所谓纠缠态的一对粒子。

EPR 佯谬揭示出量子世界中关联是非定域的，将这种关联作为一种信息的传递方式，这正是对量子信息研究的独到之处。我国学者郭光灿教授指出:[①] 量子纠缠是存在于多子系的量子系统中的一种奇妙现象，即对一个子系统的测量结果无法独立于对其他子系统的测量参数。虽然爱因斯坦等人早就提出纠缠态的想法，玻尔在这个争论中也看到了，在考虑多粒子时量子理论会导致纯粹的量子效应。然而，无论是玻尔还是爱因斯坦，都没有洞悉他们所讨论的纠缠态的全部含义，在经过数十年的努力后，量子纠缠的含义才逐渐地被发掘出来。现在，量子纠缠态已被广泛地应用于量子信息研究的各个领域，利用量子纠缠态的非定域关联，可实现量子计算、量子编码、量子保密协议等。

量子信息研究对量子纠缠态的研究充分表现出一种思维上的创新，从哲学思辨，到实验检验，再到将其应用于技术，展现出当代科学技术发展的一个主流特征。对那些表面上与常理相悖的理论观念，简单的否定或丢弃，也许会使我们损失一个可能发挥巨大作用的资源。由于量子纠缠态在量子信息中的广泛应用，使物理学家和信息科学的研究者，对量子力学中的各种佯谬，哲学上进一步思考和实践上重新价值评估。

（四）量子信息可能改变经典信息视角下许多问题的结论，对"复杂性"的重新认识就是其中的可能之一

告诉我们一个计算问题可解的可能性是计算复杂性研究的任务，即证明解决问题最好的算法所需资源的下界估计，如果存在最好的算法，那么所需最小的资源是多少。这些计算的理论提出的问题原则上是独立

---

① 郭光灿:《量子信息引论》,《物理》2001 年第 5 期，第 287 页。

的，但具体地解决方案对资源的需求是与计算模型所依赖的物理实现的性质密切相关的。经典信息的模型用多项式函数的处理能力对计算复杂性做出划界，它无法对那些指数型问题做出合理的解答，而量子信息中的量子算法可以使某一类指数型问题在多项式时间下得到解答。因此量子信息可能对 NP 问题做出改变，改变我们对计算复杂度的认识，甚至会改变我们对"复杂"的认识。

（五）量子信息可以揭示量子测量的信息含义

量子现象中的很多奇异的特性都与测量有关，测量是量子世界通向经典世界的窗口，量子世界正是通过这一窗口将量子王国中的信息转达给我们。量子信息明确了量子测量的信息含义，它将从信息的角度进一步揭示量子测量的意义和价值。测量实际上就是一种信息的传递过程，是更普遍意义上的信息通信，从这个观点出发，测量这一相互作用关系就可以从信息的角度上解释。早在 1955 年 J. von Neumann 就将信息的概念引入量子测量中。[①]

量子测量是量子力学中的重要概念，这是因为它比经典意义下的测量要重要，要复杂，量子力学研究中许多有重大意义和影响的佯谬都与测量有关，对它的理解和解释一直是量子力学研究的重要问题。量子信息可以让我们从信息转换的角度去理解量子测量的意义，这里"测量"正好可以看做是量子信息与经典信息间转换的桥梁。它对于量子信息在应用上的价值是非常重要的。无论是经典信息还是量子信息，测量就是对信息的获取和转换。量子坍缩表明量子信息的部分可向经典信息转换，经典信息的确定性，导致量子效应的消失，同时如能消除这种确定性的信息，就能恢复系统的量子特性。"量子擦"实验表明这是可能的。

"量子擦"（Quantum Eraser）最早是德州大学的 M. Scully 在 1982

---

① J. von Neumann：*Mathematical Foundations of Quantum Mechanics* (Princeton. , N. J. , 1955).

年用理论预测①的一个双缝实验。用激发态下的原子作为双缝实验的粒子流，然后在每个狭缝后面放个盒子，当被激发的原子经过时就放出光子来而回到基态。我们只要看哪个盒子里有光子，就知道原子走哪个狭缝了。但是这么一来，银幕上的干涉条纹就不见了。按照量子力学的正统解释，即玻尔的互补原理，干涉条纹跟"哪条路的信息"是互补因此无法兼得，就好像一个硬币的两面一样。只要你在狭缝后面放一个侦测器（测量），就算你不去读它，干涉条纹一样会消失。但是只要这个侦测器也是一个量子系统，就还可以恢复干涉条纹。你可以把这两个盒子想成是一个，只是中间由一个墙隔开。当失去光子的原子打到银幕上时，没有干涉条纹发生；但是当你把两个盒子间的墙打开来，光波会发生干涉，这个干涉的波纹传到银幕上可以再度激发原子而使它重现干涉条纹。而且你事实上可以把这个信息放着，慢慢决定是"要"还是"不要"。这就是 J. Wheeler 所说的"延迟选择"（delayed choice）的另一个版本。1995 年由奥地利的茵斯布鲁克大学的 T. Herzog, P. Kwiat, H. Weinfurter 及 A. Zeillinger 等人把激发的原子换成了光子实现了这个猜想。② 在这个实验中 T. Herzog 等人用光的偏振旋转来标示光子的不同路经，同时也用偏振旋转擦除这种路经标示。

　　从信息的角度看，这个实验显示出信息和测量间密切的关系。测量就是获取我们感兴趣部分的信息的确定性，它会导致量子效应消失，"擦除"经典信息就还原了不确定性，恢复了系统的量子特性，就可以恢复量子信息。量子信息在量子系统中的这种可再恢复的特性为量子编码和量子计算需要保持量子的叠加态的要求提供了一种可期待的解决方案，它可以保持量子相干的整体性。

　　① Scully, Marlan O.; Drühl, Kai, Quantum eraser: A proposed photon correlation experiment concerning observation and "delayed choice" in quantum mechanics, *Physical Review A (General Physics)*, Volume 25, Issue 4, April 1982, pp. 2208—2213.

　　② Thomas J. Herzog, Paul G. Kwiat, Harald Weinfurter, and Anton Zeilinger. Complementarity and the quantum eraser, *Physical Review Letters*, 75 (17): 3034—3037, 1995.

（六）量子信息建立了一种新的信息研究范式

用经典物理学为基础去建立计算理论，包括图灵机的具体实现，构成了一种计算理论的范式（paradigms）；经历了五十年后量子力学从另一种物理学范式提供了新的一种计算理论的范式，这种范式明显不同于已经建立的计算理论范式，而且可能比其具有更强大的特性。

不确定性：量子信息从信息基元到整体机制都是建立在不确定性的基础之上。因此，量子概率图灵机比传统经典意义上的概率图灵机更具有本质上的随机性。

非定域性：纠缠态作为信息的基本资源，表明量子信息具有非定域性。这使得量子信息可以利用量子纠缠态作为信息载体，通过它的量子态的传送完成大容量信息的传输，实现原则上不可破译的量子保密通信。量子的非定域性导致编码的独特性，有很强的通信保密特性，这是量子信息自身带来的特性，不是算法的特征。

（七）量子信息拥有巨大的实践价值

迄今为止，科学家还只能实现由少数几个计算单元的量子计算机，基于单光子的量子密码实验已经可以达到 100 公里的量级，但是要进行实用的、长程的量子通信还需要更多的努力。但是不可否认，量子信息有着很重大的应用价值。量子信息的理论和实验研究已经取得了很多的进展，这些理论预测和实验结果如果实现，将是人类生产力的又一次飞跃。

由于量子信息注重了在微观上的物理性质的约束，如可逆、能量耗散、随机性，所以量子信息是一种全面地表达物理自然在信息方面特性的信息形式。自然界物理上的这些性质对经典信息的能力构成了限制，而量子信息不是规避物理上这些约束，而是利用这些"约束"提供的强大机制，达到我们对信息驾驭的理想。

量子信息的潜在价值重点集中在人类最感兴趣、最为需要的两个方面：强大的并行计算能力和可靠的通信保密能力。

一旦拥有了一台量子计算机，那么目前的密码系统将毫无保密性可言！这是对目前的密码系统的巨大挑战，因而对基于经典保密系统的行业（如军事、国家安全、金融等）的信息安全构成根本的威胁。最有意思的是，一方面量子计算机强大的计算能力构成了对现代经典通信保密能力的威胁，另一方面量子信息的新特性又戏剧化地提供给我们更加可靠的通信保障机制。因此，为了保证信息安全，为了拓宽对微观世界的认识，发展量子信息研究是刻不容缓的。我们要开发由量子力学基本原理保证其保密性的量子密码系统，和研制按照量子力学基本原理运行的量子计算机。这一"矛盾"两面引发了科学界浓厚的兴趣和政府、军队、组织的关注。世界很多国家为此都投入了巨大的人力和财力积极地进行相关研究。

另外，就如 Shor 算法和 Grover 算法显示出的量子算法加速能力，量子计算机并行计算能力的获得将改变我们对计算复杂性的划分。就如前面所讲，如果量子计算机可以改变和澄清 NP 问题的划分，那么我们现在认识中的一些被认为是"复杂"的行为将会不再"复杂"，是我们从认识上突出"复杂"真正的含义，会改变对复杂性的认识，这对我们意义是相当重大。

量子信息研究对于量子力学同样具有意义，它使得量子力学问题可以从哲学的思辨转向量子信息问题，从而可以实验判别。已有大量的量子信息的试验方案被设计出来去验证 EPR 悖论、BELL 不等式、Wheeler 的延迟选择等量子力学中的问题。

中国社会科学院哲学研究所青年论坛获奖名单

（按姓氏笔画排序）

第一届青年学术论坛获奖名单

一等奖（3名）

刘悦笛　现代性的哲学反思——在"批判启蒙"与"审美批判"之间

张志强　理学派别与士人佛学——从明清思想史的主题看近代唯识学的思想特质

单继刚　翻译话题与20世纪几种哲学传统

优秀奖（6名）

刘　丰　论战国时期儒家的变礼思想——以国家政权转移的理论为中心

刘新文　论可能世界的名字

陈志远　《逻辑研究》的直观与意义

段伟文　技术化科学的哲学思考

贺翠香　生产范式·实践·理性——哈贝马斯重建历史唯物主义理论评析

崔唯航　马克思生活观的三重意蕴

第二届青年学术论坛获奖名单

一等奖（2 名）

刘新文 命题与括号

姜守诚 《三元经》版本的文献学研究

二等奖（4 名）

刘 丰 周公"摄政称王"及其与儒家政治哲学的几个问题

毕芙蓉 话语实践与知识考古——兼论福柯与马克思对话的可能性

李 剑 死亡的谜

詹文杰 道德教育如何可能？——柏拉图《克利托丰》诠疏

第三届青年学术论坛获奖名单

一等奖（4 名）

刘新文 证明复杂性

张志强 经、史、儒关系的重构与"批判儒学"之建立

周贵华 再论"唯识"与"唯了别"

段伟文 多元主义与整体论视野中的科学

二等奖（13 名）

孔明安 本质主义的批判与历史唯物主义的新反思

王 歌 "返乡"与"开端"——关于海德格尔的荷尔德林阐释

刘素民 阿奎那理性主义伦理学思想的形而上学性

张昌盛 超越论现象学对"欧洲科学危机"的克服——从科学理论
      的超越幻象重返生活世界之途

陈德中 从价值多元主义到政治现实主义——威廉姆斯政治哲学

中国社会科学院哲学研究所
第三届青年学术论坛侧记

2009 年 10 月 28—30 日，中国社会科学院哲学研究所第三届青年学术论坛在太原召开。据悉，青年学术论坛是哲学所检验青年学者学术成绩、发扬本所优良学风的主要形式，先后成功举办过两届。这次论坛在总结已有经验的基础上，首次将青年学者拉出家门，与地方院校专家相互交流，体现了哲学所"开门办所、所校结合"的崭新理念。在山西大学哲学社会学学院的大力支持下，30 位青年学者向与会人员汇报了自己近期的学术成果，并接受了专家们的精彩点评。

办青年论坛的目的有三

"这些年青人都是我们哲学所的希望……"对于此次学术论坛的举办，曾担任哲学所所长的中国社会科学院学部委员、文史哲部副主任李景源有着无限感慨。哲学所谢地坤所长则在论坛开幕式上介绍了举办青年学术论坛的苦心，"我们办青年论坛的目的有三，一是发现人才，鼓励先进；二是打破学科分类，促进各学科之间的交流；三是总结经验，寻找不足。最终目的是鼓励年轻学者早日成才"。

关于论坛的组织和参与情况，院青年中心理事、哲学所青年工作组组长刘悦笛向记者作了详细的描述，"所里 40 多名年轻人，参加论坛的有34个人,因故有4人没来,报名的情况非常踊跃。提交的论文涵盖哲学门类下所有学科,显示了我所45岁以下青年人最前沿的研究成果,体现了我们在各个专业,包括中国哲学、西方哲学、马克思主义哲学、科技哲学、伦理学、美学、逻辑学领域的研究状况和特色"。刘悦笛特别强调,"这次学术论坛为青年学者提供了相互交流的机会,打通了学科之间的边界,共同促进所里'大哲学'观念的形成,体现了我们学术强所、学术强院的发展理念。而专家点评时意见至少占50%的规定,为论文质量和青年学者的学风严格把关"。

两大优势折射青年学者研究的
创新性和前沿性

此次论坛中,无论是对经典的解读,还是问题意识的彰显,抑或对原典的诠释,都凸显出哲学所研究人员不凡的学术功力。其中,颇引人注目的是青年学者们的语言优势。正如刘悦笛所说,语言优势和中国古典文献解读的优势使得哲学所青年才俊在很多专业的研究领域呈现出国内诸多的第一次,具有创新性和前沿性的意义。

东方室的周贵华博士掌握梵文、藏文和日文三种语言,特有的梵文积淀使得他对印度佛教很有研究。他的论文《再论"唯识"与"唯了别"》对印度瑜伽行派唯识学这两大基本概念的翻译进行了系统考证,并得出这样的结论:现世中国的唯识学研究者陷入理解的误区,即只接受"唯识"与"唯了别"之同一,而拒绝二者的差异,结果定会误解唯识之兴致、意义与意趣,模糊各种唯识思想形态之差异以及唯识思想的发展变化,而有意无意地维持唯识思想之本来面目继续被遮蔽的局面。

张志强博士以《儒学五论》为中心,追问究竟何种经学向何种史学的过渡构成蒙文通成学过程的关键。他认为,蒙文通通过对经、史、义理学关系的重构而确立起的"儒学"观,在现代学术史的贡献在于,创造性地经由今文经学的路向,将逐渐脱离儒学义理价值立场的经学和史学重新纳入到一种以史学为知识统合手段的儒学系统中。

逻辑室的刘新文提交了题为"证明复杂性"的论文，这篇论文是他2008 年申报的中国社会科学院院重点课题"Sheffer 竖的逻辑与哲学"结项报告中的一节，尝试将系统 Z 和复杂性理论中的证明复杂性联系起来，研究其中的多项式模拟问题；系统 Z 是张清宇在 1997 年提出过的以广义 Sheffer 竖为初始联结词并采用括号记法的命题逻辑。

段伟文从多元主义与整体论的方法论视角对未来的科学作出自己的探索，他认为，科学的未来之路何在，可能是一个科学问题，而不一定是一个恰当的哲学问题。若一定要予以回应，从新经验主义意味的多元主义出发，可以看到一个虽然有限但不乏可能性与变易的知识图景，而未来的科学是否会走向整体论，这种整体论是本体论、认识论还是方法论意味的，都是由科学实践经验决定的开放的问题，并不可避免地要从多元主义出发。为了既克服科学一元论又不陷入相对主义，应将知识整体论拓展到模型建构与实验操控层面，以能动者实在论和可操控性因果关系构建多元的科学体系。

收获与希望

记者随机采访时得知，以这样的形式举办青年学术论坛，社科院哲学所里许多年轻人普遍感觉有压力。同时也有人表示，由于前两次"被批"比较多，因此下了工夫，感到今年自己确实进步不少。另外，还有人对记者感慨，所里强手如林，三分之二的论文具有较高的学术含量，可读性甚至超过国内百人的学术会议。

作为此次论坛的合作方，山西大学哲学社会学学院院长魏屹东教授对这一合作模式表示赞赏。他说，"此次论坛开创了很好的合作方式，使双方获得双赢。对哲学所的研究人员来讲，他们由封闭走向开放，从单向走向多向，从一元走向多元。对山西大学来说则是一个非常难得的学习机会。青年学术论坛把社科院尤其哲学所的学术风格、学术水平带来，影响并感染着山西大学的师生。就个人来讲触动也很大。当前学术界缺乏的恰恰就是严肃的批评与自我批评，而不是一团和气。哲学所以这样的方式举办论坛开国内之先，意义重大"。

论坛结束后，中国社会科学院哲学所谢地坤所长对青年学者表现的不足作了总结。他表示对95％的文章满意，但是也应该注意暴露出的问题，例如有些青年学者表述能力比较弱；学术规范不够强，说出的道理没有根据；问题意识和世界意识缺乏，有时自说自话等。如果这些问题得到一定的克服，青年人就会获得更快、更好的发展。

论坛结束后，评委会会议决出此次论坛的奖项，其中一等奖4名，二等奖13名。另据介绍，此次论坛获奖的论文将与前两届获奖论文一同编入《中国社会科学院哲学所青年论坛（第1辑）》。

（由《中国社会科学报》记者陈静撰稿，本报道的缩减版见《中国社会科学报》11月12日社科院专刊）

编 后 记

本文集是"中国社会科学院哲学研究所青年学术论坛"的论文精粹，力求展示出哲学研究所青年学者在相关前沿研究领域的最新研究成果。

"中国社会科学院哲学研究所青年论坛"是由哲学所科研处、青年工作组共同主办的，它是哲学所贯彻"科研强所"、"人才强所"战略的一项重要举措，也是哲学所的青年学者们进行平等交流的学术平台，每次论坛都具有跨学科性、前沿性和互动性的特点，至今已经成功举办了三届。2006年12月21至22日在北京举办了第一次论坛，2008年4月21日在北京举办了第二次论坛，2009年10月28日至30日在山西太原举办了第三次论坛。首先要感谢哲学研究所李景源老所长、谢地坤所长、吴尚民书记、余涌副所长和孙伟平副所长对于论坛的大力支持和殷切关怀。其次，感谢组织了前两次论坛的青年工作组前组长孙伟平副所长，感谢科研处单继刚处长、王平副处长、雷继红、张红安和马新晶为论坛所做出的辛勤工作。最后，还要感谢哲学所办公室刘克海主任及其他工作人员所提供的非常优质的后勤保障。

根据哲学所领导共同商议的意见，这三次青年论坛获奖名单都按照姓氏笔画排序（见附录Ⅰ），为了保证质量，本文集只选取三次论坛的第一、二等奖，文章顺序都是按照历次获奖的姓氏笔画排序的。如果出现了两次及两次以上获奖的情况，我们在征求作者本人意见的前提之下，选取了质量较高的文章，并尽量能让最新的研究成果入选。我们还特邀了孙伟平副所长为"青年学术论坛文集"的第1辑撰写了力作。总之，本文集力求显现出中国社会科学院哲学研究所青年研究人员的科研实力,但尽管如此,还是有许多的青年学者(包括已报名参加但因故未能参加论坛者)的文章未能选入,希望下次"青年学术论坛文集"能够将更多的青年研究人员的成果收录进来。

　　本文集的编选一定还有诸多不足,敬请诸位方家多加指正,以便我们来提高下一辑"青年学术论坛文集"的品质,使之更上一层楼!

刘悦笛

中国社会科学院青年中心理事、哲学研究所青年工作组组长

2009 年 11 月 26 日